Logistics Engineering

工业和信息化普通高等教育"十三五"规划教材立项项目

21世纪高等院校经济管理类规划教材

物流工程导论

□ 朱占峰 编著

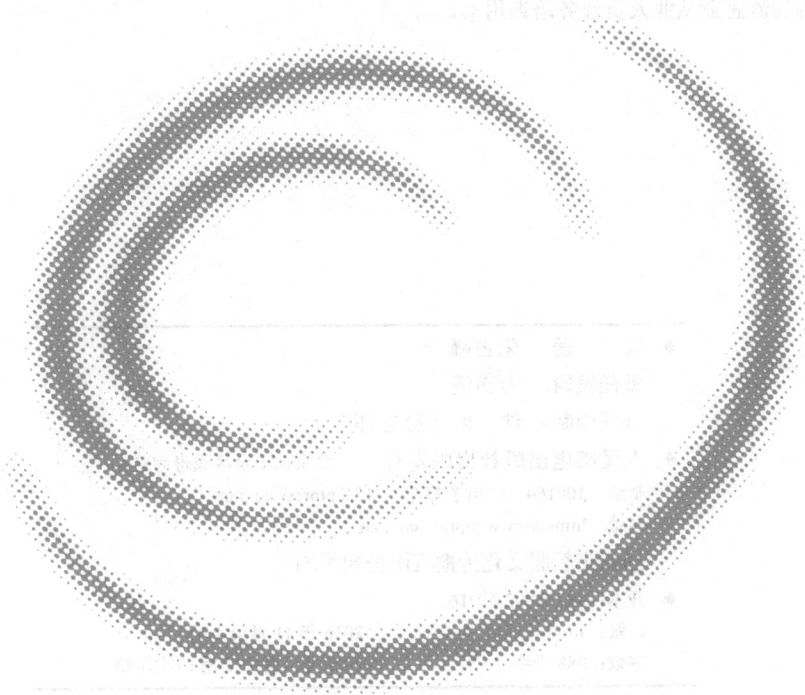

人民邮电出版社

北 京

图书在版编目（CIP）数据

物流工程导论 / 朱占峰编著. -- 北京 ：人民邮电
出版社，2016.11
21世纪高等院校经济管理类规划教材
ISBN 978-7-115-42535-5

Ⅰ．①物… Ⅱ．①朱… Ⅲ．①物流管理－高等学校－
教材 Ⅳ．①F252

中国版本图书馆CIP数据核字 (2016) 第231063号

内 容 提 要

本书是针对本科院校物流及交通运输类专业特点而编写的，是一本简明的专业引导性教材。

本书从物流工程概述、物流工程的理论基础、技术基础和管理基础入手，重点介绍了物流系统、物流设施、物流设备、物联网工程、特种物流工程等专业知识，并对物流项目规划、物流工程仿真的基本原理展开了研讨。

为方便教师授课和读者学习，本书准备了课件、教学案例视频、习题参考答案和模拟试卷等资料，索取方式参见"配套资料索取说明"。

本书既可作为本科院校物流及交通运输专业的教材，也可作为成人院校相关专业的参考用书，还可作为物流企业从业人员业务培训用书。

◆ 编　　著　朱占峰
责任编辑　万国清
责任印制　沈　蓉　彭志环

◆ 人民邮电出版社出版发行　　北京市丰台区成寿寺路 11 号
邮编　100164　　电子邮件　315@ptpress.com.cn
网址　https://www.ptpress.com.cn
涿州市般润文化传播有限公司印刷

◆ 开本：787×1092　1/16
印张：17　　　　　　2016 年 11 月第 1 版
字数：388 千字　　　2025 年 7 月河北第 10 次印刷

定价：45.00 元

读者服务热线：(010)81055256　印装质量热线：(010)81055316
反盗版热线：(010)81055315

前　　言

物流产业作为战略性先导产业，在国民经济和社会发展进程中的作用越来越得到人们的重视。尤其是在新常态下，由外延扩大再生产转向了内涵质量建设，物流运作是其中降低成本、提升效率的重要环节。2014年7月，国务院下发《关于加快发展生产性服务业促进产业结构调整升级的指导意见》（国发〔2014〕26号），物流产业再次得到国家的政策支持。

由于物流产业的复合性，物流企业必然呈现管理与技术、服务与生产、项目与工程的并存。编著者作为中国物流学会常务理事和宁波物流产业产学研技术创新战略联盟的秘书长，在组织物流专项活动时倍感物流企业对物流管理和工程"双料"人才的渴求。

编著者作为国家物流管理教学资源库建设专家、国家精品课程《物流企业管理》负责人、教育部学校规划建设发展中心专家，在常年的课程建设和国家级、省级精品课程评审过程中深感应用型本科院校的学科体系、专业底蕴和课程框架必须深度融合，课程体系的前导和后续必须科学有序，这在一定程度上强化了专业导论课的基础和引导地位。

应用型本科院校作为居于研究型和技能型中间层次的院校，既要重视以主干学科为经线的学科体系引领，又要把握以核心课程为纬线的专业内涵；既要精心遴选学科平台课程的排序，又要科学编织专业选修课程体系，这充分彰显了专业导论课程的统筹兼顾性。从另一个角度，专业导论课程一要具有全面性，使学生通过学习该课程能够全观本专业主体课程的整体架构，领悟该专业的主题脉络；二要具有简明性，因为应用型本科院校的课程建设贵在应用，所以对理论的溯源应控制适度，这也是应用型院校课程开发的客观诉求。

基于上述理念，本书通过知识目标、技能目标、内容架构、案例导入、技能训练、案例分析、同步测试、综合实务等栏目的设置，明晰了教材的知识结构和逻辑结构，有利于学生的整体把握和局部认知。鉴于该课程的入门引导属性，本书特设了物流故事、新闻链接、思考与讨论、知识拓展等栏目，既降低了学生入门的难度，又增添了内容的可读性。

为方便教师授课和读者学习，本书还准备了课件、补充视频案例、习题参考答案和模拟试卷等资料，索取方式参见"配套资料索取说明"。

本书由宁波工程学院物流管理及物流工程专业教授朱占峰博士编著，武汉理工大学管理学院博士研究生朱耿、朱一青参与编写了本书部分章节的物流故事、新闻链接、思考与讨论、知识拓展、同步测试的习题等内容。浙江海洋大学硕士研究生苏通、薛晶晶采集了部分参考资料。

本书在编写过程中，参阅了相关教材、网络资源、研究成果和文献，并得到了宁波工程学院教材出版基金的资助，在此一并表示感谢。

由于逐步深化的物流工程实践对物流理论的诉求不断加强，加之编著者理论和实践水平的限制，本书疏漏之处在所难免。恳请广大读者不吝指正，并为本书的修订工作提出宝贵意见，以便我们及时修正。

编著者
2016年7月

目 录

第一篇　基础篇

本篇主要内容

- 第 1 章　物流工程概述
- 第 2 章　物流工程理论基础
- 第 3 章　物流工程技术基础
- 第 4 章　物流工程管理基础

第1章　物流工程概述

学习目标与内容架构

知识目标

（1）了解物流、物流管理、物流学、物流工程的产生和发展过程；（2）理解物流管理与物流工程的区别；（3）掌握物流工程的概念；（4）掌握物流工程的研究内容；（5）掌握物流工程的特点。

技能目标

（1）能阐述物流工程与物流管理的联系和区别；（2）能描述物流工程的研究架构；（3）能列举身边的物流工程案例；（4）能剖析物流工程的实施路径。

内容架构

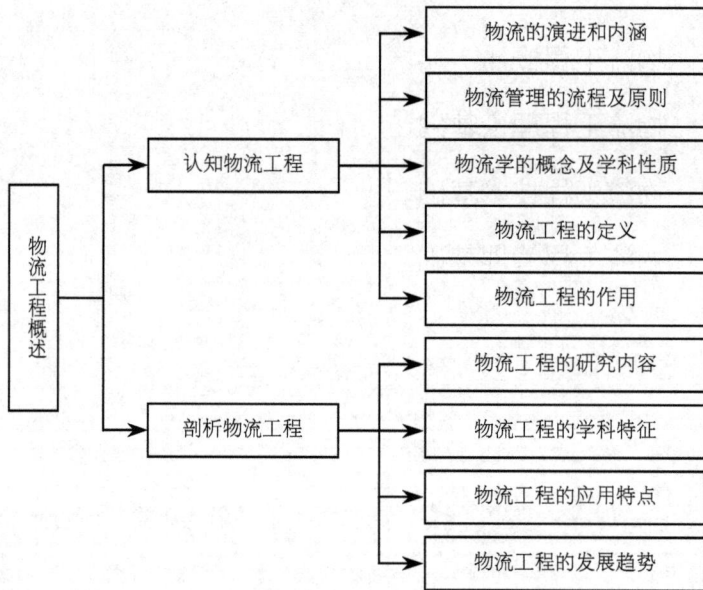

引　言

"一带一路"与物流之路

据史料记载，早在秦朝之前，"丝绸之路"就已经开辟；那时，西域与中原地区就有了频繁的商旅往来。那条漫长而久远的商贸古道，东起中国古都长安，沿渭河河谷进入河西走廊，穿越大漠戈壁，西经酒泉至敦煌，再向西北出玉门关或向西南出阳关分两路进入新疆，然后经中亚、西亚，直至中东和地中海东岸，以及亚、欧、非三洲的国家和地区。作为东西方人类社会最早通商交往之路的古商贸通道，它绵延一万四千余里，连接着当时我国中原至西域各国。作为当时华夏古国与西域各国经济、文化交流通道的"丝绸之路"，曾为东西方的物质往来和文化交流做出过重要的历史贡献。关于这条商贸古道，人们至今谈得最多和记得最清楚的是曾在这古道之上留下了足迹的张骞出使西域、玄奘西行取经、马可波罗东来之类的故事，发掘和总结比较多的是文化交流的佳话。然而，承载这些佳话的却是当年跋涉在这条古商道上的货商队和那些早期的商品交易活动，以及为那些交易活动提供支持和保障的货物运输、集散、储存、保管等物流行为。

除陆上丝绸之路外，还有"海上丝绸之路"，是古代中国与外国贸易和文化交往的海上通道，它主要有东海起航线和南海起航线，形成于秦汉时期，发展于三国至隋朝时期，繁荣于唐宋时期，转变于明清时期，是已知的最为古老的海上航线。

海上丝绸之路是古代海道交通的大动脉。该海上通道在隋唐时运送的大宗货物主要是丝绸，所以大家都把这条连接东西方的海道叫做海上丝绸之路。到了宋元时期，瓷器渐渐成为主要的运送货物，因此，人们也把它叫做"海上陶瓷之路"。由于输入中国的商品主要是香料，因此人们也把它称为"海上香料之路"。

百度百科"一路一带"可供读者参考：http://baike.baidu.com/item/一带一路/13132427

郑和是人类历史上杰出的航海家，也是"海上丝绸之路"的开拓者。从明永乐三年（公元1405年）至宣德八年（公元1433年），郑和先后率领庞大船队七下西洋，经东南亚、印度洋、西亚等地区，最远到达红海和非洲东海岸，航海足迹遍及亚洲、非洲的30多个国家和地区。

综上，陆上和海上丝绸之路的拓展，开辟了中华民族与外部交流尤其是对外贸易的通道，同时也深化了人们对物流实践、物流工程的认识和理解。

1.1　物流工程产生的基础

随着经济社会的发展，物流产业的地位愈加突出。物流业的演进，促进了物流工程的创新。而物流工程的每一次提升，均与物流活动密切相关。

1.1.1　物流

1. 物流实践活动

物流的产生源于物流实践，而物流实践活动是伴随着商业贸易出现的。有史记载的最早陆上物流实践者为商祖王亥。《世本·作篇》记载："相土作乘马""核（亥）作服牛。"据史料记载和专家考证，距今约3 800年前，商祖王亥带领其族人在商部落（商朝的前身）驯服耕牛，使该区域的农牧业快速发展。农牧产品的剩余启迪他们利用自制的牛车与其他部落进行以物易物的交换，长途跋涉的运输使得贸易成为现实。伴随物品交易桥梁的架起，我国早期的物流实践活动开始了。

中国历史上最值得骄傲的物流实践活动之一是开辟了连接西域的丝绸之路。早在远古时期，虽然人类面对着艰难的自然环境，但是欧亚大陆之间并不像许多人想象中的那样隔绝。在尼罗河流域、两河流域、印度河流域以及黄河流域以北的草原上，存在着一条由许多不连贯的小规模贸易路线大体衔接而成的草原之路。这一点已经被沿路诸多的考古发现所证实，这条路就是丝绸之路的雏形。

考古学家在商代帝王武丁夫人墓中发现了产自新疆的软玉，这说明至少在公元前 13 世纪，中原地带就已经开始和西域乃至更远的地区进行商贸往来了。"文景之治"之后，汉朝的国力逐渐强大，出于政治、军事的需要，汉武帝两次委派张骞①出使西域。张骞开拓了丝绸之路，为后人进一步的贸易往来奠定了基础，贸易活动的发展带动了物流实践活动的发展。

海上物流活动起源于海上运输工具的产生，7 000 年前的河姆渡遗址出土的相关舟楫工具显示人们具备了海上运输的能力。明代永乐年间的郑和②七下西洋开辟了古代海上丝绸之路最长的远洋航线。他的航行比哥伦布③发现美洲大陆早 87 年，比麦哲伦环球航行④早 114年。在世界航海史上，他被认为开辟了贯通太平洋西部与印度洋的直达航线，是国际物流活动的伟大实践者。

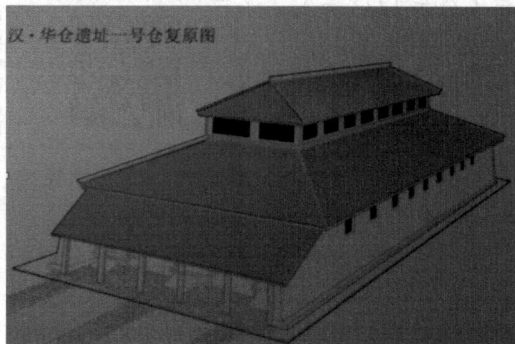

图 1.1　汉代粮仓示意

古代物流实践活动的另一表现形式是仓储。据史料记载，随着汉代农业高度发展，人们将剩余粮食储存的热情在增高。在实践中，劳动人民根据不同地区的气候、地理条件，因地制宜地修建了各种形式的粮仓。汉代粮食储藏技术也随着各种粮仓的修建而不断完善，并对后代的粮仓建筑产生了深远的影响（见图 1.1）。

在仓储管理方面，历代官员都很重视仓储管理，政府设专门机构和官员管理仓库，汉代设立常平仓，到了隋朝，出现了以备荒救灾为目的的义仓，并被唐朝沿袭，义仓在唐朝的救灾中发挥重要作用。唐代京师有太仓，州县有正仓，又有常平仓以均贵贱，有义仓以备不足。常平仓和义仓是储备性质的仓库。宋代广设了惠民仓，以便在救灾过程中解决群众困难。就仓储组织管理的发展而言，宋代出现了独立、完整的管理机构，并被以后的朝代沿袭。

---

① 张骞（约前 164—前 114），字子文，汉中郡城固（今陕西省城固县）人，我国汉代卓越的探险家、旅行家与外交家，开拓汉朝通往西域的南北道路，对丝绸之路的开拓有重大的贡献。

② 郑和（1371—1433），原名马三宝，回族，云南昆阳州（今昆明市晋宁县）人，中国明代著名的航海家、外交家。

③ 克里斯托弗·哥伦布（Christopher. Columbus，约 1451—1506），生于意大利热那亚，卒于西班牙巴利亚多利德。一生从事航海活动。先后移居葡萄牙和西班牙。相信大地球形说，认为从欧洲西航可达东方的印度和中国。在西班牙国王支持下，先后 4 次出海远航（1492—1493，1493—1496，1498—1500，1502—1504），到达了西欧人认为的美洲大陆，他也因此成为名垂青史的航海家。

④ 麦哲伦（Magellan.Ferdinand，1480—1521），葡萄牙著名航海家、探险家，先后为葡萄牙（1505—1512）和西班牙（1519—1521）作航海探险。从西班牙出发，绕过南美洲，发现麦哲伦海峡，然后横渡太平洋。

古代的快递物流

我国邮驿制度有 3 000 年以上的历史。唐代已开始用快递运送水产、水果，当然这主要是为皇家、达官贵人服务。唐玄宗李隆基为讨宠妃杨玉环欢心，使用快递，从遥远的南方向北方的长安运送荔枝，"一骑红尘妃子笑，无人知是荔枝来"，这算是中国快递史上非常著名的一次快递业务。宋代的快递"急脚递"，是在步递和马递基础上创立的，急脚递不是人力的步递，是一种马递，要求日行四百里。明代于慎行的诗句"六月鲥鱼带雪寒，三千里路到长安"，写的是快递鲥鱼之事。元代的急递铺更接近今天的快递公司，其程限与宋代一样。古代官方投递员都持有牌符一类的信物，也就是相当于通行证的驰驿证件，"一证通行"，大大减少了快递过程中的人为延误。

《北京晚报》2013 年 12 月 8 日《中国古代的"快递"》（倪方六），凤凰网转载本文链接：http://news.ifeng.com/gundong/detail_2013_12/08/31902296_0.shtml

推荐读者课外阅读《中国古代的"快递"》一文，进一步了解古代"快递"的情况，比较当下快递与演进数千年的古代驿站制度有哪些显著区别。

最早进行现代意义上物流理论的研究并加强物流实践活动的国家是美国。1901 年，格罗威尔（J.F.Growell）在美国政府报告《关于农产品的配送》中，第一次论述了对农产品配送成本产生影响的各种因素，揭开了人们对现代物流认识的序幕。1915 年，美国学者阿奇·萧（Arch Shaw）在《市场流通中的若干问题》一书中最早使用了"物流"（Physical Distribution）一词，并指出"物流是与创造需求不同的一个问题"。1927 年，鲍瑟德（R.Borsodi）在《流通时代》一文中首次用 Logistics 来称呼物流，为后来物流概念的扩展奠定了基础。从实践发展的角度看，第二次世界大战期间，美国军事后勤活动的组织使人们提高了对物流的认识，推动了第二次世界大战后理论界对物流活动的研究以及实业界对物流的重视。

日本是亚洲最早涉足现代物流业的国家。20 世纪 60 年代，随着流通革命的出现，以大型超级市场为首的零售业，为适应当时大量生产、大量消费的要求，开始取消中间环节，建立自己的流通渠道。这时，"物的流通"一词应运而生，使物流部门在流通中的地位得以巩固。

我国将物流实践活动纳入现代物流理论指导之下是从 20 世纪 80 年代开始的。1980 年 3 月，"中国物资经济学会"成立，把现代物流作为学会的研究重点之一，从此之后开始了大规模的对外物流学术交流。1984 年 8 月，"中国物流研究会"成立，这是我国第一个以物流学科命名的突破了部门界限的全国性学术组织。以此为始点，我国的物流实践活动进入了新阶段。

2. 物流的概念

随着社会经济的发展，国内外专家学者对物流概念的界定一直在扩充与完善之中。其演变过程充分反映了不同历史阶段物流管理的发展轨迹，而不同国家给出的定义也恰恰显示出各国对物流的认知程度。

我国 20 世纪 70 年代之前在工具书中还没有出现"物流"一词，直到 20 世纪 80 年代初才在《经济大词典》中正式列入"物流"词条，并解释为"合理组织物资流通，以提高经济效益的各种措施的总称"，包括"合理包装、合理仓储、合理保管以及合理用户服务等"。此后，"物流"一词开始见诸不同的学术刊物。1985 年，我国出版的《经济与管理大词典》对物流的解释是"物资在卖方和买方之间实体形态上的物资流动过程"。

2001 年，我国国家质量监督检验检疫总局在充分吸收国内外物流研究成果的基础上，出台了《中华人民共和国国家标准物流术语》（GB/T18354—2001，以下简称《物流术语》）。《物流术语》明确提出：物流（logistics）是物品从供应地向接受地的实体流动过程。并根据实际需要，将运输、储存、装卸、搬运、包装、流通加工、配送、回收、信息处理等基本功能实施有机结合。该定义一直沿用至今。

从物流整体过程来看，是由一系列的物流活动（logistics activity）组成的，包括运输、储存、装卸、搬运、包装、流通加工、配送、回收、信息处理等活动，主要物流活动为运输、储存和配送。

从流通的视角来看，一个完整的商品流通过程需要商流、资金流、信息流和物流的有机统一。

从物流所处的社会生产阶段来看，物流有时被分为供应物流、生产物流、销售物流、逆向物流、国际物流等。

从物流运作主体来看，物流又被分为第一方物流、第二方物流、第三方物流、第四方物流等。

百度百科"第三方物流"可供读者参考：http://baike.baidu.com/item/第三方物流/137216

📖 知识拓展

第三方物流

《物流术语》对第三方物流（the third party logistics）的定义是：独立于供需双方，接受客户委托为其提供专项或全面的物流系统设计以及系统运营的物流服务模式。

1.1.2 物流管理

1. 物流管理的概念

《物流术语》对物流管理（logistics management）的定义是：为了以合适的物流成本达到用户满意的服务水平，对正向及反向的物流活动过程及相关信息进行的计划、组织、协调与控制行为（见图 1.2）。

物流管理的内容包括三个方面，即对物流活动诸要素的管理，包括运输、储存、配送等环节的管理；对物流系统诸要素的管理，即对其中人、财、物、设备、方法和信息六大要素的管理；对物流活动中具体职能的管理，主要包括物流计划、质量、技术、经济、服务等职能的管理。

2. 物流管理的合理化

（1）物流管理的总原则——物流合理化。物流管理的具体原则很多，但最根本的指导原则是保证物流合理化。所谓物流合理化，就是对物流设备配置和物流活动组织进行调整改进，实现物流系统整体优化的过程。它具体表现在兼顾成本与服务上，即以尽可能低的物流成本，获得可以接受的物流服务，或以可以接受的物流成本达到尽可能高的服务水平。

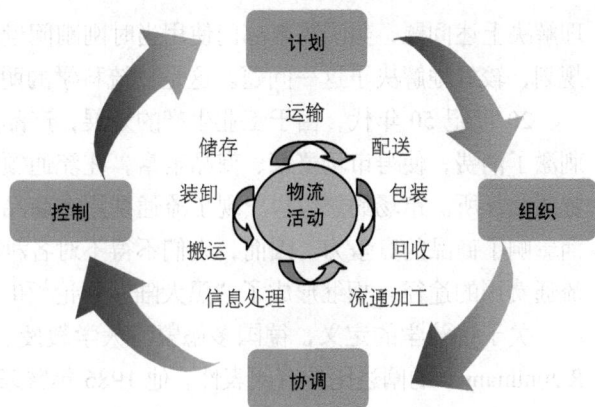

图 1.2　物流管理流程图

（2）物流合理化的基本思想。物流活动各种成本之间经常存在着此消彼长的关系，物流合理化的一个基本的思想就是"均衡"，即从物流总成本的角度权衡得失，不求极限，但求均衡，均衡造就合理。

（3）物流管理面临的新挑战。先进的信息技术的出现，极大地推动了物流行业的发展。我们不能再以传统的观念来认识信息时代的物流，物流也不再是物流功能的简单组合运作，它已成为链或网的概念。物流管理已经进入供应链管理阶段。

📖 知识拓展

物流的三大效用

物流管理的目的之一是要最大限度地发挥物流活动的三大效用。

形式效用（form utility）是在创造商品或服务的过程中，把物品组成适当的形式供接收者使用所产生的价值。

时间效用（time utility）是人们在需要物品时拥有物品所产生的价值，这个价值是由生产物品与使用物品之间的时间差形成的。

地点效用（place utility）是人们由于拥有物品的地点不同而产生的价值。

问题：当你理解了物流三大效用之后，能分别举出这三大效用的实例吗？

1.1.3　物流学

尽管物流活动具有悠久的历史，但物流作为一门科学来研究的时间却很短，是一门新兴学科。

1. 物流学的概念

第二次世界大战后期，前方战线变动很快，如何组织军需品的供给，即军需品的供应基地、中间基地、前线供应点的合理配置，各级供应基地合理库存量的确定，后方向各级供应基地运输补给品的路线和运输工具（飞机、轮船）的合理使用，这些形成了综合性的研究课题。军需品的供应不足将影响战争的顺利进行，而军需品的过量储存又将造成浪费。为了合理解决上述问题，美国军事部门使用当时刚刚问世的电子计算机采用运筹学的方法进行科学规划，较好地解决了这一问题。这是物流科学的萌芽阶段。

20 世纪 50 年代，由于工业生产的发展，产品数量急剧上升，生产成本相对下降，从而刺激了消费，使得市场繁荣、商品丰富，在流通领域出现了超级市场、商业街等大规模的物资集散场所。市场的繁荣也出现了流通费用在商品总销售价格中的比重逐渐增加的问题，继而影响了商品的竞争力。因而，人们不得不对各种物流活动的规律进行研究，试图找出降低流通费用的途径。相继形成了"黑大陆"理论[①]和"物流冰山"理论[②]。

关于物流学的定义，德国多德蒙特大学教授、著名物流学者艾瑞克 R·尤尼曼（Erika R.Junimann）的阐述比较有代表性。他 1986 年曾来到中国讲学交流，提出"物流学是研究对系统（企业、地区、国家、国际）的物料流（material flow）及有关的信息流（information flow）进行规划与管理的科学理论。"

事实上，人们站在不同的角度，对物流学做出过不同的界定，例如，"物流学是研究物料流、人员流、信息流和能量流的计划、调节和控制的科学""物流学是研究生产、流通和消费领域中的物流活动规律，寻求创造最大时间和空间效益的科学""物流学是研究生产、流通和消费领域中的物流活动过程及其规律的科学"等。

综上所述，我们可以给物流学下如下定义。

物流学（logistics）是关于物流的科学，即研究物流过程的运作、管理、技术、方法的理论和应用的科学。

知识拓展

"黑大陆"理论

1962 年，美国著名经济学家 Peter F. Drucker 在《财富》杂志上发表了题为《经济的黑色大陆》一文，针对物流成本管理存在的问题及有效管理对企业赢利和发展的重要作用，他将物流比作"一块未开垦的处女地"，强调应高度重视流通以及流通过程中的物流管理，当时在实业界产生了巨大震动。彼得·德鲁克曾经讲过，"流通是经济领域的黑暗大陆"。虽然他泛指的是流通，但由于流通领域中物流活动的模糊性特别突出，它是流通领域中人们认识不清的领域，所以"黑大陆"学说主要是针对物流而言的。

"物流冰山"理论

百度百科"黑大陆"词条：
http://baike.baidu.com/view/6718425.htm

"物流冰山"词条：
http://baike.baidu.com/view/1489701.htm

1970 年，日本早稻田大学教授、权威物流成本研究学者西泽修先生提出了"第三利润源"说和"物流冰山"说。当时，产业界大举向物流进军，日本进入了物流发展时代。这一时期，制造成本的降低空间已经有限，销售额的增加也已经走到尽头，切望寻求新的利润源，降低物流成本寻找"第三利润源"的提法恰恰符合当时企业经营的需要。接着，他在研究物流成本时发现，使用现行的财务会计制

① Peter F Drucker. 1962. The Economy's Dark Continent. Fortune, April.
② 汤浅和夫（日）. 2002. 物流管理. 张鸿译. 中国香港：文汇出版社.

度和会计核算方法都不可能掌握物流费用的实际情况，因而人们对物流费用的了解是一片空白，甚至有很大的虚假性，他把这种情况比做"物流冰山"。冰山的大部分沉在水面之下，而露出水面的仅是其中的一角。物流便是一座冰山，其中沉在水面以下的是我们看不到的黑色区域，而我们看到的不过是物流的一部分。

问题：请查阅资料，比较中国物流成本占国内生产总值（GDP）的比重与美国、欧盟、日本等国家（地区）的差距，谈谈物流工程该做些什么。

2. 物流学的学科性质

（1）物流学是一门交叉学科。物流是一项系统工程，从采购、制造到运输、仓储，涉及很多部门。物流学要指导许多部门协作或跨部门服务，要解决人类社会物流实践活动中带有普遍性的问题，既需要社会科学知识（如涉及管理学、经济学），又需要自然科学知识（如涉及工程技术、信息技术），因此，物流学不能简单归入某一学科，它是一门交叉学科。

（2）物流学是一门综合性学科。物流涉及的各类社会活动各具规律，物流学必须吸收相关学科的知识才能充实与完善自身的理论体系，以便更好地指导物流活动。在吸收其他学科知识时，不是对各门学科知识予以简单加总，而是对相关学科有用知识进行吸纳、重铸与整合。将不同学科的概念、方法和技术手段相互融汇、相互借助，形成物流学自身独立的系统体系。物流学并不被动地依赖于原有的母体学科，而是有自身的发展进程和独立的体系结构。物流学涉及管理学、经济学、交通运输学、工程学、法学等众多学科的交汇融合，是高度分工基础上的高度综合，因此，物流学是一门综合性学科。

（3）物流学既是理论学科又是应用学科。物流学来源于人类的物流实践活动，是人类物流实践经验的概括和总结，而不是纯粹空想的抽象结果。物流学既包括基础研究，也包括应用研究，其基础研究也属于应用基础研究。物流学是一门基础性理论学科，我们应对物流性质、规律进行纯理论研究，认识本质，探索规律；物流学更是一门实践性应用学科，我们应对物流的经营服务等诸多实际问题进行研究，解决物流实际工作中提出的具体技术问题，具有可操作性。

（4）物流学具有多重属性。由于物流学是经济学、管理学、工学和理学等互相交叉的新兴学科，所以具有多重属性。物流学科研究大量的物流资源配置优化、物流市场的供给与需求、政府对物流的管理、物流的发展与增长等问题，而解决这些问题靠的是经济学理论在物流中的具体应用。这是物流学的经济学属性。物流活动是由物流组织来完成的，而"管理是一切组织的根本"，企业的物流系统规划与设计、物流业务的具体运作、物流过程的控制、物流效益的考核与评估等都属于管理学的范畴，需要管理学理论的指导。这是物流学的管理学属性的体现。现代物流是一个技术含量很高的产业。国外大型配送中心一般都具备高度自动化的物流设施，建设前需要大量的工程技术人员进行分析和设计，建成后需要工程技术人员进行维护和管理。物流系统分析、设计和管理都涉及大量的工程和技术，因此物流学涉及工学类的许多专业。这显示出物流学的工学属性。物流的流体是商品，各种商品的物理、化学、生物特征不完全相同。服务好顾客就要照顾好将要配送给顾客的商品，商品的检验、养护、鉴定、流通加工等作业环节都需要诸如数学、物理、化学等学科的指导。这是物流学的理学属性。

1.2 物流工程的概念、内容和教学基本要求

现代物流的发展离不开物流工程的支撑。物流工程的创新和发展是物流发展的重要动力，它极大地提高了物流能力和物流效率；现代港口、集装箱以及其他单元装载技术的发展和应用，有力地促进了装卸搬运作业的机械化、高效化及多式联运的发展；自动化立体仓储技术的发展和应用，有利于节约仓储资源，提高仓储利用效率；现代信息通信技术，尤其是网络技术的发展，以及物流信息系统软件的开发应用，加快了物流业的信息化、网络化和效率化。

1.2.1 物流工程的概念

1. 物流工程的定义

随着物流工程技术的日臻成熟，物流工程技术学科体系也逐步形成和完善。物流工程学是对物流工程的理论、方法、规律的总结和提升，是物流工程系统在设计、运营及管理过程中技术手段的系统化和科学化。

人们对物流工程的研究，具有多个视角。理学、工学、军事学、管理学、经济学均有广阔的研究空间。尤其是理学类下属运筹学与控制论、地图学与地理信息系统、空间物理学系统理论、系统分析与集成等二级学科，工学类下属的机械工程、电气工程、信息与通信工程、控制科学与工程、计算机科学与技术、化学工程与技术、矿业工程、石油与天然气工程、纺织科学与工程、交通运输工程、船舶与海洋工程、食品科学与工程等一级学科均与物流工程有交叉；军事学大类下的军事后勤学与军事装备学也与物流工程联系密切；管理学大类下的管理科学与工程、工商管理更是与物流工程紧密相关；经济学大类下也有一些二级学科与物流工程相互交叉。

工程是科学的某种应用，通过这一应用，使自然界的物质和能源的特性能够通过各种结构、机器、产品、系统和过程，是以最短的时间和精而少的人力做出高效、可靠且对人类有用的东西。物流工程是运用自然科学原理和实践总结的经验、技术手段及方法来实现物流系统目标和价值，是以工程分析与设计的手段来实现所要求的物流系统（规划、设计、设备、工具等），它是以物流系统为研究对象，以物流系统的规划设计与资源的优化配置、物流运作过程的计划与控制以及经营管理为研究基础的工程领域。因此，物流工程是有关物流系统构成、规划设计、优化配置和持续完善的理论、技术和方法等知识及经验的应用过程。

对于物流工程（Logistics engineering）的定义，学界一般有广义和狭义之分。广义的物流工程是一个把物流作业、流程、设施、设备和信息流看成一个系统，把采购、生产、流通和消费等供应链过程看成一个整体，运用理学、工学、管理学等理论和方法进行物流系统的规划、设计、管理和控制，以最恰当的物流总费用高效地实现所需的物流服务水平，实现物流系统的综合性设计与组织管理活动的过程。狭义的物流工程是指基于理学、工学、管理学

等理论和方法，研究各类物流系统的规划和设计，以使物流系统高效益、高效率、低成本运行的过程。

对广义或狭义定义的选择，需要基于一个专业所在学校的学科及专业背景以及学生就业的走向来确定。显然，物流工程既有偏"硬"的物流规划与设计，也有偏"软"的物流组织与控制。

知识拓展

物流工程技术发展的五个阶段

第一阶段，人工物流。初始的物流涉及人类的举、拉、推，物流活动的效率取决于人工物流的熟练程度。

第二阶段，机械物流。机器延伸了人们的活动范围，使物料堆得更高，在同样的空间内可以储存更多的物料。使物流工程技术由人工阶段发展到了机械技术阶段。从 19 世纪中叶到 20 世纪中叶的一个世纪里，这种机械系统一直在起主导作用。

第三阶段，自动化物流。从 20 世纪 50 年代起，随着管理科学、工程数学、系统分析的应用，为工厂设计由定性分析转向定量分析创造了条件。20 世纪 70 年代以来，专业界陆续推出了一系列计算机辅助工厂布置程序和设计方法，使场地布置、物料搬运等费用大幅度降低。20 世纪 80 年代，计算机仿真技术应用于物流系统，物流工程技术真正进入自动化阶段。

第四阶段，集成物流。20 世纪 90 年代，现代制造技术、柔性制造系统、现代集成制造系统和精益生产等先进技术应用于物流工程，使物流工程技术进入集成化阶段。

第五阶段，智能型物流。1999 年，被视为后时代标志的个人机器人纷纷面世，以至于该年被称为个人机器人元年。个人机器人问世也被称为人类进入智能化时代的标志。进入 21 世纪，智能交通、智能管理得到进一步发展，物流工程技术也真正进入智能化阶段。

问题：智能型物流等同于互联网+物流吗？

2. 物流工程的作用

物流工程可以降低物流总费用。由于对物流系统的整体规划设计，优化了物流流程，从而降低了物流成本，减少了流动资金的占用，增加了企业利润，提高了企业经济效益。

物流工程可提高产品或服务质量。如在产品搬运、储存过程中，由于搬运手段的精心设计，就会减少磕、碰、伤，从而提高产品的完好率。

物流工程可大幅缩短生产周期。物流工程通过提升物流系统信息化水平，将减少物流过程中不必要的停滞时间，缩短订货周期，提高物流系统一体化程度。

物流工程将优化系统整体的布局。物流工程通过规划设计，使物流设施、作业场址选择、平面布置更加优化，设备设施的配置更加合理。

"十三五"期间的重大物流工程

2015 年 6 月 30 日，中华人民共和国国家发展与改革委员会举行新闻发布会，重点介绍了 2020 年前的重点物流工程。现代物流工程包的实施，将积极助力国家重大战略的实施，着力促进物流业转型升级，基本建立布局合理、技术先进、便捷高效、绿色环保、安全有序的现代物流服务体系。重点任务包括六个方面：一是建设联通国际国内的物流大通道；二是推动京津冀物流协同发展；三是打通长江经济带地区多式联运通道；四是建设一批适应电子商务等新兴业态发展需要的物流设施；五是构建覆盖全国主要物流节点的物流基础设施网络；六是提升物流业信息化、标准化水平。为了完成这些重点

《物流业发展中长期规划（2014—2020 年）》
http://www.gov.cn/zhengce/content/2014-10/04/content_9120.htm

任务，将按照《物流业发展中长期规划（2014—2020 年）》的要求，重点引导企业开展十个领域的重大项目建设，包括开展多式联运工程、物流园区工程、农产品物流工程、制造业物流与供应链管理工程、资源性产品物流工程、城乡物流配送工程、电子商务物流工程、物流标准化工程、物流信息平台工程、应急物流工程。

问题：面对十大物流工程项目，你能做些什么？

1.2.2 物流工程研究的内容

物流工程的研究内容可以从两个视角划分，一是按物流功能"纵向"展开，通过物流系统、物流设施、物流设备以及物流流程的规划和设计，重点深化对输送工程、存储工程、配送工程、包装工程、装卸搬运工程、流通加工工程、供应链工程以及总体网络工程系统的研究；二是根据物流工程重点方向"横向"展开，重点研究物流系统、物流设施、物流设备、物联网、物流特种工程、物流工程仿真、物流项目规划、物流工程标准等具体内容。

"纵向"研究的框架如下所述，"横向"研究的体系将在本书后续章节讲述。

1. 输送工程

输送工程包含了整个传统交通运输领域，并从现代物流角度，运用系统的物流技术，对传统的交通运输工程进行了大幅度的提升。除了一般的公路运输工程、铁路运输工程、水运工程、航空运输工程之外，现代物流系统的输送工程特别重视传统运输方式的组合，出现了"门到门""库到库"甚至"线到线"的高水平输送方式。在一体化的物流系统范围内，出现了跨越不同传统运输方式的"驮背运输""滚装运输""多式联运"等输送方式和工程系统。

2. 存储工程

存储工程系统是运用仓库和其他存储设备、设施以使储存这一项环节按物流的总体要求进行运作的工程系统。存储工程系统是物流领域向现代化发展最强劲的系统之一，也是自动化的重点领域。高层立体货架系统、自动化存取系统、无人搬运系统、计算机库存管理系统

等是储存工程系统的重要内容。

3. 配送工程

配送工程系统是通过配送中心、配送装备，实现将物最终送到用户手中的工程系统。这个工程系统曾经是输送工程的一个组成部分，是末端输送工程。由于这个工程系统在管理方式、科学技术、装备设施方面有别于干线输送工程，同时，现代社会对服务水平的强调，又需要特别构筑直接面向用户的配送工程系统。配送工程系统最近特别引起物流界的重视，其重要性还在于，它是直接和电子商务连成一体的物流工程系统，所以与新经济的联系更为密切。配送工程也是保障新经济体系的"零库存生产方式"的一个系统，配送工程所依赖的科学技术主要有配送装备、网络技术和系统规划技术。

4. 包装工程

包装工程系统是运用各种材料、装备、设施，形成各种形态的包装，以进一步支持物流活动。包装工程主要分为一般物流包装工程和集装工程两大领域。一般物流包装工程的两个主要功能是对被包装物具有防护性和便于物流操作。虽然也要考虑商品包装的促销功能和装饰功能，但那不是物流包装工程的主要内容。集装工程是一般物流包装工程向现代化发展的产物。很多研究者认为，集装工程已经不再属于包装工程的一项内容，而是可以独立形成体系。集装工程包括托盘工程、集装箱工程、集装袋工程以及其他集装工程，等等。

5. 装卸搬运工程

装卸搬运工程系统是运用各种装卸搬运机具及设备，以实现物的运动方式转变和场所内物的空间移动为目的的工程系统。装卸搬运工程经常是物流其他工程的分支或附属，对于物流量较大的系统而言，装卸搬运工程有相当强的独立性和很高的技术要求，如港口的集装箱装卸工程，煤炭、矿石装卸工程，大型仓库、火车站的装卸工程等。

6. 流通加工工程

流通加工工程系统是通过流通过程的加工活动，提高物的附加价值和物流操作的便利性的工程系统。流通加工工程所依托的科学技术、机械装备，来自各种产品的生产和应用领域，由于被流通物涉及面广，这个工程系统非常复杂。比较重要的流通加工工程有冷链工程、生混凝土工程、钢板剪板工程等。

7. 供应链工程

供应链工程系统的作用是通过供应链的构筑，建立新型的流通秩序。供应链工程是当前发达国家重点建设的工程系统，也受到了我国经济界的重视。供应链工程主要依托完善网络信息技术的、柔性的、精密的物流系统、供应链管理和买方市场的经济体制。

8. 总体网络工程系统

总体网络工程系统是支撑各种物流活动、物流经营方式的平台系统。这个平台系统由以下两部分构筑而成。

（1）物流信息网络工程系统。该工程系统通过大范围的信息生成、收集、处理和传递，来支持物流系统的管理和经营，从而支持所有的物流活动。在物流信息网络工程系统中，除了基本的管理信息系统、决策支持系统、库存管理系统、条码系统之外，全球卫星定位系统、远程数据交换系统、分销配送系统等近年特别受到人们的关注。

（2）实物流网络工程系统。资源配置最终、具体的实现，必须要通过实物流网络进行，实物流网络是实现物流的重要生产力要素，它集中了物流系统的主要设备、设施以及技术、管理、劳动人员。这些生产力要素配置在由物流节点和物流线路所构筑成的实物流网络上面，并以此覆盖生产企业、供应商、用户。实物流网络工程系统的构筑和运行是物流系统建设和运行的主要资本投入领域，也是对人力、物力、能源消耗最大的领域。

📖 知识拓展

"互联网+"物流前景广阔

首先，"互联网+"物流形成的首要途径在于，改变原始的物流运作模式，全面推行信息化，实现智慧物流。"互联网+"形势下的信息化，不是单纯地建个网站、开发个车货匹配的平台、做个手机软件（APP）发布一些信息，更多的是利用移动互联网的优势，在管理监控、运营作业、金融支付等方方面面实现信息共享，也就是实现整个物流供应链信息化。

其次，"互联网+"物流为延伸精准营销提供了可能，因为物流掌握了最准确的客户资源（如住址、消费喜好、家庭情况等）。

再次，"互联网+"物流还可以向其他业态渗透，开启"不务正业模式"。不是为了做物流而做物流。物流可以不赚钱，甚至可以免费，但是物流延伸出来的业态能够赢利。物流业是最易于渗透到其他领域的，数据、金融、流量、营销等领域都可以延伸。

"互联网+"物流一定要充分利用物流的大数据、足够的资金池，进行物流平台化。

百度百科"互联网+"词条可供读者参考：
http://baike.baidu.com/view/10991568.htm

这种平台化思想也说明了物流也可以众筹，这样就对物流行业资本、资源整合带来更大的想象空间。

国家通过"互联网+"战略实施现代物流工程，将有利于提升物流仓储的智能化水平和效率，有利于降低物流成本，促进物流行业的快速发展。

问题：请查阅更多资料，谈谈对物流平台化的理解和打算。

1.2.3 物流工程教学的基本要求

1. 专业属性要求

物流工程专业培养出的人才是具有系统的管理学、工学基本理论，掌握物流工程项目策划、预测、设计和实施，物流装备设计与运用以及物流系统运作与管理等基础知识与基本技能，能在企业、科研院所与政府部门从事物流系统设计、决策、管理、运营、教学与科研等工作的复合型人才。

物流工程专业学生主要学习物流工程类、物流管理与工程类、管理科学与工程类等基本理论和基本知识，接受物流工程项目策划与设计、物流装备设计与运用等方面的基本训练，掌握物流工程项目设计、物流装备设计与运用、物流系统运作与管理方面的基本能力。具体表现如下。

（1）具有较全面的人文社会科学、自然科学、外语及计算机等方面的知识。

（2）掌握物流管理与工程类、管理科学与工程类、交通运输类、机械类、电子信息类的基本理论和基本知识。

（3）掌握物流工程项目设计、供应链设计、物流系统设计的基本方法与技术。

（4）具有进行物流工程项目设计、供应链设计、物流系统设计、物流业务运作及物流装备设计与应用的基本技能，具有一定的物流管理能力。

（5）具有较宽广的国际视野，熟悉国内外物流工程项目设计、供应链与物流运作所涉及的工程、技术、经济、管理等方面的标准、惯例、法律、政策等。

（6）了解国内外物流工程项目设计与运营领域理论、实际发展状况及发展趋势，了解国内外物流工程设计、物流装备设计与应用、企业物流运作的基本模式，了解国内外物流行业工程技术的发展现状及趋势。

（7）具有一定的获取知识的能力，包括自主学习能力、表达能力、社交能力、计算机及信息技术应用能力。

（8）具有一定的知识应用能力，包括综合实验能力、工程实践能力、工程综合能力。

（9）具有一定的创新能力，包括批判性思维能力、创新性思维能力、创新实验能力、创业能力、科技开发能力、科学研究能力。

2．支撑学科和核心课程

（1）支撑学科。由于物流工程专业既可授予管理学学士学位也可授予工学学士学位，所以，当授予管理学学士学位时，支撑的主干学科为物流管理与工程、管理科学与工程、交通运输；当授予工学学士学位时，支撑的主干学科为物流管理与工程、机械工程、信息与通信工程。

（2）核心课程。尽管物流工程专业课程体系因学校背景的不同而差异较大，但保证专业属性的核心课程是稳定的，主要包括物流工程、供应链管理、物流自动化技术、现代物流装备、物流信息技术、物流系统规划与设计、物流系统仿真等。

3．主要研究方法和工具

研究方法是指在研究中发现新现象、新事物，或提出新理论、新观点，揭示事物内在规律的工具和手段。物流工程的主要研究方法如下。

（1）定量分析法和定性分析法。定量分析法是指通过对研究对象"量"的分析，达到对物流工程认识的进一步精确化，以便更加科学地揭示规律，把握本质，理清关系，预测事物的发展趋势。定性分析法就是对研究对象进行"质"的分析。具体地说，是运用归纳和演绎、分析与综合以及抽象与概括等方法，对获得的各种材料进行思维加工，从而去粗取精、去伪存真、由此及彼、由表及里，达到认识物流工程的本质、揭示其内在规律的目的。

（2）实验法。实验法是通过主动变革、控制研究对象来发现与确认事物间的因果联系的一种研究方法。其主要特点是：第一，主动变革性。观察与调查都是在不干预研究对象的前提下去认识研究对象，发现其中的问题的，而实验却要求主动操纵实验条件，人为地改变对象的存在方式、变化过程，使它服从于科学认识的需要。第二，控制性。实验要求根据研究的需要，借助各种方法技术，减少或消除各种可能影响科学的无关因素的干扰，在简化、纯化的状态下认识研究对象。第三，因果性。实验是发现、确认事物之间的因果联系的有效工具和必要途径。

（3）实证研究法。实证研究法是科学实践研究的一种特殊形式。它依据现有的科学理论和实践的需要，提出设计思路，利用科学仪器和设备，在自然条件下，通过有目的、有步骤的操作，根据观察、记录、测定现象的变化来确定条件与现象之间的因果关系。实证研究法的主要目的是说明各种自变量与某一个因变量的关系。

物流工程的主要研究工具包括运筹学、工程力学、工程制图及 CAD 软件、数据库开发软件、ProModel 软件建模与仿真、ERP 软件、供应链管理仿真软件、精益生产系统及冷链物流等。

1.3　物流工程的特色及发展趋势

1.3.1　物流工程的学科特征

由于物流工程技术处在不断更新和完备之中，人们对物流工程学的认知尚在发展之中，但总体而言，它体现了自然科学和社会科学相互交叉的学科特征。

1. 物流工程学以多学科理论的综合为理论基础

物流工程技术人员和研究人员需要有多方面的知识，除了要掌握生产、流通、消费领域中的运输、装卸、仓储、配送等技术知识外，还要掌握物流学、经济学、管理学、运筹学、信息学等方面的知识。

2. 物流工程学以物流系统各技术的集成为技术支撑

物流工程技术人员和管理人员需要谙熟物流工程系统规划、设计的方法和技术，要掌握物流工程运营过程中各物流基本活动的技术手段，要熟练应用物流工程管理的预测、仿真、供应链管理等方法与技巧。

3. 物流工程学以生产、流通等环节为重要应用领域

物流工程学是一门交叉学科，与工学、理学、管理学、军事学等研究应用领域有交叉。物流工程学又是一门重要的应用学科，物流工程研究人员要深知其研究课题、数据与资料来源于生产和流通，其研究成果又直接应用于生产和流通的实践。

通过以上论述可以看出，物流工程学以其强大的生命力在发展，并在不断的应用中丰富和完善自身，同时，相关学科、技术和研究成果也在不断丰富物流工程学的内容，使其特征更加鲜明。

1.3.2　物流工程的特点

物流工程的理论、方法和技术，尽管与其他学科具有诸多交叉，但作为一门独立的应用学科，在研究、设计和实施过程中，还具有以下特点。

思考与讨论

请思考物流工程学在企业物流系统、运输及仓储业物流系统、城乡配送系统、区域规划系统、社会服务与管理系统中的应用方法及表现形式。

1. 整体性

物流工程是一个系统，该系统又由诸多子系统组成。同时，系统的目的或特定功能往往由若干目标或指标组成，所以不能单从一个部分或某一个指标来思考和解决问题，而要从系统的整体出发，将各组成部分按预期目标有机地组合，并相互配合，探索出一个较好的整体方案。

2. 关联性

物流系统各组成部分存在着联系和制约的关系，如系统输出与输入的关系，系统参数变量与系统特定功能之间的关系等。在研究物流系统时，必须要使用明确的方式（如数据、图表）描述清楚这种相互关系。

3. 最优性

规划、设计和使用物流系统的最终目的是以最少的人力、物力和财力消耗，在最短的时间里获得最大效益。这种统筹安排、选择最优的过程，就是物流工程的最优性思想。

4. 综合性

物流系统涉及面广，不但有技术因素，还有经济因素、社会因素。所以，只靠一两门学科的知识是不够的，需要诸如数学、运筹学、经济学、机械设计、计算机技术、控制论及心理学等各学科的知识，把这些学科综合在一起，来规划、设计和研究物流工程。

5. 实践性

物流工程是非常注重实用的，如果离开具体的项目和平台，也就谈不上物流工程。实践已经证明，物流工程的灵魂在于系统，关键在于管理，水平在于科技，成败在于体制，落实在于项目。

新闻链接

小货船推动江海大联运——物流工程实践成果

2015 年 6 月 25 日，6 艘满载的 400 吨级内河船频频通过宁波姚江船闸，往返甬江和杭甬运河，把甬江口宁波-舟山港镇海港区的煤炭，送往上游杭甬运河沿岸的企业。

杭甬运河作为京杭运河的延伸，担负实现大运河通江达海的使命，同时通过京杭运河和长江航道网相连，使得普通的小型内河船可以直达宁波-舟山港，实现江海联运。

截至 2005 年 6 月已有 330 艘次货船进出姚江船闸，货运量达 54 811 吨。

建设舟山江海联运服务中心是国家线路布局的一项重要举措，是长江经济带和"一带一路"两大战略的支撑；也是浙江对接国家大战略的难得机遇。也因为此，一幅建设"通江达海"的壮阔图卷正在长江经济带与 21 世纪海上丝绸之路的"拥抱处"铺展。而

这段时间姚江船闸附近频繁往来的货船，也正是宁波推进江海联运的新进展。

展开中国交通地图，如果说，南北海运大通道犹如一把弓，长江航道连接的长江经济带就是一支箭，弯弓搭箭之势就此形成，但这支箭要具备威力，必须要有箭镞——一个海陆联运、江海联运枢纽，而宁波-舟山港正是首选。

2014 年，宁波-舟山港承担了长江经济带 45%的铁矿石、90%以上的原油中转量、1/3 的国际航线集装箱运输量，以及全国约 40%的油品、30%的铁矿石、20%的煤炭储备量，是全国最大的江海联运基地。

请思考：在国内多式联运业务中，除公路运输、铁路运输外，如何进一步发挥江河运输的作用？

宁波姚江物流枢纽工程

1.3.3 物流工程的发展趋势

我国物流工程经过了 20 年的发展已初具规模，但是与欧美、日本等物流先进国家相比还有一定的差距。物流工程的发展趋势主要体现在以下几方面。

1. 物流运作信息化

物流信息化是整个社会信息化的必然诉求。现代物流高度依赖于对大量数据、信息的采集、分析、处理和实时更新。在信息技术、网络技术高度发达的现代社会，从客户资料取得和订单处理的数据库化、代码化，物流信息处理的电子化和计算机化，到信息传递的实时化和标准化，信息化渗透至物流的每一个部分。为数众多的无固定物流设备的第三方物流提供者正是依赖其信息优势展开全球经营的。由于计算机信息技术的应用，现代物流过程的可见性（visibility）明显增加，物流过程中库存积压、延期交货、送货不及时、库存与运输不可

控等风险大大降低，从而可以加强供应商、物流商、批发商、零售商在组织物流过程中的协调和配合以及对物流过程的控制。物流工程+互联网的趋势愈加凸显。

2. 物流技术现代化

现代物流使用先进的技术、设备与管理手段为采购、生产和销售提供服务，生产、流通、销售规模越大、范围越广，物流技术、设备及管理越现代化。计算机技术、通信技术、机电一体化技术、语音识别技术等已得到普遍应用。世界上最先进的物流系统运用了卫星定位系统、卫星通信、射频识别装置（RFID）、机器人等，实现了物流的自动化、机械化、无纸化和智能化。运输、装卸、仓储等环节也普遍采用专业化、标准化、智能化的物流设施设备。这些现代技术和设施设备的应用大大提高了物流活动的效率，扩大了物流活动的领域。

3. 物流过程一体化

现代物流具有系统综合和总成本控制的思想，它将经济活动中所有供应、生产、销售、运输、库存及相关的信息流动等活动视为一个动态的系统，面向整个系统的运行效能。物流一体化的一个重要表现是供应链（Supply Chain）概念的提出。供应链把物流系统从计划、采购开始，经过生产过程直至将货物配送到达用户的整个过程，看成一条环环相扣的"链"，物流管理以整个供应链为基本单位，而不再是单个的功能部门。在采用供应链管理时，大的企业力图通过对整个供应链增加价值、减少成本的方法来增强其竞争力，这时的竞争不再仅仅是单个企业之间的竞争，而上升为供应链与供应链之间的竞争。

4. 物流系统柔性化

随着市场经济的发展，计划经济时期的固定物流运作模式转变为多样化的运作模式，以适应市场的多变性及产品的小批量、多品种生产的需要，物流系统要适应这种物流运作方式的转变。另外，物流工程的个性化、创意化越来越引起人们的关注。

5. 物流装备标准化

随着经济全球化进程的加快，物流装备的标准化、模块化趋势愈加明显。标准化既包括硬件设备的标准化，也包括软件接口的标准化以及信息传输的标准化。通过实现标准化，可以轻松地与其他企业生产的物流装备或控制系统对接，为客户提供多种选择和便利。模块化可以满足客户的多样化要求，可按不同的需要自由选择不同功能模块，灵活组合，增强了系统的适应性。

6. 物流服务社会化

随着社会分工的深化和市场需求的日益复杂，生产经营对物流技术和物流管理的要求也越来越高。众多工商企业逐渐认识到依靠企业自身的力量不可能在每一个领域都获得竞争优势，它们更倾向于采用非核心业务外包的方式，将本企业不擅长的物流环节交由专业物流企业，或者在企业内部设立相对独立的专业物流部门，而将有限的资源集中用于自己真正的优势领域。专业的物流企业由于具有人才优势、技术优势和信息优势，可以采用更为先进的物流技术和管理方式，取得规模经济效益，从而达到物流合理化（即产品从供方到需方全过程中，达到环节最少、时间最短、路程最短、费用最省）。

7. 物流工程绿色化

随着全球环境的恶化与人类环保意识的增强，有些企业在选用物流装备时会优先考虑对环境污染小的绿色产品或节能产品。因此，许多物流装备供应商已开始关注环保问题，采取有效措施达到环保要求，如采用新的装置或进行合理的设计，降低设备的震动、噪音与能量消耗量等。国家大型物流工程项目的开工，环评已成为重要环节，"青山绿水"伴随物流工程已成为新常态下的不二选择。

8. 物流活动国际化

全球贸易的发展、对外直接投资的增加、跨国公司的国际渗透，形成了经济全球化的格局。其最大的特点就是越来越多的生产经营活动和资源配置过程开始在整个世界范围内进行，这就构成了物流国际化的重要基础。世界各大跨国集团企业为了维护自身的市场份额和经济利益，在世界范围内进行了经济结构和产业结构的重大调整，呈现出了当今国际贸易和货物运输的新特征，并最终形成了物流活动的国际化趋势。特别是在以国际互联网为基础的电子商务的推动下，物流活动就更加呈现出了跨国性的特点。在产业全球化的浪潮中，跨国公司普遍采取全球战略，在全世界范围内选择原材料、零部件的来源，选择产品和服务的销售市场。因此，其物流的选择和配置也超出国界，着眼于全球大市场。

📖 **案例分析**

多式联运示范工程启动

2015 年 7 月，交通运输部、国家发展和改革委员会联合印发了《关于开展多式联运示范工程的通知》（简称《通知》），共同开展多式联运示范工程。该工程计划先期在全国范围内选取 15 个项目，开展多式联运示范工程建设，发挥典型示范和带动作用。

彼时，我国多式联运发展尚处于初级阶段，通过开展多式联运示范工程，充分发挥不同运输方式的组合优势，实现运输资源的高效整合和运输组织的无缝衔接，是加快构建综合交通运输体系的重要举措，也是物流大通道建设的重要内容。

多式联运是一项系统工程，涉及多种联运组合形式，需要在"软环境"和"硬技术"等多方面逐点突破。《通知》要求，开展多式联运工程将不仅仅注重强化多式联运基础设施衔接，还将探索创新多式联运组织模式，引导各地加快消除市场分割、打破区域壁垒，推动建立多式联运运营组织一体化解决方案，支持"一单制"的全程无缝运输服务。

同时，开展多式联运工程还将探索建立、健全多式联运服务规则，鼓励制定企业标准，为制定行业标准和国家标准奠定基础；推广应用快速转运装备技术，充分利用射频识别、物联网等先进信息技术，建立智能转运系统，不断提高多式联运换装转运的自动化作业水平；推

《关于开展多式联运示范工程的通知》：
http://www.moc.gov.cn/zfxxgk/bnssj/dlyss/201507/t20150721_1851972.html

进多式联运信息系统建设，促进不同运输方式、不同企业间多式联运信息开放共享和互联互通，推进与国家交通运输物流公共信息平台等信息系统间的有效对接。

讨论与分析：

1. 请你谈谈开展多式联运工程在提升物流绩效上的重要作用。
2. 请你从物流工程学的角度谈谈如何推进多式联运示范工程。

同步测试

一、单项选择题

1. 我国将物流实践活动纳入现代物流理论指导之下是从（　　　）开始的。
   A. 20 世纪 60 年代　　　　　　　　B. 20 世纪 70 年代
   C. 20 世纪 80 年代　　　　　　　　D. 20 世纪 90 年代

2. 下列关于物流工程学的说法中错误的是（　　　）。
   A. 物流工程学的主要作用体现在企业内部物流系统，跨企业、区域物流系统规划设计和控制，不涉及管理
   B. 狭义的物流工程学主要研究各类物流系统的规划和设计
   C. 广义的物流工程学不仅包括规划设计等偏硬的内容，还涉及物流组织和控制管理等偏软的内容
   D. 物流工程是物流与供应链管理、工业及其相关领域实践活动的重要内容和基础工作

3. 推出现代意义上物流理论的国家是（　　　）。
   A. 中国　　　　B. 美国　　　　C. 英国　　　　D. 日本

4. 根据本书提供的数据，物流工程技术至今已发展经历了（　　　）个阶段。
   A. 4　　　　B. 5　　　　C. 6　　　　D. 7

5. 按照本书的划分标准，（　　　）不是物流工程"纵向"研究的内容。
   A. 装卸搬运工程　B. 存储工程　　C. 流通加工工程　　D. 物流特种工程

二、多项选择题

1. 物流工程的作用主要表现在（　　　）。
   A. 降低物流总费用　　　　　　　　B. 提高产品或服务质量
   C. 大幅缩短生产周期　　　　　　　D. 优化系统整体的布局

2. 下列选项中，属于物流工程研究范围的有（　　　）。
   A. 商业区配送中心、区域物流中心的选择
   B. 工厂及车间等内部设计与平面布置、布局
   C. 物流设施设计，物流系统设计

D．运输与搬运设备、容器与包装的设计和管理

3．物流管理是为了以合适的物流成本达到用户满意的服务水平，对正向及反向的物流活动过程及相关信息进行的（　　）。

A．计划　　　　　B．组织　　　　　C．协调　　　　　D．控制

4．从流通的视角来看，一个完整的商品流通过程，需要（　　）、信息流和商流的有机统一。

A．物流　　　　　B．资金流　　　　C．供应物流　　　D．生产物流

5．物流工程的特点包括整体性、（　　）。

A．关联性　　　　B．最优性　　　　C．综合性　　　　D．实践性

三、判断题

1．物流合理化是物流管理的总原则。（　　）

2．"物流"一词在我国20世纪60年代之前的工具书中尚未出现。（　　）

3．物流是指物品从供应地向接收地的实体流动过程，仅包括运输、存储、装卸、包装、流通加工、配送、信息处理等基本功能的有机结合。（　　）

4．仓储是古代物流实践活动的表现形式之一。（　　）

5．独立于供需双方，接受客户委托为其提供专项或全面的物流系统设计以及系统运营的物流服务模式叫做第四方物流。（　　）

6．物流工程将优化系统整体的布局。（　　）

7．物流工程技术人员和研究人员需要掌握经济学、运筹学、信息学等方面的知识。（　　）

8．物流工程的灵魂在于管理。（　　）

9．物流工程的最优性思想就是以最少的人力、物力和财力消耗，在最短的时间里获得最大效益。（　　）

10．物流工程的发展趋势不包括物流工程绿色化。（　　）

四、综合实务题

外国某家电企业有着比较长的历史，品牌也有相当的知名度。20世纪90年代初进入我国，在我国投资建立生产厂。其产品种类齐全，质量比较好。但其品牌在我国还比较陌生，并且我国同类产品竞争非常激烈。为了打开我国市场，该企业制订了一个长期战略，它不依靠那种广告轰炸的方式，而是采取"精耕细作、加强服务"的策略来赢得市场。在全国各地设有多个分公司或办事处，负责销售和售后服务。

该企业原来是自己负责物流业务，总部根据分公司或办事处的申请发货，各分公司（办事处）负责销售和仓储管理，总部只能依靠分公司的报表了解销售和库存情况。这样运行了近两年时间，总部失控：①各分公司物流成本大幅增加（因为既要雇人负责仓储，又要购买车辆和雇佣司机）；②库存大量增长，坏机现象严重（仅石家庄一地就有坏机3 000台，损失约百万元）；③回款率逐年下降，呆坏账太多；④总部难以掌握和及时了解各地情况。因此，企业总部下决心运用第三方物流模式，并委托中国集装箱总公司为其完成物流服务。

中国集装箱总公司接受该企业委托后，首先根据其情况制订物流方案。针对该企业在国内市场"精耕细作，加强服务"的长期经营策略，制订了"配合销售，加强服务，总部控制，透明及时"的物流战略。物流战略确定之后，就要在具体方案操作中贯彻和体现。由于该企业产品需要在全国各地销售，涉及区域范围广，而且各地市场特点不同，中国集装箱总公司利用自身网点多、功能齐全的优势，组织有关公司参与该项目，集团总部各所属公司成立项目组，总部负责管理和协调，提供一体化管理。

讨论与分析：

1. 该家电企业下决心采用第三方物流的原因是什么？
2. 中国集装箱总公司是怎样为该家电企业提供第三方物流服务的？

五、论述题

1. 物流工程的研究内容和研究意义是什么？
2. 物流工程的发展趋势主要体现在哪些方面？

第2章 物流工程理论基础

学习目标与内容架构

知识目标

（1）掌握运筹学的概念；（2）了解运筹学的主要内容；（3）把握运筹学的特点；（4）理解运筹学的方法和应用；（5）掌握系统动力学的概念；（6）理解系统动力学的原理、方法和应用；（7）掌握供应链管理的概念；（8）了解供应链管理的方法和应用。

技能目标

（1）能列举主要的运筹学方法；（2）能阐述系统动力学的基本应用；（3）能运用供应链管理的基本原理。

内容架构

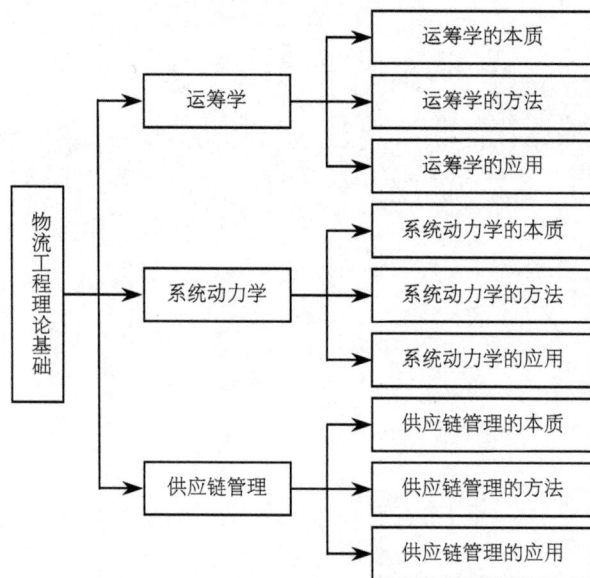

引　言

物流工程的"7R"目标及其理论基础

美国密歇根大学斯麦基教授曾倡导"物流7R理论"，即"物流就是将恰当的质量（right quality），恰当的数量（right quantity），恰当的价格（right price），恰当的商品（right commodity），在恰当的时间（right time），送到恰当的场所（right place），恰当的顾客（right customers）手中。"

而"7R"目标的实现，需要运筹学、系统动力学和供应链管理理论相支撑。

物流与运筹学具有紧密的联系，它们作为科学概念都起源于 20 世纪上半叶。从开始起，两者就互相渗透，交叉发展。在第二次世界大战期间，运筹学家在后勤（物流）保障、潜艇战术等一系列军事问题上取得了巨大的成就。

物流工程是一个系统，而系统动力学运用"凡系统必有结构，系统结构决定系统功能"的系统科学思想，根据系统内部组成要素互为因果的反馈特点，从系统的内部结构来寻找问题的根源，一直为物流工程相关问题的解决提供强力支撑。

现代物流已演变成供应链物流，在由供应商、制造商、仓库、配送中心和渠道商等构成的供应链物流网络中，从构建到运作，从优化到更新，均需要在整体架构内实现总绩效最大化，这与物流工程的"7R"目标是完全一致的。

因而，欲深入研究物流工程，必须理解和把握运筹学、系统动力学和供应链管理的概念与理论要点。

2.1　运　筹　学

运筹学（Operations Research）的英文原意是运用或作战研究，我国将它译为"运筹学"，是借用了《史记·高祖本纪》中"运筹帷幄中，决胜千里外"一语中的"运筹"二字，既显示出军事的起源，也表明它在我国也早有萌芽。

2.1.1　运筹学的本质

1. 运筹学的产生

运筹学的思想在古代就已经产生了，但是作为一门学科，用纯数学的方法来寻找最优方法，却是在 20 世纪 30 年代才开始。运筹学主要研究经济活动和军事活动中能用数量来表达的有关策划、管理方面的问题，随着科学技术和生产的发展，运筹学已渗入很多领域，发挥着越来越重要的作用。

1938 年，Operational Research（运筹学）一词由英国波德塞雷达站负责人 A·P·罗提出，当时他对整个防空作战系统的运行展开研究，以解决雷达站合理配置和整个空军作战系统协调配合来有效防御德机入侵的问题。1940 年 9 月，英国成立了由物理学家 P·M·S·布莱克特领导的第一个运筹学小组。后来发展到每一个英军指挥部都成立运筹学小组。1942 年，美国和加拿大都相继建立了运筹学小组。这些运筹学小组在确定护航舰队的规模、开展反潜艇战的侦察、组织有效的对敌轰炸等方面做了大量研究，为运筹学有关分支的建立做出了贡献。

第二次世界大战后，在这些军事运筹学小组中工作过的科学家转向研究在民用部门应用运筹学方法的可能性，从而促进了在民用部门应用运筹学的发展。1947 年，G·B·丹齐克在研究美国空军资源配置问题时提出线性规划及其通用解法——单纯形法。20 世纪 50 年代初，用电子计算机求解线性规划问题获得成功。1951 年，P·M·莫尔斯和 G·E·金布尔合著《运筹学方法》一书正式出版，标志着运筹学这一学科已基本形成。到 20 世纪 50 年代末，美国大企业在经营管理中大量应用运筹学。开始时运筹学主要用于制订生产计划，后来在物资储备、资源分配、设备更新、任务分派等方面应用并发展了许多新的方法和模型。20 世纪 60 年代中期，运筹学开始用于服务性行业和公用事业。一些发达国家的企业、政府、军事等部门都拥有相当规模的运筹学研究机构，专门从事有关方法和建模的研究，为决策提供科学的依据。英国在 1948 年成立了运筹学俱乐部，1954 年改名为英国运筹学会，出版《运筹学季刊》。美国在 1952 年成立了美国运筹学会，出版《运筹学》杂志。1957 年，在英国牛津大学召开第一届国际运筹学会议，以后每隔 3 年举行一次。1959 年，成立了国际运筹学联合会（IFORS）。

我国在 1956 年曾用过"运用学"的名字，于 1957 年正式定名为"运筹学"，于 1980 年成立中国运筹学会（ORSC），并于 1982 年加入国际运筹学联合会（IFORS）。

物流故事

田忌赛马

田忌赛马的故事读者应该都不陌生，这个故事出自《史记》卷六十五《孙子吴起列传第五》。

田忌经常与齐国众公子赛马，设重金赌注。孙膑发现他们的马脚力都差不多，马分为上、中、下三等。于是对田忌说："您只管下大赌注，我能让您取胜。"田忌相信并答应了他，与齐王和各位公子用千金做赌注。

比赛即将开始，孙膑说："用您的下等马对付他们的上等马，用您的上等马对付他们的中等马，用您的中等马对付他们的下等马。"

三场比赛，田忌一败两胜，最终赢得千金赌注。

查阅资料，分析孙膑所用的策略符合现代运筹学中的什么策略。

2. 运筹学的定义

运筹，字面意义是指操作研究、作业研究、运用研究、作战研究。运筹学可看成近代应用数学的一个分支，是研究如何将生产、管理等事件中出现的运筹问题加以提炼，然后利用数学方法进行解决的学科。

莫尔斯与金布尔在他们合著的《运筹学方法》一书中给运筹学下的定义是："运筹学是在实行管理的领域，运用数学方法，对需要进行管理的问题统筹规划，做出决策的一门应用科学。"

运筹学是一门利用数学工具（包括概率统计、数理分析、线性代数等）和逻辑判断方法，来研究系统中人、财、物的组织管理、筹划调度等问题，以期发挥最大效益的学科。由于它研究的对象主要是管理，研究的基本工具是数学，所以它也被称为管理科学。

3. 运筹学的内容

一般来说，运筹学可分为规划理论、决策理论、随机理论。其中，规划理论包括线性规划、非线性规划、目标规划、动态规划等，主要解决资源的优化利用和配置、最佳路线的确定、非线性系统的优化等问题；决策理论包括对策论、决策论、图与网络、网络计划技术等，主要解决管理领域的各种复杂的决策问题；随机理论包括的领域更加广泛，如排队论、存储论、仿真技术、可靠性和质量管理等分支，它主要解决随机系统、模糊系统以及不确定系统的复杂问题。由此可见，运筹学是具有许多分支、方法和应用广泛的一门学科。

4. 运筹学的特点

（1）运筹学是基于数学的一门学科。运筹学实际上是用数学方法研究在一定的约束条件下，具有某些目标的优化问题，如经济、管理和国防等部门在内外环境的约束条件下合理分配人力、物力、财力等资源问题。它是充分利用数学工具，将实际系统的复杂问题尽量做到定量化，实现决策的科学化。

（2）运筹学的发展与实际应用息息相关。运筹学的产生起源于军事问题，后来逐渐形成自己的理论体系，同时被应用到社会、经济、工业、农业等各个领域。

（3）运筹学是一门边缘学科。运筹学在发展过程中，吸收了很多其他学科的成果，如系统工程、管理科学、计算机技术等学科的思想、方法和技术，不断丰富了自己的内容，形成了较完善的边缘学科体系，与很多学科的关系变得越来越紧密。

（4）运筹学的领域越来越大。近 20 年来，随着计算机的发展，出现了许多运筹学的新分支及新算法，例如，规划论中的随机规划、模糊规划及线性规划的一些新算法，决策支持系统及专家系统，制造资源计划（MRP）理论，模拟技术，遗传算法等。运筹学正在加快扩展自己的应用领域。

（5）运筹学的发展促进了很多相关学科的发展。从前，运筹学的应用领域一般局限在军事、工业、农业等有限的部门，但目前逐渐扩展到社会、文化、服务等领域，如生态与环境、城市规划、服务行业、教育部门等各个系统都利用运筹学的各种方法进行定量的规划。

物流故事

侯叔献治水

宋神宗熙宁年间，潍阳（今河南商丘）界中掘汴堤放水淤田，不料汴水暴涨，堤坊崩溃，一时大水汹涌，人力无法堵塞。就在这万分紧急的时刻，恰好官居都水丞的侯叔献来到现场。他知道上游数十里有一座无人的古城，便立即下令在上游掘堤，把水引入古城。这样一来，下游水势大减，使险情得以缓解，从而赢得时间修复河堤。到第二天，上游的古城水满，汴水涌向下游时，河堤已经修好。这一最佳方案挽救了千万人的生命与财产。

请思考：该故事中蕴含了运筹学的什么原理？

2.1.2 运筹学的方法

运筹学是计划工作的最全面的分析方法之一，它是"管理科学"理论的基础。就内容讲，运筹学又是一种分析的、实验的和定量的科学方法，用于研究在物质条件（人、财、物）已定的情况下，为了达到一定的目的，如何统筹兼顾整个活动所有各个环节之间的关系，为选择一个最好的方案提供数量上的依据，从而能为最经济、最有效地使用人、财、物做出综合性的合理安排，取得最好的效果。

1. 规划法

规划法包括线性规划、非线性规划和动态规划等方法。

线性规划是一种研究线性约束条件下线性目标函数极值问题的科学方法。1939 年苏联的康托洛维奇（H.B.Kahtopob）和美国的希区柯克（F.L.Hitchcock）等就在生产组织管理和制订交通运输方案方面首先研究和应用线性规划方法。1947 年，旦茨格等提出了求解线性规划问题的单纯形方法，为线性规划的理论与计算奠定了基础，特别是电子计算机的出现和日益完善，更使规划论得到迅速的发展，可用电子计算机来处理成千上万个约束条件和变量的大规模线性规划问题，从解决技术问题的最优化，到工业、农业、商业、交通运输业以及决策分析部门都可以发挥作用。

非线性规划是线性规划的进一步发展和继续。许多实际问题如设计问题、经济平衡问题都属于非线性规划的范畴。非线性规划扩大了数学规划的应用范围，同时也给数学工作者提出了许多基本理论问题，使数学中的凸分析、数值分析等也得到了发展。还有一种规划问题和时间有关，叫做"动态规划"，近年来在工程控制、技术物理和通信中的最佳控制问题中，已经成为经常使用的重要方法。

2. 对策法

对策法也叫博弈论，前面提到的田忌赛马就是典型的博弈论问题。作为运筹学的一个分支，博弈论的发展也只有几十年的历史。最初用数学方法研究博弈论是在国际象棋中开始的，旨在用来如何确定取胜的算法。由于是研究双方冲突、制胜对策的问题，所以这门学科在军事方面有着十分重要的应用。近年来，数学家还对水雷和舰艇、歼击机和轰炸机之间的作战、追踪等问题进行了研究，提出了追逃双方都能自主决策的数学理论。近年来，随着人工智能研究的进一步发展，对博弈论提出了更多新的要求。

3. 决策法

决策法主要研究决策问题。所谓决策，就是根据客观可能性，借助一定的理论、方法和工具，科学地选择最优方案的过程。决策问题是由决策者和决策域构成的，而决策域又由决策空间、状态空间和结果函数构成。决策所要解决的问题是多种多样的，从不同角度有不同的分类方法，按决策者所面临的自然状态的确定与否可分为确定型决策、风险型决策和不确定型决策；按决策所依据的目标个数可分为单目标决策与多目标决策等。不同类型的决策问题应采用不同的决策方法。

4. 排队法

排队法又叫随机服务系统理论。最初是在 1909 年由丹麦工程师 A·K·爱尔朗（A.K.Erlang）关于电话交换机的效率研究开始的。1949 年前后，开始了对机器管理、陆空交通等方面的研究，1951 年以后，理论工作有了新的进展，逐渐奠定了现代随机服务系统的理论基础。排队法主要研究各种系统的排队队长、排队的等待时间及所提供的服务等各种参数，以便求得更好的服务。它是研究系统随机聚散现象的理论。排队论的研究目的是要回答如何改进服务，使某种指标达到最优的问题。比如一个港口应该有多少个码头，一个工厂应该有多少维修人员等。因为排队现象是一个随机现象，因此在研究排队现象的时候，将研究随机现象的概率论作为主要工具。此外，还有微分和微分方程。排队论把它所要研究的对象形象地描述为顾客来到服务台前要求接待。如果服务台已被其他顾客占用，那么就要排队。另外，服务台也会时而空闲、时而忙碌。这就需要通过数学的方法求得顾客的等待时间、排队长度等的概率分布。

📖 知识拓展

物流工程专业与运筹学

"运筹学"是一门以数学方法为基础寻求实际问题最优方案的应用科学，特别强调对实际问题的解决。应用运筹学解决现实生产、生活中的实际问题，需要针对实际问题的优化要求及面临的客观条件作必要的假设，抽象为数学模型，然后利用恰当的数学方法加以解决。根据教育部高等学校物流类专业教学指导委员会《关于物流工程本科专业培养方案的指导意见（试行）》，物流工程是一个实践性很强的专业，要求该专业的教学注重理论教学与实践教学相结合，课堂教学与课外活动和谐统一。因此，对于物流工程专业的"运筹学"教学，强调对物流系统中实际问题的解决则显得尤为重要。

请列出 2~3 个运用运筹学方法解决物流工程问题的身边实例。

5. 应用步骤

运筹学方法主要是通过把管理问题抽象成一个个模型，求解模型来获得解决问题的最优解，然后依据最优解和组织的实际情况来制订的解决问题的方法。

在计划工作中应用运筹学的主要步骤如下。

（1）界定问题性质和范围。

（2）建立问题的数学模型。

（3）规定一个目标函数，作为对各种可能的行动方案进行比较的尺度。

（4）确定模型中各参量的具体数值。

（5）求解模型，找出使目标函数得到最大值（或最小值）的最优解。

2.1.3 运筹学的应用

运筹学研究对象的客观普遍性，以及强调研究过程完整性的重要特点，决定了运筹学应用的广泛性，它的应用范围遍及工农业生产、经济管理、工程技术、国防安全、自然科学等各个方面和领域。

运筹学起初运用在军事上，第二次世界大战后，运筹学除军事方面的应用研究以外，相继在工业、农业、经济和社会问题等领域都有应用。20 世纪 50 年代中期运筹学由钱学森等人从西方国家引入我国，成为一门正式学科，并得到了一定的发展，现在运筹学主要运用于生活、军事、企业管理、物流等各个领域。运筹涉及生活的大小事务、方方面面，不但涉及面广，而且实用性强，为人们解决了不少难题。

运筹学在经济管理中的运用，有着深刻的背景和广阔的应用前景。简单来讲，运筹学的研究根本在于资源的最优化配置，而经济学的根本点也是在资源的优化配置和有限资源的有效使用上。将运筹学的方法运用到经济管理中，将现实问题归结为数学问题，通过数学模型的建立来解决经济最优化问题，具有重大的现实意义。

运筹学在工程管理领域的应用涉及以下几方面。

（1）生产计划。使用运筹学方法从总体上确定适应需求的生产、储存和劳动力安排等计划，以谋求最大的利润或最小的成本；主要用线性规划、整数规划以及模拟方法来解决此类问题。此外运筹学还应用于生产作业计划、日程表的编排、合理下料、配料问题、物料管理等方面。

（2）库存管理。存储论应用于多种物资库存量的管理，确定某些设备合理的能力或容量以及适当的库存方式和库存量。

（3）运输问题。用运筹学中处理运输问题的方法，可以确定成本最小的运输线路，进行物资调拨、运输工具调度以及建厂地址选择等。

（4）人事管理。可以用运筹学方法对人员的需求和获得情况进行预测；确定适合需要的人员编制；用指派方法对人员进行合理分配；用层次分析等方法来确定人才评价体系等。

（5）产品营销。可把运筹学方法用于制订广告预算和选择媒介、制订竞争性的定价、制订新产品的开发计划及销售计划等方面。

（6）财务和会计。财务和会计中应用较多的运筹学方法有统计分析、数学规划和决策分析等。

另外，运筹学还成功地应用于设备维修、更新和可靠性，项目的选择与评价，工程优化设计，信息系统的设计与管理以及各种城市紧急服务系统的设计与管理上。

2.2 系统动力学

系统动力学是系统科学的一个分支，在其产生之初，主要应用于工商企业管理，处理诸如生产与雇员情况的变动、企业的供销、生产与库存等问题，历经多年的发展之后，应用范围日益扩大，几乎遍及各类系统和各个领域。

2.2.1 系统动力学的本质

1. 系统动力学的产生

系统动力学创始于 1956 年，在 20 世纪 50 年代末成为一门独立、完整的学科，其创始者为美国麻省理工学院的福瑞斯特（Forrester J.W.）教授。

20 世纪 50 年代后期，系统动力学发展至一个新的领域。初期它主要应用于工业企业的管理，处理诸如生产与雇员情况变动、市场股票与市场增长的不稳定性等问题，此学科早期的名称——"工业动力学"因此而得名。之后，系统动力学的应用范围日益扩大，从民用扩展到军用，从科研、设计工作的管理到城市发展的决策，从世界面临指数式增长的威胁与资源储量日益衰竭的危机到检验糖尿病的病理假设，应用范围非常广泛。

20 世纪 60 年代是系统动力学成长的重要时期，一批代表这一阶段理论与应用水平的论著问世。福瑞斯特教授发表于 1961 年的《工业动力学》（Industrial Dynamics）已成为本科学的经典著作，它阐明了系统动力学的原理与典型应用；他的《系统原理》（Principles of Systems，1968）一书侧重介绍了系统的基本结构；他的《城市动力学》（Urban Dynamics，1969）则总结了美国城市兴衰问题的理论与应用研究的成果。

20 世纪 70 年代，系统动力学进入蓬勃发展时期，由罗马俱乐部提供财政支持，以梅多斯为首的国际研究小组所承担的世界模型研究课题，研究了世界范围的人口、资源、工农业和环境污染诸因素的相互关系，以及产生后果的各种可能性。而以福瑞斯特教授为首的美国国家模型研究小组，将美国的社会经济作为一个整体，成功地研究了通货膨胀和失业等社会经济问题，第一次从理论上阐述了经济学家长期争论不休的经济长波的产生和机制。

这一成就受到西方的重视，也使系统动力学于 20 世纪 80 年代初在理论和应用研究两方面都取得了飞跃，进入了更成熟的阶段。目前系统动力学正处在一个蓬勃发展的时机，其自身的理论、方法和模型体系在深度和广度上仍发展进化。

20 世纪 70 年代末，系统动力学引入我国。1986 年，国内成立系统动力学学会筹委会，1990 年，正式成立国际系统动力学学会中国分会，1993 年，正式成立中国系统工程学会系统动力学专业委员会。至今，国内系统动力学应用领域几乎涉及人类社会与自然科学的所有领域。

知识拓展

系统论

系统思想源远流长，但作为一门科学的系统论，人们公认是美籍奥地利人、理论生物学家 L·V·贝塔朗菲（L.V.Bertalanffy）创立的。他在 1932 年发表了"抗体系统论"，提出了系统论的思想。1937 年贝塔朗菲提出了一般系统论原理，奠定了这门科学的理论基础。但是他的论文《关于一般系统论》到 1945 年才公开发表，他的理论到 1948 年在美国再次讲授"一般系统论"时，才得到学术界的重视。确立这门科学学术地位的是 1968 年贝塔朗菲发表的专著《一般系统理论基础、发展和应用》，该书被公认为是这门学科的代表作。

系统论认为，开放性、自组织性、复杂性、整体性、关联性、等级结构性、动态平衡性、时序性等，是所有系统的共同基本特征。这些，既是系统所具有的基本思想观点，也是系统方法的基本原则，表现了系统论不仅是反映客观规律的科学理论，还具有科学方法论的含义，这正是系统论这门科学的特点。

系统论的基本思想方法，就是把所研究和处理的对象，当成一个系统，分析系统的结构和功能，研究系统、要素、环境三者之间的关系和变动的规律性。

站在系统论的视角，请根据某一具体物流工程系统，谈谈它所包含的要素。

百度百科"系统论"
词条可供读者参考：
http://baike.baidu.com/sub
view/62521/12510609.htm

2. 系统动力学的定义

系统动力学（system dynamics，SD）是一门以系统反馈控制理论为基础，以计算机仿真技术为主要手段，定量地研究系统发展的动态行为的一门应用学科。

系统动力学是一门研究信息反馈系统的学科，也是一门探索如何认识和解决系统问题的交叉综合学科。从系统方法论来说：系统动力学是结构的方法、功能的方法和历史的方法的统一。它基于系统论，吸收了控制论、信息论的精髓，是一门综合自然科学和社会科学的横向学科。

系统动力学根据系统内部组成要素互为因果的反馈特点，从系统的内部结构来寻找问题发生的根源，而不是用外部的干扰或随机事件来说明系统的行为性质。

系统动力学认为，系统的行为模式与特性主要取决于其内部的动态结构与反馈机制，系统在内外动力和制约因素的作用下按一定的规律发展和演化。系统动力学是从运筹学的基础上改进发展起来的。鉴于运筹学太拘泥于"最优解"这一不足，系统动力学从观点上做了基本的改变，它不依据抽象的假设，而是以现实存在的世界为前提，不追求"最佳解"，而是寻求改善系统行为的机会和途径。由此，系统动力学在传统管理程序的背景下，引进信息反馈和系统力学理论，把社会问题流体化，从而获得描述社会系统构造的一般方法，并且通过电子计算机强大的记忆能力和高速运算能力而获得对真实系统的跟踪，实现了社会系统的可重复性实验。

3. 系统动力学的原理

系统动力学是以系统的结构决定系统行为前提条件而展开研究的。它认为存在系统内的众多变量在它们相互作用的反馈环里有因果联系。反馈之间有系统的相互联系，构成了该系统的结构，而正是这个结构成为系统行为的根本性决定因素。人们在求解问题时都是想获得较优的解决方案，从而得到较优的结果，所以系统动力学解决问题的过程实质上也是寻优过程，来获得较优的系统功能。系统动力学强调系统的结构并从系统结构角度来分析系统的功能和行为，系统的结构决定了系统的行为。因此，系统动力学是通过寻找系统的较优结构，来获得较优的系统行为。系统动力学把系统看成一个具有多重信息的因果反馈机制。因此，系统动力学在经过剖析系统，获得深刻、丰富的信息之后建立起系统的因果关系反馈图，再转变为系统流图，建立系统动力学模型。最后通过仿真语言和仿真软件对系统动力学模型进行计算机模拟，来完成对真实系统结构的仿真。通过上述过程完成了对系统结构的仿真，接下来就要寻找较优的系统结构。寻找较优的系统结构被称为政策分析或优化，包括参数优化、结构优化、边界优化。参数优化就是通过改变其中几个比较敏感的参数来改变系统结构以寻找较优系统的行为。结构优化是指主要增加或减少模型中的水平变量、速率变量来改变系统结构以获得较优系统的行为。边界优化是指系统边界及边界条件发生变化时引起系统结构变化来获得较优系统的行为。系统动力学就是通过计算机仿真技术来对系统结构进行仿真，寻找系统的较优结构，以求得较优系统的行为。

系统动力学关于社会系统的论点

因果关系是系统的基本关系，系统是由一系列因果关系环有机构成的，并为同一的、具有特定功能的集合体。多重因果关系环相互发生动态作用，将使系统表现出极其复杂的非线性特性，这就是社会系统的直观性或直观不可知性。

一般来说，社会性系统都是开放性系统，系统的边界只能根据具体问题来确定，这样系统的范围就可大可小。但是一旦确定了系统的边界，系统的动态行为就产生于系统的内部结构，而不取决于系统的环境。

把社会系统都作为信息反馈系统来研究，认为在每个系统之中都存在着信息反馈机构。

因为系统是根据问题确定的，而一个大问题可以分成若干小问题，相应关系就可分成不同的小系统（小结构）。

系统内部的参数和结构一般随时间变化，并且在系统运动的全过程中，起主要作用的主要回路可能由于系统内部的作用而变化。

请结合具体的系统，应用系统动力学原理诠释相关现象。

2.2.2　系统动力学的方法

1．内涵

系统动力学方法作为一种研究复杂社会经济系统的定量方法，它强调以反馈控制理论为基础，并以计算机仿真技术为手段，其内涵包括如下五个要素。

（1）因果反馈。如果事件 A（原因）引起事件 B（结果），A、B 间便形成因果关系。若 A 增加引起 B 增加，称 A、B 构成正因果关系；若 A 增加引起 B 减少，则 A、B 为负因果关系。两个以上因果关系链首尾相连构成反馈回路，亦分正、负反馈回路。

（2）积累。本方法视社会经济状态变化为由许多参变量组成的一种流，通过对流的研究来掌握系统性质和运动规律。流的规程量便是"积累"，用以描述系统状态，系统输入输出流量之差为积累增量。"流率"表述流的活动状态，亦称决策函数，积累则是流的结果。任何决策过程均可用流的反馈回路描述。

（3）流图。流图由"积累""流率""物料流""信息流"等符号构成，直观形象地反映系统结构和动态特征。

（4）延迟。任何决策实施均需一定时间，此现象即为延迟。

（5）仿真语言。为使用方便，往往使用专用语言，内含 20 多种函数，只需输入系统动力学议程和必要参数，即可提供结果。

2．特点

（1）系统动力学可用于处理长期性和周期性的问题。对一些呈现周期性规律并需通过较长的历史阶段来观察的问题，通过系统动力学模型可对其机制做出了较为科学的解释。

（2）系统动力学适用于对数据不足的问题进行研究。建模中常常遇到数据不足或某些数据难于量化的问题，系统动力学根据各要素间的因果关系通过有限的数据和一定的结构仍可进行推算分析。

（3）系统动力学适用于处理精度要求不高的复杂的社会经济问题。社会经济问题的描述方程通常是高阶非线性动态的，用一般数学方法很难求解。系统动力学则可借助计算机及仿真技术获得主要信息。

（4）系统动力学强调有条件预测。本方法强调产生结果的条件，采用"如果……则"的形式，对预测未来提供了新的手段。

3. 步骤

用系统动力学方法解决实际问题，往往需要以下六个步骤。

（1）找出问题。

（2）对问题产生的原因形成动态假设。

（3）从问题根源出发，建立计算机仿真模型系统。

（4）对模型进行测试，确保现实中的行为能够再现于计算机模型系统。

（5）设计、测试各选择性方案，减少问题。

（6）形成实施方案。

知识拓展

系统动力学中的六种流

系统动力学将组织中的运作，以六种流来表示，包括订单（order）流、人员（people）流、资金（money）流、设备（equipment）流、物料流（material）与信息（information）流，这六种流归纳了组织运作所包含的基本结构。积量表示真实世界中，可随时间递移而累积或减少的事物，其中包含可见的，如存货水平、人员数；与不可见的，如认知负荷的水平或压力等，它代表了某一时点环境变量的状态，是模式中资讯的来源；率量表示某一个积量，在单位时间内量的变化速率，它可以是单纯地表示增加、减少或是净增加率，是资讯处理与转换成行动的地方；辅助变量在模式中有三种含义，即资讯处理的中间过程、参数值、模式的输入测试函数。系统动力学的建模过程，主要就是通过观察系统内六种流的交互运作过程，讨论不同流里，其积量的变化与影响积量的各种率量行为的。

选择身边某一特定物流配送中心，说明其存在的积量和率量。

2.2.3 系统动力学的应用

至今，系统动力学应用领域几乎涉及人类社会与自然科学的所有领域。其中，宏观区域经济、可持续发展及城市规划领域，物流与供应链管理、库存管理、物流工程领域，企业战略与创新管理领域，金融、财务、保险及信用领域，交通、运输调度领域，服务营销与客户关系领域，军事、武器及战略领域，公共安全及行政管理领域等，均是系统动力学应用研究的热门领域。在系统动力学应用研究涉及的物流工程领域中，以物流决策、库存控制、流程设计和规模优化最为广泛。

（1）物流决策。系统动力学方法主要依据系统内部诸因素之间形成的各种反馈环进行建模，同时搜集与系统行为有关的数据进行仿真，做出预测。它具有优于回归预测、线性规划等方法的特点，既可以进行时间上的动态分析，又可以进行系统内各因素之间的协调。因而，对物流工程的各项决策具有实际应用意义。

（2）库存控制。对系统进行优化与控制是系统动力学方法最重要的作用之一，也是应用系统动力学研究的最终目的。影响系统运行和发展的因素众多，也很复杂。系统动力学从动态的角度出发，构建系统模型，展示和把握系统变化发展的规律，进而对库存系统进行优化和控制。

（3）流程设计。系统动力学通过模拟分析基于流程的组织中的能力动态构成及其管理问题，找出能力的主导源，确立相应的流程图，实现组织流程再造的目标。

（4）规模优化。系统动力学对物料供应系统进行结构分析，并用系统动力学建立物料供应系统的模型。通过对工程规模及产品市场进行系统动力学仿真，分析产品生产周期、采购速率和库存量，从而实现规模优化。

2.3 供应链管理

20 世纪末，知识经济促进了生产力的进一步发展，客户（customer）的消费水平在提高，企业之间的竞争（competition）在加剧，加上政治、经济、社会环境的巨大变化（change），使得市场需求日益多样化，且不确定性大大加强。"3C"既是市场需求多样化与不确定性的根源，也是企业不断提高其自身竞争能力的外在压力。在全球市场的激烈竞争中，企业面对的是一个变化迅速且无法预测的买方市场，传统的生产与经营模式对市场巨变的响应越来越迟钝和被动，为了改变被动局面，许多企业逐步把目光投向供应链的建立上。供应链产生的土壤、环境和动力逐步形成。

2.3.1 供应链管理的本质

1. 供应链管理的产生

1985 年，美国哈佛商学院教授迈克尔·波特（Michael Porter）出版了《竞争优势》一书，在该书第 2 章阐述了"价值链"的理论框架。这个理论框架认为企业的经营活动可以分解为基本活动和辅助活动，基本活动直接存在于产品流向消费者的整个过程当中，主要包括内部物流、生产作业、外部物流、市场销售和售后服务。辅助活动包括采购、技术开发、人力资源管理、企业基础设施、计划、财务、法律、政府服务和质量管理等。在波特看来，价值链提供了一个系统的方法来审视企业的所有行为及其相互关系，从而取得战略优势。波特的价值链理论可以看成供应链产生的前奏。

1990 年，詹姆斯·P·沃麦克（美）、丹尼尔·T·琼斯（英）和丹尼尔·鲁斯（美）合著了《改变世界的机器》一书，该书在以美国麻省理工学院课题小组对日本汽车工业的生产管理方式研究的基础上，详细解剖了"精益生产"的问题。1996 年，詹姆斯·P·沃麦克和丹尼尔·T·琼斯又出版了《精益思想》一书。该书在对"精益管理"思想详细阐述的基础上，结合美国、德国和日本的案例，以价值流为线索引出了"供货链"和"销售链"的概念，这是供应链产生的雏形。

1998 年，美国供应链专家弗雷德·A·库琳在其《以顾客为中心的供应链管理》①一书中，提出供应链管理就是制造商与它的供应商、分销商及用户，也即整个"外延企业"中所有环节的协同合作，为顾客所希望并愿意为之付出的市场，提供一个共同的产品和服务。这样一个多企业的组织，作为一个外延的企业，最大限度地利用共享资源（人员、流程、技术和性能评测）来取得协作运营，其结果是高质量、低成本，迅速投放市场并获得顾客满意的产品和服务。

2. 供应链管理的定义

英国著名物流专家马丁·克里斯托弗（Martin Christopher）教授在《物流与供应链管理》一书中对供应链做出了如下定义②：供应链是指涉及将产品或服务提供给最终消费者的过程活动的上游及下游企业组织所构成的网络。比如，衬衣制造商是供应链的一部分，它的上游是化纤厂和织布厂，下游是衬衣分销商和零售商，最后到衬衣的最终消费者。按此定义，这条供应链上的所有企业都是相互依存的，但实际上它们却彼此并没有太多的协作。这种供应链仍然是传统意义上理解的供应链。

美国的格雷厄姆·C·史蒂文斯（Graham C.Stevens）③认为："通过增值过程和分销渠道控制从供应商的供应商到用户的用户的流就是供应链，它开始于供应的源点，结束于消费的终点。"

人们对供应链的认识由价值链、产业链、需求链到供应链逐步深入。2001 年，我国正式发布实施了《中华人民共和国国家标准——物流术语》（GB／T 18354—2001），该文件对供应链（supply chain）做出了明确界定：供应链是在"生产及流通过程中，涉及将产品或服务提供给最终用户活动的上游与下游企业所形成的网链结构。"如图 2.1 所示。

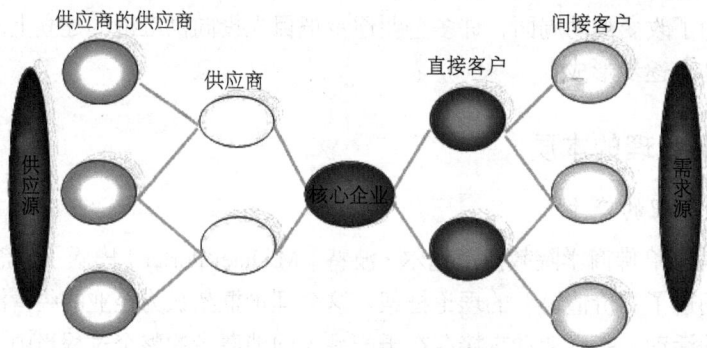

图 2.1 供应链示意图

---

① Fred A Kuglin. 1998. Customer-Centered Supply Chain Management. New York: AMACOM.
② "The supply chain is the network of organizations that are involved, through upstream and downstream linkages, in the different processes and activities that produce value in the form of products and services in the hands of the ultimate consumer." Martin Christopher. 2003. Logistics and Supply Chain Management. 北京：电子工业出版社，15.
③ 格雷厄姆·C·史蒂文斯（Graham C. Stevens），美国克兰菲尔德大学管理学院物流与供应链管理方向客座研究员，被称为供应链管理的"思想领袖"，是一位经验丰富的供应链管理领域的管理学家和实业家。

同时，该术语也对供应链管理（Supply Chain Management）给出了如下定义：供应链管理是"利用计算机网络技术全面规划供应链中的商流、物流、信息流、资金流等，并进行计划、组织、协调与控制。"如图 2.2 所示。

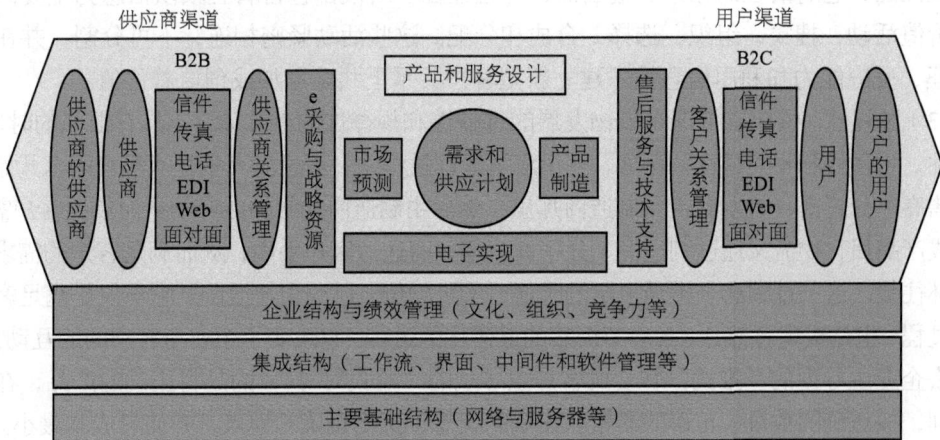

图 2.2　供应链管理原理示意图

知识拓展

供应链管理的基本要求

（1）服务。这种服务性表现在本身有一定从属性，要以用户为中心，树立"用户第一"的观念，不一定以利润为中心。

（2）及时。及时性是服务性的延伸，是用户的要求，也是社会发展进步的要求。

（3）节约。物流过程作为"第三利润源"而言，这一利润的挖掘主要是依靠节约。

（4）规模优化。以物流规模作为物流系统的目标，是以此来追求规模效益。

（5）库存调节。库存调节性是及时性的延伸，也是物流业本身的要求，涉及物流的效益。

请查阅资料，深化对供应链管理基本内涵和原理的认识。

3．**供应链管理的特征**

供应链管理体现了人们对管理各环节之间以及各环节内部构成要素之间内在关系认识的不断深化和能力的有效提升，它具有以下本质特征。

（1）战略性。供应链管理具有顺应全球经济一体化发展的强大功能。企业要想发挥供应链管理的潜在作用，应该将供应链管理作为企业的战略性问题来考虑，而不能仅仅将其理解为一种业务方法。供应链管理体现出企业从"纵向一体化（vertical integration）"管理模式向"横向一体化（horizontal integration）"管理模式的战略转变。供应链管理需要管理者具有敏锐的战略眼光，能够通过对未来经济发展、市场变化和客户需求的预测，制定出长远的战略发展计划，并在激烈的竞争中保持供应链的优势。

（2）系统性。供应链管理所涉及的管理对象大多是包含多种要素且相互关联的有机体系，具有整体性、综合性、层次性、相关性等特点。这些要素之间相互依存，环环相扣。例如，同传统企业价值链的线性特征不一样的是，典型的现代企业价值链（即虚拟价值链）的构成是非线性的，它有潜在的输入、输出点，并且在任一阶段都包含着五项以信息为主要内容的创造价值活动：搜集、组织、选择、合成和分配。这些活动紧密相连，不可分割，并在可视化管理、反应能力和利用信息技术建立新型客户关系上共同增加或创造着价值。

（3）过程性。供应链管理是事物发展的过程性和规律性的具体体现，具有很强的时序性、目的性、重复性和不可逆性。例如，在供应链管理过程中，信息流大多是从客户需求开始，通过零售商、分销商、批发商传到制造商那里，然后由制造商传给供应商，从而掌握客户需求；在制成产品后，物流又通过制造商、分销商、零售商送达客户手中，从而满足客户的需求。如此循环往复。这一过程必须遵循一定的时序，不可颠倒，以免引起混乱。它不仅是满足客户需要的过程，也是实现各部分、各环节衔接的最佳化的过程。它改变了企业与客户间的互动方式，由过去企业主导型的"推式"转变成客户主导型的"拉式"，其目的是将正确的产品，在正确的时间，按正确的数量、正确的质量、正确的状态，送到正确的地点，并使总成本最小。

（4）动态性。供应链管理是基于提高企业市场应变能力、及时满足客户需求而出现的一种管理方式。在供应链管理中，所有参与者（或要素）都应随着市场条件、竞争环境的变化而不断进行调适和变换，而衡量调适和变换的成效如何，则要看参与各方（或要素）间能否形成积极互动和良性的循环。例如，在迈克尔·波特教授的"价值链"学说中，价值链的各个要素（内部物流、生产作业、外部物流、市场与销售、服务、采购、技术开发、人力资源、企业基础设施）往往随着企业外部环境的变化而做出相应的调整和变化，并且在调整和变化中发挥各自的最佳作用，实现整体价值的最大化。

（5）交叉性。供应链节点企业可以同时是几个供应链的成员，充当不同的角色。众多的供应链纵横交错，形成交叉结构。这种现象的存在有多种原因，如制造商为了满足分销商差异性需求必须采购不同的原料和生产不同的产品，零售商为了满足最终客户多样化的需求必须寻找多种进货渠道。制造商在某个供应链中充当制造商的角色，它生产的产品通过销售渠道到达客户手中得到消费；在另一个供应链中，它生产的产品提供给下一个制造商并使产品得到进一步的加工，加工后的产品再通过销售渠道达到最终客户手中。交叉性导致了供应链管理的复杂性，企业在某个供应链管理中与某些上下游企业打交道，而在另一个供应链管理中又与另外一些上下游企业打交道，从而对管理者提出了更高的要求。交叉性也给管理者带来这样一个问题：在从"纵向一体化"管理模式向"横向一体化"管理模式的战略转变中，如何对多个供应链进行集成和管理。

知识拓展

供应链管理过程中的四个主要流程

（1）物流。这个流程主要是物资（商品）的流通过程，这是一个发送货物的程序。该流程的方向是由供货商经由厂家、批发与物流、零售商等指向消费者。

（2）商流。这个流程主要是买卖的流通过程，这是接受订货、签订合同等的商业流程。该流程的方向是在供货商与消费者之间双向流动的。

（3）信息流。这个流程是商品及交易信息的流程。该流程的方向也是在供货商与消费者之间双向流动的。

（4）资金流。这个流程就是货币的流通。该流程的方向是由消费者经由零售商、批发与物流、厂家等指向供货商的效益。

请结合具体事例，说明上述四种流的时间节点及其相互联系。

2.3.2 供应链管理的方法

供应链管理的方法很多，主要包括相关的信息技术、采购与物流技术、生产运作技术以及有关存货管理等。这里着重研究一些比较常见的和企业的采购、生产运作及库存相关的技术方法。

1. 准时化采购

准时化采购（JIT procurement，JIT 采购），它是由准时化生产（just in time）管理思想演变而来的。准时化采购和准时化生产一样，它不但能够最好地满足客户需要，而且可以极大地消除库存、最大限度地消除浪费，从而极大地降低企业的采购成本和经营成本，提高企业的竞争力。在供应链管理环境下，准时化采购成为现实。JIT 采购的主要原理表现在以下几个方面：与传统采购面向库存不同，准时化采购是一种直接面向需求的采购模式，它的采购送货是直接送到需求点上；用户需要什么，就送什么，品种规格符合客户需要；客户需要什么质量，就送什么质量，品种质量符合客户需要，拒绝次品和废品；客户需要多少就送多少，不少送，也不多送；客户什么时候需要，就什么时候送货，不晚送，也不早送，非常准时；客户在什么地点需要，就送到什么地点。

2. 延迟策略

延迟策略（postponement strategy）是指尽量延迟产品的生产和最终产品的组装时间，即尽量延长产品的一般性，推迟其个性实现的时间。由于越接近需求发生点的预测越准确，通过延长产品的生产和组装时间，可以获得更精确的需求信息，降低不确定性，从而减少库存积压和缺货的成本，更好地满足客户的需求。

延迟策略主要有以下几种：形式延迟策略，是指改变产品和零件的基本结构，使其标准化和简单化；生产延迟策略，是指尽量保持产品的通用形态，由各地的分销中心作最后的生产或组装；物流延迟策略，是指产品全部存放在工厂的中心仓库中，尽量延迟产品的实物配送；完全延迟策略，是指工厂直接根据客户的订单进行生产，并将产品直接运送给客户或零售商。

延迟策略只有在供应链管理模式下才能真正落实。

3. 供货商管理库存

供货商管理库存（vendor managed inventory，VMI）是生产家等上游企业对零售商等下

第 2 章 物流工程理论基础

游企业的流通存货进行的管理和控制。生产厂家基于零售商销售中心发出发货指令，补充零售商的库存。这个系统的特点是把管理存货的责任基本归功于供应商。零售商把每天或每周的销售、库存、缺货及送货资料直接通过电子数据交换（electronic data interchange，EDI）系统直接与供应商联系。利用供货商管理库存系统，零售商充分利用与供应商的良好关系，去降低自己的存货成本，利用事先设定好的安全库存量等因子，对供应商提出的建议订单进行控制。但该系统也有不利之处，就是向供应商提供了企业的机密。

供货商管理库存是一种新的有代表性的库存管理思想。它是一种供应链集成化运作的决策代理模式，把用户的库存决策权代理给供应商，由供应商代理分销或批发商行使库存决策的权力。供货商管理库存的主要思想是供应商在用户的允许下设立库存，确定库存水平和补给策略，并拥有库存控制权，通过用户和供应商之间的合作性策略，以最低的成本优化产品的可获性。运用供货商管理库存系统不仅可以降低供应链的库存水平和总成本，而且用户还可获得高水平的服务和与供应商共享不断变化的需求的好处，从而有利于改善双方的资金流并获得更高的客户信任度。

2.3.3 供应链管理的应用

供应链管理以同步化、集成化为策略，以各种信息技术为支撑，尤其依赖互联网和局域网，以提高客户服务水平和降低总的交易成本，并寻求两者之间的最优值。供应链管理的应用在以下几方面最为突出。

1. 客户服务管理

客户是供应链管理的核心和基本出发点。供应链管理的第一步就是要寻求对企业经营至关重要的那些关键客户，并与它们发展合作关系。

对客户的服务水平有时与交易前因素或交易前企业的活动有关，有时也与交易中因素（就是那些在客户眼中对订单履行有影响的因素）有关。对客户的服务效果往往还与交易后因素有关。这主要与订单履行之后所提供的服务有关，包括维修或更换有缺陷的配件、维护保养服务、处理客户投诉等。

2. 流程管理

供应链管理以流程为向导，其目的是以最有效率的方法协调订单履行过程中涉及的所有活动。开始要对现有供应链、各成员所承担的任务进行分析。关键绩效指标可以显示出供应链管理中（尤其是成员之间的联结点）的弱点、瓶颈和不必要的内容。现代供应链的生产计划往往是"拉式"状态，企业要进行柔性生产以适应频繁的市场需求变化。生产流程管理的改进可以缩短生产周期，提高客户响应速度。

3. 库存管理

原材料、半成品以及产成品的库存水平的管理是供应链管理应用的重点，也是评价供应链管理成功与否的主要绩效指标。对于库存管理，一方面必须能客观合理满足客户需求，另一方面又要尽力降低供应链成本。由于供应链内部的信息共享性，将极大地促进节点企业的

"零库存"目标，从而提高供应链的整体效益。

4. 成本管理

高效率和低成本是供应链管理应用的重要目标。在供应链管理环境下，作为供应链的节点企业在决策时需要考虑自己的经营方式与活动会对上游节点或下游节点直至最终用户产生什么影响。节点企业往往试图使自己的成本最优化，但是这种做法就可能会伤害到供应商或客户。有时，企业仅仅是没有意识到它们的战略和行动的影响。在当今经营环境下，全球供应链之间展开了竞争，节点企业不得不运用信息共享、合资等方案来配合其供应链活动以完成成本目标，这些必须以一定的系统理论和总成本分析为基础。

📖 **案例分析**

风神汽车有限公司的供应链结构

风神汽车有限公司（以下简称风神公司）成立于 2000 年 3 月，总部设在深圳，生产基地设在湖北的襄樊和广东的花都。风神公司通过自己的信息系统与上游的国外供应商、技术合作者、国内主要零部件供应商以及下游主要合作者连成一体化的供应链。风神公司通过这条供应链建立了自己的竞争优势：与供应商建立了战略合作伙伴关系，优化了网链上成员间的协同运作管理模式，实现了合作伙伴企业之间的信息共享，促进了物流通畅，提高了客户反应速度，创造了竞争中的时间和空间优势；通过设立中间仓库，实现了准时化采购，从而减少了各个环节上的库存量，避免了许多不必要的库存成本消耗；通过自己所处的核心地位，对整个供应链的运行进行信息流和物流的协调，各节点企业（供应商、中间仓、工厂、专营店）在需求信息的驱动下，通过供应链的职能分工与合作（供应、库存、生产、分销等），以资金流、物流和服务流为媒介，实现整个风神公司供应链的不断增值。其供应链结构如图 2.3 所示。

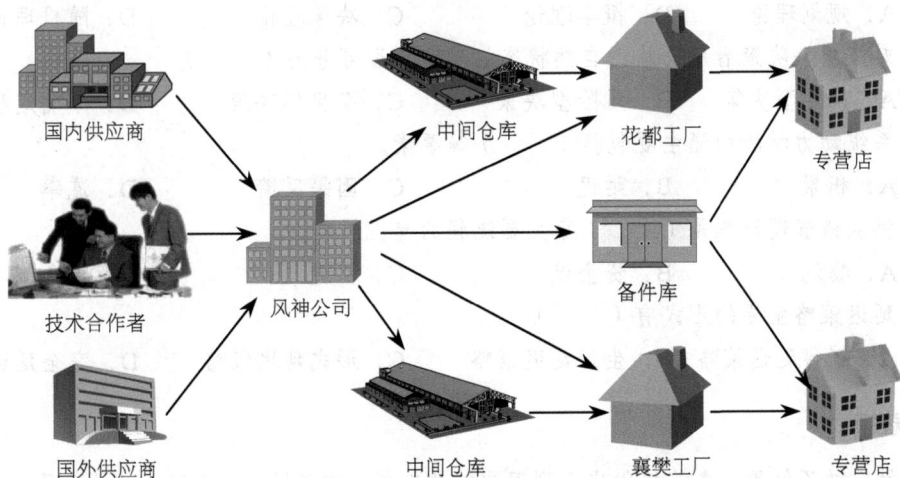

图 2.3　风神公司的供应链结构

讨论与分析：

1. 依据图 2.3，绘制风神公司的供应链网状结构和链式结构示意图。
2. 根据该案例，谈谈你对供应链管理的认识。

同步测试

一、单项选择题

1. ( ) 不契合物流 "7R" 理论的论点。
   A. 恰当的质量　　B. 恰当的仓储　　　C. 恰当的数量　　　D. 恰当的顾客
2. 运筹学这一学科基本形成于 ( ) 年。
   A. 1938　　　　　B. 1947　　　　　　C. 1951　　　　　　D. 1957
3. 系统动力学方法作为一种研究复杂的社会经济系统的定量方法，它强调以 ( ) 理论为基础。
   A. 反馈控制　　　B. 决策理论　　　　C. 排对理论　　　　D. 对策理论
4. 在系统动力学应用研究涉及的物流工程领域中，以物流决策、( )、流程设计和规模优化最为广泛。
   A. 成本控制　　　B. 库存控制　　　　C. 交通管制　　　　D. 过程管理
5. 供应链管理因企业战略和适应市场需求变化的需要，链上节点企业需要动态地更新，这就使得供应链具有明显的 ( )。
   A. 复杂性　　　　B. 动态性　　　　　C. 控制性　　　　　D. 灵活性

二、多项选择题

1. 运筹学的主要理论包括 ( )。
   A. 规划理论　　　B. 概率理论　　　　C. 决策理论　　　　D. 随机理论
2. 对策法按决策者所面临的自然状态的确定与否可分为 ( )。
   A. 确定型决策　　B. 风险型决策　　　C. 多目标决策　　　D. 不确定型决策
3. 系统动力学的内涵主要包括 ( ) 等要素。
   A. 积累　　　　　B. 延迟　　　　　　C. 因果反馈　　　　D. 流率
4. 供应链管理过程是 ( ) 等主要流程的有机结合。
   A. 物流　　　　　B. 资金流　　　　　C. 商流　　　　　　D. 信息流
5. 延迟策略主要的形式有 ( )。
   A. 销售延迟策略　B. 生产延迟策略　　C. 形式延迟策略　　D. 完全延迟策略

三、判断题

1. 供应链不仅是一条连接供应商到用户的物料链、信息链、资金链，而且还是一条增值链。( )

2．非线性规划法又叫随机服务系统理论。（　　　）

3．系统动力学是一门分析研究信息反馈系统的学科。（　　　）

4．系统动力学就是通过计算机仿真技术来对系统结构进行仿真，寻找系统的较优结构，以求得较优的系统行为。（　　　）

5．系统动力学和运筹学一样，都是追求"最优解"。（　　　）

6．系统动力学不适用于研究数据不足或某些数据难以量化的问题。（　　　）

7．供应链是指涉及将产品或服务提供给最终消费者的过程活动的上游及下游企业组织所构成的网络。（　　　）

8．典型的现代企业价值链（即虚拟价值链）的构成是线性的。（　　　）

9．供应链管理的时序性、目的性、重复性不是很强，可逆向操作。（　　　）

10．高效率和零成本是供应链管理应用的主要目标。（　　　）

四、综合实务题

A公司是一家专门生产日常生活用品的大型企业，在全国主要城市都有分销商，各分销商向所在城市及周边的零售商（如超市和商场）供货。近年来，公司发现，整个供应链上库存很高，且对顾客需求的反应迟钝，经常出现顾客需要的商品缺货同时一些销售量不大的商品却在货架或仓库里积压较多的现象。为此，公司高层决定推行有效顾客响应（ECR）这一供应链管理方法来降低库存和提高市场反应能力。但公司对于如何实施有效顾客响应还不大清楚，也担心难以获得分销商和零售商的支持。

讨论与分析：

1．为了取得分销商的支持，需要向它们说明实施有效顾客响应将获得的利益。请解释分销商将从实施有效顾客响应中取得哪些有形利益和无形利益。

2．请谈谈A公司、分销商和零售商应该采用哪些策略去实施有效顾客响应。

五、论述题

1．试述系统动力学原理。

2．供应链管理的特点和作用是什么？

第3章 物流工程技术基础

学习目标与内容架构

知识目标

（1）掌握运输、配送、仓储、装卸、搬运、流通加工的基础知识；（2）理解运输环节的主要经济指标；（3）了解运输、配送、仓储、装卸、搬运、流通加工的基本技术。

技能目标

（1）能运用物资调运模型、运输方式选择模型、车辆智能调度系统解决现实问题；（2）能使用电子自动订货系统进行操作；（3）能合理选择配送路线；（4）能进行库存分类控制；（5）能运用流通加工方法进行操作。

内容架构

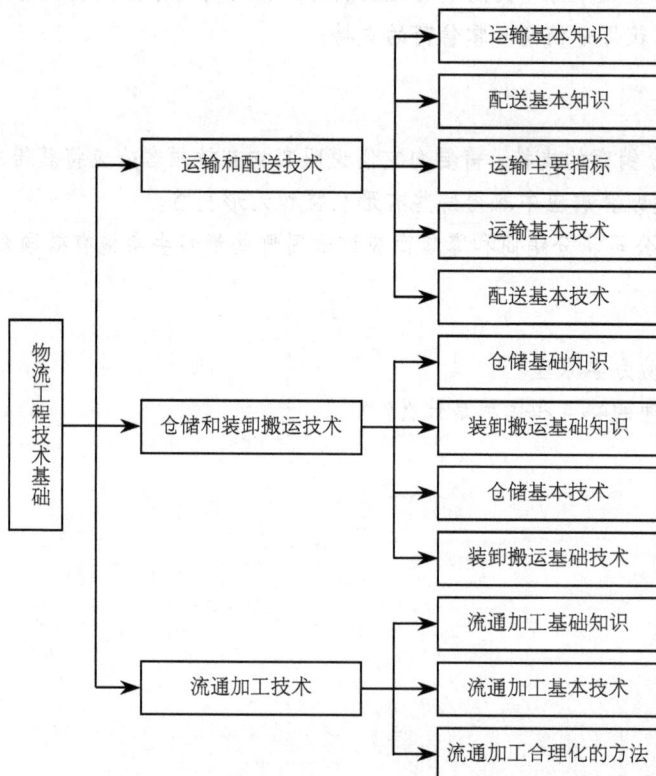

物流技术、物流装备与物流系统①

物流技术、物流装备是物流系统的重要组成要素，担负着物流作业的各项任务，影响着物流活动的每一环节，在物流活动中处于十分重要的地位。离开物流技术、物流装备，物流系统就无法运行或服务水平及运行效率就可能极其低下。

物流技术、物流装备是提高物流系统效率的主要手段。一个完善的物流系统离不开现代物流技术的应用。随着科学技术的进步，物流活动的诸环节不断提高技术水平。物流技术是推进科技进步、加快物流现代化的重要环节，也是内涵式提高物流效率的根本途径。许多新物流技术的研制开发，为现代物流的发展做出了积极贡献。实践证明，先进的物流技术和先进的物流管理是提高物流能力、推动现代物流迅速发展的两个车轮，二者缺一不可。

物流技术、物流装备是反映物流系统水平的主要标志。物流技术与现实物流活动紧密相关，在整个物流过程中，包装、运输、装卸、储存等作业环节及其他辅助作业的高效完成需要不同的物流技术、物流装备。因此，物流技术、物流装备水平的高低直接关系到物流活动各项功能的完善和有效实现，决定着物流系统的技术含量。物流技术、物流装备的应用和普及程度如何，直接影响着整体物流水平。因此，物流技术、物流装备是物流系统水平先进与否的重要标志。

问题：根据你的社会实践经历，谈谈曾接触到的物流技术。

3.1　运输和配送技术

运输和配送是物流系统的主要组成部分，无论是输入物流还是输出物流，都需要通过运输和配送来实现商品的空间转移。

3.1.1　运输和配送基础

3.1.1.1　运输的基本知识

所谓运输，就是借助车、船、飞机等交通运输工具，实现人和物空间位置变化的经济和社会活动。

根据《中华人民共和国国家标准——物流术语》，**运输**（transportation）是指"用设备和工具，将物品从一地点向另一地点运送的物流活动。其中包括集货、分配、搬运、中转、装入、卸下、分散等一系列操作。"

在物流的所有功能中，运输是一个最基本的功能，是改变空间状态的主要手段。马克思将运输称为"第四个物质生产部门"，将运输看成生产过程的继续，这个继续虽然以生产过程

为前提，但如果没有这个继续，生产过程则不能最终完成。所以，虽然运输的这种生产活动和一般生产活动不同，它不创造新的物质产品，不增加社会产品数量，不赋产品以新的使用价值，而只变动其所在的空间位置，但这一变动使生产能继续下去，使社会再生产可不断推进，所以我们将其看成一种物质生产部门。

运输的方式主要有铁路运输、公路运输、水路运输、航空运输和管道运输。

1. 铁路运输

铁路运输是利用铁路设施、设备运送旅客和货物的一种运输方式。主要承担长距离、大数量的货运。

从技术性能上看，铁路运输运行速度快，运输能力大，运输过程受自然条件限制较小，连续性强、能保证全年运行。从经济指标上看，铁路运输成本和能耗较之于公路和航空运输都相对较低。但其主要缺点是建设周期较长，投资成本较高，灵活性差，只能在固定的线路上进行运输。

2. 公路运输

公路运输是指以公路为运输线，利用汽车等陆路运输工具实现客货运输空间场所转移的运输方式。一般可分为运输准备、运输生产和生产辅助等主要工作环节，公路运输的主要运输工具是货运汽车。

公路运输的最大优点是投资少，修建公路的材料和技术比较容易解决，易在全社会广泛发展，加之其机动灵活，货物损耗少，运送速度快，可以实现门到门运输等优点成为主要的运输方式之一。其主要缺点是运输能力小，运输成本高，运输的耗能较大，而且容易造成环境污染等问题。

3. 水路运输

水路运输是以船舶为主要运输工具运送旅客和货物的一种运输方式。水路运输按其航行的区域，大体上可划分为远洋运输、沿海运输和内河运输三种形式。

从技术性能看，水路运输在五种运输方式中运输能力最大，主要利用江、河、湖泊和海洋的"天然航道"来进行，通航能力几乎不受限制，可以实现大吨位、长距离的运输，非常适合大宗货物的运输。从经济技术指标上看，水路建设投资成本低，除必须投资建造船舶、建设港口、整治航道之外，沿海航道几乎不需投资。但其航行受自然条件等不可抗力影响较大，且速度慢。

4. 航空运输

航空运输是指利用飞机运送货物的现代化运输方式。近年来，采用航空运输的方式日趋普遍，航空货运量越来越大，航空运输的地位日益提高。

航空运输的运行速度快，在紧急救援时能起到关键作用，其机动性能好，几乎可以飞越各种天然障碍，可以到达其他运输方式难以到达的地方。但飞机造价高、能耗大、运输能力小、成本很高、技术复杂等特点制约着航空运输的发展。

5. 管道运输

管道运输是利用管道输送液体和气体的一种运输方式。管道运输的形式可分为原油管道、成品油管道、天然气管道和煤浆管道，该运输方式是靠压力使物体沿管道实现顺向移动的。

管道运输可省去水运或陆运的中转环节，缩短运输周期，降低运输成本，提高运输效率；管道运输能耗小，不受气候影响，可以全天候运输；管道运输实施封闭运输，安全可靠，损耗少。但其专用性强，只能运输石油、天然气及固体料浆（如煤炭等），且管道运输不如其他运输方式（如汽车运输）灵活，除承运的货物比较单一外，它也不容随便扩展管线，实现"门到门"的运输服务。对一般用户来说，管道运输常常要与铁路运输或汽车运输、水路运输配合才能完成全程输送。此外，在运输量明显不足时，管道运输的运输成本会显著增大。

📖 **知识拓展**

甩挂运输

所谓"甩挂"，就是当配送车将满载的集装箱送到目的地时，车头与集装箱可以分离，车头再将满载的另一个集装箱运回，从而减少配送车返程的空载率，并最大限度地节约等候装卸时间运输方式。甩挂运输就是带有动力的机动车将随车拖带的承载装置，包括半挂车、全挂车甚至货车底盘上的货箱甩留在目的地后，再拖带其他装满货物的装置返回原地，或者驶向新的地点。这种一辆带有动力的主车，连续拖带两个以上承载装置的运输方式被称为甩挂运输（swap trailer transport）。

百度百科"甩挂运输"词条可供读者参考：http://baike.baidu.com/view/1287878.htm

请思考：甩挂运输对提高物流效率、降低物流成本能起到哪些作用？

3.1.1.2 配送的基本知识

根据《中华人民共和国国家标准——物流术语》，**配送**（distribution）是指："在经济合理区域范围内，根据客户的要求，对物品进行拣选、加工、包装、分割、组配等作业，并按时送达指定地点的物流活动"。一般来说，配送是按照客户的要求，在物流据点内进行分拣、配送等工作，并将配好的货物适时地送交收货人的过程。它既包含了商流活动，也包含了物流活动中的若干功能要素，将商流与物流紧密、有效地结合起来。

准确把握配送的内涵应注意以下几个要点。

（1）在经济合理区域范围内进行。一般情况下，配送都是小规模、多批次的物流活动，远距离的配送会带来较低的规模效益和严重的成本浪费。因此，在成本最优的原则下，物流企业想要在满足客户需求的同时保证获得最大的经济效益，就必须划分好配送区域。

（2）强调以客户的需求为出发点。物流配送企业要想提高客户满意度就必须根据其要求进行配货和送货。不仅要在配送的时间、地点、数量等上按照客户的需要进行，还必须在服务态度和售后等方面为客户提供增值服务，争取获得较高的客户满意度，从而增加企业可持

第 3 章 物流工程技术基础

续发展的能力。

（3）配送是"配"和"送"的有机结合。区别于一般的送货，配送不是简单的送货，它是"配"与"送"的有机结合，配送在完成送货的基础上，还进行分拣、配货、运输、装卸等相关活动，并在送货时能满足客户多方面的需求，提供更好的服务，更加强调在特定的时间和地点完成交货，充分体现了合理性与时效性的原则。

📖 知识拓展

配送系统的目标

（1）高服务水平。配送系统是一个服务系统，它的所有活动都是服务活动。而服务的核心，就是满足客户对所需货物的需求，要在保质保量的基础上做到配送成本最低，提供良好的技术支持和售后服务等。

（2）低配送成本。低配送成本是指在满足客户需求的同时使配送的总成本最省。配送系统是由多个单元构成，配送活动又由多种类型、多个环节构成。因此，各种配送方式、各个配送环节都会发生配送费用。要做到配送系统的总费用最小，则要求整个配送系统、各单元要优化，提高工作效率，降低配送成本。

（3）高配送质量。配送质量包括产品质量和服务质量。只有两种质量均达到优质状态，才能称为高质量配送。

请结合身边实例，谈谈配送在日常生活的地位和作用。

3.1.1.3　运输和配送的关系

运输和配送都是为了实现物品的空间位置转移而进行的活动，它们相辅相成，共同创造物品的空间效用。

运输和配送都是线路活动。物流活动根据物品是否产生位置的移动分为线路活动和节点活动。线路活动体通常可以理解为物品的外部活动，指物品发生了位置移动。节点活动则可以理解为物品的内部活动，指物品并未发生位置移动。线路活动在创造物品的空间效用方面作用较大，节点活动在创造物品的时间效用方面作用较大，它通常在一个组织内部场所里面进行。例如，在工厂、仓库、配送中心进行的货物的装卸、搬运、摆放、加工等，都是节点活动。运输活动必须通过运输工具对货物的承载，在运输线路上移动，才能将货物送往异地，因而运输和配送都是一种线路活动。

运输与配送虽同属线路活动，但是二者也有区别，主要表现在以下几点。

（1）活动范围与空间不同。运输的活动空间比较大，它可以在不同地区、不同城市甚至不同国家之间进行，既有短距离又有长距离的运送，而配送通常在同一地区或同一城市间进行，运送的距离比较短。

（2）运送对象与功能不同。运输多为运送大批量、远距离的物品，并且途中兼有储存的功能。而配送包括拣选、加工、包装、组配、运输等多个环节，通常是小批量、多种类的产品运送，通过物品地理位置的移动，满足不同用户的多种要求。

（3）承载主体的责任与主动程度不同。运输仅仅按照用户的要求被动提供服务，只要把货物保质、保量、按时送到用户手中即可。配送要为顾客提供积极、主动的服务，涉及多个服务环节，是"配"与"送"的有机结合。

（4）运输工具与运输方式不同。运输根据运送货物的性状特点、到货时间、到货地点的不同要求，采用多种运输工具，采用不同的运送路线，既适合产品的特性又满足经济效益的实现。相对而言，配送在运输工具和运输方式上则受到限制，因为配送的产品一般品种比较丰富，且多为小批量、多频率的运送，所以一般采用装载量不大的短途运输工具。

（5）对承载主体技术要求不同。在配送过程中，客户对配送中心的作业技术和作业水平往往会提出更高的要求，这就要求配送中心最大限度地利用信息技术、网络技术，通过网络的作用把分拣、仓储、包装、运送等环节紧密地连接在一起，实现物流、资金流、信息流一体化的过程。

3.1.2　运输技术

3.1.2.1　运输的主要技术经济指标

运输绩效是通过各种技术经济指标来反映的，常见运输领域的技术经济指标如下。

1. 货物运输量

货物运输量是反映运输业务量大小的指标。铁路主要用货物发送吨数表示，公路运输和水路运输部门按到达货物量进行计算，水运到达量可按航次、装卸情况或排水吨位来推算。

2. 货物周转量

货物周转量是指在一定时期内，由各种运输方式实际完成的运量和运距复合计算的货物总运输量。货物周转量指标不仅包括了运输对象的数量，还包括了运输距离的因素，因而能够全面地反映运输生产成果。

3. 货物运输成本

货物运输成本是指完成货物位移全部生产过程中每一单位运输量的费用。它是比较各种运输方式经济效益的一个综合性质量指标。

4. 货物送达速度

货物送达速度是指货物自铁路承运时刻起，至交付收货人时刻止的全部时间所算得的货物平均运送速度，它反映了货物运输的全过程。货物送达速度主要取决于货物平均运程、列车运行速度、货物运输组织工作的效率等。

知识拓展

滚装运输

滚装运输（rolling transport）是指使用滚装船以装满集装箱或货物的车辆为运输单元，带货一起装运的一种水路运输方式。装载时，汽车及由牵引车辆拖带的挂车通过跳板开进舱内。到达目的港后，车辆可直接开往收货单位。滚装船的装卸效率很高，每小时可达 1 000～2 000 吨，而且实现了从发货单位到收货单位的门对门直接运输，减少了运输过程中的货损和差错。此外，船与岸都不需起重设备，即使港口设备条件很差，滚装船也能高效率装卸。因此，滚装船成为迅速发展的新船型。

请思考：滚装运输具有哪些优势和劣势？进一步查阅资料，列举一些滚装运输的案例。

百度百科"滚装运输"词条可供读者参考：http://baike.baidu.com/view/1097436.htm

3.1.2.2　物资调运模型

运输系统的重要任务之一是运输计划的编制。编制运输计划必然要处理物资调运问题，因而物资调运模型具有重要作用。

1. 单一品种物资调运模型

第一步：提出问题。从若干个物流中心向若干个物流需求点（客户）运送同一品种的物资，已知各物流中心的运输能力、各客户的货物需求量以及物流中心和客户的位置，求各物流中心的运输范围和货物运输量，使总物流成本最小（最经济）或总物流运作效率最高（时间和距离最节省）。

第二步：构建模型。已知有 m 个物流中心，能力为 $A_i(i=1, 2, \cdots, m)$（运输能力或生产能力等）；n 个需求点，需求量为 $B_j(j=1, 2, \cdots, n)$；A_i 到 B_j 的运输成本为 C_{ij}，需确定 A_i 到 B_j 的运输量 x_{ij}。则 x_{ij} 应满足以下约束。

（1）每个运输中心总的运输量不超出其运输能力，即

$$\sum_{j=1}^{n} x_{ij} \leqslant A_i \quad i=1, 2, \cdots, m \quad (3.1)$$

（2）每个客户点的货物量需求必须满足，即

$$\sum_{i=1}^{m} x_{ij} \leqslant B_j \quad j=1, 2, \cdots, n \quad (3.2)$$

优化的目标函数为使总成本 $C = \sum_{i=1}^{m}\sum_{j=1}^{n} C_{ij}x_{ij}$ 达到最小。因此，单品种物资调运的数学模型为

$$C_{\min} = \sum_{i=1}^{m}\sum_{j=1}^{n} C_{ij}x_{ij}$$

$$\text{s.t.} \quad \sum_{j=1}^{n} x_{ij} \leqslant A_i \quad i=1,2,\cdots,m \quad (3.3)$$

$$\sum_{i=1}^{m} x_{ij} \leqslant B_j \quad j=1,2,\cdots,n$$

$$x_{ij} \geqslant 0, i=1, 2, \cdots, m; j=1, 2, \cdots, n$$

第三步：模型求解。式 3.3 是一个典型的运输问题，可先将其化为产销平衡问题，然后用表上作业法[1]进行求解，也可用单纯形法[2]进行模型的求解。

2. 多品种物资调运模型

第一步：提出问题。需求点同时需要若干种产品，求最优运输计划。

第二步：构建模型。设 L 为总的物资品种数，可在单一产品模型中增加一个下标 k 表示物资品种，则式 3.3 可以化为

$$C_{\min} = \sum_{i=1}^{m}\sum_{j=1}^{n} C_{ij}(\sum_{k=1}^{l} x_{ijk})$$

$$\text{s.t.} \quad \sum_{i=1}^{m} x_{ijk} \leqslant A_{ik} \qquad i=1,2,\cdots,m；k=1,2,\cdots,l$$

$$\sum_{j=1}^{n} x_{ijk} = B_{ijk} \qquad j=1,2,\cdots,n；k=1,2,\cdots,l \qquad (3.4)$$

$$X_{ijk}\geqslant 0，\quad i=1,2,\cdots,m；j=1,2,\cdots,n；k=1,2,\cdots,l$$

第三步：模型求解。

（1）若产品数 l 很小，需求量 B_{jk} 很大（相对运输工具），则可先分 z 次求单一产品的运输计划，最后合并各计划。

（2）若产品数 l 较大，需求量 B_{jk} 较小，则可先合并某些产品，再按（1）法求解。

3.1.2.3 运输方式选择模型

假如给定几种运输方式，并知道各类货物的货流量时，就可确定各备选运输方式的一个集合，并估计每个备选运输方式的费用。通过优化模型就可以把每一组货物分配到费用最低的备选运输方式上。

最简单、最常见的一种情况是，假定运输成本函数是线性函数，即单位运费是常量，与货流量无关。在这种情况下，货流量在备选运输方式上的分配可以通过线性规划模型完成，其目标函数是总的系统成本最小。由于任一备选运输方式上的总运量是分配在该运输方式上的不同货种运量的和，所以，为使计算的运输费用符合实际，还必须对常规线性规划模型进行改进。

设有 m 个备选运输方式（方案）（$m=1,2,\cdots,i$），n 种货物（$n=1,2,\cdots,j$）；T_{ij} 为 j 类货物用运输方式 i 的货流量；C_{ij} 为用运输方式 i 运输 j 类货流的单位平均运费。假定 C_{ij} 是常量，则得到一个简单的线性规划模型，用于向各备选运输方式分配货流。

---

[1] 用列表的方法求解线性规划问题中运输模型的计算方法，是线性规划的一种求解方法。当某些线性规划问题采用图上作业法难以进行直观求解时，就可以将各元素列成相关表，作为初始方案，然后采用检验数来验证这个方案，否则就要采用闭回路法、位势法或矩形法等方法进行调整，直至得到满意的结果。这种列表求解方法就是表上作业法。

[2] 求解线性规划问题的通用方法。单纯形是美国数学家 G·B·丹齐克于 1947 年首先提出来的。它的理论根据是：线性规划问题的可行域是 n 维向量空间 R_n 中的多面凸集，其最优值如果存在，必在该凸集的某顶点处达到。顶点所对应的可行解称为基本可行解。

$$\min\sum_i\sum_j C_{ij}T_{ij} \tag{3.5}$$

满足约束条件：

$$\sum_i T_{ij}=T_j \qquad T_{ij}\geqslant 0$$

式中，T_{ij} 为运输方式 i 需要运输的 j 类物流量。

当备选运输方式的总运输费用与其或流量有关时，就需要一个更复杂的模型进行优化。这时，平均运费 C_{ij} 不是常量，而是与某一备选运输方式 i 的总货流量 T_i 有关，那么上述规划模型需要改进为

$$\min\sum_i\sum_j C_{ij}T_{ij}(T_i) \tag{3.6}$$

满足约束条件：

$$\sum_i T_{ij}=T_j$$

$$C_{ij}(T_i)=f_i(T_i) \qquad T_{ij}>0$$

式中，$C_{ij}(T_i)=f_i(T_i)$ 是运输方式 i 的运费与货流量之间的关系，$f_i(T_i)$ 有待用其他方法确定。

3.1.2.4 车辆智能调度系统

物流企业基本上已采用卫星定位系统进行车辆定位及基础数据采集，广泛采用物联网和车联网系统加强对车辆的监控和管理。

1. 车辆定位功能

车联网可以 24 小时提供车辆位置、行驶方向、速度等信息，还可以通过报表形式列出所查询车辆的车牌、司机名称、手机、车速、方向、发动机状态和接收时间等信息，方便企业了解所有车辆当前的详细情况。实现企业或监控中心与驾驶人员之间高效率的信息传达，确保沟通顺畅；掌握车辆实时位置和空闲状况，对车辆进行有效调度，实时掌握车辆行驶速度、里程信息，对车辆状况进行控制，获得安全信息等。

2. 历史轨迹查询功能

由于企业自身并不能真正实现全天候的监控形式，系统便提供了历史轨迹查询功能。企业可以知道所需查询的车辆任意时段的行驶路线、运行状态、停车地点与时间等。

3. 信息管理功能

可以知道任何一辆物流运输车辆在任何时间是"空载"还是"满载"，司机什么时间到达目的地、什么时间离开目的地；司机什么时间经过某个收费站都会自动向控制中心汇报登记，有效杜绝司机乱报费用，有效地掌握司机的用车频率，载货、卸货的实际情况，让物流企业更好地管理车辆。

4. 车辆报警功能

强大的防盗、防抢、求助功能，预防外人或司机偷窃车辆，避免连车辆及货物的损失。当破坏车载系统的任何一部分（连接电线、电源、接收机），系统便向物流企业和监控中心报

警；企业还可以设定允许运货车辆打开车厢门的地点，当送货车辆在非企业授权地点打开车厢门时系统会向管理人员的手机报警。

5. 车辆油耗管理功能

此功能需加装油感应器，送货车辆什么时候、什么地点加过油都会自动向控制中心汇报登记，如果司机在中途放油，系统会自动发出警报，并加以记录。该功能可保证送货车辆所加的油全部用在车辆运输上。

6. 货主查车功能

企业可授权给货主用自用手机或电脑随时查询送货车辆的位置，可以了解到货物的运行信息及货物运达目的地的整个过程，增强物流企业和货主之间的相互信任。

7. 行车分析功能

选择所需查询车辆任意时段的信息，可对车辆进行四种分析：车辆停车地点、时间分析；车辆行车情况分析；车辆停车未熄火分析；塞车地点、时间分析等。

例如，选择车辆停车地点分析时，通过文字形式，我们可以看到所选车辆在该时间段内的行驶里程及油耗。详细分析车辆的停、开车情况，可知道车辆在何时、何地停过车及停了多久。系统会自动分析停车地点是否为送货处或企业下属网点。

📖 知识拓展

多式联运

多式联运（multimodal transport）是指使用多种运输方式，综合利用各种运输方式，在最低的成本条件下提供综合性服务。这种设法把不同的运输方式综合起来的方式，也称为"一站式"运输。从技术上讲，在所有基本的运输方式之间都能够安排协调运输或多式联运。一些术语，如驮背式运输、卡车渡运、火车渡船和运货飞机等，已成为标准的运输业行话。对于每一种多式联运的组合，其目的都是要综合各种运输方式的优点，以实现最优绩效。

百度百科"多式联运"词条可供读者参考：http://baike.baidu.com/view/184813.htm

请思考：国家中长期物流规划（2014—2020）中为什么要重点发展多式联运工程？

3.1.3 配送技术

3.1.3.1 电子自动订货系统

配送从订单开始，当前，电子自动订货系统（electronic ordering system，EOS）是订单处理的现代技术系统。

电子自动订货系统是客户将各种订货信息，使用计算机并通过网络系统传递给配送中心，完成从订货、接单、处理、供货、结算等全过程在计算机上进行处理的系统。

1. 订货簿或货架标签配合手持终端机及扫描器

订货人员携带订货簿及手持终端机巡视货架，若发现商品缺货则用扫描器扫描订货簿或货架上的商品标签，再输入订货数量，当所有订货资料皆输入完毕后，再利用数据机将订货资料传给供应商或总公司。

2. 销售终端机

客户若有销售终端机（POS 机）则可在商品库存档里设定安全库存量，每销售一件商品，计算机便自动扣除一件该商品的库存量，当库存量低于安全存量时，即自动产生订货资料，将此订货资料确认后通过网络传给总公司或供应商。

3. 订货应用系统

客户信息系统里若有订单处理系统，就可将应用系统产生的订货资料经转换成与供应商约定的共通格式，再在约定时间将资料传送出去。

3.1.3.2 配送路线选择方法

确定配送路线的方法主要有以下几种。

1. 方案评价法

当配送路线的影响因素较多，难以用某种确定的数学关系表达时，或难以以某种单项依据评定时，可以采取对配送路线方案进行综合评定的方法。通过综合评定方案以确定最优方案的步骤如下。

（1）拟订配送路线方案。以某一项较为突出和明确的要求作为依据，例如，以某几个点的配送准时性，或司机习惯行驶路线等为基准拟订出几个不同的方案，方案要求提出路线发、经地点及车型等具体参数。

（2）对各方案收集的数据进行计算，如配送距离、配送成本、配送行车时间等，并将计算结果作为评价依据。

（3）确定评价项目。决定从哪几方面对各方案进行评价，如动用车辆数、司机数、油耗、总成本、行车难易度、准时性及装卸车难易度等方面，都可作为评价依据。

（4）对方案进行综合评价。

2. 节约里程法

在实际工作中有时只需求近似解，不一定求得最优解，在这种情况下可采用节约里程法。

随着配送的复杂化，配送路线的优化一般要结合数学方法及计算机求解的方法来制订合理的配送方案，目前确定优化配送方案的一个较成熟的方法是节约法，也叫节约里程法。利用节约里程法确定配送路线的主要出发点是：根据配送中心的配送能力（包括车辆的多少和载重量）和配送中心到各个用户以及各个用户之间的距离来确定配送路线，以使总的车辆运输的吨公里数最小。利用节约里程法制订出的配送方案除了使配送总吨公里数最小外，还满足以下条件：方案能满足所有用户对到货时间的要求；不使任何一辆车超载；每辆车每天的总运行时间或行驶里程不超过规定的上限；配送的是同一种或类似的货物；各个客户的位置和需求量已知。

假设由配送中心 P 单独向两个用户 A 和 B 往返配货，P 到客户 A、B 的距离分别是 l_1 和 l_2，两个用户的距离是 l_3，有如下两种送货方案。

方案一：如图 3.1（a）所示，配送中心 P 分别向用户 A、B 送货。

方案二：如图 3.1（b）所示，配送中心在一个巡回过程中向用户 A、B 送货。

显然，方案一的配送路线是 P→A→P→B→P，配送距离是 $2l_1 + 2l_2$；方案二的配送路线是 P→A→B→P，配送距离是 $l_1 + l_2 + l_3$。那么，所计算的结果 $2l_1 + 2l_2 - (l_1 + l_2 + l_3) = l_1 + l_2 - l_3$，为巡回发货比往返发货的节约里程。几何学中三角形两边之和大于第三边的原理，这就是节约里程法的精髓所在。根据这个原理，节约里程法依次将配送问题中的两个回路合并为一个回路，每次使合并后的总配送距离减少的幅度最大，直到达到一辆车的装载极限时，再进行下一个配送车辆的路线选择。

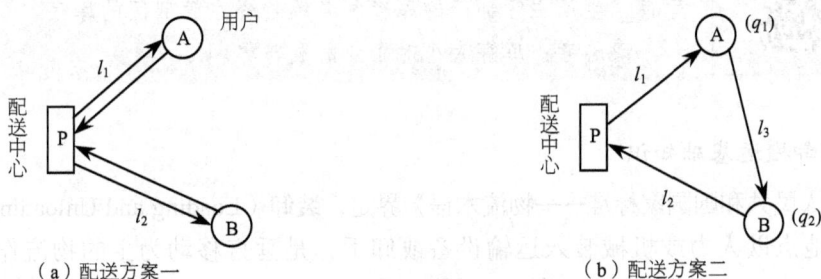

图 3.1　配送方案的选择

3.2　仓储和装卸搬运技术

3.2.1　仓储和装卸搬运基础

随着现代物流的不断发展，仓库在物流系统中的地位日益突出，尤其是在商品质量标准不断提升的情况下，冷链物流的地位也在逐步强化。

1. 仓储基础知识

仓储就是在指定的场所储存物品的行为。"仓"即仓库，为存放、保管、储存物品的建筑物和场地的总称，"储"即储存、储备，具有收存、保管、支付使用的意思。

根据《中华人民共和国国家标准——物流术语》，**仓储**（warehousing）是指利用仓库及相关设施设备进行物品的入库、存贮、出库的作业（活动）。

仓储主要解决集中性生产与均衡性消费之间的矛盾、均衡性生产与集中性消费之间的矛盾，提供增值性服务环节以更好地满足客户的个性化、多样化需求。

仓储的含义可以从两个方面来理解，即狭义的仓储与广义的仓储。狭义的仓储仅指通过仓库等场所实现的对在库物品的储存与保管，是一种静态仓储，可喻之为"蓄水池"。广义的仓储是指除了对物品的储存、保管，还包括物品在库期间的装卸搬运、分拣组合、包装刷唛、流通加工等各项增值服务功能，是一种动态仓储，可喻之为"河流"。

库存

库存（Inventory）是指储存的作为今后按预定目的使用而处于闲置或非生产状态的物品。广义的库存还包括处于制造加工状态和运输状态的物品。根据定义，库存可以分两类：一类是生产库存，即直接消耗物资的基层单位的库存物资，它是为了保证企事业单位所消耗的物资能够不间断地供应而储存；一类是流通库存，即生产企业的原材料或成品库存、生产主管部门的库存和各级物资主管部门的库存。

请思考：库存大小对企业的利与弊。

百度百科"库存"
词条可供读者参考：
http://baike.baidu.com
/view/122401.htm

2. 装卸搬运基础知识

《中华人民共和国国家标准——物流术语》界定，**装卸**（Loading and Unloading）是指物品在指定地点以人力或机械装入运输设备或卸下，是垂直移动为主的物流作业。**搬运**（Handling Carrying）是指在同一场所内，对物品进行水平移动为主的物流作业。装卸搬运是指在某一物流节点范围内进行的，以改变物料的存放状态和空间位置为主要内容和目的的活动。

装卸搬运机械是指用来搬移、升降、装卸和短距离输送物料或货物的机械。它是物流机械中重要的机械设备。它不仅用于完成船舶与车辆货物的装卸，而且又完成库场货物的堆码、拆垛、运输以及舱内、车内、库内货物的起重输送和搬运。

物流活动中的货物来源广，种类繁多，外形和特点各不相同，如箱装货物、袋装货物、桶装货装货物、散货、易燃易爆及剧毒品等。为了适应各类货物的装卸搬运和满足装卸搬运过程中各个不同环节的不同要求，各种装卸搬运机械应运而生。它们常按以下方法进行分类。

（1）按主要用途或结构特征进行分类。按主要用途或结构特征不同，搬运机械可分为起重机械、连续输送机械、装卸搬运车辆、专用装卸搬运机械。其中，专用装卸搬运机械是指带专用取物装置的装卸搬运机械，如托盘专用装卸搬运机械、集装箱专用装卸搬运机械、船舶专用装卸搬运机械、分拣专用机械等。

（2）按作业性质进行分类。按作业性质不同，搬运机械可分为装卸机械、搬运车辆及装卸搬运机械三类。有些机械功能比较单一，只满足装卸或搬运一个功能，这种单一作业功能的机械结构简单，专业化作业能力较强，因而作业效率高，作业成本低，但使用上有局限。不过由于其功能单一，作业前后需要繁琐的衔接，会降低整个系统的效率。单一装卸功能的机械有手动葫芦、固定式起重机等；单一搬运功能的机械主要有各种搬运车、带式输送机等。装卸、搬运两种功能兼有的机械可将两种作业操作合二为一，因而有较好的效果。这种机械有叉车、跨运车、车站用的龙门起重机、气力装卸输送机械等。

3.2.2　仓储基本技术

仓储技术在物流系统中起着至关重要的作用，高效、合理地利用仓储技术，可以帮助企业加快物资流动的速度，降低成本，保障生产的顺利进行，并可以实现对资源的有效控制和管理。

1. 自动化仓储系统

自动化仓储系统是采用高层货架储存货物，用起重、装卸、运输机械设备进行货物出库和入库作业，采用信息系统进行管理的自动化物流系统（见图3.2）。仓储系统一般由以下四部分组成。

图 3.2　自动化仓储系统实景

（1）高层货架。高层货架是自动仓储系统的主要组成部分，是保管物料的场所。随着仓库自动化程度的提高，要求货架制造和安装的精度也相应提高，高层货架的高精度是自动化仓库的主要保证之一。

（2）自动存取设备。自动仓储系统中的存取设备有高位叉车、工业机器人、有轨式单双立柱巷道堆垛机等，完成物料搬运、提升、堆垛等操作。其中最常见的自动存取设备是堆垛机。堆垛机接受计算机指令后，能在高层货架巷道中米回穿梭，把货物从巷道口的出入库货台搬运到指定的货位中，或者把需要的货物从仓库中搬运到巷道口出入库货台，再配以相应的转运、输送设备，通过计算机控制实现货物的自动出入库。

（3）输送系统。专业输送设备包括链式、无动力式、可移动型等输送系统，可适用于电子、家电、食品、化学、物流中心的产品输送和分配。在不同的物流规划中可以根据工艺布局，选用不同类型的输送系统，并应用各种辅助装置，使物料完成连续输送、积存、翻转、合流、提升等。

（4）数据化拣货系统。数据化拣货系统是一种电脑辅助的无纸化拣货系统，其原理是借助安装于货架上每一个货位的 LED 电子标签取代拣货单，利用计算机的控制将订单信息传输到电子标签中，引导拣货人员正确、快速、轻松地完成拣货工作，拣货完成后按确认钮完成拣货工作。

2. 库存控制 ABC 分类法

一般来说，企业的库存物品种类繁多，价格不一，数量不等，在仓库管理中，由于人力、物力、财力等有限，不可能对所有商品都进行精心管理。为了使有限的资源得到充分的利用，应对库存物品进行分类，将管理的重点放在重要的库存物品上，进行分类和控制。根据物品的重要程度分别进行不同的管理，这就是 ABC 分类管理的基本思想。

ABC 分类法是将库存商品按品种和占用资金的多少分为特别重要的库存（A 类）、一般重要的库存（B 类）和不重要的库存（C 类）三个等级，然后针对不同等级分别进行管理和控制。这种方法是根据库存商品在一定时期内的价值、重要性及保管的特殊性，通过对所有库存商品进行统计、综合、按大小顺序排列、分类，找出主要矛盾，然后抓住重点进行管理的一种科学有效的库存控制方法。它把品种少、占用资金多、采购较难的重要商品归为 A 类；把品种较多、占用资金一般的商品归为 B 类；把品种多、占用资金少、采购较容易的次要商品归为 C 类，然后分别采取不同的管理方法。

在众多的库存商品中，不是每一个商品的比重和管理方法都相同的，根据 2:8 管理法则，一般规律是：仅占销量 20% 的商品，却占了销售利润的 80%，我们把这类商品分为 A 类商品；占销量 40%~60% 的商品，销售利润占 15%，我们把这类商品命名为 B 类商品；而占销量的 30%~40% 的商品，销售利润却只占 5%，我们把这类商品命名为 C 类商品。

A 类商品，实行重点管理。仓库应采取定期订货方式，进行严格的检查、盘点，减少不必要的库存；重点保护 A 类库存商品，使其保持原有的品质，详细记录并经常检查分析商品的进库、出库情况，保证不拖延交货期。在保证供应的前提下，维持尽可能低的经常库存量和安全库存量，同时加强与供应链上下游企业合作，降低库存水平，加快库存周转率。

B 类商品，实行一般管理，采用比 A 类商品简单的管理方法。B 类商品中销售额较高的品种可采用定量订货方式。

C 类商品，采用简便管理方式。这类商品品目数量大，但平均资金占用额小，因而被视为不重要的库存，一般采用简单管理方式。为了防止库存缺货，可大量采购，安全库存量可大些，或减少订货次数，以降低订货成本，减少这类商品的库存管理人员和设施，库存检查、盘点的时间间隔可长些，通过现代化工具很快能订到的商品，甚至可不设库存。

3. 库存控制经济批量模型

建立经济批量的基本模型需要这些假设条件：物品需求均衡稳定，计划订购总量一定；物品单价稳定和运费费率固定，不随订货批量大小而变化；不允许缺货；存货价格稳定，且不存在数量折扣；存货需求稳定，企业现金充足，存货市场供应充足。

在上述条件下，物品总价和运杂费支出与一次订货数量大小无关。订货总费用由订购次数决定，订购次数随订货批量加大而减少，订购总费用与订货批量成反比关系；储存费用随订货批量的加大而加大。因此，经济进货批量是通过平衡采购进货成本和保管仓储成本核算，以实现总库存成本最低的最佳订货量，如图 3.3 所示。

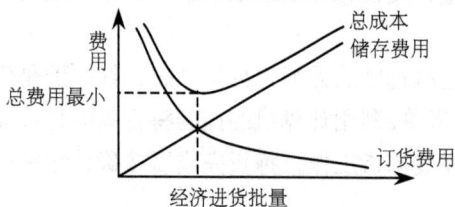

图 3.3　经济进货批量模型

经济进货批量的计算公式为

$$Q = \sqrt{\frac{2RK}{h}} \tag{3.7}$$

式中，Q 为经济进货批量；R 为某种物品年订货总量；K 为一次订货费（元）；h 为单位物品年平均储存费用（元/单位）。

【例 3.1】某企业对原材料 A 的年需求量是 36 万千克，该材料单价为 100 元，每次进货费用为 400 元，单位材料年储存成本为 8 元，试计算经济进货批量和年度进货次数。

解： 经济进货批量 $Q = \sqrt{\dfrac{2RK}{h}} = \sqrt{\dfrac{2 \times 360\,000 \times 400}{8}} = 6\,000$（千克）

经济进货批量的存货相关总成本 $= \sqrt{2 \times 360\,000 \times 400 \times 8} = 48\,000$（元）

经济进货批量平均占用资金 $= 6\,000/2 \times 100 = 300\,000$（元）

年进货批次 $= 360\,000/6\,000 = 60$（次）

需要指出的是：在实际工作中，通常还存在着数量优惠以及允许一定程度的缺货等情况，企业必须同时结合价格折扣以及缺货成本等不同情况进行具体分析，灵活运用经济进货批量模式。

3.2.3 装卸搬运基本技术

3.2.3.1 装卸搬运作业的方法

装卸搬运的基本方法，可以从作业对象、作业手段、作业特点的角度进行划分。

1. 按装卸作业对象分类

装卸搬运按装卸作业对象可分为单件作业法、集装作业法和散装作业法。

单件作业法是指将货物单件、逐件进行装卸搬运的方法，这是人工装卸搬运阶段的主导方法。当前，当装卸机械涉及各种装卸搬运领域时，单件、逐件装卸搬运的方法也依然存在。

集装作业法是指先将货物集零为整（集装化）后，再对集装件（箱、网、袋等）进行装卸搬运的方法。这种方法又可按集装化方式的不同，进一步细分为集装箱作业法、托盘作业法、货捆作业法、滑板作业法等。

散装作业法是指对煤炭、建材、矿石等大宗货物以及谷物、水泥、化肥、食粮、原盐等货物采用的散装、散卸的方法。目的是提高装卸效率，降低装卸成本。散装作业法可进一步细化为重力法、倾翻法、机械法、气力输送法等。

2. 按装卸作业手段和组织水平分类

装卸搬运按装卸作业手段和组织水平可分为人工作业法、机械作业法和综合机械化作业法。

人工作业法是一种完全依靠人力，使用无动力器械来完成装卸搬运的方法。

机械化作业法是指以各种装卸搬运机械，采用多种操作方法来完成货物的装卸搬运作业的方法。机械化作业方法是目前装卸搬运作业的主流。

综合机械化作业法要求作业机械设备和作业设施、作业环境的理想配合，要求对装卸搬运系统进行全面的组织、管理、协调，并采用自动化控制手段（如电子计算机控制与信息传递），以完成高效率、高水平的装卸搬运作业。这是代表装卸搬运作业发展方向的作业方法。

3. 按装卸作业特点分类

装卸搬运按装卸作业特点可分为间歇作业法和连续作业法。

间歇作业法（Intermittent working method）是指以间歇运动完成对货物装卸搬运的作业方法，即在两次作业中存在一个空程准备过程的作业方法，间歇作业法的特点是有较强的机动性，装卸地点可在较大范围内变动，主要适用于货流不固定的各种货物，尤其适用于包装货物、大件货物，散装货物也可采用这种方法。

连续作业法（Continuous operation law）是指在装卸搬运过程中，通过连续输送机械，进行连续不断的装卸作业的方法。如带式输送机、链斗装车机作业。连续作业法的特点是作业线路固定，动作单一，输送均匀，中间无停顿，货间无间隔，便于实现自动控制。在装卸量较大、装卸对象固定、货物对象不易形成大包装的情况下，适宜采用这种方法。

3.2.3.2 装卸搬运的费用控制指标

装卸搬运费的控制方式包括：对装卸搬运设备的合理选择，防止季节设备的无效作业；合理规划装卸方式和装卸作业过程，减少装卸次数，缩短操作距离；提高被装卸物质纯度等。其控制指标有以下几项。

1. 设备投资效率

装卸搬运机械设备的投资效率是指平均每年机械设备投资的总和与相应的每台机械在一年内完成装卸搬运作业量之比，计算公式为

$$C'_{设} = \frac{C_{投}}{365G} \tag{3.8}$$

式中，$C'_{设}$ 为装卸搬运机械设备的投资效率，单位为元/年；$C_{投}$ 为平均每年装卸搬运机械设备的总投资额，单位为元/年；G 为装卸搬运机械设备平均每日装卸搬运作业量，单位为吨/天。

2. 装卸搬运机械的运营费用率

装卸搬运运营费用率是指在某一种装卸搬运机械的作业现场，一年内的运营总支出和机械完成的装卸搬运量之比，计算公式为

$$C'_{运} = \frac{C}{G_{年}} \tag{3.9}$$

式中，$C'_{运}$ 为装卸搬运每吨货物的运营费用率；$G_{年}$ 为装卸搬运机械年作业量；C 为一年内装卸搬运运营投入总费用。

3. 装卸搬运作业成本

装卸搬运作业成本是指在某一物流作业现场，装卸搬运机械每装卸一吨货物所支出的费用，即每年平均设备投资支出和运营费用支出的总和与每年装卸搬运机械作业现场完成的装卸搬运总吨数之比，计算公式为

$$C_{本} = \frac{C_{支} + C_{运}}{G_{年}} \tag{3.10}$$

式中，$C_{本}$ 为装卸搬运一吨的支出费用；$C_{支}$ 为每年设备投资支出的费用；$C_{运}$ 为每年运营的总支出费用；$G_{年}$ 为装卸搬运机械每年完成的总吨数。

三峡第二通道与翻坝物流

三峡大坝工程于 1994 年 12 月 14 日正式动工修建, 2006 年 5 月 20 日全线修建成功。

随着长江航运的迅猛发展, 船舶过闸需求也迅猛增长。2011 年, 三峡船闸双向通过量超亿吨, 提前 19 年达到设计年通过能力, 致使通过三峡大坝客、货受阻。

集装箱快班轮从重庆至上海的航行时间为 4~5 天。但实际上快班轮等闸、过闸时间常常要耗时 2~3 天, 造成班轮无班、快船不快, 严重影响到长江航运的物流优势。此事被人形象地称为长江航运的 "肠梗塞"。

翻坝, 指的是长江遇到洪水期封航或船闸阻塞等情况时, 货船和乘客改由其他运输方式转运。在船闸通过能力提前饱和的情况下, "翻坝" 成为解决拥堵的唯一途径。

"翻坝" 作为没有办法的办法, 无疑大大增加了长江三峡航运货物的装卸和搬运成本。2011 年之后, 三峡大坝 "肠梗塞" 日益严重, 关于三峡 "第二通道" 的建设, 相关部门以及沿线的重庆等省市呼吁已久。

2014 年 9 月 25 日, 国务院发布的《关于依托黄金水道推动长江经济带发展的指导意见》明确提出, "加快三峡枢纽水运新通道和葛洲坝枢纽水运配套工程前期研究工作", 同时提到 "发掘三峡及葛洲坝既有船闸潜力, 完善公路翻坝转运系统, 推进铁路联运系统建设" 等内容。

三峡开辟新通道将在一定程度上减少翻坝货运量。在 "第二通道" 建设工程量巨大、建设周期较长的情况下, 翻坝仍是解决三峡阻塞必需的途径。

读者可通过《21 世纪经济报道》2015 年 1 月 15 日《三峡第二通道有望 2030 年建成 翻坝运转体系同步完善》(周慧) 一文做进一步了解, 并总结对翻坝物流的认识。

3.2.3.3 物料装卸搬运系统分析

物料装卸搬运系统 (material handling system) 是将一系列的相关设备或装置, 用于一个过程或系统中, 协调合理地将物料进行移动、储存和控制的体系。它是物流系统的一个子系统, 由物料装卸和物料搬运两个主要部分组成。这两部分又密不可分, 习惯上常常以 "装卸" 或 "搬运" 代替 "装卸搬运" 的完整含义。在流通领域常把装卸搬运活动叫做 "货物装卸", 而在生产领域则把这种活动叫做 "物料搬运"。一般而言, 在强调物料存放状态的改变时, 使用 "装卸" 一词, 在强调物料空间位置的改变时, 使用 "搬运" 这个词。

1. 物料搬运的移动类型

物料装卸搬运系统根据物料移动可划分成两种不同的运行体系: 一种是不同物料由原点直接向终点移动, 称为直达运行体系, 又称直达型; 另一种是对不同区域的各类物料进行统一, 运用统一的设备依照一定的路线移动, 对物料进行装卸搬运, 称为间接移动体系。间接移动体系由其移动特性又可分为通路型和中间转运型，如图 3.4 所示。

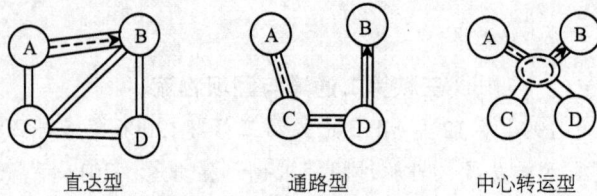

直达型　　　　　　通路型　　　　　　中心转运型

图 3.4　物流移动系统图示

　　直达型是指物料由起点到终点以最短的距离移动。直达型适用于物料流程密度较高，且移动距离短或适中，应用这种方法较为经济，尤其在处理紧急订单时最有效。

　　通路型是指物料经事先订定的路线到达目的地，而路径相关的不同物料都能共同使用这条路线。通路型适用于搬运密度不高，距离较长，且布置不规则甚至扩散时的物料装卸搬运。

　　中心转运型指物料由起点至终点，往往要经由中间转运站加以分类或指派，然后才送达目的地，此方式也就是由原点移到中心点再移往终点的方式。中心转运型适用于流量不高，距离很长，矩形区域或者控制功能特别重要时的物料装卸搬运。

2. 物料装卸搬运的分析方法

　　根据物料搬运的基本类型，通过一定的分析方法，以便制订出合理的装卸搬运方案。常用的分析方法有流程分析、起迄点分析和物料流量分析。

　　流程分析通过对物料由进货到出货的整个过程中有关的资料，或是一项作业进行过程中所有相关的信息，用"作业流程图"的形式，将作业情况表示出来。流程分析时必须考虑整个过程，一次只能分析一种产品，或一类材料，或一项作业。

　　起迄点分析是对每一次搬运的起点及终点，或是以各站固定点为记录目标，对搬运状况作分析的方法。起迄点分析无须观察物料装卸搬运过程中的每一状况，此类分析有路线图表示法和流入流出图表示法两种方式。

　　物料流量分析便是将整个移动路径概略绘出，来观察物料移动的流通类型。物料流量分析方法有直线搬运法和最短路径搬运法。

3.3　流通加工技术

　　流通加工是为了提高物流速度和物品的利用率，在物品进入流通领域后，按客户的要求进行的加工活动，即在物品从生产者向消费者流动的过程中，为了促进销售、维护商品质量和提高物流效率，对物品进行一定程度的加工。流通加工通过改变或完善流通对象的形态来实现"桥梁和纽带"的作用，因此流通加工是流通中的一种特殊形式。随着经济增长，国民收入增多，消费者需求日益多样化，促使在流通领域开展流通加工。

3.3.1　流通加工基础知识

　　根据《中华人民共和国国家标准——物流术语》，**流通加工**（distribution processing）是指物品在从生产地到使用地的过程中，根据需要施加包装、分割、计量、分拣、刷标志、拴标签、组装等简单作业的总称。

由于流通加工针对不同的物资有不同的目的和作用，因此，流通加工形式也是多种多样的，主要有以下几种类型。

1. 弥补生产领域加工不足的深加工

由于有些限制因素的存在，使得许多产品在生产领域的加工只能到一定程度。例如，钢铁厂的大规模生产只能按标准规定的规格生产，以使产品有较强的通用性，使生产能有较高的效率和效益。这种流通加工实际是生产的延续，是生产加工的深化，对弥补生产领域加工不足有重要意义。

2. 为适应多样化需要的流通加工

生产部门为了实现高效率、大批量生产，其产品往往不能完全满足客户的需要。为了满足客户对产品多样化的需要，同时又保证社会高效率的大生产，通常将生产出来的单调产品进行多样化的改造加工，它是流通加工中占重要地位的一种加工形式。例如，对钢材卷板的舒展、剪切加工等。

3. 为促进销售的流通加工

流通加工可以从几个方面起到促进销售的作用。如将零配件组装成用具、车辆以便销售；将蔬菜、肉类洗净切块以满足消费者的要求等。这种流通加工可能是不改变"物"的本体，只进行简单改装的加工，也有许多是组装、分块等深加工。

4. 为提高原材料利用率的流通加工

流通加工利用其综合性强、用户多的特点，可以采用合理规划、合理套裁、集中下料的办法，以提高原材料的利用率，减少损失浪费。

知识拓展

绿色流通加工

绿色流通加工是流通部门对环境保护可以有大作为的领域。绿色流通加工的途径主要分两个方面：一方面，变消费者分散加工为专业集中加工，以规模作业方式提高资源利用效率，以减少环境污染；另一方面，集中处理消费品加工中产生的边角废料，以减少消费者分散加工所造成的废弃物污染。

随着社会的发展，节约资源、保护环境不仅是企业出于对公众利益的关切而进行的一种公益事业了，已成为必须履行的社会义务。在发达国家，很多企业都将绿色事业作为企业战略发展与日常经营活动中的重要部分。流通企业可采用的绿色流通战略包括绿色食品经营与营销战略、绿色企业文化与形象战略、绿色流通作业战略等。相应地，企业可采用采购、价格、营销及公关等经营策略实现绿色经营的战略目标。

请列举 2~3 个绿色流通加工的事例。

第 3 章 物流工程技术基础

3.3.2 流通加工基本技术

1. 建材的流通加工方法

（1）水泥熟料的流通加工。在需要长途调入水泥的地区，如果需求数量大且相对稳定，则不需直接调入大量的成品水泥，而是将块状或颗粒状的半成品熟料运进，在需求地的流通加工点进行细磨，并根据客户的使用要求和当地的资源状况掺入适当的混合材料或添加剂，制成不同品种及标号的水泥。这种流通加工是水泥流通加工的重要形式之一。

（2）商品混凝土的流通加工。在传统的流通方式中，水泥一般都是以粉状形式零售给用户，由用户在建筑工地现场拌制成混凝土之后才能使用。而现在是先将粉状水泥输送到使用地的流通加工点（或称集中搅拌混凝土工厂、生混凝土工厂），在那里搅拌成生混凝土，然后供给各个工地或小型构件厂使用。这是商品混凝土流通加工的一种主要方式。

2. 煤炭及其他燃料的流通加工方法

（1）除矸加工。除矸加工是以提高煤炭纯度为目的的加工形式。矸石有一定发热量，煤炭混入一些矸石是允许的，也是较经济的。但在运力十分紧张的地区，要求充分利用运力，多运"纯物质"，少运矸石。在这种情况下，可以采用除矸的流通加工排除矸石。

（2）为管道输送煤浆进行的加工。用运输工具载运煤炭，运输中损失浪费较大，又容易发生火灾。如果在流通的起始环节将煤炭磨成细粉，再用水调和成浆状，使之具备流动性，就可以像其他液体一样利用管道进行输送。这种输送方式连续、稳定，而且速度也较快，是一种比较经济的运输方式。

（3）配煤加工。在使用地区设置集中加工点，将各种煤炭或其他发热物质按不同配方进行掺配搅拌，加工出各种不同发热量的燃料，这一过程称为配煤加工。配煤加工可以按需要的发热量生产和供应燃料，防止热能的浪费或发热量的不足。工业用煤经过配煤加工后，还可以起到便于计量控制和稳定生产的作用，在经济及技术上都具有一定的价值。

（4）天然气、石油气的液化加工。虽然天然气和石油气都可以采用管道进行输送，但由于管道的投资大且输送距离有限，所以运用并不广泛。但如果在产出地将天然气或石油气压缩到临界压力以上，使之由气体变成液体，就可以采用容器进行装运，使用时的机动性也会大大增强。这是目前较常使用的一种气体货物流通方式。

3. 各种板制材料的流通加工方法

（1）平板玻璃的流通加工。平板玻璃的"集中套裁，开片供应"也是一种重要的流通加工方式。采用这种流通加工方式时，应在城镇或其他用户集中区设立若干个玻璃套裁中心，以便直接面对用户并按用户提供的图纸对平板玻璃进行开片加工。这种流通加工还可以促使工厂与套裁中心之间形成规模较大且数量稳定的平板玻璃"输送干线"，以及套裁中心与用户之间形成小批量多批次的"二次输送"路线。

（2）木材的流通加工。木材的流通加工就是在流通加工点，根据大多数用户的要求将原木锯裁成各种规格的木料，如木方、模板等；同时将碎木、碎屑集中起来，加工成各种规格的板材，如刨花板、胶合板等。

（3）钢板剪板及下料的流通加工。剪板加工是指在固定地点设置剪板机，提供剪板服务的过程；下料加工则是指设置各种切割设备，将大规格钢板裁小或切裁成毛坯，以方便用户的服务过程。

和钢板的流通加工类似，还有薄板的切断、型钢的熔断、厚钢板的切割、线材切断等集中下料以及线材冷拉加工等。汽车、冰箱、冰柜、洗衣机等生产制造企业每天需要大量的钢板，除了大型汽车制造企业外，一般规模的生产企业若自己单独剪切则难以解决因用料高峰和低谷的差异引起的设备忙闲不均和人员浪费问题。如果委托专业钢板剪切加工企业，就可以解决这个矛盾。专业钢板剪切加工企业能够利用专业剪切设备，按照用户设计的规格尺寸和形状进行套裁加工，精度高、速度快、废料少、成本低。

4．机电产品的流通加工方法

（1）组装加工。自行车、助力车等机电设备的物流困难主要是由于包装的低效率引起的。因为对这些产品直接进行物流包装的成本十分昂贵，且装卸搬运麻烦，运输装载率低，流通损失严重。所以，为了提高这类产品的物流效率，降低流通总费用，可以对其半成品（部件）实行高容量的包装之后出厂，在消费地再由流通部门拆箱进行组装，组装完成之后即可进行销售。

（2）石棉橡胶板的开张成型加工。石棉橡胶板是机械、热力或化工装备中经常使用的一种密封材料，单张厚度一般为3毫米左右，单张尺寸有的长达4米，在储运过程中极易发生折角损失。石棉橡胶板的开张成型加工，就是按用户所需垫塞物的尺寸进行裁制。这种流通加工不但可以方便物流的作业及用户的使用，而且还可以通过集中套裁来减少边角余料损失，提高材料的利用率。

5．生鲜食品类产品的流通加工方法

（1）冷冻加工。为了解决鲜肉、鲜鱼在流通过程中的保鲜及装卸搬运问题，经常采用低温冻结的方式对其进行加工。这种流通加工也适用于某些液态商品（如酸奶）、药品（如疫苗）的流通。

（2）分选加工。这主要是指为了提高物流效率而进行的对蔬菜和水果的加工，如去除多余的根叶等。农副产品规格、质量参差不齐，为了获得特定规格、特定质量的产品，经常采用人工或机械分选的方式对其进行加工。这种流通加工称为分选加工，广泛应用于瓜果、蔬菜、粮食及棉毛原料的流通过程。

（3）精制加工。精制加工是指在农、牧、副、渔等产品的生产地或销售地设置加工点，去除其无用部分，甚至进行切分、洗净、分装的加工作业，可以分类销售。这种加工不但极大地方便购买者，还可对加工过程的淘汰物进行综合利用。

（4）分装加工。大多数生鲜食品的零售批量都较小，而为了保证高效输送，出厂包装一般都较大，有的甚至采用了集合包装。为了便于销售，在销售地按所要求的零售批量重新进行包装，即大包装改小包装、散装改小包装、运输包装改销售包装，这种类型的作业过程称为分装加工。

3.3.3 流通加工合理化的方法

流通加工合理化的含义是实现流通加工的最优配置，不仅要做到避免各种不合理，使流通加工有存在的价值，而且做争取最优的选择。为避免各种不合理现象，对是否设置流通加工环节、在什么地点设置、选择什么类型的加工、采用什么样的技术装备等，需要做出正确抉择。实现流通加工合理化主要考虑以下几方面。

1. 明确加工目的

流通加工不同于生产加工，不能创造价值和使用价值，只是对商品价值的完善和提高，从而产生一定的附加价值。所以，实现流通加工合理化，必须首先有正确合理的目的。流通加工作为独立于生产加工之外的加工形式，必然要考虑自身的效益。所以在加工前必须进行可行性分析，明确加工的意义。有些流通加工如水泥的流通加工，对单个企业而言可能没有明显的经济效益；但是由于它保证了建筑企业的施工质量，减少了环境污染，从全社会的利益出发属于必要的流通加工。因此，流通加工的合理化，首先要明确目的，看是否能够实现社会的和企业本身的两个效益，是否能取得最优效益。对流通加工企业而言，与一般生产企业一个重要的不同之处是，流通加工企业更应树立社会效益第一的观念。流通加工只有在以补充完善商品原有价值为己任的前提下才有生存的价值。如果只是追求企业的微观效益，不适当地进行加工，甚至与生产企业争利，这就有违于流通加工的初衷，就是不合理的流通加工。

2. 选择恰当的加工地点

流通加工地点的选择是流通加工合理化的一个重要的方面。一般加工地点的选择，一是设置在靠近生产地区，二是设置在靠近消费地区。

（1）设置在靠近生产地区。以方便流通加工环节、提高运输效率、延长保管时间、实现物流效益为目的的流通加工地点，应设在靠近生产地区。如木材的改制、木屑的压缩和食品的冷冻、罐头的制作等流通加工应当设在靠近生产地区，以减少无效运输，延长保管时间。

（2）设置在靠近消费地区。衔接大批量、少品种和多样化产品需求的流通加工，以满足消费者需求、提高服务质量、增加销售量为目的，一般应设置在靠近消费地区。如食品的拆装、拴标签、贴标志和家具的组装等流通加工地点设置在靠近消费地区，可以有效地利用干线运输和直线运输的衔接，避免多品种、小批量货物的干线运输，同时可以根据消费者的需求选择恰当的加工方法。

3. 选择正确的加工方法

流通加工方法也是合理化流通加工非常重要的内容。流通加工的方法主要包括流通加工工艺、流通加工程度和流通加工技术等。过分夸大流通加工的重要性，而将生产加工的环节转移到流通加工，往往会造成不合理的流通加工；但是，如果忽视了流通加工而将所有加工环节都在生产领域完成，则可能导致生产企业的负担过大，耽误了主要的业务。前者如计算机的组装，在 20 世纪 90 年代初被拿到流通领域来进行。经过多年的实践证实，流通领域的组装在稳定性、可靠性上不能得到保证，因此属于不合理的流通加工。计算机的组装还应当在生产领域完成。

4. 实现最优经济效益

流通加工得以存在和发展，主要驱动力是可以提高产品的附加价值，从而为流通加工企业带来一定的经济效益。除了个别由政府组织安排或政策导向的流通加工如水泥的流通加工外，其他流通加工都必须考虑到投入产出比。如果流通加工成本过高、投入过多，就没有生命力，也就不能成为合理的流通加工方式。如自行车、缝纫机等都在流通领域组装，是由于其组装的技术性不强，便于操作，对设备和工具没有特殊要求。如果汽车的组装放在流通领域，就很难实现。因为组装汽车不仅技术要求高，而且需要投入大量的设备费用等，基本不会产生效益，相反还降低了产品的可靠性。

流通加工企业的利益不是靠从生产企业的利益中争得，而是通过合理的流通加工形式，从提高货物的物流效益、降低物流成本、改善客户服务水平、增加购买量、提高产品的附加价值中获得的。合理的流通加工还应与配套、配送结合，本着节约能源、节约设备、节约人力的原则，实行有效的流通加工。

流通加工是否合理，最终的判断标准是要看其是否实现了社会效益和企业自身效益的最优化。流通加工企业与生产企业的区别，主要是前者要把社会效益放在首位（当然所有的企业都要注重社会效益），这是流通加工的性质所决定的。如果流通加工企业为了追求自己的利益，不从宏观上考虑社会经济的需要，不适当地进行加工，甚至与生产企业争利，这就违背了流通加工的性质，或者其本身也就不属于流通加工企业了。

案例分析

外贸企业仓库作业基本环节

仓储管理工作的基本环节，就是商品的入库验收、在库管理、出库复核。我们把这三个环节叫做"三关"，做好这三个环节的工作叫做"把好三关"。

1. 入库验收

商品入库验收，是仓储工作的起点，是分清仓库与货主或运输部门责任的界线，也为保管养护打下基础。

商品入库必须有存货单位的正式入库凭证(入库单或通知书)，没有凭证的商品不能入库。存货单位应提前将凭证送交仓库，以便安排仓位和必要的准备工作。

商品交接，要按入库凭证，验收商品的品名、规格、数量、包装、质量等方面。一般来说，品名、规格、数量、包装验收容易，质量验收比较麻烦。《外贸仓储管理制度》规定：商品的内在质量和包装内的数量验收，由存货单位负责，仓库要给予积极协助。如果仓库有条件进行质量验收，经存货单位正式委托后，要认真负责地搞好质量验收，并作出验收记录。国务院批准的《仓储保管合同实施细则》具体规定如下。

第十一条　保管方的正常验收项目为：货物的品名、规格、数量、外包装状况，以及无须开箱拆捆直观可见可辨的质量情况。

包装内的货物品名、规格、数量，以外包装或货物上的标记为准；外包装或货物上无标记的，以供货方提供的验收资料为准。

散装货物按国家有关规定或合同规定验收。

质量验收牵涉到责任和赔偿的问题。由存货单位负责验收，仓库没有多大责任，不负责赔偿；如由保管方负责，那么，按《仓储保管合同实施细则》规定，保管方未按合同或本细则规定的项目、方法和期限验收或验收不准确，由此造成的经济损失，由保管方负责。合同规定按比例抽验的货物，保管方仅对抽验的那一部分货物的验收准确性以及由此造成所代表的那一批货物的实际经济损失负责，合同另有规定者除外。因此，仓库在与存货单位签订合同时，一定要明确质量验收问题。

在货物、商品验收过程中，如果发现品种、规格不符、件数或重量溢短、包装破损、潮霉、污染和其他问题时，应按《外贸仓储管理制度》的规定，要详细做出书面记录，由仓库收货人员和承运单位有关人员共同签字，并及时报告主管领导和存货单位，以便研究处理。《仓储保管合同实施细则》是这样规定的：交接中发现问题，供货方在同一城镇的，保管方可以拒收；外埠或本埠港、站、机场或邮局到货，保管方应予接货，妥善暂存，并在有效的验收期内（国内到货不超过 10 天，国外到货不超过 30 天）通知存货方和供货方处理、运输等有关方面应提供证明。暂存期间所发生的一切损失和费用由责任方负责。

2. 在库管理

库存管理是仓储工作的第二个环节。商品验收入库以后，仓库就要对库存的商品承担起保管养护的责任。如果短少丢失，或者在合理储存期内由于保管不善，商品霉烂变质，仓库应负责赔偿。

在库管理，要做好以下几件工作。

（1）必须记账登卡，做到账、货、卡相符。商品验收无误后，要及时记账、登卡、填写储存凭证，详细记明商品名称、等级、规格、批次、包装、件数、重量、运输工具及号码、单证号码、验收情况、存放地点、入库日期、存货单位等，做到账、卡齐全，账、货、卡相符。

（2）合理安排货位，商品分类存放。入库商品验收以后，仓库要根据商品的性能、特点和保管要求，安排适宜的储存场所，做到分区、分库、分类存放和管理。在同一仓间内存放的商品，必须性能互不抵触，养护措施一致，灭火方法相同。严禁互相抵触、污染、串味的商品、养护措施和灭火方法不同的商品存放在一起。贵重商品，要指定专人保管，专库存放。普通仓库不能存放危险品、毒品和放射性商品。

（3）商品堆码要科学、标准，符合安全第一、进出方便、节约仓容的原则。仓间面积的利用要合理规划，干道、支道要画线，垛位标志要明显，要编顺序号。

关于商品在库保管期间的责任问题，《仓储保管合同实施细则》有两条具体规定。第一，保管方履行了合同规定的保管要求，由于不可抗力的原因，自然因素或货物（含包装）本身的性质所发生的损失，由存货方负责。第二，货物在储存保管和运输过程中的损耗、磅差标准，有国家或专业标准的，按国家或专业标准规定执行。无国家或专业标准规定的，按合同规定执行。货物发生盘盈盘亏均由保管方负责。

3. 出库复核

商品出库是仓储工作的最后环节，把好商品出库关，就可以杜绝差错事故的发生。库品出库，第一，要根据存货单位的备货通知，及时认真地搞好备货工作，如发现一票入库商品没有全部到齐的，入库商品验收时发现有问题尚未处理的，商品质量有异状的，要立即与存货单位联系，双方取得一致意见以后才能出库，如发现包装破损，要及时修补或更换。第二，认真做好出库凭证和商品复核工作。做到手续完备，交接清楚，不错发、错运。第三，要分清仓库和承运单位的责任，办清交接手续，仓库要开出库商品清单或出门证，写明承运单位的名称、商品名称、数量、运输工具和编号，并会同承运人或司机签字。第四，商品出库以后，保管人员要在当日根据正式出库凭证销卡、销账，清点货垛结余数，与账、卡核对，做到账、货、卡相符，并将有关的凭证、单据交账务人员登账复核。

商品出库，必须先进先出，易坏先出，否则由此造成的实际损失，要由保管方负责。另外，根据《外贸仓储管理制度》的规定，出库商品，严禁口头提货、电话提货、白条提货。如果遇到紧急装车、装船情况，必须出库时，需经仓库领导批准才能发货，但要第二天补办正式手续。

讨论与分析：

1. 商品出库作业的流程是什么？
2. 商品库存管理应注意些什么问题？
3. 根据案例分析仓储业务的基本流程。

同步测试

一、单项选择题

1. 实践证明，先进的（　　　）和先进的物流管理是提高物流能力，推动现代物流迅速发展的两个车轮，二者缺一不可。

　　A. 物流工程　　　　B. 物流技术　　　　C. 物流配送　　　　D. 物流运输

2. 马克思将（　　　）称为"第四个物质生产部门"。

　　A. 配送　　　　　　B. 生产　　　　　　C. 销售　　　　　　D. 运输

3. （　　　）不属于自动化仓储系统的核心组成。

　　A. 自动存取设备　　　　　　　　　　B. 输送系统

　　C. 港口系统　　　　　　　　　　　　D. 数据化拣货系统

4. 库存控制 ABC 分类法中，B 类指的是（　　　）。

　　A. 特别重要的库存　　　　　　　　　B. 普通重要的库存

　　C. 一般重要的库存　　　　　　　　　D. 不重要的库存

5. 单件作业法、集装作业法和散装作业法是从（　　　）角度划分的装卸搬运的基本方法。

　　A. 作业内容　　　B. 作业特点　　　C. 作业手段　　　D. 作业对象

二、多项选择题

1. 运输的主要方式除了铁路运输还包括（　　　）。

　　A. 管道运输　　　B. 公路运输　　　C. 水路运输　　　D. 航空运输

2．配送系统的目标是为了实现（　　　　）。

    A．高服务水平　　B．低配送成本　　　　C．低运输成本　　　　D．高配送质量

3．运输的主要技术经济指标包括（　　　　）。

    A．货物运输量　　B．货物周转量　　　　C．货物运输成本　　　D．货物送达速度

4．确定配送路线的常用方法包括（　　　）。

    A．方案评价法　　B．均衡运输法　　　　C．节约里程法　　　　D．图上作业法

5．装卸搬运机械按主要用途或结构特征进行分类，可分为（　　　　）。

    A．起重机械　　　　　　　　　　　　B．连续输送机械

    C．装卸搬运车辆　　　　　　　　　　D．专用装卸搬运机械

三、判断题

1．运输就是借助车、船、飞机等交通运输工具，实现人和物空间位置变化的经济和社会活动。（　　　）

2．甩挂运输可以减少配送车返程的空载率，并最大限度地节约等候装卸的时间。（　　　）

3．滚装运输实现了从发货单位到收货单位的“门到门”直接运输，故也称为“一站式”运输。（　　　）

4．物流配送不受区域范围的限制。（　　　）

5．配送中心无需以客户的需求为出发点，只考虑自身利益即可。（　　　）

6．运输和配送都是为了实现物品的空间位置转移而进行的活动，它们相辅相成，共同创造物品的空间效用。（　　　）

7．区域配送中心的服务范围一般小于城市配送中心。（　　　）

8．中型货架每层货架的载重量在 200 千克以下。（　　　）

9．运输和配送对承载主体的技术要求相同。（　　　）

10．流通加工是否合理，最终的判断标准是要看其是否实现了社会效益和企业自身效益的最优化。（　　　）

四、综合实务题

    有一销售企业，主要对自己的销售点和大客户进行配送，配送方法为销售点和大客户有需求就立即组织装车送货，结果造成送货车辆空载率过高，以及车辆不够用的情况。所以销售经理一直要求增加送货车辆，由于资金原因一直没有购车。

讨论与分析：

1．如果你是公司决策人，会买车来解决送货效率低的问题吗？为什么？

2．请应用配送理论分析该案例，并提出解决办法。

五、论述题

1．试述运输和配送的关系。

2．试述商品出库过程中可能出现的问题。

第4章 物流工程管理基础

学习目标与内容架构

知识目标

（1）了解物流信息、物流信息平台、作业流程管理、流程组织要素等概念；（2）掌握物流信息平台的构成、物流工程作业流程的控制；（3）了解物流信息平台的创新应用；（4）掌握物流工程绩效评价的基本方法。

技能目标

（1）能应用物流信息平台解决现实问题；（2）能把握物流工程作业流程控制的类型并应用于物流实践；（3）能应用评价方法对物流工程的绩效进行评价。

内容架构

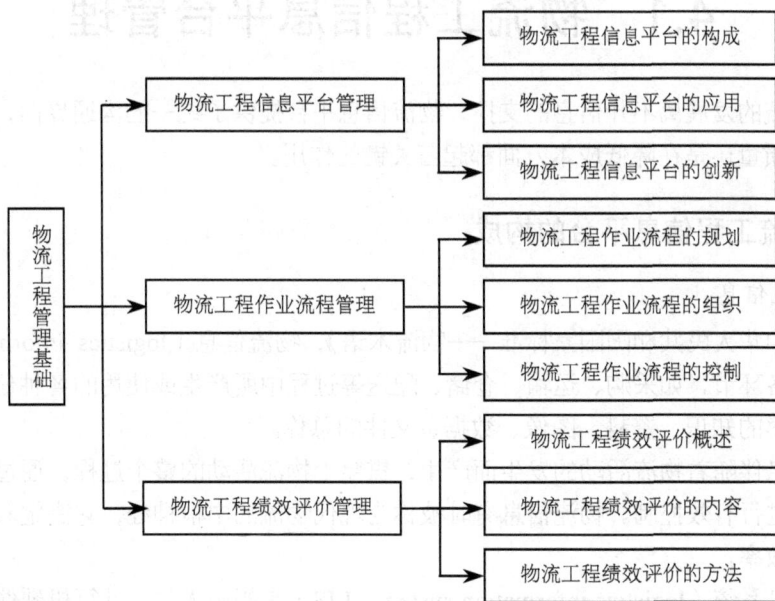

引言

"互联网+"行动计划的出台

国内"互联网+"理念的提出，最早可以追溯到 2012 年 11 月于扬在易观第五届移动互联网博览会的发言。2015 年 3 月，全国人民代表大会代表马化腾在"两会"上提交了《关于以"互联网+"为驱动，推进我国经济社会创新发展的建议》的议案，表达了对经济社会创新的建议和看法。

2015 年政府工作报告中首次提出"互联网+"行动计划：制订"互联网+"行动计划，推动移动互联网、云计算、大数据、物联网等与现代制造业结合，促进电子商务、工业互联网和互联网金融健康发展，引导互联网企业拓展国际市场。

通俗来说，"互联网+"就是"互联网+各个传统行业"，但这并不是简单的两者相加，而是利用信息通信技术以及互联网平台，让互联网与传统行业进行深度融合，创造新的发展业态。

2015 年 7 月 4 日，《国务院关于积极推进"互联网+"行动的指导意见》发布，该意见提出：到 2018 年，互联网与经济社会各领域的融合发展进一步深化，基于互联网的新业态成为新的经济增长动力，互联网支撑大众创业、万众创新的作用进一步增强，互联网成为提供公共服务的重要手段，网络经济与实体经济协同互动的发展格局基本形成。到 2025 年，网络化、智能化、服务化、协同化的"互联网+"产业生态体系基本完善，"互联网+"新经济形态初步形成，"互联网+"成为经济社会创新发展的重要驱动力量。

2015 年 12 月 16 日，第二届世界互联网大会在浙江乌镇开幕。在举行"互联网+"的论坛上，中国互联网发展基金会联合百度、阿里巴巴、腾讯共同发起倡议，成立"中国互联网+联盟"。

随着"互联网+"行动的持续推进，物流工程信息平台的地位也愈来愈重要。

4.1 物流工程信息平台管理

现代物流的发展离不开信息的支撑，物流信息平台提供了统一的沟通界面，无论是在提高物流服务质量还是在降低成本方面都起着关键的作用。

4.1.1 物流工程信息平台的构成

1. 物流信息

根据《中华人民共和国国家标准——物流术语》，物流信息（logistics information）是指在物流活动各环节，如采购、运输、仓储、配送等过程中所产生或使用的各种信息，是反映物流活动内容的知识、资料、图像、数据、文件的总称。

物流信息伴随着物流活动的发生而产生，贯穿于物流活动的整个过程，通过其自身对整体物流活动进行有效控制。物流信息有时被称为现代物流的中枢神经，它决定着整个物流活动的效益和效率。

物流信息系统（logistics information system，LIS）是指由人员、计算机硬件、软件、网络通信设备及其他办公设备组成的人机交互系统，其主要功能是进行物流信息的收集、存储、传输、加工整理、维护和输出，为物流管理者及其他组织管理人员提供战略、战术及运作决策的支持，以达到组织的战略竞优，提高物流运作的效率与效益。

2. 物流信息平台

平台，其字面意思是指一个场所或者环境。信息平台有两个基本含义：一是信息的载体，这是信息平台的理论形态；二是基于数字化网络技术运行的信息系统，这是信息平台的实物形态。信息平台的产生，在主客观之间嵌入了新的结构，改变了人与世界的关系，引发了当代的信息中介革命。

物流信息平台（logistics information platform）是在供应链管理环境下，为有效连接物流节点，满足物流市场需求，由各种物流信息设施设备构成的系统或载体。

作为基础平台，物流信息平台是现代物流发展的重要支持体系。其功能主要有以下几项。

（1）数据交换功能。物流活动会涉及相关的交通运输、仓储、税务、保险、金融等多个行业管理部门的信息及业务往来。不同企业之间以及不同物流环节之间，也存在大量的信息交换与业务往来服务。为提高企业与管理部门、企业与企业间的数据交换效率，使不同数据格式的信息能够实现信息互通和共享，物流信息平台应提供这种大量的普遍存在的数据交换服务等功能。

（2）物流信息发布功能。作为物流环境建设的重要组成部分，物流信息平台需要为企业提供在物流活动中所需要的信息，为各类企业及政府主管部门提供信息支持。

（3）电子商务功能。物流具有连接生产企业、销售企业的作用和功能，物流信息平台也是物流企业、工业及商业企业较为关注和利用频率较高的信息发布及收集渠道，平台本身的商务价值较高。为了充分发挥信息平台的使用价值，物流信息平台应该具有电子商务的功能。

（4）政府信息服务功能。信息平台是政府与企业间联系的桥梁，物流信息平台应具有发布政府有关政策信息和宏观经济信息的功能，通过信息手段，强化政府对企业、市场的宏观管理与调控能力，支持物流市场的规范化管理。

与物流信息平台的功能相对应，物流信息平台可划分为平台管理子系统、信息管理子系统、交易管理子系统、接口管理子系统、作业管理子系统、物流预测子系统六个子系统，如图 4.1 所示。

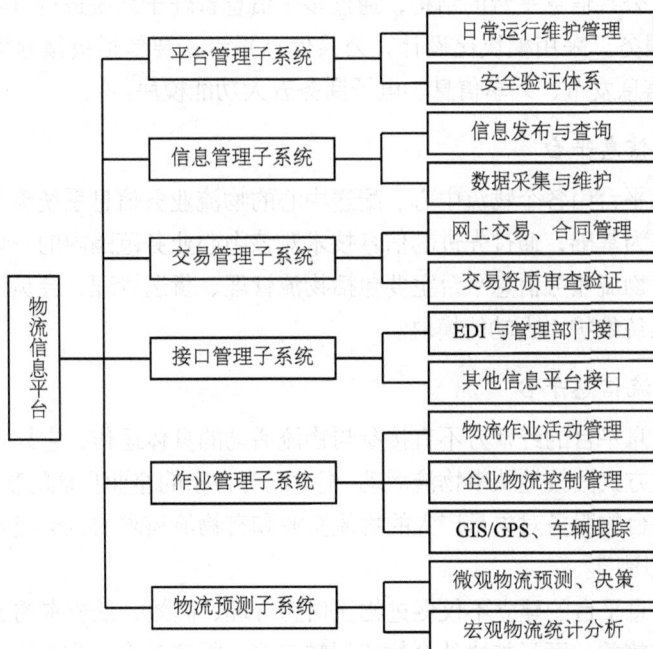

图 4.1　物流信息平台构成

4.1.2 物流工程信息平台的应用

1. 物流园区信息平台的建设

物流园区信息平台是指利用信息平台对物流园区内物流作业、物流过程和物流管理的相关信息进行采集、分类、筛选、储存、分析、评价、反馈、发布、管理和控制的通用信息交换平台。物流园区信息平台的建设是各个管理层次正常运作的重要条件，通过物流园区信息平台，对已有各种资源进行整合，从而提供更高层次的服务。

其公共信息平台需要为物流园区内各企业的基础数据管理、业务过程管理、辅助决策、财务管理等提供公用信息支持，并能够通过互联网，为企业提供区域范围内的数据传输、数据汇总、异地出货、异地签单、分支财务处理、财务结算等功能，同时为货主提供基于互联网的询价、订舱、车货跟踪、提单查询、报表生成、打印等功能。具体如图 4.2 所示。

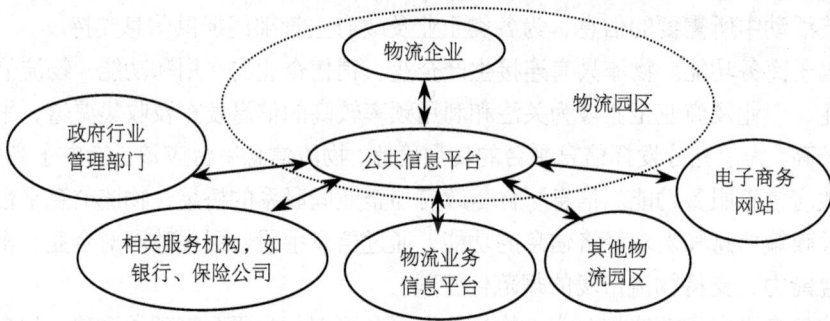

图 4.2　物流园区公共信息平台体系结构

根据物流园区公共信息平台的结构，通过多个信息管理子系统进行有效整合与集成，进而提供各类信息服务。采用模块化设计，公共信息平台三要包括决策分析、电子数据交换（EDI）子系统、信息发布、共享信息、电子商务五大功能模块。

2. 物流业务信息平台

物流业务信息平台由各个物流中心、配送中心的物流业务信息系统整合而成，它以每个中心内部网络设施为基础，通过先进的信息技术对该中心业务范围内的一切信息进行处理。采用模块化设计，物流业务信息平台主要包括物流管理、货运管理、会员管理、担保服务管理、发票管理和系统维护六大功能模块。

3. 第三方物流信息平台

第三方物流信息平台的经营方不直接参与物流活动的具体运作，它只是利用网络通过提供物流信息服务的方式间接地从事物流活动。相对服务自家的企业自建的物流信息平台而言，第三方物流信息平台的服务对象是广大的物流企业和有物流需求的机构或者个人，服务对象众多且服务区域范围广。

第三方物流信息平台的建立不仅促进物流信息合理、高效、低成本的流通，促进物流企业提高工作效率和效益，而且加快社会物资周转速度，提高社会工作效率。

公路物流手机软件

手机打车软件读者应该用过，它的出现，极大地促进了出租行业的发展。

在汽车货运行业，货车司机找货难、货主找司机难是物流行业常见的现象，信息不对称极大地制约了我国公路货运效率，货车空驶率一直居高不下。在手机打车软件的带动下，作为公用物流信息平台的公路物流手机软件（APP）应运而生。

2014年，公路物流手机软件崭露头角并迅速发展，到年底已超过200款，2015年，公路物流手机软件行业可以用"欣欣向荣"来形容，大量新软件涌入市场。

作为新生事物，2016年上半年尚没有一款公路物流手机软件能够做到全国领先的地位，大浪淘沙之下会有一批公路物流手机软件逐渐做强做大。

推荐读者阅读《中国水运报》2016年6月23日报道《货运APP，成也萧何，败也萧何？》（记者 张媛），了解当时的情况，再查询当前物流信息平台的发展状况做对比分析。

中国水运网《货运APP，成也萧何，败也萧何？》原文链接：http://www.zgsyb.com/html/content/2016-06/22/content_506526.shtml

4.1.3　物流工程信息平台的创新

1. O2O 模式

所谓O2O，就是online to offline，也就是说将线下商务的机会与互联网结合在一起，让互联网成为线下交易的前台。O2O是一种以服务为核心，整合线上线下优势与资源的商业模式。

广义的O2O是B2B、B2C的升级版，只要产业链中既涉及线上又涉及线下的企业营销模式都可称为O2O。显然，O2O是B2B、B2C的扩大版。

狭义的O2O强调线下实体店的配套服务，即线上（online）网店与线下（offline）消费有机配合，生产制造企业通过网店将产品信息展现给消费者，消费者在线上进行筛选预订活动，再经过线下消费验证或消费体验后最终成交，然后电商、物流商即时将商品送达消费者，用户最终通过网络银行或信用卡完成支付。

随着O2O的发展，其概念已不仅仅是"线上-线下"（online to offline）的设想，增加了"线下-线上"（offline to online）、"线下-线上-线下"（offline to online to offline）、"线上-线下-线上"（online to offline to online）新外延。

海立方与日日顺

海尔通过自己建设的"海立方"平台，实现线上产品的定制与预售。海尔具备了个性化定制的实力，如品牌实力、完整的产品线、完善的信息收集平台、领先的设计制造能力、柔性的供应链以及强大的物流配送能力等。从2011年开始，海尔推出定位为互联网时代定制品牌的统帅电器。2013 年，海尔 C2B 预售与个性化定制产品的销售占比也已接近三成，海尔推出了新平台——海立方，这是海尔 O2O 战略的重要线上平台。

海尔通过"日日顺"平台完成线下的体验与配送。海尔经营家电多年，积累了非常庞大的大件商品配送队伍，日日顺物流服务能够实现全国 2 886 个区（县）的无缝覆盖，支持乡（镇）、村送货上门、送装一体，货到付款城市已涵盖 1 200 个区（县），1 000 多个区（县）24 小时限时达，在中国三、四线城市的市场网络覆盖初步形成规模。日日顺在 O2O 商业模式上实现了虚实融合的创新，逐步发展市场分析、用户体验、增值服务等功能。

请调研身边大型制造企业的信息平台建设情况，了解其在 O2O 战略上的进展。

2. 第四方物流市场

第四方物流市场是宁波市推进物流工程信息平台建设的一个成功创新案例。所谓第四方物流市场，是指运用现代信息技术，将物流系统和系统有关的信息集中到统一、安全、高效的平台上，实现政府与政府、政府与企业、企业与企业、企业与中介组织之间的信息交换和共享，实现物流政务服务和物流商务服务的一体化，范围涵盖海运、陆运、空运等多种运输方式，其功能支持运输、仓储、分拣、配送等物流供应链全过程。

在第四方物流市场运行过程中，涉及第四方物流平台及其信息标准等概念。第四方物流平台，是在信息网络技术环境下，有效整合物流资源，实现供应链信息共享，为客户提供全面的供应链解决方案和信息服务，以物流管理和交易为核心业务的信息服务平台。第四方物流平台信息标准，则是指该物流平台各相关方之间业务对象、业务流程、业务操作中所涉及的全部代码、单证或报文交换的信息标准，以及第四方物流平台内部控制及信息安全标准。

4.2　物流工程作业流程管理

物流作业流程是物流系统为实现特定的物流目标而进行的一系列有序物流活动的整体，它直接反映了物流系统运行过程中物料的流动、设备的工作及资源的消耗情况。

4.2.1　物流工程作业流程的规划

1. 作业流程

流程是指由两个及以上的业务步骤构成的一个完整业务行为的过程。对于物流系统，作业流程根据系统结构和职能，其作业流程往往发生变化。以配送中心为例，其一般作业流程如下。

（1）进货。当货物到达仓库后进行检验，对商品的质量、数量、规格等进行实地验收，如正确无误，登记进货记录，进行"进货"作业确认，如与订单不符，则做相应的处理。

（2）入库。事先做好仓储位置的规划，确认收入货品后，将货物进行依次入库"存储"。

（3）盘点。货品因不断地进出库，在长期累积的库存资料容易与实际数量产生不符的现象，为掌握货物的流动情况，确保在库货品受到良好的保护管理，需要对货物进行定期或不定期的"盘点"检查。

（4）订单处理。当收到客户订单时，对客户订单资料进行确认，按客户需求进行"订单处理"。

（5）拣货。根据处理后的订单信息进行"拣货"作业。

（6）流通加工。根据客户需求和存货状况，需要分割、计量、刷标志、拴标签、组装等作业。

（7）补货。拣货完成后，如果发现拣货区的货物存量过低，需通知存储区人员进行"补货"，若整个存储区的存储量也低于预设标准，则需要向上游供货企业发出"补货"通知。

（8）出货。为确保出货数量、品质、规格的正确性，对拣货完成的商品进行整理，准备"出货"。

（9）送货。将出货的商品进行装货上车，由货运员将货物"配送"到各个客户手中。

综上，所有作业中都少不了搬运的动作，所以也将"搬运"列为作业之一。因此，可将物流系统基本作业归纳为 10 项作业，即进货作业、搬运作业、储存作业、盘点作业、订单处理作业、拣货作业、流通加工作业、补货作业、出货作业、送货作业，如图 4.3 所示。

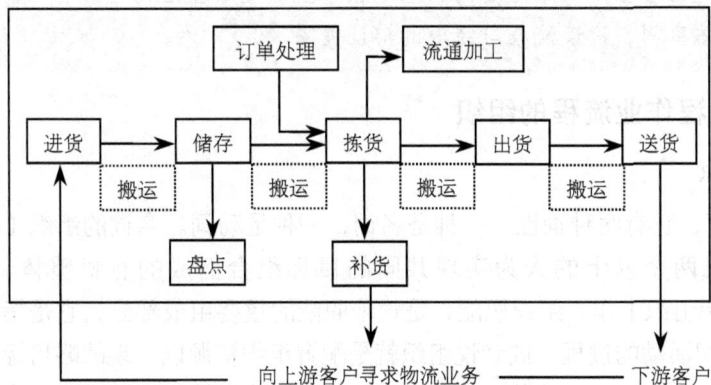

图 4.3 物流作业流程

2. 作业流程规划及流程再造

针对一项物流工程，其作业流程并不像配送中心这么规范，要求根据工程的背景要求、工程量、工期、工作人员、项目资金、质量要求等一系列要素，规划确立其作业流程。物流工程作业流程规划是对一项工程作出的整体性、基本性的思考和考量，并设计出实施的整套行动方案。

一旦作业流程实施出现问题，就需要对业务流程进行再造。流程再造概念最早由美国著名的管理学家迈克尔·哈默（Michael Hammer）提出。1990 年，他在《哈佛商业评论》上发表了一篇名为《再造：不是自动化，而是重新开始》的文章，率先提出企业再造的思想。核心环节分为确定再造队伍、寻求再造机会、重新设计流程和着手再造四个阶段。

迈克尔·哈默特别强调了八条原则。

（1）明晰目标。围绕结果进行组织，而不是围绕任务进行组织。

（2）筛选人员。让利用流程结果的人执行流程。

（3）信息处理。将信息处理工作归入产生该信息的实际工作流程。

（4）资源整合。将分散各处的资源视为集中的资源。

（5）着眼过程。将平行的活动连接起来，而不是合并它们的结果。

（6）因地制宜。要将开展工作的地方设定为决策点，并在流程中形成控制。

（7）信息可靠。要从源头上一次获取信息。

（8）领导支持。领导层要达成一致，全力支持。

📖 知识拓展

管理之道：过程决定结果 细节决定成败

"泰山不拒细壤，故能成其高；江海不择细流，故能成其深"。结果是由一个一个的过程组成，过程是组成结果的节点。过程，它渗透了企业管理的每一个环节！如客户管理环节、供应商管理环节、产品管理环节、财务管理环节……任何一个环节都必不可少，这就好比盖房子，打地基、管道施工、浇注砼楼板、装潢……每个环节都决定了房子的质量。企业的过程管理是非常重要的，它从根本上决定了企业的生死存亡。

请结合具体事例，谈谈流程与绩效的辩证关系。

4.2.2 物流工程作业流程的组织

1. 流程组织

关于"组织"，它有两种词性。一种是名词，一种是动词。名词的组织（organization）是指包括两个或两个以上的人为实现共同的目标组合而成的有机整体。动词的组织（organizing）是指组织工作、组织职能，是管理职能的重要组成部分，它是指管理者所开展的组织行为、组织活动的过程。或者说组织就是配置组织资源以实现战略目标。资源的配置通过组织不同部门和工种的具体劳动分工、正式的权力线、协调不同组织工作的机制等方面反映出来。流程组织是对作业流程运作过程的一种有序安排。

物流工程运作组织模式一般因类别不同而相异，根据不同的业态，物流工程作业流程的组织具有不同的模式。以生产领域的物流作业为例，生产领域的物流主要由进货物流、生产加工物流和出货物流三个部分组成。

（1）进货物流。是生产制造所需的原材料、零部件、生产辅料、外加工件的采购与接收过程，其中有买入（商流的参与）、运送、接受、质检、入库和结算等过程。

（2）生产加工物流。是当"物"被投入生产后，在各车间、各工序、各工艺中心间移动，并在加工过程中改变其物质实体的存在状态，从原材料、零部件、外加工件及生产辅料变成半成品，进入半成品库暂存，或直接进入产成品加工流程，生产出成品。其中有进出库、加工制造、搬运、运送、质检、成本控制等过程。

（3）出货物流。是指经包装送入成品仓库储存，产成品搬运出库，将产成品转移到流通环节。其中有进出库、包装、搬运、销售、售款结算等过程。其流程分布如图 4.4 所示。

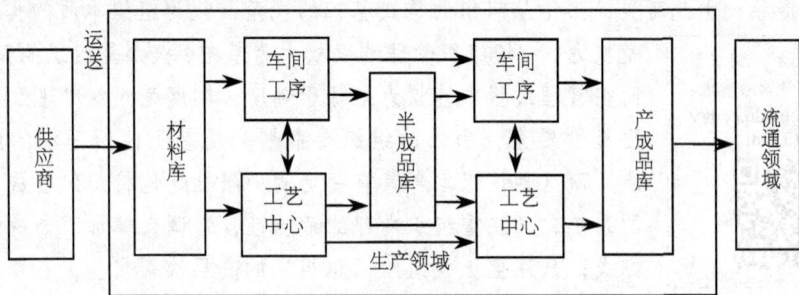

图 4.4　生产领域物流作业流程

2. 工程组织要素

从工程学的角度，工程组织就是依据工程本身的特点，将人力、资金、材料、机械和施工方法这五要素进行科学、合理的安排，使之在一定时间内得以实现有组织、有计划、有秩序的施工，使得工程项目质量好、进度快、成本低。对于具体的工程项目在选定了施工方法和方案后，都要进行时间组织、空间组织和资源组织，这是工程组织最重要的三大环节。

物流工程业务流程组织的要素包括人力资源、材料、机械设备、技术和资金。

（1）人力资源管理。人力资源一般是指能够从事生产活动的体力和脑力劳动者。它具有增值性和可开发性的资源，是企业利润的源泉，是一种战略性资源。对人力资源的组织，关键在明确责任制，才能调动积极性，发挥潜能，提高劳动效率。

（2）材料管理。工程材料主要分为主要材料、辅助材料和周转材料。对材料的组织管理，就是要合理使用，节约材料，减少消耗，这也是降低工程成本的主要途径。

（3）机械设备管理。分为大、中、小型机械设备，既是固定资产，又是劳动手段。对机械设备组织管理的环节，包括选择、使用、保养、维修、改造、更新。其关键在使用，使用的关键是提高机械效率，提高机械效率必须提高利用率和完好率。

（4）技术管理。技术组织与管理，是对各项技术工作要素和技术活动过程的管理。技术工作要素包括技术人才、技术装备、技术规程、技术信息、技术资料、技术档案等。技术活动过程包括技术计划、技术学习、技术运用、技术开发、技术试验、技术改造、技术处理、技术评价等。

（5）资金管理。对资金的组织管理，应以保证收入、节约支出、防范风险和提高经济效益为目的。

📖 知识拓展

古典组织要素理论

早期的组织理论形成于 20 世纪 20 年代前后，主要侧重于静态组织的研究，注重组织效率。马克思·韦伯（Max Weber）的思想决定了古典组织理论的主流。他认为，任何组织都是以某种形式的权力为基础。没有权力的作用，组织就不可能达到目标。有了适合行政组织的权力基础，韦伯勾画出的理想官僚组织是一层层控制的金字塔式的组织结构体系。组织成员间的关系只有对事的关系而无对人的关系，完全以理性的、制度化的准则为指导。由此可见，韦伯从组织的构成基础的视角，认为组织本质的构成要素就是权力，一切组织管理均以权力为基础，权力是组织的隐性要素。而在管理过程中的权力来源于制度，制度是组织管理过程中的主要显性要素。韦伯的组织要素划分是基于他所理解的组织的本质。而这种认识本身具有一定的局限性。他将组织看成一个封闭的系统，只注重组织内部的适应性，强调大棒加萝卜的组织管理方式；只注重正式组织，忽视人的高层次需求。

百度百科"组织要素"词条可供读者参考：http://baike.baidu.com/view/1513013.htm

请思考：如何将严格的组织管理与现代的人本管理进行有效的结合？

4.2.3 物流工程作业流程的控制

1. 流程控制

管理学中的控制工作是指按设定的标准去衡量计划的执行情况，并通过对执行偏差的纠正来确保计划目标的正确与实现。计划和控制是实现组织目标密不可分的一对辩证统一体。所谓控制（control），就是指为了实现组织目标、以计划为标准，由管理者对被管理者的行为活动进行检查、监督、调整等的管理活动过程。

控制的实质是使工作能按计划进行，或只做适当的调整。如果背离计划或重新计划，无法达到原定的目标，就算是"失控"；控制是自觉进行的一种有意识的能动活动，要求控制者能根据环境的变化，有效地运用组织的资源来达到预定的目标，它与机械控制、生物性的本能控制是不同的；控制活动要不断接受来自各方面的信息，而且要能适应外部环境和内部条件的变化；控制是一种有目的、有标准作依据的管理活动。物流工程系统重要的流程控制类别主要如下。

（1）物流工程作业流程控制，是指根据工程目标对其方案的作业流程施展的控制活动。按照业务范围可以把物流工程作业流程控制分为物流生产性控制、物流质量控制和物流成本控制。

（2）物流生产性控制，是指在生产作业计划执行过程中，对有关工程（产品）的数量和生产进度进行控制。生产性控制是物流控制的核心，是实现生产作业计划的保证。在实际的生产物流系统中，由于受系统内部和外部各种因素的影响，计划与实际之间会产生偏差，为了保证计划的完成，必须对物流活动进行有效控制。物流生产性控制的主要内容有：物流进度控制、在建工程（在制品）占用量控制、偏差的测定与处理等。

（3）物流质量控制，是指为达到质量要求所采取的作业技术和活动。现代物流具有其内在的客观规律，在质量控制方面同样反映出相应的基本要求：全员参与、全程控制、全面管理和整体发展。

（4）物流成本控制，是指采用特定的理论、方法、制度等对物流各环节发生的费用进行有效的计划和管理。如何有效地降低成本、提高物流作业流程的效率是物流企业一直探讨的问题。物流成本控制方法包括绝对成本控制法和相对成本控制法。绝对成本控制法从节约各种费用支出、杜绝浪费的途径进行物流成本控制，要求把营运生产过程发生的一切费用支出都列入成本控制范围。相对成本控制法是通过成本与产值、利润、质量和功能等因素的对比分析，寻求在一定制约因素下取得最有经济效益的一种控制方法。

2. 工程作业流程控制的类型

按照不同的标准，可把工程作业流程控制分为不同的类型，从不同的角度也可以对控制做出不同的分类。这里只以时间节点即管理工程的阶段性为标准研究前馈控制、现场控制和反馈控制。

（1）前馈控制，是指在工作开始之前就进行的控制。前馈控制集中注意进入组织的各种资源或工作的投入阶段，使它们在转换过程之前就得到数量和质量的有效控制。前馈控制以未来为导向，在工作开始之前对工作中可能产生的偏差进行预测和估计，采取防患措施，以便在实际偏差产生之前，管理者就能运用各种手段对可能产生的偏差进行纠正，消除工作中的偏差于未产生之前。

（2）现场控制，是指在工作正在进行的同时进行控制。现场控制的职能主要有指导和监督两项。指导是管理者针对工作出现的问题，根据自己的经验指导下属改进工作，或与下属共同商讨矫正偏差的措施，以便使工作人员能正确地完成所规定的任务；监督是按照预定的标准检查正在进行的工作，以保证目标的实现。管理者亲临现场观察就是一种最常见的现场控制活动。现场控制具有指导职能，它有助于提高工作人员的工作能力和自我控制能力。

（3）反馈控制，是指在工作结束之后进行的控制。反馈控制是通过对工作结果进行测量、比较和分析，采取相应的措施，矫正今后的行动。反馈控制类似于成语所说的"亡羊补牢"，它的最大弊端是在采取矫正措施之前，偏差就已经产生，往往难以挽回损失。反馈控制能为管理者评价计划的制订与执行提供有用的信息，人们可以借助反馈认识组织活动的特点及其规律，为进一步实施前馈控制和现场控制创造条件，实现控制工作的良性循环，并在不断的循环过程中，提高控制效果和计划质量。

上述三种控制方式互为前提、互相补充。现实中，很少有组织采取单一的控制方式，而是将上述三种控制方法综合使用，对各种资源的输入、转换和输出进行全面的、全过程式的控制，以提高控制效果。

思考与讨论

无为而治与流程控制

"无为而治"是我国古代著名道家学派创始人老子提出的治理思想。老子，原名李耳，是我国古代著名的思想家，道家创始人，其思想对我国古今思想界产生了极其深远的影响。"无为而治"讲究的是顺其自然，"无为而无不为"。

请思考无为而治与流程控制之间的辩证关系。

4.3 物流工程绩效评价管理

物流工程绩效评价是以一定的科学标准，对物流工程的建设、使用过程的检查、分析和判断。通过连续的绩效评估，可以检测工程的相关状况，科学的评价建设成果，有助于正确引导工程建设主体的经营和管理行为，提高经济效益。

4.3.1 物流工程绩效评价的概念和原则

1. 绩效评价

评价，从字面意义上讲，是指对一件事或人物进行判断、分析后的结论。从工程学的角度，**评价**（evaluating）是指按照明确目标测定对象的属性，并把它变成主观效用（满足主体要求的程度）的行为。

绩效评价（performance appraisal）是工程实施主体及其管理单位（或受主体委托的第三方单位）依照预先确定的标准和一定的评价程序，运用科学的评价方法、按照评价的内容和标准对评价对象的工作任务、工作过程、工作能力、工作业绩等要素进行定期和不定期的测评考核的过程。

📚 物流故事

马太效应

《新约·马太福音》有这样的记载：一个国王远行前，交给三个仆人每人一锭银子，吩咐他们："你们去做生意，等我回来时，再来见我。"国王回来时，第一个仆人说："主

百度百科"马太效应"词条可供读者参考：http://baike.baidu.com/subview/7020/10425877.htm

人，您交给我的一锭银子，我已赚了10锭。"于是国王奖励了他10座城邑。第二个仆人报告说："主人，您给我的一锭银子，我已赚了5锭。"于是国王便奖励了他5座城邑。第三个仆人报告说："主人，您给我的一锭银子，我一直包在手巾里存着，我怕丢失，一直没有拿出来。"于是国王命令将第三个仆人的那锭银子赏给第一个仆人，并且说："凡是少的，就连他所有的，也要夺过来。凡是多的，还要给他，叫他多多益善。"

这则马太效应的故事，与绩效评价有何关联？

---

2. 绩效评价的原则

（1）动态与静态的统一。工程绩效评价的指标值是动态变化的，资金流、信息流随着时间的变化而变化。但从大数据的观点来分析问题，其规律性还是明显的。因而，动态分析是绩效评价的主渠道，静态指标虽然简单、直观和方便，但不能真正反映工程的进展绩效，只可作为辅助分析之用。

（2）定量与定性的统一。定量分析具有明确的数学模型作支撑，易于进行分析比较。由

于工程评价时一些因素不易量化，只能用定性方法对其作正确表述，因而，采用定量分析与定性分析相结合，以定量分析为主的方式较好。

（3）技术先进性和经济合理性的统一。技术和经济的关系是一种辩证的关系，它们相互之间既相互统一，又相互矛盾。人们为了达到一定的目的和满足一定的需要，就必须采用一定的技术，而任何技术均不能脱离开经济，这就是技术和经济之间互相制约和互相统一的关系。在进行工程绩效评价时，既要求技术上的先进性，又要分析经济上的合理性，力求做到两者的统一。

（4）当前经济效益与长远经济效益的统一。根据我国的经济环境，目前和长远的经济效益应是一致的，但有时也会出现某些技术方案从当前看较为有利，从长远看不利的情况，或者相反。因此，在评价工程绩效时，既要考虑生产施工过程的经济效益，也要考虑投入使用以后的经济效益，使目前的经济效益与长远的经济效益相结合。

（5）经济效益、社会效益和环境效益的统一。对工程技术方案的评价往往以经济效益为主要依据。但是技术方案的影响，除了经济效益方面以外，还涉及社会、环境等方面。因此，经济效益评价并不是对工程技术方案进行比较和决策的唯一依据，它需要根据技术方案的具体目标以及涉及的具体情况，把经济效益、社会效益和环境效益结合起来进行综合评价。在特定的情况下，社会效益或环境效益可能成为评价技术方案的主要依据。

知识拓展

绩效评价的作用

（1）实现目标。绩效评价本质上是一种过程管理，而不是仅仅对结果的考核。它是将中长期的目标分解成年度、季度、月度指标，不断督促员工实现、完成的过程，有效的绩效评价能帮助企业实现目标。

（2）查找问题。绩效评价是一个不断制订计划、执行、改正的 PDCA 循环过程，体现在整个绩效管理环节，包括绩效目标设定、绩效要求达成、绩效实施修正、绩效面谈、绩效改进、再制订目标的循环，这也是一个不断发现问题、改进问题的过程。

（3）分配利益。与利益不挂钩的评价是没有意义的，员工的工资一般都会为两个部分：固定工资和绩效工资。绩效工资的分配与员工的绩效考核得分息息相关，所以一说起评价，员工的第一反应往往是绩效工资的发放。

（4）促进成长。绩效评价的最终目的并不是单纯地进行利益分配，而是促进企业与员工的共同成长。通过评价发现问题、改进问题，找到差距进行提升，最后达到双赢。

如果你是企业的总经理或业务主管，该如何发挥绩效评价的作用？

4.3.2 物流工程绩效评价的内容

1. 绩效评价的对象

对物流工程的评价，不仅对实施前的工作预案进行评价，还要对物流工程的实施进行过程评价，对实施完成后的物流工程进行回顾评价，对已投入运营的物流工程进行跟踪评价。

（1）实施前工作预案的评价。评价工程实施后可能产生的后果和影响，后果和影响形成的可能性。

（2）实施过程的评价。找出实施过程与实施预案的偏差，及时发现问题，完善预案，总结经验，汲取教训。

（3）工程竣工后的回顾评价。审查工程预案的实施情况，施工方案的调整和完善过程，工程的优点和薄弱点，为工程运营提供决策依据。

（4）工程运营后的跟踪评价。许多过程在运营多年后，需要改造升级，需要相关数据支撑，需要工程运营绩效的跟踪评价数据。

2. 绩效评价的步骤

物流工程的评价往往需要按照一定的步骤，规范地展开。一般情况下可归纳为以下几个步骤。

（1）明确评价的目的、对象和具体内容。

（2）确定评价要素。

（3）制定评价指标体系。

（4）制定评价准则和评价方法。

（5）展开单项评价。

（6）进行综合评价。

3. 绩效评价的指标

物流工程评价指标的选取必须三个条件：可查性、可比性和可量化。评价指标必须相对稳定，可以通过一定的途径、一定的方法观察和测量；每一项指标都应该可以能够对比；每一项指标都能进行量化。

评价指标体系通常分为以下几类。

（1）技术性指标，包括工程的性能、寿命、可靠性、安全性等。

（2）经济性指标，包括成本、效益、建设周期、投资回收期等。

（3）政策性指标，包括政府的大政方针的要求。

（4）社会性指标，包括社会效益、综合发展等。

（5）环境性指标，包括废物排放量、污染程度、生态环境平衡等。

（6）资源性指标，包括土地利用率、原材料构成等。

（7）其他指标，包括工期、工程等级等。

📖 **知识拓展**

绩效评价的设想

伯恩（2000）等认为，要建立和实施一个完整的绩效评价体系应包含以下四个步骤：绩效评价指标的设计（包括判别关键目标和涉及评价指标）、评价指标的选取（分为初选、校对、分类/分析和分配四个步骤）、评价体系的应用（评价、反馈和纠偏行动）

和战略假设的见证（反馈）。

为了满足不同条件对评价体系要求的不同，提出了一套动态绩效评价体系的框架。该框架包括了以下几个子系统：①外部环境控制子系统，利用绩效评价指标联连续控制外部环境中关键参数的变化；②内部环境控制子系统，利用绩效评价指标连续控制内部环境中关键参数的变化；③反馈控制机制、利用内部、外部控制器提供的绩效信息和更高层系统设置的目标和有限权决定内部目标和有限权；④配制子系统，使用极小评价指标为各经营单位、加工过程等设置修整后目标和优先权；⑤简化子系统和保障子系统。

百度百科"供应链绩效评价"词条可供读者参考：http://baike.baidu.com/view/1508336.htm

延伸思考：绩效评价标准的绝对性和相对性。

4.3.3 物流工程绩效评价的方法

目前，关于物流工程绩效评价的方法较多，主要有层次分析法、模糊综合评价法、基于灰色系统的评价方法、数据包络分析（DEA）法、功效系数法、综合效用法等。本教材这里主要介绍前两种方法。

1. 层次分析法

层次分析法（analytic hierarchy process，AHP）是美国运筹学家 Saaty 教授于 20 世纪 70 年代初期提出的一种简便、灵活而又实用的多准则决策方法。层次分析法是一种将定性分析与定量分析进行有效结合的方法。这种方法充分地利用了专家的经验和意见，即在确定的环境下，首先依据人的经验做出判断，把一些在评价分析过程中的重要定性因素列举出来，然后再以定量的形式表现出来，从而克服单独采用定性或定量分析方法的一些片面结论的出现。

在应用层次分析法分析社会经济及科学技术领域中的决策问题时，一般需要把相关问题进行条理化、层次化，再次基础上，构造出一个有层次的数学模型。在这个思想指导下，一些社会经济及科学技术领域中的复杂问题被可以被分解为由一些相关元素组成的系统。以此类推，这些相关元素又可以按照其特征和影响分解成若干个层次。高一层次的因素对低一层次要素起支配和影响作用。

层次分析法根据所需解决问题的性质及所要达到的目标，将问题划分为有差异的因素，找出各要素间的相互联系及隶属关系后，将它们排列为不同层次的组合，这样就可构建成一个多层次的分析模型；接着就可以判断出不同层次中的所有元素的相对重要性；再就是要计算出最底层的各元素相对于最高层的重要性权值，这时可以通过各层次因素的单排列与逐层的总排序来计算，最终就能确定出方案的优劣排序。具体可归纳为以下四个步骤。

第一步：建立层次结构模型。在建立层次结构模型时将层次划分为最高层、中间层和最底层。即将问题所包含的因素进行分层，用层次框图描述层次的递阶结构以及因素的从属关系。

第二步：构造判断矩阵。在应用层次分析法进行评价的时候，将简单的因素按照一定的关系或关联性进行分类或分组，把其中相互联系的因素进行组合归入小类，再将小类归入大类，这样就形成了一种有序的判断矩阵。再经过两两对比来确定其重要性程度，按照重要性程度在判断矩阵中进行合成，来确定各要素对于总目标的重要性，并将其进行排序。就比较容易定出其重要或者次要。

第三步：层次单排序及一致性检验。层次单排序一般可归结于计算判断矩阵的特征值和特征向量的问题。可根据上一层元素的判断矩阵，计算本层次与之有联系元素间相对重要性的排序权值。层次单排序一致性检验有以下两个指标。

（1）一致性检验指标 C_I，其计算公式为

$$C_I = \frac{\lambda_{\max} - n}{n-1}$$

（2）平均随机一致性指标 C_R，其计算公式为

$$C_R = C_I / R_I$$

式中，R_I 代表判断矩阵的修正值。

第四步：层次总排序及一致性检验。层次总排序是指计算同一层次所有元素对最高层（目标层）相对重要性的排序权值。

2. 模糊综合评价法

模糊综合评价始于 20 世纪 80 年代后期，是由美国模糊数学的创始人、著名控制论专家查德首次提出来的，一般认为，它是模糊数学的一个应用方向。模糊综合评价是以模糊数学为基础，运用模糊关系合成原理将一些边界不清、不易定量的因素定量化进行综合评价的一种方法。经过近 30 年的发展，模糊综合评价方法已经社会经济及科学技术领域得到了较为广泛而颇有成效的影响和应用。

模糊综合评价在实际应用中主要的评价过程是其借助于模糊数学的概念，对实际的综合评价问题提供一系列评价的方法，该方法根据被评价事物的复杂程度，可分为一级模糊综合评价和多级模糊综合评价。大量研究表明，它与概率、统计的方法是不一样的，因为客观事物的不确定性一般有两种类型：一种是评价对象本身不明确，诸如漂亮、不漂亮；清楚、不清楚等。可以看出，这些评价对象由于不同人有不同的理解，因而其没有明确的划分界限；另一种评价对象本身是明确的，但出现的规律有不确定性，如晴天、下雨、下雪，这是明确的，但出现的规律不确定。一般认为，前一类评价对象的不明确与所划分类别的不确定性有关，由于不同人的不同理解，就导致了不同的看法。也就是说此种评价对象是否属于某一类，可以属于某一类，也可以不属于某一类，对于这种问题的解决，理论界经过多年的探索和实践引入了隶属度-隶属函数的概念，就导出了模糊数学的构架。

通过专家学者大量的实践探索，发现了模糊综合评判结果在信息的质和量上都具有优越性。这是由于，模糊综合评价的结果是一个集合，而不是一个点值，它能较为准确地刻画事物本身的模糊状况。应用模糊综合评价可以比较好地解决定性指标的定量化问题，人们对定性指标属于某一等级的判断往往很难用数字表示，只能用"很好""好""一般""差"等模糊概念来表示。因此，模糊综合评价既可用于主观指标的综合评价，也可用于客观指标的综合评价。

模糊综合评价结果不论评价对象处于何种评价对象的组合（空间或时间）中都不会改变，

即对同一个评价对象而言，只要评价指标权数相同，合成算子相同，一般均具有唯一性。这是由于模糊综合评价一般是对评价对象逐个进行评价，每个评价对象一般可确定一个矩阵，最终也得到一个矩阵向量。

案例分析

联华超市与光明乳业的自动订货系统

2002 年 11 月，联华超市与光明乳业之间建立了自动订货系统。联华超市各门店在每天晚上 12 点之前汇总当天光明乳业的牛奶销售和库存信息，并在次日 9 点前将该数据传送至联华超市总部电子数据交换系统，这些数据处理后在当天 12 点加载到光明乳业有效客户反应系统。光明乳业收到数据后，根据天气、销售、促销指标等因素进行订单预测。经预测的订单产生后，光明乳业开始做发货准备，并将订单数据发送到联华超市总部电子数据交换系统，联华超市门店当日晚上 9 点前将收到收货信息，光明乳业在第三天上午 6 点半以前将所订的牛奶送到联华超市各门店。联华超市门店在收到货物后，除了在收货单据上签收外，还必须在当日中午 12 点之前将收货信息自动导入管理信息系统（MIS）。自动订货系统的推行，使牛奶这一冷链商品在门店销售中既保证了鲜度又扩大了销售。同样的方式，"个性生鲜"的特点逐步在联华超市扎根生长。

讨论与分析：

1．谈谈你对电子数据交换系统的理解。

2．结合联华超市与光明乳业的成功经验，你认为电子数据交换系统能给企业带来哪些收益？

同步测试

一、单项选择题

1．（　　）有时被称为现代物流的中枢神经，它决定着整个物流活动的效益和效率。

　　A．物流配送　　　　B．物流信息　　　　C．物流管理　　　　D．物流技术

2．（　　）不属于物流业务信息平台的六大常用功能模块。

　　A．物流管理　　　　B．会员管理　　　　C．发票管理　　　　D．库存管理

3．由专业物流企业进行的物流叫做（　　）。

　　A．第一方物流　　　B．第二方物流　　　C．第三方物流　　　　D．第四方物流

4．以时间节点即管理工程的阶段性为标准，控制可划分为前馈控制、（　　）和反馈控制。

　　A．事前控制　　　　B．事后控制　　　　C．现场控制　　　　D．预测控制

5．物流系统可以看成由物流作业系统和（　　　）两部分组成。

    A．物流信息系统　　　　　　　　　　B．库存信息管理系统

    C．运输信息管理系统　　　　　　　　D．电子商务物流信息管理系统

二、多项选择题

1．物流信息平台的主要功能包括（　　　）。

    A．数据交换功能　　　　　　　　　　B．物流信息发布功能

    C．电子商务功能　　　　　　　　　　D．政府信息服务功能

2．物流工程评价指标的选取应该具备（　　　）。

    A．可查性　　　　B．可比性　　　　C．可操作　　　　　D．可量化

3．物流工程信息平台面临的威胁主要来自（　　　）。

    A．黑客攻击　　　　　　　　　　　　B．信息战

    C．管理的欠缺　　　　　　　　　　　D．使用网络防火墙

4．下列表述中正确的是（　　　）。

    A．"第三利润源"是指企业通过物流赢利

    B．信息流使得部分物流向非实物化方向发展

    C．物流信息需遵循国际和国家的信息标准

    D．信息流与物流各自独立运行

5．层次分析法是一种将定性分析与（　　　）进行有效结合的方法。

    A．社会调查　　　　B．定量分析　　　　C．环境分析　　　　D．资源分析

三、判断题

1．从一定意义上来说，物流工程是一个相对静态的概念，而物流管理则是一个动态的过程。（　　　）

2．EDI信息传递的直接方式可以分为一对一、一对多、多对多等具体形式，它只有在贸易伙伴较多的情况下才可以使用。（　　　）

3．O2O是一种以服务为核心，整合线上线下优势与资源的商业模式。（　　　）

4．人力资源不属于物流工程业务流程组织的要素范围。（　　　）

5．按照业务范围可以把物流工程作业流程控制分为物流生产性控制、物流质量控制和物流成本控制。（　　　）

6．对物流工程的评价，仅仅是对实施前的工作预案进行评价。（　　　）

7．物流信息服务于企业内部管理和决策，与企业所处的环境无关。（　　　）

8．在建立层次结构模型时往往将层次划分为最高层、中间层和最底层。（　　　）

9．物流数据和物流信息没有区别。（　　　）

10．模糊综合评价是以运用模糊关系合成原理将一些边界不清、不易定量的因素定量化进行综合评价的一种方法。（　　　）

四、综合实务题

五年前，某省新华书店、外文书店合并，组建了该省新华书店联合有限公司。如今该省店已经与全省 11 个中心门店和部分县店建立了跨地区的直营连锁经营关系，与 40 余家符合条件的书店建立了加盟连锁关系，还有行业外的加盟店 3 个，初步建立了该省新华书店系统连锁经营体系。实施连锁经营后，该省店的连锁门店的进货权被取消。由于信息不畅通，总店的业务部门无法了解连锁门店的实际需求与销售动态，对所配发的图书品种是否对路、数量是否恰当都不太了解，只能凭臆想办事，造成销售量下降。此外，由于配送不快捷、退货不及时等问题严重制约着连锁店的销售，有的店面日流水金额甚至只有 1 000 元左右。

讨论与分析：

1．假如你是该公司的经理，应该采取什么措施，使公司从此困境中摆脱出来？

2．结合你采取的措施，谈谈该措施实行后将对公司产生什么影响。

五、论述题

1．试述物流信息平台的主要功能。

2．试述使用层次分析法进行物流工程绩效评估的原理和主要步骤。

第二篇 专业篇

本篇主要内容

- 第5章 物流系统
- 第6章 物流设施
- 第7章 物流设备
- 第8章 物联网工程
- 第9章 特种物流工程

第5章 物流系统

学习目标与内容架构

知识目标

（1）掌握系统、系统工程、物流系统的概念；（2）了解物流系统的基本模式、构成要素和网络模式；（3）了解物流系统的特点；（4）理解物流系统分析的概念、要点、步骤和基本问题；（5）掌握物流系统分析的方法；（6）了解和熟悉物流系统建模的概念、表现形式和基本模型。

技能目标

（1）能剖析物流系统的结构；（2）能进行物流系统分析；（3）能构建基本的物流系统模型；（4）能把握物流系统常见的模型种类。

内容架构

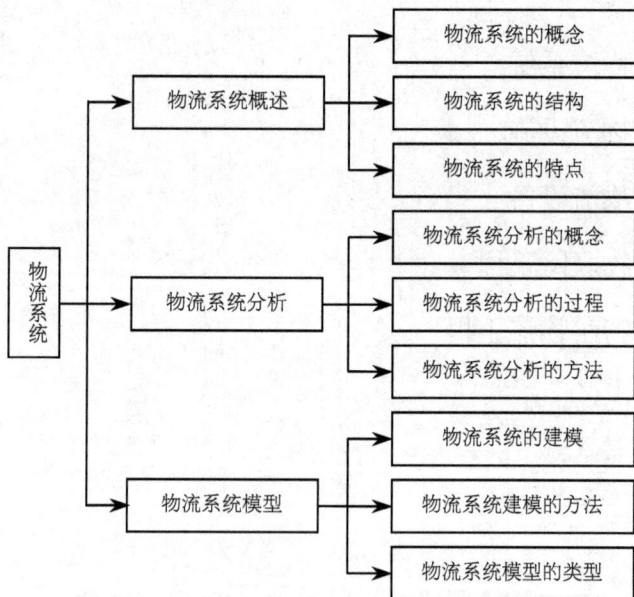

引　言

系统工程的产生

系统工程古已有之，我国战国时秦蜀守李冰主持修建的都江堰工程、古埃及的金字塔等都体现了把工程看成一个整体统筹安排的系统思想和系统方法。但系统工程发展成一门学科是 20 世纪的事，其萌芽可以追溯到 20 世纪初科学管理制度的兴起。此后，贝尔电话公司也对系统工程的发展起到了重要的作用，它在建立电话网时，一开始就把整个工程项目看成一个整体，按时间顺序分成规划、研究、开发、应用等若干阶段，并于 20 世纪 40 年代最先使用了"系统工程"一词。第二次世界大战期间，英国最早产生了研究统筹协调各方面资源项目的"运筹学"，大大提高了效率。这以后西方各国均加强了对"运筹学"的研究，其中以美国的兰德公司最为有名，它所倡导的"系统分析"的方法为美国政府各部门特别是军事部门提供了重要支持。

当下，物流系统的运行效率已成为制约企业经营成本下降的重要因素。因此，加大对物流系统的剖析和研究，具有十分重要的意义。

5.1　物流系统概述

从现代意义上来说，任何事物都是以系统的形式存在的，一旦脱离系统，一切事物将不复存在。

5.1.1　系统、系统工程和物流系统

1. 系统

系统（system）一词源于拉丁文的"sytema"，代表群、集合的意思。尽管系统思想源远流长，但作为一个科学概念予以研究，应该归功于 20 世纪 30 年代奥地利科学家路德维希·冯·贝塔朗菲（Ludwig Von Bertalanffy）。他认为，系统是相互作用的诸要素的复合体。随着时间的演进，人们对系统的认识逐步深入和科学。

系统是由相互作用相互依赖的若干组成部分结合而成的，具有特定功能的有机整体，而且这个有机整体又是它从属的更大系统的组成部分。

从系统的概念中可以看出：①系统是由若干要素（部分）组成的。这些要素可能是一些个体、元件、零件，其本身也可能就是一个系统（或称之为子系统）。②系统有一定的结构。一个系统是其构成要素的集合，这些要素相互联系、相互制约。系统内部各要素之间相对稳定的联系方式、组织秩序及失控关系的内在表现形式，就是系统的结构。③系统有一定的功能，或者说系统要有一定的目的性。系统的功能是指系统与外部环境相互联系和相互作用中表现出来的性质、能力、和功能。

2. 系统工程

如果用系统语言来表达"工程"，它就是一个创造或改造某一系统的过程。创造或改造系统需要以预期的功能为出发点，以构建出能实现预期功能的新系统为最终目标，其中包含人、财、物、信息、技术等要素。

系统工程在系统科学结构体系中，属于工程技术类，它是一门新兴的学科，国内外有一些学者对系统工程的含义有过不少阐述，但至今仍无统一的定义。

1975年美国科学技术辞典的论述为：系统工程是研究复杂系统设计的科学，该系统由许多密切联系的元素所组成。设计该复杂系统时，应有明确的预定功能及目标，并协调各个元素之间及元素和整体之间的有机联系，以使系统能从总体上达到最优目标。在设计系统时，要同时考虑到参与系统活动的人的因素及其作用。

1977年，日本学者三浦武雄指出，系统工程与其他工程学的不同之处在于它是跨越许多学科的科学，而且是填补这些学科边界空白的一种边缘学科。因为系统工程的目的是研制一个系统，而系统不仅涉及工程学的领域，还涉及社会、经济和政治等领域，所以为了适当地解决这些领域的问题，除了需要某些纵向技术以外，还要有一种技术从横的方向把它们组织起来，这种横向技术就是系统工程。

1978年，我国著名学者钱学森指出：系统工程是组织管理系统的规划、研究、设计、制造、试验和使用的科学方法，是一种对所有系统都具有普遍意义的方法。

综合以上各种观点，**系统工程**（systems engineering）是以大型复杂系统为研究对象，按一定目的进行设计、开发、管理与控制，以期达到总体效果最优的理论与方法。

物流故事

钱学森荣获系统工程开拓奖

钱学森（1911.12.11—2009.10.31），世界著名科学家，空气动力学家，中国载人航天奠基人，中国科学院及中国工程院院士，中国"两弹一星"功勋奖章获得者，被誉为"中国航天之父""中国导弹之父""中国自动化控制之父"和"火箭之王"。

1954年钱学森撰写了《工程控制论》。由于钱学森回国效力，以系统工程的理念、体系与方法指导的中国导弹、原子弹的研制至少向前推进了20年。

2011年，当地时间6月20日上午，在美国丹佛市科罗拉多会议中心举行的国际系统工程联合会（INCOSE）年会开幕式上，中国科学院自动化研究所研究员王飞跃代替已过世的钱学森接过2011年系统工程开拓奖（The Posthumous Pioneer Award）证书，这是国际系统工程联合会的最高学术成就奖，这也是首次破例把此奖颁给已过世的科学家。

读者可参考《科学新闻》2011年第7期《为了最好的纪念——钱学森荣获系统工程开拓奖的故事》一文做更多了解：http://www.science-weekly.cn/skhtmlnews/2011/7/1454.html

王飞跃说："工程控制论的开创性工作再加上对于中国系统工程的巨大贡献，系统工程开拓奖对于钱学森而言实至名归。"

请思考：从"两弹一星"开始，系统工程思想对我国取得一系列重大工程的成功起到了关键作用。物流系统越来越复杂，应如何以系统工程的思想指导物流工程的建设呢？

3．物流系统

物流作为当代经济社会的重要组成部分，构成了一个极为重要的系统，为人类的生产、生活、军事、抗灾等重大领域提供了强力支撑。

在社会实践中，由物流人员、物流设施、物流设备、物流资金等物流要素之间通过一定的联系和作用，形成了具有特定功能的综合体。它实现了物资的空间效益和时间效益，在保证社会再生产进行的前提条件下，它实现各种物流环节的合理衔接，并取得最佳的经济效益。

综合各种研究观点，**物流系统**（logistics system）是指在一定的时空条件下，由物流诸环节及其涉及的物品、资金、信息、设施和设备等若干相互联系、相互制约的要素组成的具有特定功能和目标的有机整体。

📖 新闻链接

浙江海港系统大整合

浙江省海港投资运营集团有限公司 2015 年 8 月 28 日揭牌，这标志着浙江省海港一体化的发展取得重大突破。

浙江省海港集团公司前身为浙江省海洋开发投资集团有限公司，成立于 2014 年 7 月 30 日。2015 年 8 月 7 日，浙江省委、省政府决定组建浙江省海港投资运营集团有限公司。2015 年 8 月 21 日，浙江省海投公司更名为浙江省海港集团公司。组建浙江省海港集团，将浙江省内的宁波港、舟山港、嘉兴港、台州港和温州港等五大港口的港口公司进行大整合，统一运营。拉开了浙江海洋经济和港口经济新一轮发展的序幕，对浙江省更好地参与"一带一路"和长江经济带等国家战略，加快建成港航强省和海洋经济强省具有十分重大的意义。作为省级海洋资源开发建设融资平台，海港集团将以市场化运作方式，贯彻落实浙江省委、省政府统筹管控和高效利用全省港口、岸线等海洋资源的战略意图，积极打造全球一流的港口投资运营集团，加快推进全省海洋和港口经济一体化、协同化发展。

读者可通过财新网报道《浙江筹划成立海港集团 合并省内五大港口》（记者 包志明）了解更多信息：http://companies.caixin.com/2015-08-25/100843426.html

请思考：浙江省在港口物流领域的这一重大举措，蕴含了哪些系统原理？

5.1.2 物流系统的结构

1. 物流系统的基本模式

同所有的系统运作过程一样，物流系统也是一个从环境中不断输入要素，经过转换处理，不断输出产品或劳务，不断与社会环境进行交换，并与环境相互依存的循环过程，这就形成了物流系统的一套基本模式，如图 5.1 所示。

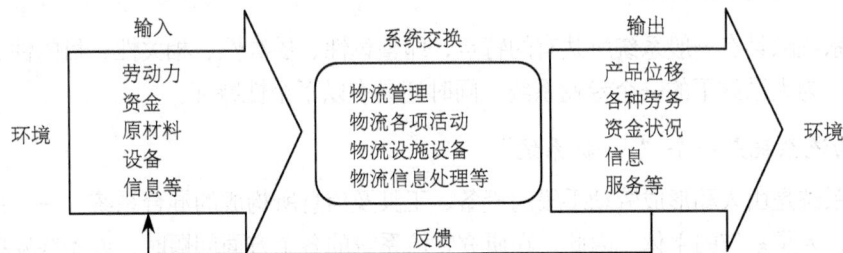

图 5.1　物流系统的基本模式

2. 物流系统的构成要素

（1）流动要素。从"流"的角度分析物流系统，主要有五个流动要素构成：流体、载体、流向、流量和流程。流体是物流的对象，一般是指物质实体；载体是指流体借以流动的设施和设备；流向是指流体从起点到终点的流动方向，包括正向和反向；流量是指通过载体的流体在一定流向上的数量表现；流程是指通过载体的流体在一定流向上行驶路径的数量表现。流体的自然属性决定了载体的类型和规模，流体的社会属性决定流向、流量、流程，载体制约着流向、流量、流程，同时流体、流量、流向、流程又决定了载体的属性。

（2）功能要素。一般认为物流系统都拥有或部分拥有运输、存储、包装、装卸搬运、流通加工、信息处理、物流增值等功能。运输和储存是物流系统最基本的功能，包装是生产过程的最后一道工序，既是生产的终点，同时又是物流的始点，装卸搬运是连接物流活动的重要环节，流通加工是实现价值增值的有效手段，信息处理是对物流信息资源进行整合的活动，物流增值功能是现代物流业发展的趋势和新的利润增长点的必备要求。

3. 物流系统的网络结构

物流系统的网络结构是指货物从供应地到需求地的整个流通渠道的结构。从运筹学图论的观点，可以把物流系统的网络结构抽象为点和线以及它们之间相互联系所构成的网络。点通常是指在物流系统中供流动的商品储存、停留的，以进行相关后续作业的场所，如工厂、商店、仓库、配送中心、码头等，点事物流基础设施比较集中的地方。线是指连接物流网络中的节点线路，物流网络中的线是通过一定的资源投入而形成的。根据结构复杂程度，物流系统中的网络结构图可分为点状图、线状图、圈状图、树状图、网状图，如图 5.2 所示。

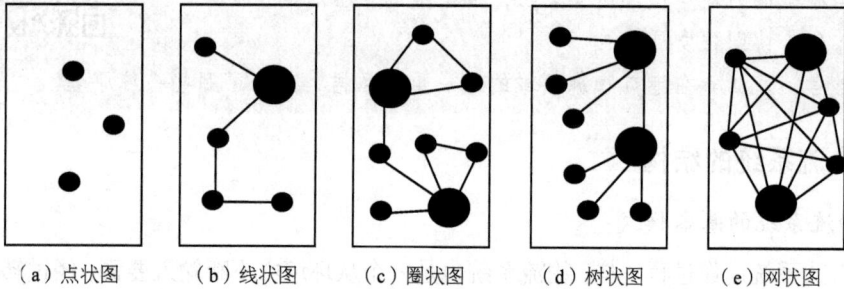

（a）点状图　　（b）线状图　　（c）圈状图　　（d）树状图　　（e）网状图

图 5.2　物流系统网络架构示意

5.1.3　物流系统的特点

物流系统除具有一般系统所共有的特点，即整体性、层次性、相关性、目的性、环境适应性等，作为大系统下的一个专业系统，同时还具有以下个性特征。

1. 物流系统是一个"人-机系统"

物流系统是由人和形成劳动手段的设备、工具及信息所构成的混合系统。在一系列的物流活动中，人是系统的主体。因此，在研究物流系统的各个方面问题时，要始终发挥人的主体作用，把人和物有机地结合起来，加以考察和分析。

2. 物流系统是一个大跨度系统

在现代经济社会中，企业间物流早已不仅仅局限于区域、国内企业间的发展，经常会跨越不同国家中的企业，时间跨度往往也很大，物流已经形成跨区域、跨时域的动态系统。

3. 物流系统是一个可分系统

物流管理系统包含多个环节，运输、仓储、配送、包装、装卸、加工及信息处理等，这些环节又构成了相应子系统。物流工程系统涵盖领域更加宽泛，其子系统的划分可以不同的标准形成相应的划分。

4. 物流系统是一个动态系统

物流系统内的要素及系统的运行都是随着需求、供应、渠道、价格等影响因素的变化而变化的，为适应社会生产和社会需求，物流系统需要不断地进行调整和完善，这就要求物流系统具有足够的灵活性与可改变性。

5. 物流系统是一个易呈现效益悖反现象的系统

物流系统结构要素间常常有着较强的交替损益或效益悖反现象，在处理时稍有不慎就会出现损害总体效益的结果。在物流运作的过程中要满足物流数量最大、时间最短、成本最低、服务质量最好的目标，就可能会在某一环节更多付出，加大局部成本。

5.2 物流系统分析

5.2.1 系统分析与物流系统分析

1. 系统分析

系统分析（systems analysis）一词最早是在 20 世纪 30 年代提出的，当时是以管理问题为主要应用对象。后被广泛应用于各类系统问题的剖析。系统分析方法是指把要解决的问题作为一个系统，对系统要素进行综合分析，找出解决问题的可行方案或策略。

系统分析方法的具体步骤包括：限定问题、确定目标、调查研究、收集数据、提出备选方案或策略以及评价标准、备选方案评估、提出最可行方案或策略。

📖 **知识拓展**

兰德公司与系统分析法

兰德公司是美国最重要的以军事为主的综合性战略研究机构，其名称"兰德（Rand）"是英文"研究与发展（research and development）"的缩写。它先以研究军事尖端科学技术和重大军事战略而著称于世，继而又扩展到内外政策各方面，逐渐发展成为一个研究政治、军事、经济科技、社会等各方面的综合

百度百科"兰德公司"词条可供读者参考：http://baike.baidu.com/view/31484.htm

性思想库，被誉为现代智囊的"大脑集中营""超级军事学院"，以及世界智囊团的开创者和代言人。它可以说是当今美国乃至世界最负盛名的决策咨询机构。兰德公司率先提出并使用系统分析方法，它认为：系统分析是一种研究方略，它能在不确定的情况下，通过对问题的充分调查，找出其目标和各种可行方案，并通过直觉和判断，对这些方案的结果进行比较，帮助策划者在复杂问题中做出最佳的科学策划。

请思考："凡事预则立"的哲理。

2. 物流系统分析

在一定的时间和空间里，为了实现其空间和时间的经济效益，就可以将其所从事的物流活动和过程看成一个整体，运用系统的观点和系统工程的理论和方法展开分析研究。**物流系统分析**（logistics system analysis）是指以物流系统整体效益最优为出发点，在优选系统目标、确定系统准则的基础上，根据物流的个性特点，分析构成系统各级子系统的功能、相互关系及其与外部环境的相互作用，寻求实现该物流系统目标最佳路径的过程。

物流系统分析必须符合以下几项原则。

（1）技术上具有先进性。

（2）经济上具有合理性和有效性。

（3）对外部环境变化具有适应性。

（4）与其他系统对接具有兼容性和协调性。

3. 物流系统分析的要点

（1）以整体为目标。物流系统中的各子系统都具有其自身的功能与目标，它们彼此分工协作，密切配合，实现系统整体的共同目标。如果只研究改善某些局部问题，提高某个子系统的功能，而其他子系统被忽略或不健全，则系统的整体效益将受到影响。所以任何物流系统的分析，都必须以发挥系统总体的最大效益为准则，不可只局限于个别的子系统。

（2）以特定的问题为对象。物流系统分析的目的在于寻求解决特定问题的最佳方案，而影响系统取得最大效益的因素是多方面的，只有针对要解决的特定问题进行具体分析，才有可能制订出最好的求解方法。所以物流系统分析必须以能求得解决特定问题的最佳方案为重点。

（3）运用定量分析方法。解决物流系统中存在的特定问题，不能只凭主观的想象、臆断、经验或直觉，在许多复杂的情况下，只进行定性的分析判断和推理显然不够，也缺乏说服力。所以，必须要有精确可信的数字资料作为科学决策的依据。

（4）凭借价值判断。在进行物流系统分析时，必须对一些事物作某种程度的预测，或用过去发生的事实作样本，以推断未来可能出现的趋势或倾向。由于所使用的历史资料有许多不确定因素存在，而客观环境又会发生各种变化，因而在进行物流系统分析时要凭借各种价值观念进行判断和选优。

5.2.2 物流系统分析的过程

1. 基本步骤

一般来说，物流系统分析遵循以下步骤。

（1）明确问题。明确问题的性质，划定问题的范围是物流系统分析的前提。问题的产生是由外部环境和内部发展共同作用的结果，只有明确了问题的性质范围后，才能更好地对系统进行分析。除对问题的性质和范围进行分析外，还需对问题的要素以及各要素之间的相互作用等进行进一步的划分。

（2）选择目标。物流系统分析是根据所提出的具体目标而展开的，物流系统的具体目标有助于很好地解决问题。物流系统的总目标就是以较低的物流成本支出达到较高的客户服务水平，这是要通过物流各子系统的功能活动来实现的。

（3）提出方案。大量准确的资料是建立物流系统模型或拟订方案的基础和依据，方案的可行性论证更需要有精确可靠的数据，所有这些为物流系统分析奠定了基础。在收集资料的基础上形成可供选择的系统方案。

（4）建立模型。为预测每一方案可能产生的结果，需要建立各种模型，通过建立模型可以方便分析结果，并根据其结果定量说明每个方案的优劣与价值，还可以确认影响物流系统功能和目标的主要因素及其影响程度，以及这些因素的相关程度。

（5）系统优化。根据分析对比的结果，选择最优的系统方案。并对物流系统进行优化，物流系统的优化是运用最优化的理论和方法，对若干个可行方案的模型进行仿真和优化，进而求出几个替代解。

（6）综合评价。对系统的若干方案进行优化后，进行综合评价。在考虑前提条件、假定条件和约束条件后，在结合经验和知识的基础上决定最优解，从而为选择最优物流系统方案提供足够的信息。

由于物流系统本身的复杂性，对物流系统进行分析时往往不能一次完成，要根据分析结果对提出的目标进行再调研、再探讨、再完善，甚至要重新界定问题后再进行系统分析。

物流系统分析的主要步骤如图 5.3 所示。

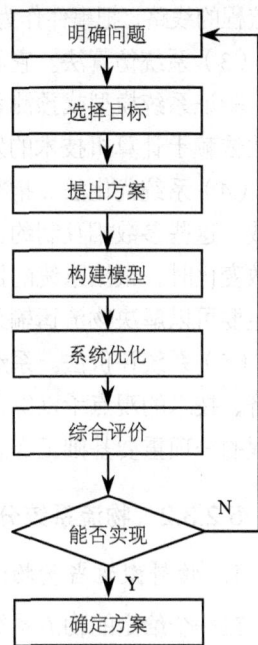

图 5.3　物流系统分析步骤示意

2. 基本问题

物流系统分析内容丰富多彩、内涵千差万别，但基本问题经抽象后是具有规律性的，其过程始终是围绕"5W1H"进行，即 what、why、when、where、who、how，具体形式如表 5.1 所示。

表 5.1　系统分析基本问题一览

问 题	剖 析	方 案
什么事情（what）	做什么，做成什么，是目标	应该做（成）这些
什么地点（where）	在哪里做，是地点	应该在那里做
什么时间（when）	什么时候做，是时间	应该在哪个时间段做
哪些人员（who）	谁来做，是执行对象	应该由他（她）们去做
什么原因（why）	为什么要做，是原因	基于这些因素应该去做
什么方法（how）	怎么做，是方法	应该用这样的方法（式）做

5.2.3 物流系统分析的方法

5.2.3.1 物流系统分析的基础方法

物流系统分析的过程，包含方案的提供、筛选、优化、评价等诸环节，涉及诸多方法及其综合，其基础方法有以处几种。

（1）数学规划法（运筹学）。这是对系统进行统筹规划，寻找最优方案的数学方法。主要包括线性规划、动态规划、整数规划、排队论和库存论等方法和理论。这些理论和方法可以用来解决物流系统中物流设施选址、物流作业的资源配置、货物配载、物料储存的时间与数量等的问题。

（2）统筹法（网络计划技术）。这是指运用网络来统筹安排，合理规划系统的各个环节的方法。此方法主要用于合理安排物流作业，为保证按期完成整个计划，它用网络图来描述整个活动流程的线路，把事件作为节点，在保证关键路线的前提下安排其他活动，调整相互间的关系。

（3）系统仿真法。它利用模型对物流系统进行仿真试验研究，是描述或评价物流系统行为、验证系统模型或预测系统性能的一种工具，系统动力学方法就是系统仿真的一种。这种方法依赖于计算机技术的发展，近年来得到了越来越广泛的应用。

（4）系统优化法。指在一定约束条件下，求出使目标函数最优的解。物流系统包括许多参数，这些参数相互制约，互为条件，同时受外界环节的影响。系统优化研究就是在不可控参数变化时，根据系统的目标，如何来确定可控参数的值，以使系统达到最优状况。这种方法主要可以解决物流运输系统的调度、物流仓储货位的安排等问题。

（5）系统评价法。系统评价是对物流系统开发所提供的各种可行方案，从社会、政治、经济、技术的观点予以综合考察，全面权衡利弊，从而为系统决策提供依据。它是物流系统工程的一项重要基础工作。主要包括排队打分法、连环比率法、加权平均法、效益成本法等。

5.2.3.2 物流系统分析的专业方法

1. 物料搬运当量物流量计算法

在一个给定的物流系统中，物料从几何形状到物化状态都有很大差别，其可运性或物料的搬运难易程度相差很大，简单地用重量作为物流量计算单位并不合理。因此，在系统分析、规划、设计过程中，必须找出一个标准，把系统中所有的物料通过修正、折算为一个统一量，即当量物流量，才能进行比较、分析和运算。它是指物流运动过程中一定时间内按规定标准修正、折算的搬运和运输量。

当量物流量是指在物流过程中，一定时间内按规定标准修正、折算的搬运和运输量。

例如，一台载重量为 10 吨的汽车，当其用来运输 10 吨锻件，这时可以认为 10 吨锻件的当量重量为 10 吨；而当其用来运输两吨组合件时，则两吨组合件的当量重量也可视为 10 吨；当其用来运输 1 吨木材时，则 1 吨木材的当量重量还可视为 10 吨。

一般来说，当量物流量的计算公式为

$$f = n \times q \tag{5.1}$$

式中，f 为当量物流量，单位取当量吨/年、当量吨/月、当量千克/小时；q 为一个流动单元的当量物流量，单位取当量吨、当量千克；n 为单位时间内流经某一区域或路径的单元数，单位取单元数/年（月、小时）。

由于到目前为止，当量物流量计算尚无统一标准，如何确定当量物流量，一般都是依据实际经验和搬运、运输的现场情况而定。

📖 知识拓展

美国当量物流量——玛格数

玛格数（magnitude）是美国计算当量物流量的一种不太成熟的方法。它是为度量各种不同物料可运性而设计的一种度量单位，用来衡量物料搬运的难易程度。

一个玛格数表示一块经过粗加工的 10 立方英寸的木块（约为 150 立方厘米，两包香烟大小）。一个玛格数的物料可以方便地置于手中，结构紧凑、坚固、稳定，类似于木料的质量，不易受损，易于堆垛。

玛格数的计算公式为

$$M = A + \frac{1}{4}A(B+C+D+E+F) \tag{5.2}$$

式中，M 为玛格数；A 为玛格数基本值；B 为密度修正值；C 为形状修正值；D 为损伤危险性修正值；E 为情况修正值；F 为价值因素修正值，若不考虑价值因素修正值，则 $F=0$。

玛格数的计算步骤为：计算物料体积→确定玛格数基本值→确定修正参数→确定玛格数。

2. 物料流动分析的工艺流程图法

工艺流程图是用图表符号形式，表达产品通过工艺过程中的部分或全部阶段所完成的工作。典型的流程图中包括的资料有数量、移动距离、所做工作的类别以及所用的设备，也可以包括工时。为了便于列出工艺流程图，一般均采用国际通用的记录图形符号来代表生产实际中的各种活动和动作。

例如，"○"表示加工、操作，既可以表示加工过程，也可以表示加工设备、生产部门等；"▽"表示储存，表示生产对象在保存场所有计划的存放，也指储存地、仓库、工位储存地等；"⇨"表示对生产对象搬运或运输；"□"表示对生产对象进行数量检验；"◇"表示对生产对象进行质量检验；等等。

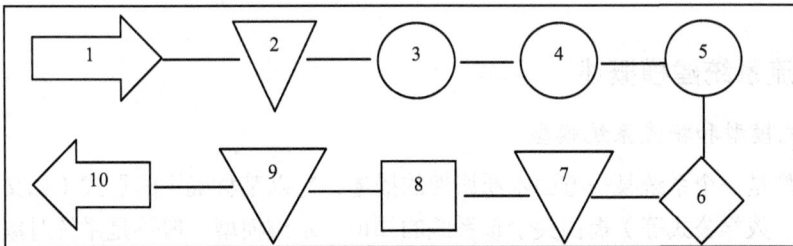

图 5.4　物料搬运示意

图 5.4 表示某工厂从原材料进厂到产成品出厂整个流程的示意图，1 是原材料进厂，2 是原材料入库，3 是第一道加工，4 是第二道加工，5 是第三道加工，6 是质量检验，7 是线边库存放，8 是数量检验，9 是成品库储存，10 是销售发货运输。

物料流动分析遵循的两个基本原则是两个最小和两个避免原则，即物料搬运经过距离最小和物流成本最小；物料搬运应避免十字交叉和避免迂回。

物料流程图是在全厂总工艺流程图基础上，分别表达各车间内部工艺物料流程的图样。在流程上标注出各物料的组分、流量以及设备特性数据等。

3. 因果分析法

因果分析法（cause and effect analysis）是通过因果图表现出来的分析方法。因果图（见图 5.5）又称特性要因图、鱼刺图或石川图，它最早于 1953 年由日本川琦制铁公司的质量管理专家石川馨（kaoru ishikawa）使用的。它用于寻找系统中产生某种质量问题的原因，发动大家谈看法，做分析。

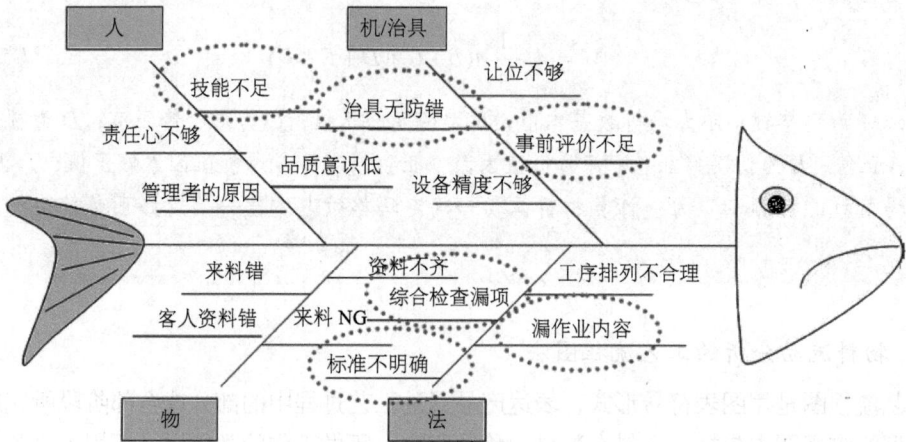

图 5.5　某工厂次品形成原因分析

因果分析法是一种非定量的专业分析法。它往往采用头脑风暴法，集思广益，从不同的角度寻找系统中问题产生的原因。这也是物流系统分析时常采用的一种有效方法。

5.3　物流系统模型

5.3.1　物流系统建模概述

1. 系统模型和物流系统模型

系统模型是一个系统某一方面本质属性的描述，它以某种确定的形式（如文字、符号、图表、实物、数学公式等）提供关于该系统的知识。系统模型一般不是系统对象本身而是现实系统的描述、模仿和抽象。

物流系统模型（the model of logistics system）是对物流系统的特征要素及其相互关系和变化趋势的一种抽象描述。物流系统模型反映物流系统的一些本质特征，用于描述物流系统要素之间的相互关系、系统与外部环境的相互作用等。由于物流系统时域和地域上的广泛性，使得系统要素和特性也多种多样，因此，有必要借助物流系统抽象模型进行系统特性的研究。

构建物流系统模型，就是对物流系统进行抽象和模拟。建立一个简明、适用的物流系统模型，将为物流系统的分析、评价和决策提供可靠的依据。但是，建造系统模型，尤其是抽象程度很高的系统数学模型，是一种创造性劳动，既是一种技术，也是一门"艺术"。

一般来说，建立系统模型要满足以下几个基本要求。

（1）现实性要求。现实性要求是指系统模型要在一定程度上较好地反映系统的客观实际，反映系统的本质特征及关系，去掉非本质的特征及关系。

（2）简明性要求。简明性是指在满足现实性要求的基础上，应尽量使系统模型简单明了，以节约建模的费用和时间。如果一个简单的模型能解决问题，就不要去建一个复杂的模型，因为建造一个复杂的模型并求解是要付出很高代价的。

（3）标准化要求。标准化是指如果已有某种标准化模型可供借鉴，则应尽量采用已有的模型，或者对已有的标准化模型加以某些修改，使之适合所研究的对象系统。

（4）反馈性要求。建模是一个由浅入深、循序渐进的过程，建模时要注意灵敏的问题，要留心哪些参数或变量的改变对模型影响特别敏感，做出及时性的反馈，进而进行调整。

2. 物流系统模型的表现形式

物流系统模型按其结构有以下几种表现形式。

（1）实物模型。实物模型是现实系统的放大或缩小，它能表明系统的主要特性和各个组成部分之间的关系。如桥梁模型、汽车模型、设施模型等。这种模型的优点是比较形象，便于共同研究问题；它的缺点是不易说明数量关系，特别是不能揭示要素的内在联系，也不能用于优化。

（2）图式模型。图式模型是用图形、图表、符号等把系统的实际状态加以抽象的表现形式如网络图（层次与顺序、时间与进度等）、物流图（物流量、流向等）。图式模型是在满足约束条件下的目标值的比较中选取较好值的一种方法，它在选优时只起辅助作用。当维数大于 2 时，该种模型作图的范围受到限制。其优点是直观、简单；缺点是不易优化，受变量因素的数量的限制。

（3）模拟模型。用一种原理上相似，而求解或控制处理容易的系统，代替或近似描述另一种系统，前者称为后者的模拟模型。它一般有两种类型：一种是可以接受输入并进行动态表演的可控模型，如对物流设备机械系统的电路模拟；另一种是用计算机和程序语言表达的模拟模型，例如物资集散中心站台数设置的模拟，组装流水线投料批量的模拟等。通常用计算机模型模拟内部结构不清或因素复杂的系统是行之有效的。

（4）数学模型。数学模型是指对系统行为的一种数量描述。当把系统及其要素的相互关系用数学表达式抽象地表示出来时，就是数学模型。它一般分为确定型和随机型、连续型和离散型。

宁波港 2014 年港航经济运行分析

2014 年，宁波港共完成港口货物吞吐量 5.26 亿吨，同比增长 6.16%，完成年度计划的 103.17%，列国内沿海港口第三。其中，外贸 2.97 亿吨，同比增长 7.58%；完成集装箱吞吐量 1 870 万标准箱（TEU），列国内港口第三，同比增长 11.49%，完成年度计划的 106.86%；完成旅客吞吐量 161.46 万人，同比增长 1.33%。具体如表 5.2 所示。

表 5.2 　2014 年宁波港港航主要指标完成情况

统计指标	计算单位	2014 年	2013 年	同比增长
港口货物吞吐量	亿吨	5.26	4.96	6.16%
集装箱吞吐量	万标准箱	1 870	1 677	11.49%
水路运力	万载重吨	555.87	580.11	−4.18%
水路货运量	万吨	16 113	15 531	3.75%
货物周转量	亿吨公里	1 725.97	1 687.85	2.26%
固定资产投资	亿元	27.01	42.09	−35.83%
其中：基本建设	亿元	14.06	30.39	−53.73%
技术改造	亿元	12.95	11.7	10.68%
港航安全事故	个	8	16	−50.00%

全年共完成集装箱吞吐量 1 870 万标准箱，同比增长 11.49%，增幅列全国主要港口第一。其中国际出港增长 10.66%，国际进港增长 9.98%，内支线下降 20.95%，内贸线增长 45.64%。集装箱航线优化调整，航线总数稳中有降，全年新开航线 11 条，撤消航线 18 条。现共拥有航线 228 条，其中远洋干线 113 条，近洋支线 62 条，内支线 21 条，内贸线 32 条，远洋干线占 49.56%。2014 年宁波港集装箱吞吐量结构分布如图 5.6 所示。

更多详细信息可参考宁波市交通委网站政府信息公开文章《2014年港航经济运行分析》：http://zfxx.ningbo.gov.cn/gk_public/jcms_files/jcms1/web17/site/art/2015/1/21/art_4023_356108.html

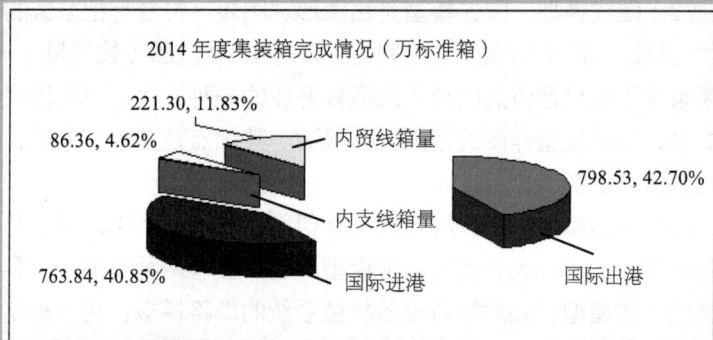

2014 年度集装箱完成情况（万标准箱）

221.30, 11.83%　内贸线箱量
86.36, 4.62%　内支线箱量
798.53, 42.70%　国际出港
763.84, 40.85%　国际进港

图 5.6 　2014 年宁波港集装箱吞吐量结构分布

全年共完成水运工程固定资产投资 27.01 亿元，同比减少 35.83%。其中基本建设投资 14.06 亿元，完成年度基建计划的 102.11%，同比减少 53.73%；技术改造投资 12.95 亿元，同比增长 10.68%，技术改造投入占总投资的 47.95%，比重较去年同期提高 20.14

个百分点，企业装备改造和软硬件升级投入明显加大。宁波港 2014 年固定资产投资情况如图 5.7 所示。

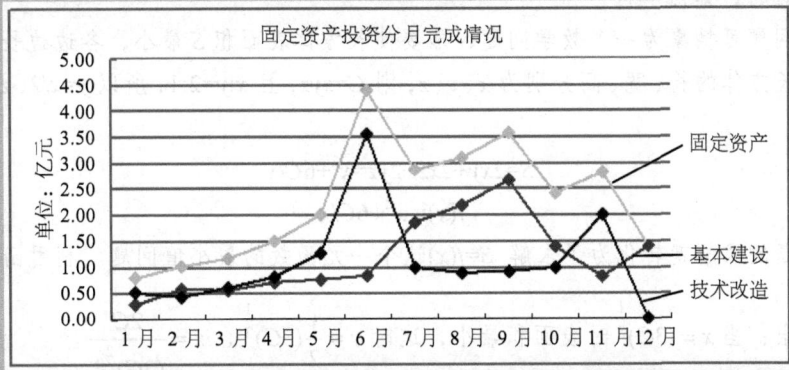

图 5.7　宁波港 2014 年固定资产投资状况

请思考：本例中的表 5.2、图 5.6、图 5.7 属于数学模型吗？

5.3.2　物流系统建模的步骤和方法

5.3.2.1　物流系统建模的步骤

一般情况下，物流系统建模的过程具有一定规律性，其主要过程包括了解实际系统、掌握真实情况、抓住主要因素、弄清变量关系、构造模型、反馈使用效果、不断修改改进以逐步向真实逼近等。因此，建立模型的步骤可以归纳为以下几步。

（1）明确问题。要清晰准确地了解系统的规模、目的和范围以及判定准则，确定输出输入变量及其表达形式。

（2）搜集资料。搜集真实可靠的资料，全面掌握资料，对资料进行分类，概括出本质内涵，分清主次变量，把已研究过或成熟的经验知识或实例，进行挑选作为基本资料，供新模型选择和借鉴。将本质因素的数量关系，尽可能用数学语言来表达。

（3）确定关系。确定本质因素之间的相互关系，列出必要的表格，绘制图形和曲线等。

（4）构造模型。在充分掌握了资料的基础上，根据系统的特征和服务对象，构造一个能代表所研究系统的数量变换数学模型。这个模型可能是初步的、简单的，如初等函数模型。

（5）求解模型。用解析法或数值法求解模型最优解。对于较复杂的模型，有时需编出框图和计算机程序来求解。

（6）检验模型。目的在于肯定模型是否在一定精确度的范围内正确反映了所研究的问题。必要时要进行修正和反复订正，如除去一些变量，合并一些变量，改变变量性质或变量间的相互关系以及约束条件等，使模型进一步符合实际，满足在可信度范围内可解、易解的要求后投入使用。

5.3.2.2　物流系统建模的常用方法

1. 推理分析法

如果系统问题明确、结构和特性清晰，就可以直接运用已有的定律、定理、公式，经过一定的分析和推理，建立系统模型。这种方法有时又称为直接分析法。

【例5.1】某物流配送中心需要利用纸板加工一批长方体包装箱,体积为 C,底面长:宽=2:1,欲节省制作材料,如何下料?

解: 该问题可抽象为一个数学问题，即要使长方体表面积 S 最小，各边边长应取多少?

不妨设长方体的长、宽、高分别为 x、y、z，则 $C=xyz$，且 $x:y=2:1$，所以 $y=x/2$，$z=C/[x(x/2)]$，因为表面积:

$$S=2xy+2xz+2yz=x^2+6C/x$$

设:

$$f(x)=x^2+6C/x$$

则本下料问题的求解就转化为了求解 $S=f(x)$ 这个一元函数的最小值问题。利用函数极值的求

解方法可得出：当 $x=(3C)^{\frac{1}{3}}$ 时表面积最小，这时 $y=\frac{1}{2}(3C)^{\frac{1}{3}}$，$z=\dfrac{2C}{(3C)^{\frac{2}{3}}}$。

2. 统计分析法

如果系统内部结构和特征不是很清楚，通过对研究对象的规模、速度、范围、程度等数量关系的分析研究，逐步认识和揭示事物间的相互关系、变化规律和发展趋势，从而确定关键的变量和参变量，并建立起数学模型。由于它是以数据收集和统计为支撑，所以这种方法被称为统计分析法。

例如，某物流企业要提高流通加工绩效，经过对此实验和数据积累，发现影响绩效的因素中有两个主要可控变量 x、y，利用历史数据可构造出回归方程，建立初步模型，进一步通过数据分析，运用优选法调整和确定 x 与 y 的值，使流程绩效大幅提升。这个过程使用的方法就是统计分析法。

3. 人工模拟法

如果系统结构复杂，性质不太明确，缺乏足够的数据且无法通过试验观察获取，甚至不允许做实验时，可以借助人工方法，如首先投入人工形成一个实景系统，对人工模拟现实适当归类、分析、归纳，构造人工试验模型。再逐步深化分析、完善，形成指导实际系统的模型。

另外，在系统建模领域，比较有影响的具体建模方法还有许多，如 Petri 网法、IDEF（ICAM definition method）法、GRAI（graph with results and activities interrelated）法、GIM（GRAI integrated methodology）法，等等，根据实际环境，可以采用相应的建模方法。

5.3.3　物流系统模型的类型

在经济社会发展过程中，会出现各种各样的物流系统。同性质的物流系统也会根据其所处地理环境的不同而有所变化，对系统的分析、规划、设计往往需要借助各种物流系统模型。在长期的物流实践中，人们积聚了许多建模经验，形成了多种可应用的模型，如物流设施的选址模型、仓储企业的库存模型、配送或运输企业的物流路径优化模型以及物流企业的资源配置模型等。

作为物流工程导论，这里将依据物流系统建模方法的不同，归类成最优模型、仿真模型和启发式模型。

1. 最优模型

在物流系统运作过程中，常常要面对最优生产计划、最优分配、最佳设计、最优决策、最优管理等求函数最大值最小值问题，由于系统运作的环境不同，归结为相关模型的约束条件也相应改变。但经过抽象分析之后，这类问题均可用带约束条件的数学函数式来表达，人们称之为最优（化）模型。

最优模型（optimization model）是利用科学的数学函数式，经过严密推理运算过程来诠释、分析、评价物流系统的各种备选方案，从中遴选出该系统问题的最优解。

物流系统规划与决策中的许多确定性模型均属此类。其中包括各种规划模型（线性规划、非线性规划、动态规划、混合规划模型）、排队模型等。这些模型常常被用来解决物流系统的实际问题，如库存控制问题，就可以利用动态规划模型或微积分模型求解；单设施选址模型、最基本的经济订货批量模型均为数学模型。

在计算机环境下，最优模型可以借助计算机软件，快速得到问题答案，根据约束条件，得到客户需要的最优解。

知识拓展

线性规划模型

线性规划是研究在一组线性不等式或等式的约束下，使某一线性目标函数取得最大（或最小）的极值问题，它是第二次世界大战后逐渐发展和完善起来的运筹学的一个重要分支。线性规划模型的形式如下。

$$\max(\min) \quad z = c_1x_1 + c_2x_2 + \cdots + c_nx_n \tag{5.3}$$

$$\text{s.t.} \begin{cases} a_{11}x_1 + a_{12}x_2 + \cdots + a_{1n}x_n = b_1, \\ a_{21}x_1 + a_{22}x_2 + \cdots + a_{2n}x_n = b_2, \\ \qquad\qquad\vdots \\ a_{m1}x_1 + a_{m2}x_2 + \cdots + a_{mn}x_n = b_m, \\ x_i \geqslant 0, i = 1, 2, \cdots, n \end{cases} \tag{5.4}$$

式 5.3 是目标函数，式 5.4 为约束条件。目标函数和约束条件必须全部是线性的，否则称为非线性规划。

2. 仿真模型

仿真（simulation）是利用项目模型将特定于某一具体层次的不确定性转化为它们对目标的影响，该影响是在仿真项目整体的层次上表示的。

20 世纪初仿真技术已得到应用。例如，在实验室中建立水利模型，进行水利学方面的研究。20 世纪四五十年代，航空、航天和原子能技术的发展推动了仿真技术的进步。20 世纪 60 年代计算机技术的突飞猛进，为仿真技术提供了先进的工具，加速了仿真技术的发展。

仿真模型是被仿真对象的相似物或其结构形式，它可以是物理模型或数学模型。但并不是所有对象都能建立物理模型。目前，往往先建立对象的数学模型，然后将它转换成适合计算机处理的源程序，进行仿真模拟。

仿真模型能真实地模拟系统过程。在物流系统中，生产物流系统规划、配送中心选址、物流设备配置、物流成本分析、物流绩效评价等问题，常常采用仿真模型予以分析。

仿真模型和最后模型各有特长，以仓库选址为例，仿真模型是通过给出多个仓库选址、多个分布方案，反复利用模型在环境约束条件下对布局进行比较评价，从中选取最优方案。而最优模型则是侧重于寻求最佳的仓库数量、最佳的规模、最佳的位置等。

知识拓展

数字城市

数字城市（digital city）以计算机技术、多媒体技术和大规模储存技术为基础，以宽带网络为纽带，运用遥感、全球定位系统、地理信息系统、遥测、仿真-虚拟等技术，对城市进行多分辨率、多尺度、多时空和多种类的三维描述，即利用信息技术手段把城市的过去、现状和未来的全部内容在网络上进行数字化虚拟实现。

数字城市的基础主要有三项。第一项是信息基础设施，要有高速宽带网络和支撑的计算机服务系统和网络交换系统。也就是说数字城市的第一项任务是解决"修路"的问题。第二项基础是数据，特别是"空间数据"。衡量数字城市的指标，除宽带网里程以外，另一个重要指标是数据量的大小，特别是各类基础空间数据的数据量。数字城市第三项基础是人，管理数字城市和使用数字城市的人。与管理我们的现实城市相对应，管理数字城市要逐渐建立起相应的机构和规范，要不断对网络系统和数据进行建设、更新、维护和升级，并协调用户的访问。

百度百科"数字城市"词条可供读者参考：http://baike.baidu.com/view/8446.htm

3. 启发式模型

启发式方法（heuristic method）指人在解决问题时所采取的一种根据经验规则进行发现的方法。其特点是在解决问题时，利用过去的经验，选择已经行之有效的方法，而不是系统地、以确定的步骤去寻求答案。启发式模型就是以启发式方法为基础建立的模型，它是仿真模型和最优模型两种形式的混合化。对于物流系统无法求得最优解的问题，借助于启发式规则，可以得到满意解，但无法保证是最优解。

启发式模型常常用于解决物流系统中某些难以解决的问题。以仓储系统决策为例，根据经验积累，人们常常使用如下启发式规则：①最适合建仓库的地点是那些需求最大的地方；②若某产品出入库运输成本的增加能够弥补仓储成本，就应该将产品存放在仓库里；③按整车批量购买的客户应该直接由供应点直接供货，而不应再经过仓储系统；④下一个进入分拨系统的仓库就是那个节约成本最多的仓库。

在实际操作中，往往将启发式模型与专家评价系统结合起来，辅助物流系统决策效果会更好。

案例分析

物料搬运系统

物料搬运系统（material handling system，MHS）是指一系列的相关设备和装置，它们用于一个过程或逻辑动作系统中，可协调、合理地对物料进行移动、储存或控制；能进行物料搬运系统和设备、容器的设计、布置。企业物料搬运系统的最终目的是在保证企业正常生产的前提下降低搬运成本，保证企业产品在市场上有足够的竞争力。在现代企业中，物料搬运费用一般占产品总成本的 20%～30%，在机械工业中，物料搬运费用高达 35%～40%，因此，降低物料搬运系统的运行成本是提高企业利润的一条途径。

一般情况下，物料搬运需遵循以下原则：

（1）提高物料活性指数。

（2）物料集装化、单元化（如集装箱化、托盘化、标准箱化）。

（3）大宗散料搬运输送机化。

（4）物料活性指数与搬运设备搬运指数配置合理化。

（5）物料搬运系统直线化（即搬运距离最短）。

（6）物料搬运系统无缝化对接（输送物料尽可能不落地、不装卸，直达式输送）。

（7）合理的、合适的、实用的机械化、自动化、无人化。

（8）物料搬运系统均衡化搬运。

（9）物料搬运系统内搬运设备配置合理化（即系统全能力搬运，避免系统内某些设备由于能力、性能过剩或不足而形成功能上的孤岛）。

（10）最大搬运单元化（搬运设备允许的条件下，搬运单元应尽可能大）。

（11）空间最大利用原则（在仓储系统中，尽可能利用空间，减少地价费用）。

（12）安全原则（发生事故是最大的成本浪费）。

讨论与分析：

1．谈谈你对物料搬运系统的认识。

2．逐条分析物料搬运的基本原则。

同步测试

一、单项选择题

1．研究系统的中心问题是（　　）。

　　A．研究各元素之间的关系　　　　　B．研究系统如何优化

C．研究系统建立可应用的模型　　　　D．研究系统可判别性能的标准

2．物流系统的输出是（　　　）。

  A．物流情报　　　B．流通加工　　　　C．产品配送　　　　D．物流服务

3．物流系统设计的核心是（　　　）。

  A．概略设计　　　B．系统分析　　　　C．方案确定　　　　D．详细设计

4．（　　　）不属于物流系统的建立过程。

  A．系统规划　　　B．系统设计　　　　C．系统仿真　　　　D．系统实施

5．启发式方法指人在解决问题时所采取的一种根据（　　　）进行发现的方法。

  A．数理关系　　　B．经验规则　　　　C．逻辑推理　　　　D．定量分析

二、多项选择题

1．系统是由两个或两个以上相互作用的单元有机地结合起来、完成某一功能的综合体。下列选项属于系统三要素的有（　　　）。

  A．输入　　　　　B．输出　　　　　　C．处理　　　　　　D．干扰

2．（　　　）属于物流系统子系统。

  A．运输　　　　　B．包装　　　　　　C．装卸搬运　　　　D．流通加工

3．物流系统整体优化的目标是（　　　）。

  A．物流成本　　　　　　　　　　　　B．物流服务

  C．物流信息　　　　　　　　　　　　D．物流系统处理转换的效率

4．物流系统模型按其结构的表现形式有（　　　）。

  A．实物模型　　　B．图式模型　　　　C．模拟模型　　　　D．数学模型

5．物流系统建模的常用方法包括（　　　）。

  A．推理分析法　　B．统计分析法　　　C．人工模拟法　　　D．层次分析法

三、判断题

1．外部环境对系统加以约束或影响称为反馈。（　　　）

2．系统工程是从系统的观点出发，跨学科地考虑问题，运用工程技术原理研究和解决各种问题。（　　　）

3．对于一个系统来说，为了完成同一目标可以有多种方案。（　　　）

4．用系统观点来研究物流活动是现代物流科学的核心问题。（　　　）

5．物流系统分析的目的是分析构成物流系统子系统的功能和相互关系。（　　　）

6．物流系统模型化是物流合理化的重要前提。（　　　）

7．物流系统模型是对物流系统的特征要素及其相互关系和变化趋势的一种抽象描述。（　　　）

8．用一种原理上相似，而求解或控制处理容易的系统，代替或近似描述另一种系统，前者称为后者的实物模型。（　　　）

9．在计算机环境下，最优模型可以借助计算机软件，快速得到问题答案，根据约束条件，

得到客户需要的最优解。（　　）

10．仿真模型是被仿真对象的相似物或其结构形式，它可以是物理模型或数学模型，经济社会中的所有对象都能建立物理模型。（　　）

四、综合实务题

沃尔玛的物流系统分析

沃尔玛公司由美国人山姆·沃尔顿于1962年创立。在短短几十年间，它从乡村走向城市，从北美走向全球，由一家小型折扣商店发展成为世界上最大的零售企业之一。1991年，沃尔玛以326亿美元的销售额成为全美零售业的销售冠军。2002年《财富》评选的"500强"中，沃尔玛更是以2 189.12亿美元的销售收入位居首位。

沃尔玛如何能在如此短的时间内不断壮大，超越对手，坐上世界零售企业的头把交椅呢？沃尔玛强大的物流系统在其发展过程中起到了举足轻重的作用。沃尔玛有80 000多种商品，为满足全球4 000多家连锁店的配送需要，沃尔玛每年的运输总量超过780 000万箱，总行程达65 000万公里。没有强大的信息系统，它根本不可能完成如此大规模的商品采购、运输、存储、物流等管理工作。早在20世纪80年代，沃尔玛就建立起自己的商用卫星系统。在强大的技术支持下，如今的沃尔玛已形成了"四个一"，即"天上一颗星"——通过卫星传输市场信息；"地上一张网"——有一个便于用计算机网络进行管理的采购供销网络；"送货一条龙"——通过与供应商建立的计算机化连接，供货商自己就可以对沃尔玛的货架进行补货；"管理一棵树"——利用计算机网络把顾客、分店或山姆会员店和供货商像一棵大树一样有机地联系在一起。

讨论与分析：

1．沃尔玛公司是依靠什么迅速发展壮大的？
2．根据以上素材，谈谈物流系统管理的重要性。

五、论述题

1．试述物流系统的特点。
2．试述物流系统建模的步骤。

第6章 物流设施

学习目标与内容架构

知识目标

（1）掌握物流设施、物流设施选址的概念；（2）了解物流设施选址影响因素、选址流程及评价方法；（3）熟悉物流设施选址的主要模型及求解方法；（4）了解物流设施布置的基本要求和形式；（5）了解常见的设施布置模型和研究方法。

技能目标

（1）能对物流设施进行选址；（2）能对物流设施选址进行评价；（3）能熟练科学地布置物流设施。

内容架构

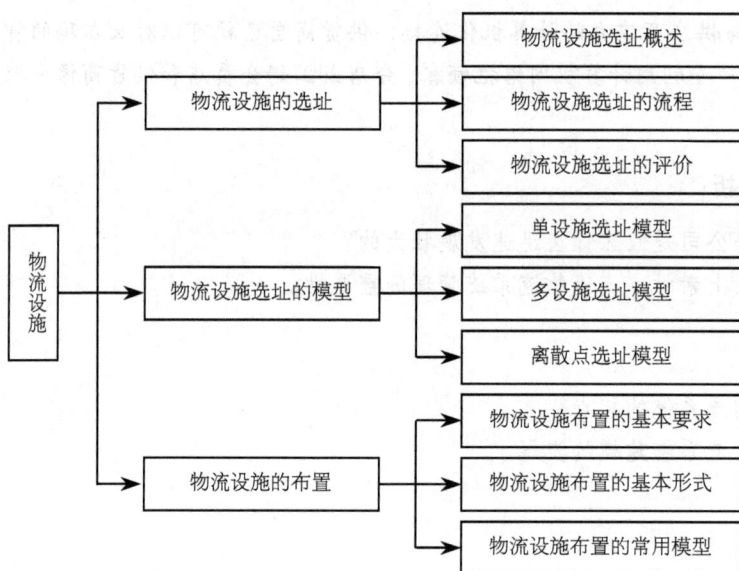

引　言

浙江江海铁联运工程基础设施建设快速发展

据 2015 年 4 月 24 日《中国经济时报》报道（记者 杨益波）：2015 年 3 月，宁波港通过"批量转关"模式，开启了外贸箱经宁波港至西北内陆的"一票制"服务，使集装箱中转时间从平均 15 天缩短为 1 天；镇海港区通过疏港铁路两条煤炭专用线改造，打通了集装箱海铁联运的"最后一米"，将年海铁联运接发能力由原来的 3 万标准箱提升至 10 万标准箱。

大力发展江海铁联运，对浙江海洋经济示范区、港航强省建设有着特殊的意义。随着"一带一路""长江经济带"战略的实施，长江沿线港口之间竞争更趋白热化。上海港推出长江战略，目前在宜宾、武汉、靖江、太仓等地都有投资布局；江苏沿江港口群因长江口三期疏浚完成带来的通过能力大提升。浙江如果想从中脱颖而出，唯有进一步完善港航物流业态，提升港口揽货能力。而以全球吞吐量最大的宁波-舟山港为枢纽，以中西部地区乃至中亚、东南亚为腹地的江海铁联运市场大拓展，无疑是个重要抓手。

宁波经过上一轮大规模铁路建设后，已从"交通末端"变成"中心枢纽"、关键节点，有基础、有条件、有潜力，让海铁联运能力得到进一步释放。为此，宁波一方面要完善穿山北港区铁路支线，筹建梅山港区铁路支线，积极开展杭州湾跨海铁路、甬金铁路、甬舟铁路的前期准备，研究规划沿海铁路货运通道、杭甬城际铁路、甬台温城际铁路，尽快形成长三角快速客运及货运网络。另一方面，仍需加快"走出去"的步伐，通过加大市场主体的培育，拓展港口腹地。

2015 年 4 月 14 日，舟山市政府与交通运输部长江航务管理局签订战略合作协议，确立双方合作新机制，搭起江海联运发展新平台。南京、武汉、重庆、宜昌、泰州等长江沿线主要港口与舟山共同发布了江海联运港口联盟舟山宣言，一致表示将发挥各港口各自优势和特点，共同建立互利共赢的物流合作机制。

把宁波的海铁联运业务与舟山江海联运服务中心有机融合起来，形成水上有轮船通达、陆上有火车相连的全方位综合物流通道，是宁波-舟山港的最大优势，更是浙江发展海洋经济，再创区域新优势的突破口。

但在甬舟铁路线路选址方案的制订上，面对甬舟跨海走廊是修建大桥还是开挖隧道，若建设大桥应在何处连接，如何处理便利、成本和航道畅通等要素等问题均引起了决策者的高度重视。

6.1　物流设施的选址

6.1.1　物流设施和物流设施选址

1. 物流设施

物流设施是为满足物流需要而建立的机构、系统、组织、建筑等的统称。主要包括港口、码头、货物、航空港、仓库、自动化立体仓库、物流基地、物流中心、配送中心等。

根据《中华人民共和国国家标准——物流术语》，**物流设施**（logistics establishment）是指提供物流相关功能和组织物流服务的场所，包括物流园区、物流中心、配送中心，各类运输枢纽、场站港、仓库等。

物流设施不同于传统的仓库等设施，它承担了更加复杂的任务，是一个集物流、商流、信息流于一体的，实现时间增值和空间增值的功能实体，其主要功能如下。

（1）集货发货功能。这一功能是指将分散的、小批量的货物集中起来，便于集中处理。可以是在进入生产组装线前，从各地采购原材料、零部件，进行集货，然后按生产节拍投入物料也可以是在进入消费群体前，从各生产厂商进货，然后按客户的需求进行产品的发货。

（2）配送功能。根据客户的实际需要，将货物按时按量送至客户手中。可以是为同一用户配送多品种、多规格的货物，也可以是同一车辆为不同用户配送一种或多种货物。

（3）存储功能。为了满足市场需求的及时性和不确定性，不论何类物流设施，都需具备一定的存储功能。存储功能主要在于保存商品的使用价值，减少自然损耗，更重要的是保证生产企业的连续不间断生产和满足消费者的需要。

（4）信息汇集功能。物流设施由于集成了多种功能，大量的物流必然会成为信息中心。货物达到、分发、存储保管、销售、客户、价格、运输工具以及运行时间等各种信息在这里交汇、收集、整理和发布。该功能的建立，一方面需要物流设施实现物流作业的自动化和智能化，建立一个有效的信息管理系统。另一方面要求通过通信网络、企业内部网络将物流设施的信息快速地传递至上下游的节点企业或企业内部的其他部门。

（5）处理加工功能。物流设施能够按照用户提出的具体要求，将组织进来的货物加工成一定的规格，这一功能是现代物流设施服务职能的具体体现。加工货物是物流设施的一项重要活动，积极开展加工业务，既方便了用户，又便于提高物资的利用率和配送效率。

知识拓展

港口设施的主要类型

港口设施是指码头、防波堤、引堤和护岸、港池、进出港航道、锚地、港区道路与堆场、仓库、港区铁路与装卸机械轨道、防护设施等生产及其辅助设施。

（1）码头。码头是供船舶停靠、装卸货物和上下游客的建筑物，是港口的主要组成部分。按用途分，有一般件杂货码头、专用码头、客运码头、供港内工作船使用的工作船码头以及为修船和造船工作而专设的修船码头、舾装码头。

（2）岸线。码头岸线是码头建筑物靠船一侧的竖向平面与水平面的交线，即停靠船舶的沿岸长度。它是决定码头平面位置和高程的重要基线。

（3）客运站。客运站是旅客办理乘船手续和登船候船的场所。它包括客运码头、售票厅、候船室、行李托运处、小件行李寄存处等。

（4）港区货场。港区货场是指在港内堆存货物用的露天场地。货棚是指一种只有顶盖和支柱，四周一般不建围墙的储货建筑物。

（5）泊位。泊位是指一艘设计标准船型停靠码头所占用的岸线长度或占用的囤船数目。

（6）仓库。仓库是指专供通过港口的货物进行临时或短期存放保管的建筑物。

（7）防波堤。防波堤为阻断波浪的冲击力、围护港池、维持水面平稳以保护港口免受坏天气影响、以便船舶安全停泊和作业而修建的水中建筑物。

（8）护坡。护坡是指为延伸码头距离，提高海水深度，方便轮船靠泊，在河道岸坡上用块石或砼铺砌以保护河岸的建筑物。

（9）港池。港池是指港口内供船舶停泊、作业、驶离和转头操作用的水域。港池要有足够的面积和水深，要求风浪小和水流平稳。

（10）航道。是指在内河、湖泊、港湾等水域内供船舶安全航行的通道，由可通航水域、助航设施和水域条件组成。

（11）锚地。是指港口中供船舶安全停泊、避风、海关边防检查、检疫、装卸货物和进行过驳编组作业的水域。又称锚泊地、泊地。

2. 物流设施选址

在物流系统中，物流设施是整个物流网络系统的关键节点，是连接上游和下游的重要环节，起着承上启下的作用，其选址是否科学、合理，不仅影响企业的物流能力，还影响企业的实际物流营运效率与成本。因而，物流设施选址是物流系统优化的一个具有战略意义的问题，旨在通过确定配送中心、仓库以及生产设施的地理位置，提高物流系统的有效性和效率。

物流设施选址（logistics facility location）是指在一个具有若干供应点及若干需求点的经济区域内，选择一个或几个地址作为物流设施的规划过程，是运用科学的方法决定设施的地理位置，使之与物流运作系统有机结合，以便有效、经济地实现系统目标。

物流设施选址包括两个层次的问题：选位，即选择什么地区（区域）设置设施；定址，地区选定以后，具体选择在该地区的什么位置设置设施，也就是说，在已选定的地区内选定一个空间作为设施的具体位置。设施选址还包括这样两类问题：选择一个单一的设施位置；在现有的设施网络中部新点。

3. 影响物流设施选址的因素

物流设施的选址是一个极其复杂的过程，受到很多因素的制约，需要经过多次的反复挑选，才能选出比较满意的地点。尽管影响选址的因素有很多，但是总体来说可以分为两类：成本因素和非成本因素。

（1）成本因素。成本因素是指与成本直接有关的、可用货币单位衡量的因素，包括：①运输成本。对设施的上下游企业来讲，设施的远近直接影响着运输手段、运输方式等，合理选择该地址，使运输距离最短，降低运输成本是一个重要的问题。②运营成本。指设施建成后所需花费的各种可变费用。主要包括所选地区的能源成本、劳动力成本、税率、管理费用和设备维修保养费用等。③建造成本。即设施的建设费用。由于不同的选址方案，对土地的征用、建筑要求等方面有不同的要求，所以可能导致不同的成本开支。

（2）非成本因素。非成本因素是指与成本无直接关系，但能够影响成本和系统未来发展的因素，主要有以下几点：①交通因素。设施是否方便是在选址时的一个主要的考虑因素。一方面，要考虑现有的交通条件，物流设施应尽量靠近现有的交通枢纽，另一方面，由于一些设施的进出货需要大量的运输过程，其设立可能会引起当地交通条件的恶化，所以在布局物流设施时也要布局交通，力求两者的和谐统一。②气候因素。不同的货物对气候的要求不一样。在考虑选址时要充分考虑所储存货物的特性，充分利用已有的资源，尽量减少不必要的损失。③环境因素。运输车辆和有些商品会对环境产生较大的污染，因此涉及这一类物品的物流设施应选在远离城镇居民居住的地区。④政策因素。在建立设施之前，一定要到相关部门进行咨询，了解当地的法律法规是否适合建设配送中心，对物流设施的建设是有相应的政策支持，还是对未来的发展会有限制。

新闻链接

洋山深水港与上海国际航运中心

建设上海国际航运中心，是党中央、国务院高瞻远瞩，从国家发展全局出发，做出的一项重大战略决策。它对我国积极参与国际经济竞争，增强国家综合竞争力，具有十分重大的战略意义。

国际航运中心需要深水良港的支撑。在 1992 年的上海市第六次党代会上，中共上海市委将深水港建设列为上海新一轮城市基础设施建设十大工程之首。专家先后对北上（罗泾）、东进（外高桥）、南下（金山咀）等建港方案进行过论证，但都因航道水深不够、岸线不足等原因而作罢。1995 年 9 月，提出跳出长江口，在位于距离上海市南汇区芦潮港 32 公里的浙江省崎岖列岛海区的小洋山岛上建深水港的设想。

1996 年 5 月，正式开展洋山深水港区选址论证。2002 年 6 月，正式开工建设。先后共有国内外近 200 家专业研究机构和高等院校 6 000 多人次的科研人员参与了新港址论证和项目前期工作，完成专题研究 200 多项；参加各专题成果评审和咨询的国内外知名专家、学者达 1 000 多人次，其中中科院、工程院院士 100 多人次。对从港址论证、工程立项到开工建设全过程进行研究论证，对港口建设的技术可行性和经济可行性进行了深入分析，对地质、水文、气象、环境等各方面进行了综合评价，充分体现了科学的态度和高度负责的精神。

深水港最重要的配套工程是东海大桥。东海大桥工程是上海航运中心洋山深水港区集装箱陆路集疏运和供水、供电、通信等需求提供服务。大桥全线可分为约 2.3 公里的

百度百科"洋山深水港"词条可供读者参考：http://baike.baidu.com/view/88787.htm

陆上段，海堤至大乌龟岛之间约 25.5 公里的海上段，大乌龟至小洋山岛之间约 3.5 公里的港桥连接段，总长约为 31 公里。东海大桥工程 2002 年 6 月 26 日正式开工建设，历经 35 个月的艰苦施工，于 2005 年 5 月 25 日实现结构贯通。大桥的最大主航通孔，离海面净高达 40 米，相当于 10 层楼高，可满足万吨级货轮的通航要求。

洋山深水港区的正式运行，确立了上海国际航运中心的地位。同时，该资料也彰显了物流设施在物流系统中发挥的重要作用。

6.1.2　物流设施选址的流程

物流设施选址流程可参考图 6.1。

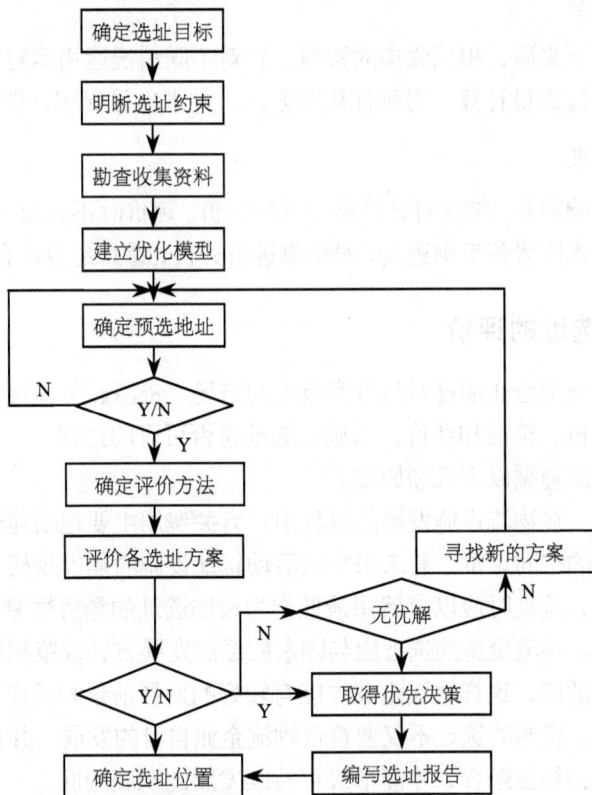

图 6.1　物流设施选址流程

1. 确定选址目标

根据对整个供应链网络的分析，确定拟建设施需要考虑的因素和各项要求，明确建立物流配送设施的必要性、目的和意义，及设施的潜在作用，对拟建设施的品种和生产规模拟定建场条件的指标，以便据此查明所选厂址是否符合建设工厂或服务设施的要求，如占地面积、工厂或服务设施总建筑面积与体积、职工总人数、货物的年运输量等。

2. 明晰选址约束

在进行决策选址时，需要对选址的条件进行筛选，从而缩小选址的范围，可以从需求条件、运输条件、区域条件等来对决策进行约束。需求条件主要是对物流设施的下游企业分布情况进行预测，分析物流作业量的增长率以及物流设施辐射的区域范围；运输条件主要是对运输工具是否便利，运输路线是否畅通等进行分析；区域条件主要是对所选区域相关的法律法规进行分析。

3. 勘查收集资料

在做出选址决定之前需要对各个选址的实际情况做深入的了解，这就需要对各预选址进行实地勘查。要根据工厂或服务设施规模、特点，由有关专业技术人员共同制订选址基础资料收集提纲，按照提纲详细收集选址基础资料。

4. 建立优化模型

在备选地址确定下来后，根据收集的资料，针对不同情况运用运筹学的原理，选用不同的模型进行计算。通过定量计算，得到优化的方法，并求出最优解，得出预选地址。

5. 综合评价结果

结合对选址的影响因素，综合对计算结果进行评价。评价时不应只考虑一种或几种因素，应将成本因素和非成本因素都考虑进去，对结果进行评价，看其是否具有现实意义和可行性。

6.1.3 物流设施选址的评价

设施选址的评价是指企业通过对与方案有关的市场、资源、工程技术、经济和社会等方面的问题进行全面分析、论证和评价，以确定选址是否可行的过程。

设施选址的评价应遵循以下几项原则。

（1）经济性原则。在物流设施发展的过程中，有关费用主要包括建设费用及物流费用两部分。物流设施选址的空间定位，其未来物流活动辅助设施的建设规模、建设费用以及运费等物流费用是不同的，选址时应以总费用最低作为设施选址的经济性原则。

（2）适应性原则。物流设施的选址应与国家的经济发展方针政策相适应，与我国物流资源分布和需求分布相适应，这样物流企业才能有较好的发展前景和适应发展的能力。

（3）兼容性原则。设施的选址不仅要符合物流企业自身的发展，并且要与地区原有的经济、技术、环境、社会相会融合，才能形成可持续发展的双赢局面。

（4）战略性原则。物流设施的选址应具有战略性的眼光。一是要考虑全局，二是要考虑长远。局部要服从全局，目前利益要服从长远利益，既要考虑目前的时间需要，又要考虑日后发展的可能。

评价方法主要分为定性评价方法和定量评价方法。常用的定性评价方法包括优缺点比较法和德尔菲分析模型法，定量评价法有很多，如盈亏平衡分析法、综合因素评价法、重心法、运输模型法等，比较常使用的包括盈亏平衡法、综合因素评价法。

1. 优缺点比较法

优缺点比较法是一种最简单的设施选址的定性分析方法，尤其适应于非经济因素的比较。该方法的具体做法是：罗列出各个方案的优缺点进行分析比较，并按最优、次优、一般、较差、极坏五个等级对各个方案的各个特点进行评分，对每个方案的各项得分加总，得分最多的为最优方案。

2. 德尔菲分析模型法

德尔菲法常用于预测工作，但也可用于对设施选址进行定性分析，其具体实施步骤如下。

第一步，组成专家小组，按照设施选址所需要的知识范围确定专家，人数一般不超过 20 人。

第二步，向所有专家提出设施选址的相关问题及要求，并附上各选址方案的所以背景材料，同时让专家提交所需材料清单。

第三步，各个专家根据他们所收到的资料，提出自己的意见。

第四步，将专家的意见汇总，进行对比，并将材料反馈给各专家，专家根据反馈材料修改自己的意见和判断。这一过程可能要进行三到四次，直到每一个专家不再改变自己的意见为止。

第五步，对专家的意见进行综合处理以确定选址方案。

3．盈亏平衡法

盈亏平衡法是在选址中用已确定产量规模下成本为最低的设施选址方案，是建立在产量、成本、预测销售收入的基础上的评价方法。

【例6.1】某公司有三个不同的仓库建设方案，由于各厂址有不同的征地费用、建筑费、原材料等成本费用也都不同，因而就会产生不同的仓储成本，三个选址的仓储成本如表 6.1 所示，试决定不同仓储规模下最优的选址。

解：设 T_c 为总成本，C_f 为固定存储费用，C_v 为单件可变储存费用。根据题意列出三个备选方案的成本函数，并绘制函数图（见图6.2）。

$$T_{ca} = C_{fa} + C_{va} = 600\,000 + 40X$$
$$T_{cb} = C_{fb} + C_{vb} = 1\,200\,000 + 20X$$
$$T_{cc} = C_{fc} + C_{vc} = 1\,800\,000 + 10X$$

表 6.1　各备选地址仓储成本

费用项目 \ 方案	A	B	C
固定费用/元	600 000	1 200 000	1 800 000
单件可变费用/（元/件）	40	20	10

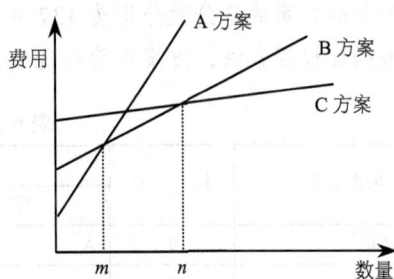

图 6.2　不同仓储规模下的最优方案

在 m 点 A、B 两方案物流成本相同，该点物流量为 Q_m，则

$$Q_m = (C_{fb} - C_{fa}) / (C_{va} - C_{vb}) = (1\,200\,000 - 600\,000) / (40 - 20) = 30\,000(件)$$

在 n 点 B、C 两方案物流成本相同，该点物流量为 Q_n，则

$$Q_n = (C_{fc} - C_{fb}) / (C_{vb} - C_{vc}) = (1\,800\,000 - 1\,200\,000) / (20 - 10) = 60\,000(件)$$

所以，如果按物流成本最低为标准，当物流量低于 30 000 件时选 A 方案，物流量在 30 000 件和 60 000 件之间时选 B 方案，物流量大于 60 000 件时选 C 方案。

4．综合因素评价法

设施选址经常要考虑成本因素，但还有许多非成本因素需要考虑，经济因素可以用货币量来权衡，而非经济因素要通过一定的方法进行量化，并按一定规则和经济因素进行整合，称为综合因素评价法，主要包括加权因素法和因素分析法。

加权因素法也称为加权因素比较法，是指把布置方案的各种影响因素（定性、定量）划分成不同等级，并赋予每一个等级一个分值，以此表示该因素对布置方案的满足程度，同时，根据不同因素对布置方案的影响重要程度设立加权值，计算出布置方案的评分值，根据评分值的高低评价方案的优劣。其步骤如下。

第一，列出因素。即根据设施选择的基本要求列出所要考虑的因素。

第二，赋予权重。按照各因素的相对重要程度，赋予相应的权重。

第三，评级定分。对每个备选方案进行审查，并按每个要素由优到劣地排出各个备选方案的等级和分数。一般分为五级，可用字母 A、E、I、O、U 表示。各个级别分别对应不同的分数，A=4 分，E=3 分，I=2 分，O=1 分，U=0 分。

第四，计算比较。将每个因素中各方案的排队等级分数乘以该因素的权数，所得分数放在每个小方格的右下方，再把每个方案的分数相加，分数最高者为最佳场址方案。

应用加权因素法进行决策时，一定要弄清楚决策目标，科学遴选决策因素，慎重分配因素权重。

【例 6.2】表 6.2 列出了某厂选址时应考虑的一些因素，先给出甲、乙、丙、丁四套方案，试利用加权因素法进行选择。

解：表 6.2 中已列出了场址位置、面积和外形、地势和坡度、风向和日照、铁路接轨条件、施工条件、同城市规划关系 7 个因素，并分别赋予权重为 9、6、2、5、7、3、10，经过对各方案的审查，已经排出每个因素的各个方案的等级和分数，通过计算，得出甲、乙、丙、丁四个备选方案的总分数分别为 137 分、126 分、105 分、94 分。

根据加权因素法，方案甲为最优方案。

表 6.2   加权因素法举例

考虑因素	权重	各方案的等级和分数							
		甲		乙		丙		丁	
场址位置	9	A	36	E	27	I	18	I	18
面积和外形	6	A	24	A	24	E	18	U	0
地势和坡度	2	O	2	E	6	I	6	I	6
风向和日照	5	E	15	E	15	I	10	I	10
铁路接轨条件	7	I	14	A	21	I	14	A	28
施工条件	3	I	6	O	3	E	9	A	12
同城市规划关系	10	A	40	E	30	E	30	I	20
合计	——		137		126		105		94

因素分析法是一种将各候选方案的成本因素和非成本因素同时加权并加以比较的方法。列举各种影响因素，将这些因素分为客观因素和主观因素两类，客观因素能用货币来评价，主观因素是定性的，不能用货币表示。确定主观因素和客观因素的比重，用以反映主观因素与客观因素的相对重要性。确定客观量度值，再确定主观评比值和主观量度值，最后将客观量度值和主观量度值进行加权平均，得到位置量度值，即是选址方案的整体评估值，最大者入选。

第一步，确定经济因素的重要性因子 T_j：

$$T_j = \frac{c_i}{\sum\limits_{i=1}^{k} \frac{1}{c_i}} \quad (6.1)$$

第二步，确定非经济因素的重要性因子 T_f。首先确定单一非经济因素对不同候选场址的重要性，将各方案的比重除以所有方案所得比重之和，得到单一因素相对于不同场址的重要性因子 T_d：

$$T_d = \frac{w_j}{\sum\limits_{j=1}^{k} w_j} \quad (6.2)$$

然后确定各个因素的权重比率 G_i；最后将单一因素的重要性因子乘以其权重，将各种因素的乘积相加，得到非经济因素对各个候选场址的重要性因子 T_f：

$$T_f = \sum_{i=1}^{k} G_i T_{di} \quad (6.3)$$

第三步，将经济因素的重要性因子和非经济因素的重要性因子按重要程度叠加，得到该厂址的重要性指标 c_t：

$$c_t = MT_j + NT_f \quad (6.4)$$

【例 6.3】某公司拟建一个爆竹加工厂，有三处待选场址甲、乙、丙，重要经济因素成本如表 6.3 所示，非经济因素主要考虑政策法规、气候因素和安全因素，就政策法规而言，甲地最宽松，乙地次之，丙地最次；就气候而言，甲、乙相平，丙地次之；就安全而言，丙地最好，甲地最差。据专家评估，三种非经济因素比重为0.5、0.4 和 0.1。要求用因素分析法确定最佳场址。

表 6.3 不同经济因素成本

经济因素\生产成本	成本（万元）		
	甲	乙	丙
原材料	300	260	285
劳动力	40	48	52
运输费	22	29	26
其他费用	8	17	12
总成本	370	354	375

解：

（1）取得经济性因素的重要性因子 T_j：

$$\frac{1}{c_1} = \frac{1}{370} = 2.703 \times 10^{-3}$$

$$\frac{1}{c_2} = \frac{1}{354} = 2.825 \times 10^{-3}$$

$$\frac{1}{c_3} = \frac{1}{375} = 2.667 \times 10^{-3}$$

$$T_{j甲} = \frac{1}{c_1} / \left(\sum_{i=1}^{3} \frac{1}{c_1} \right) = \frac{2.703}{8.203} = 0.33$$

同理得 $T_{j乙} = 0.345$，$T_{j丙} = 0.325$。

（2）确定非经济因素的重要性因子 T_f。分别见表 6.4～表 6.6，经过汇总后，相关数据见表 6.7，由表 6.7 得

$$T_{f\text{甲}} = \frac{2}{3} \times 0.5 + \frac{2}{4} \times 0.4 = 0.533$$

$$T_{f\text{乙}} = \frac{1}{3} \times 0.5 + \frac{2}{4} \times 0.4 + \frac{1}{3} \times 0.1 = 0.4$$

$$T_{f\text{丙}} = \frac{2}{3} \times 0.1 = 0.067$$

表 6.4　气候因素比较表

场址	两两相比			比重和	T_d
	甲-乙	甲-丙	乙-丙		
甲	1	1		2	2/4
乙	1		1	2	2/4
丙		0	0	0	0

表 6.5　政策法规比较表

场址	两两相比			比重和	T_d
	甲-乙	甲-丙	乙-丙		
甲	1	1		2	2/3
乙	O		1	1	1/3
丙		0	0	0	0

表 6.6　安全因素比较表

场址	两两相比			比重和	T_d
	甲-乙	甲-丙	乙-丙		
甲	0	0		0	0
乙	1		0	1	1/3
丙		1	1	2	2/3

表 6.7　各因素汇总表

场址	重要性因子			权重
	甲	乙	丙	
政策法规	2/3	1/3	0	0.5
气候因素	2/4	2/4	0	0.4
安全因素	0	1/3	2/3	0.1

（3）计算总的重要性指标 c_t。假定经济因素和非经济因素同等重要，则

$$M=N=0.5$$
$$c_{t\text{甲}} = 0.5 \times 0.33 + 0.5 \times 0.533 = 0.4315$$
$$c_{t\text{乙}} = 0.5 \times 0.345 + 0.5 \times 0.4 = 0.3725$$
$$c_{t\text{丙}} = 0.5 \times 0.325 + 0.5 \times 0.067 = 0.196$$

根据以上计算，甲场址重要性指标最高，故选甲为建厂场址。

6.2　物流设施选址的模型

根据物流设施选址数量可将物流设施选址分为单一物流设施连续点选址、多物流设施连续点选址和离散型物流设施选址三类。

6.2.1　单设施选址模型

1. 模型的概况

单设施选址模型是物流选址分析中最简单的一种模型。由于它的简便易操作性，在设施选址中有着广泛的应用，同时它也是其他复杂选址模型中的重要组成部分。它常用于工厂、车站、物流中心、仓库等设施选址。

在单设施选址问题中，一般采用重心法和交叉中值法来计算两点之间的距离：直线距离和折线距离。

平面上点(x_i, y_i)和点(x_j, y_j)之间的折线距离$d_{i,j}^R$为

$$d_{i,j}^R = |x_i - x_j| + |y_i - y_j| \tag{6.5}$$

折线距离通常用于道路比较规则的城市内部的配送问题，以及具有直线通道的工厂和仓库内部的物料搬运等问题。

直线距离是指平面上两点之间的直线距离，平面上点(x_i, y_i)和点(x_j, y_j)之间的直线距离为

$$d_{i,j}^E = \sqrt{(x_i - x_j)^2 + (y_i - y_j)^2} \tag{6.6}$$

直线距离通常用于城市与城市之间的配送问题和通信问题，这些问题中，直线距离是可以接受的近似值。

2. 模型的求解方法

重心法（Gravity Method）是单设施选址中最常用的方法，它将运输成本作为唯一的选址决策依据，而运输成本一般是运输需求量、距离以及运价的函数，其具体模型如下。

设在某一物流网络中有n个需求点，它们的位置分别为$(x_i, y_i), i = 1, 2, \cdots, n$，第$i$个需求点的权重为$w_i, i = 1, 2, \cdots, n$。现规划一中转仓库，其坐标位置待定，用$(x_j, y_j)$表示，要求由该点向$n$个需求点送货的总运输成本$z$最小，即相应的目标函数为

$$\min z(x_j, y_j) = \sum_{i=1}^{n} w_i \sqrt{(x_i - x_j)^2 + (y_i - y_j)^2} \tag{6.7}$$

分别对式6.7中x_j, y_j求偏导数，并令其等于零，得如下方程组。

$$\begin{cases} \dfrac{\partial z}{\partial x_j} = -\sum_{i=1}^{n} w_i \cdot \dfrac{x_i - x_j}{\sqrt{(x_i - x_j)^2 + (y_i - y_j)^2}} = 0 \\[2em] \dfrac{\partial z}{\partial y_j} = -\sum_{i=1}^{n} w_i \cdot \dfrac{y_i - y_j}{\sqrt{(x_i - x_j)^2 + (y_i - y_j)^2}} = 0 \end{cases} \tag{6.8}$$

令$d_{i,j} = \sqrt{(x_i - x_j)^2 - (y_i - y_j)^2}, i = 1, 2, \cdots, n$，得

$$\begin{cases} x_j = \dfrac{\displaystyle\sum_{i=1}^{n} \dfrac{w_i x_i}{d_{i,j}}}{\displaystyle\sum_{i=1}^{n} \dfrac{w_i}{d_{i,j}}} \\[3em] y_j = \dfrac{\displaystyle\sum_{i=1}^{n} \dfrac{w_i y_i}{d_{i,j}}}{\displaystyle\sum_{i=1}^{n} \dfrac{w_i}{d_{i,j}}} \end{cases} \tag{6.9}$$

由于式6.9的右边包含未知变量x_j, y_j，所以一般用迭代的方法进行求解，求解过程如下。

（1）任意给出服务设施点的初始位置为(x_j^0, y_j^0)，但是一般根据平面物体重心公式求得服务设施点初始位置的坐标(x_j^0, y_j^0)，即

$$\begin{cases} x_j^0 = \dfrac{\displaystyle\sum_{i=1}^{n} w_i x_i}{\displaystyle\sum_{i=1}^{n} w_i} \\[4mm] y_j^0 = \dfrac{\displaystyle\sum_{i=1}^{n} w_i y_i}{\displaystyle\sum_{i=1}^{n} w_i} \end{cases}$$

并将初始位置坐标代入式 6.7 和式 6.8，分别求出相应的目标函数值 z^0 和各需求点与该初始位置的距离 $d_{i,j}^0$。

（2）把 $d_{i,j}^0$ 代替式 6.9 中的 $d_{i,j}$，求得服务设施点的改善位置坐标 (x_j^1, y_j^1)，并以该改善位置的坐标 x_j^1 和 y_j^1 代入式 6.7 和式 6.8，分别求出相应的函数值 z^1 和各需求点与该改善位置的距离。

（3）把 z^1 和 z^0 进行比较，若 $z^1 \geqslant z^0$，则说明初始位置 (x_j^0, y_j^0) 就是服务设施点的最优位置，即该选址问题的最优解；若 $z^1 < z^0$，则说明改善位置 (x_j^1, y_j^1) 确实得到改善，并且有待更进一步改善。于是返回第（2）步，把 $d_{i,j}^1$ 代入式 6.9 中的 $d_{i,j}$，求得进一步改善的坐标 (x_j^2, y_j^2)，并把 x_j^2, y_j^2 代入式 6.7 和式 6.8，分别求得相应的目标函数值 z^2 和各需求点与 (x_j^2, y_j^2) 的距离 $d_{i,j}^2$。

如此反复计算下去，直到第 n 次迭代后得到 $z^{n+1} \geqslant z^n$ 时为止，此时得最优解 (x_j^n, y_j^n)。

【例 6.4】设某超市有四个零售点，其位置坐标及物资需求量如表 6.8 所示。现该超市准备为这四个零售点设置一个仓库来供货，试问：仓库应该设置在何处，才能使仓库到四个零售点的总运输成本最小？

表 6.8 物资需求量表

零售点	物资需求量 v_i（吨）	运输费率 R_i	坐标	
			x_i	y_i
P_1	2	5	2	2
P_2	3	5	11	3
P_3	2.5	5	10	8
P_4	1	5	4	9

解：由于本题中新设仓库到各零售点的运输费率 R_i 都是相等的，所以可以用各零售点的物资需求量作为其权重 $W_i (i = 1, 2, 3, 4)$。

（1）选择仓库的初始位置 (x_j^0, y_j^0)：

$$\begin{cases} x_j^0 = \dfrac{2\times2 + 3\times11 + 2.5\times10 + 1\times4}{2+3+2.5+1} = 7.8 \\[4mm] y_j^0 = \dfrac{2\times2 + 3\times3 + 2.5\times8 + 1\times9}{2+3+2.5+1} = 4.9 \end{cases}$$

将 (x_j^0, y_j^0) 代入式 6.5，求各零售点到仓库初始位置的距离：

$$d_{1,j}^0 = \sqrt{(2-7.8)^2 + (2-4.9)^2} = 6.5$$

$$d_{2,j}^0 = \sqrt{(11-7.8)^2 + (3-4.9)^2} = 3.7$$

$$d_{3,j}^0 = \sqrt{(10-7.8)^2 + (8-4.9)^2} = 3.8$$

$$d_{4,j}^0 = \sqrt{(4-7.8)^2 + (9-4.9)^2} = 5.6$$

把有关数据代入式 6.7，求得仓库在初始位置 (x_j^0, y_j^0) 时总运输成本 $z^0 = 196$。

（2）把 $d_{i,j}^0$ 代入式 6.9，求出仓库的改善位置 (x_j^1, y_j^1) 的坐标（8.6,5.1）。然后把改善位置

的坐标代入式 6.8，求得各零售点到仓库改善位置 (x_j^1, y_j^1) 的距离 $d_{1,j}^1$、$d_{2,j}^1$、$d_{3,j}^1$、$d_{3,j}^1$ 分别为 7.3、3.2、3.2、6.0。再把有关数据代入式 6.7，求得 $z^1 = 191$。

（3）比较 z^0 和 z^1，由于 $z^1 < z^0$，所以仓库的位置还可以继续改善。

（4）将 $d_{i,j}^1$ 代入式 6.9，求得进一步改善的仓库位置 (x_j^2, y_j^2) 的坐标为（9.0,5.2），继续代入式 6.8 求得进一步改善位置的距离 $d_{i,j}^1,(i=1,2,3,4)$ 分别为 7.7、3.0、3.0、6.3，最后将相关数据代入式 6.7，求得仓库在 (x_j^2, y_j^2) 时的总运输成本 $z^2 = 191$。

（5）比较 z^2 和 z^1，由于 $z^2 = z^1$，所以尽管计算有误差，但还是可以判断改善位置 (x_j^1, y_j^1) 接近最优解，位置 (x_j^2, y_j^2) 并未能进一步改善运输成本，所以最后求得的最优选择坐标是（8.6,5.1）。

6.2.2 多设施选址模型

多物流设施选址问题比单一物流设施选址问题更具有现实意义，情况也更为复杂。以仓库选址为例，需要解决的问题有要设置仓库的数量、容量及位置，各个仓库应该存放哪些产品等，有许多方法可以解决某些或全部问题，线性规划法是多设施选址中运用最多的一种方法。根据应用条件的不同，可分为运输模型法和混合整数规划法。

1. 运输模型法

运输法作为网络最优化方法，其目标是在给定的供给、需求和生产能力的约束条件下，使生产、输入、输出的可变成本最小化。运输模型法的数学模型如下。

$$目标函数 = \min \sum_{i=1}^{m} \sum_{j=1}^{n} c_{ij} x_{ij} \tag{6.10}$$

$$\text{s. t.} \begin{cases} \sum_{i=1}^{m} x_{ij} = b_j \\ \sum_{j=1}^{n} x_{ij} = a_i \\ x_{ij} \geqslant 0 \end{cases}$$

式中，m 为用户数；n 为分销中心数；a_i 为供货能力；b_j 为用户需求量；c_{ij} 为从分销中心到用户的运输费；x_{ij} 为从分销中心到用户的供货能力。

运输模型法是一种常用的线性规划方法，如果备选的几种方案环境影响因素区别不大，费用就成为了唯一决定的因素，这就转化为生产费用最小的问题。运输模型法的目标是指在给定有限原料位置点的供给和特定需求后，确定在最低的运输成本下满足所有需求的最佳地点。

现在，运输模型法已有成熟的解法，如表上作业法、电子表格软件（Excel、WPS 表格等）求解。

【例 6.5】某公司已有甲、乙两处工厂，生产产品供应 P_1、P_2、P_3、P_4 四个销售点。由于需求量增加，必须另设一个工厂，可供选择的地点有丙和丁两处。根据统计资料分析，各厂址单位产品的生产费用及其到各销售点的运输费用如表 6.9 所示，请选择最佳的厂址。

表 6.9　生产费用与运输费用统计

销售点 工厂	运输费用（万元）				年产量（台）	生产成本（万元）
	P_1	P_2	P_3	P_4		
甲	0.83	0.5	0.33	0.5	7 000	8.7
乙	1.08	0.83	0.58	0.25	5 500	8.12
丙	0.25	0.08	0.3	1.08	12 500	8.12
丁	0.63	0.83	1.32	1.25	12 500	7.77
年需求量（台）	4 000	8 000	7 000	6 000		

解： 本问题的解决就是要比较丙、丁两个厂址的总费用，这可转化为运输问题。

（1）产地甲、乙、丙和销售点 P_1、P_2、P_3、P_4。

（2）产地甲、乙、丁和销售点 P_1、P_2、P_3、P_4。

这都属于平衡的运输问题，可以直接求解。用电子表格（Excel）的"规划求解"加载宏来求解最简单，如图 6.3 所示。从结果可以看出，厂址选丙时总费用为 212 620 万元，选丁时总费用为 216 155 万元。所以，厂址应选丙。

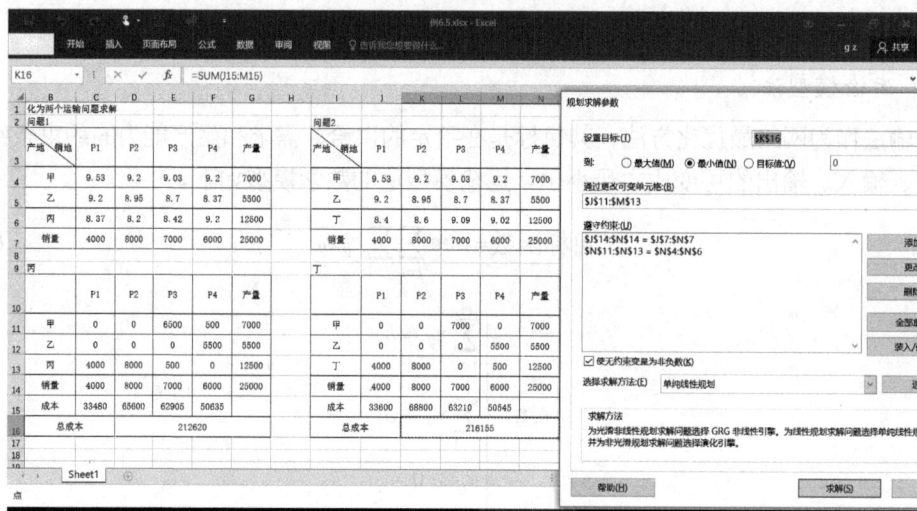

图 6.3　电子表格规划求解

2. 混合整数规划法

在配送中心网络需要新建，要考虑基建投资的情况下，可以应用混合整数规划法进行多个配送中心的选址与布局。其步骤为：首先要对配送中心的总费用以及一些限制条件进行分析和抽象，转化为整数规划模型，然后求解模型，找出最佳位置。

设 m 为用户数目，n 为可能设置配送中心的数目，k_j 为配送中心的基建投资，x_{ij} 是配送中心 j 满足用户 i 的需求的百分比，如果配送中心不设在 j，$y_j = 0$，否则 $y_j = 1$；c_{ij} 是配送中心 j 为用户 i 配送全部所需商品所花费的运输费用。如果配送中心 j 只能为用户 i 配送部分所需商品，那么需将 c_{ij} 乘上一个满足比例系数 x_{ij} 才是实际花费的运输费用。

对于全部用户来说，它们从各个配送中心取得自己所需全部产品的运输费用为

$$运输费用 = \sum_{i=1}^{m} \sum_{j=1}^{n} c_{ij} x_{ij}$$

如果配送中心设在 j，就产生基建费用 k_j，如果不设在 j，就不产生基建费用。因此，全部基建费用可以表示为

$$基建费用 = \sum_{j=1}^{n} k_j y_j$$

全部费用 z 等于全部运输费用和全部基建费用之和，即

$$z = \sum_{i=1}^{m} \sum_{j=1}^{n} c_{ij} x_{ij} + \sum_{j=1}^{n} k_j y_j \tag{6.11}$$

约束条件：当配送中心设在 j 时，则所有用户由设在 j 的配送中心所取得的产品供应数量不应超过需求总量，即

$$\sum_{i=1}^{m} x_{ij} \leqslant m y_j \qquad j = 1, 2, \cdots, n$$

每个用户的需要必须得到满足，即

$$\sum_{j=1}^{n} x_{ij} = 1 \qquad i = 1, 2, \cdots, m$$

所有 x_{ij} 必须为非负数，所有 y_j 必须为 0 或 1，即

$$x_{ij} \geqslant 0 \quad i = 1, 2, \cdots, m; \quad j = 1, 2, \cdots, n$$
$$y_j = (0, \quad 1) \qquad j = 1, 2, \cdots, n$$

以下这些数学表达式就构成了一个整数规划模型。

$$\min z = \sum_{i=1}^{m} \sum_{j=1}^{n} c_{ij} x_{ij} + \sum_{j=1}^{n} k_j y_j \tag{6.12}$$

$$\text{s. t.} \begin{cases} \sum_{i=1}^{m} x_{ij} \leqslant m y_j, j = 1, 2, \cdots, n \\ \sum_{j=1}^{n} x_{ij} = 1, i = 1, 2, \cdots, m \\ y_i = (0,1), j = 1, 2, \cdots, n \\ x_{ij} \geqslant 0, i = 1, 2, \cdots, m, j = 1, 2, \cdots, n \end{cases}$$

整数规划模型同样可以 Lingo 软件求解，其最优解就是配送中心选址的最佳可行方案。在这个最优方案中，某个用户可能从多个配送中心取得所需商品，某个配送中心也可能为多个用户服务。

📖 知识拓展

遗传算法

遗传算法（Genetic Algorithm）是模拟达尔文生物进化论的自然选择和遗传学机理的生物进化过程的计算模型，是一种通过模拟自然进化过程搜索最优解的方法。

遗传算法是从代表问题可能潜在的解集的一个种群开始的，而一个种群则由经过基因编码的一定数目的个体组成。每个个体实际上是染色体带有特征的实体。染色体作为遗传物质的主要载体，即多个基因的集合，其内部表现（即基因型）是某种基因组合，它决定了个体形状的外部表现，如黑头发的特征是由染色体中控制这一特征的某种基因组合决定的。因此，在一开始需要实现从表现型到基因型的映射即编码工作。由于仿照基因编码的工作很复杂，我们往往进行简化，如二进制编码，初代种群产生之后，按照适者生存和优胜劣汰的原理，逐代演化产生出越来越好的近似解，在每一代，根据问题域中个体的适应度大小选择个体，并借助于自然遗传学的遗传算子进行组合交叉和变异，产生出代表新的解集的种群。这个过程将导致种群像自然进化一样的后生代种群比前代更加适应于环境，末代种群中的最优个体经过解码，可以作为问题近似最优解。

百度百科"遗传算法"词条可供读者参考：http://baike.baidu.com/view/45853.htm

有兴趣的读者可尝试利用遗传算法解决组合优化、车辆调度等一系列问题。

6.2.3　离散点选址模型

离散点选址是指在有限的候选位置中间，选取最合适的一个或者一组位置为最优方案，相应的模型就叫做离散点选址模型。它与连续点选址模型的区别在于：它所拥有的候选方案只有有限个元素，我们考虑问题的时候，只需要在有限的几个位置进行分析。对于离散点的选址问题，主要有覆盖模型和 P-中值模型，根据解决问题的方法不同，覆盖模型又可分为集合覆盖模型和最大覆盖模型。

1. 集合覆盖模型

集合覆盖模型的目标是尽量用最小数量的设施去覆盖所有的需求点。相应的目标函数可以表示为

$$\min z = \sum_j c_j x_j \tag{6.13}$$

约束条件为

$$\sum_{j \in N_i} x_j \geqslant 1, x_j \in \{0,1\} \quad \forall j \tag{6.14}$$

式中，x_j 为需求点，c_j 为节点设置一个设施时的固定成本。式 6.13 是要达到设施布局的总成本最小。由于多数情况下假设 c_j 均相等，则问题就转化为设施数量最少。式 6.14 表示对每个需求点保证至少有一个设施位于可接受的距离之内。

【例 6.6】某公司欲在某市 8 个片区内布局配送中心，表 6.10 给出了配送车辆从一个片区到另一个片区的行车时间（min），条件为各个片区到达配送中心的车程时间必须在 8 分钟之内。试为该公司提供选址建议，至少要布局多少个配送中心？在何处选址？

解：首先根据表 6.10 理出配送中心拟选片区车程 8 分钟内的覆盖范围，如表 6.11 所示。

从	至节点						
	2	3	4	5	6	7	8
1	8	9	11	13	14	8	15
2		10	12	13	11	17	14
3			7	7	8	12	10
4				8	7	10	9
5					8	14	16
6						10	7
7							12

表 6.10　各片区间配送车辆车程

选址点	8分钟覆盖范围				
1	1	2	7		
2	1	2			
3	3	4	5	6	
4	3	4	5	6	
5	3	4	5	6	
6	3	4	5	6	8
7	1	7			
8	6	8			

表 6.11　选址点车程覆盖范围

设 0–1 变量 $x_j=1$，当该片区设立配送中心时；否则 $x_j=0$。选址模型（删除了重复约束条件）如下。

$$\min z = \sum_{j=1}^{8} x_j$$

$$\text{s.t.} \begin{cases} x_1 + x_2 \geqslant 1 \\ x_3 + x_4 + x_5 + x_6 \geqslant 1 \\ x_3 + x_4 + x_5 + x_6 + x_8 \geqslant 1 \\ x_1 + x_7 \geqslant 1 \\ x_6 + x_8 \geqslant 1 \\ x_j = 0,1 \quad (j=1,2,\cdots,8) \end{cases}$$

此为 0–1 整数规划问题，求解结果为 $x_1=1$，$x_6=1$，即至少在片区 1 和片区 6 各设一个配送中心。

> ### 知识拓展
>
> #### 从至表法
>
> 从至表（From to Chart）是指从一个工作地到另一个工作地搬运次数的汇总表。表的列为起始工序，行为终止工序，对角线右上方数字表示按箭头前进的搬运次数之和，对角线左下方数字表示按箭头后退的搬运次数之和。从至表是一种矩阵式图表，因其表达清晰且阅读方便，因而得到了广泛的应用。从至表法是一种常用的车间设备布置方法。
>
> 从至表根据其所含数据元素的意义不同，可分为：①表中元素表示从出发设备至到达设备距离的称为距离从至表；②表中元素表示从出发设备至到达设备运输成本的叫做运输成本从至表；③表中元素表示从出发设备至到达设备运输次数的叫做运输次数从至表。
>
> 百度百科"从至表法"词条可供读者参考：http://baike.baidu.com/view/4371238.htm
>
> 当达到最优化时，这三种表所代表的优化方案分别可以实现运输距离最小化、运输成本最小化和运输次数最小化。

2. 最大覆盖模型

最大覆盖模型的目标是对有限的服务网点进行选址，为尽可能多的对象提供服务。它的

相应的目标函数是

$$\min \sum_{j \in N} \sum_{i \in A_{(j)}} d_i y_{ij} \qquad (6.15)$$

$$\text{s. t.} \begin{cases} \sum_{j \in B_{(i)}} y_{ij} \leqslant 1, \ i \in N \\ \sum_{i \in A_{(j)}} d_i y_{ij} \leqslant C_j x_j, \ j \in N \\ \sum_{j \in N} x_j = p \\ x_j \in \{0,1\}, j \in N \\ y_{ij} \geqslant 0, i, j \in N \end{cases}$$

式中，$N=\{1,2,\cdots,n\}$，表示研究对象中的 n 个需求点；d_i 为第 i 个节点的需求量；C_j 为设计位于节点 j 时相应的容量；$A_{(j)}$ 为可以被位于节点 j 的设施覆盖的所有节点的集合；$B_{(i)}=\{j|i \in A(j)\}$，其相应设施可以覆盖节点 i 的节点集合；p 为允许投建的设施数目；假如该设施位于节点 j，$x_j=1$，否则 $x_j=0$；y_{ij} 为节点 i 需求中被分配给节点 j 的部分。

知识拓展

P-中值模型

P-中值模型是指在一个给定数量和位置的需求集合和一个候选设施位置的集合下，分别为 p 个设施找到合适的位置并指派每个需求点到特定的设施，使之达到工厂和需求点之间的运输费用最低。

可以看出，求解一个 P-中值模型需要解决两个方面的问题：选址 p 个设施的合适位置和指派需求点到相应的设施中去。

P-中值模型一般适用于工厂或仓库选址。一般用贪婪式启发式算法来求解该模型，其基本步骤如下。

第一步，选取初始解。将所有 m 个候选位置都选上，然后把每个客户都指派给距其最近的一个候选位置。

第二步，选址并取走一个候选位置，它满足以下条件，假如将它取走并将它的客户重新指派后，总费用的增加量最小。

第三步，然后对余下的 m-1 个候选位置重复以上两步，直至余下 p 个候选位置为止。

有兴趣读者可查阅资料，尝试利用该模型解决一些现实问题。

6.3　物流设施的布置

6.3.1　物流设施布置的基本要求

在设施地址选好之后，接下来就应该根据物流规划要求和生产需要进行设施布局设计。

1. 设施布置设计的基本要求

（1）简化加工或作业过程。物流设施的布局应满足生产的要求，注重各作业单位间的关系密切程度，建立简洁的物流，简化加工过程，避免由于空间的布置不当导致生产效率不高等情况发生。

（2）有效地利用设备、空间、能源和人力资源。企业经营的最终目的是赢利，设施布局要充分利用设备、空间、能源和人力资源等，可以节约大量的车间物流成本。

（3）最大限度地减少物料搬运。合理的设施布局可以减少不必要的物料搬运，从而节省人力资源和在搬运途中不可避免的物料浪费。

（4）有效提升运营效率，控制运营成本。运营效率的高低直接影响着物流企业的经营成果，物流设施的布置要与企业内部的运营方式相适应，才能提高运营效率，降低企业的运营成本。

2. 设施布置设计的基本原则

（1）整体综合原则。设计时应将与设施布置有影响的所有因素都考虑进去，以达到优化的方案。

（2）移动距离最小原则。为了提高生产流通效率，要尽可能使物流运输在最短的距离内移动。

（3）流动性原则。设施布置应使在制品在生产过程中流动顺畅，消除无谓停滞，力求生产流程连续化。

（4）安全性原则。安全生产是企业布局首先要考虑的问题，在某些危险部门应留出适当的防火、防爆距离。

6.3.2 物流设施布置的基本形式

1. 移动式布置

（1）产品原则布置。又称对流水线布置，是一种根据产品制造的步骤来安排设备或工作的方式。产品流程是一条从原料投入到成品加工完成为为止的连续线。其布置的标准是标准化及作业分工，整个产品被分解成一系列标准化的作业，由专门的人力及加工设备来完成。

（2）工艺原则布置。也称功能布置，它是一种将功能相同或相似的一组设施排布在一起的布置形式。如在机械加工车间中，按车床组、磨床组、铣床组等分成的加工车间。

（3）成组技术布置。它将不同的机器组成加工中心来对形状和工艺相似的零件进行加工，它适应顾客需求多样化、多品种、少批量生产的模式。

2. 定位式布置

定位式布置也称项目布置，它主要是工程项目和大型产品生产所采用的一种布置形式。它的加工对象位置、生产工人和设备都随加工产品所在的某一位置而转移。之所有要固定，是因为加工对象大而重，不易移动。飞机场、造船厂、建筑工地等都是这种布置方式的实例。

由于固定式布置产地空间有限，不同的工作时期，物料和人员需求不一样等问题一般不采用此布置。即使采用，也尽量将大的加工对象先期分割，零部件标准化，尽可能分散在其他位置和车间批量生产，以降低生产组织管理的难度。

6.3.3 物流设施的布置模型

设施布置问题是多目标多约束的组合优化问题，设施布置的建模是计算机辅助设施布置的核心内容，根据发展情况，可以概括为特定类型模型、块状布置模型和扩展模型，下面主要介绍几种常用的块状布置模型。

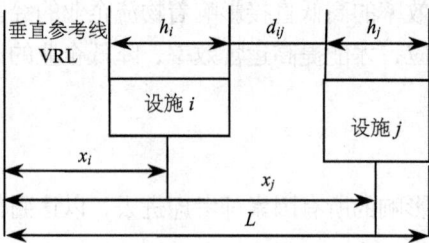

图 6.4 非线性单列布置中各变量与参数图形示意

1. 非线性单列布置模型

模型假设：设施是已知的正方形或长方形，非标准方形或长方形近似视为方形或长方形；设施排列在一直线上，设施方位是已知的，模型示意如图 6.4 所示。

目标函数表达式为

$$\min \sum_{i=1}^{n-1} \sum_{j=i+1}^{n} s_{ij} n_{ij} |x_i - x_j| \tag{6.16}$$

$$\text{s.t.} \quad |X_i - X_j| \geqslant \frac{1}{2}(h_i + h_j) + d_{ij} \quad i = 1,2,\cdots,n-1; \quad j = i+1,\cdots,n$$

$$L - \frac{1}{2}h_i \geqslant x \geqslant \frac{1}{2}h_i \quad i = 1,2,\cdots,n$$

式中，n 表示设施数量；s_{ij} 表示设施 i，j 之间一个标准单元移动一个单位的最小距离成本；n_{ij} 表示设施 i、j 之间往返行程次数；x_i 代表设施 i 中心和垂直参考线 VRL 之间的水平距离；h_i 表示设施 i 的水平边长度；d_{ij} 表示设施 i，j 在水平位置时的最小距离；L 表示建筑物地平面的横向尺寸。

式 6.16 表示两设施间需要完成的往复行程数所需的全部成本最小。约束条件确保了两设施不存在重叠和保证设施位于边界之内。

2. 混合整数线性规划布置模型

混合整数线性规划布置模型既可用于单列布置，也可用于多列布置。常见模型以多列布置为主，假设条件为

$$g_{ijkl} = (a_{ij} + \frac{a_{kl}}{n-1}) + f_{ik} d_{jl} \tag{6.17}$$

$$y_{ijkl} = x_{ij} x_{kl} \quad i = 1,2,\cdots,n-1; \quad k = i+1,\cdots,n; \quad l,j = 1,2,\cdots,n; \quad l \neq j$$

目标函数可表示成下述形式：

$$\min \sum_{i=1}^{n-1} \sum_{j=1}^{n} \sum_{k=i+1}^{n} \sum_{l=1}^{n} g_{ijkl} y_{ijkl} \tag{6.18}$$

$$\text{s. t.}\begin{cases}\displaystyle\sum_{k=i+1}^{n}\sum_{\substack{l=1\\l\neq j}}^{n}y_{ijkl}-(n-1)x_{ij}=0 & i=1,2,\cdots,n-1;\ j=1,2,\cdots,n\\[3mm]\displaystyle\sum_{i=1}^{n}\sum_{\substack{j=1\\j\neq l}}^{n}y_{ijkl}-(k-l)x_{kl}=0 & k=1,2,\cdots,n-1;\ l=1,2,\cdots,n\\[3mm]\displaystyle\sum_{i=1}^{n}x_{ij}=1,\ \sum_{j=1}^{n}x_{ij}=1 & i,j=1,2,\cdots,n\\[3mm]x_{ij}\in\{0,1\} & i,j=1,2,\cdots,n\\[2mm]0\leqslant y_{ijkl}\leqslant 1 & i=1,2,\cdots,n-1;\ k=i+1,\cdots,n;l,j=1,2,\cdots,n;l\neq j\end{cases}$$

式中，a_{ij} 为设计 i 在厂址 j 的固定成本；a_{kl} 为设施 k 在厂址 l 的固定成本；d_{jl} 为厂址 j 到厂址 l 的距离；f_{ik} 为设施 i 与设施 k 的物料流动数；x_{ij} 为决策变量，x_{ij}=1 时，设施 i 在厂址 j，x_{ij}=0 时，在其他厂址。模型中含有 n^2 个整数变量，$\frac{1}{2}n^2(n-1)^2$ 个连续变量和 $2n^2$ 个约束条件。

案例分析

鲍摩尔-瓦尔夫（Baumol-Wolfe）模型

鲍摩尔-瓦尔夫网点布局方法是针对网络结构提出的一种启发式方法，这种方法在求解的过程中只需要运用一般运输规划的计算方法即可。其目标函数就是要确定从若干个工厂，经过若干个配送中心，向若干个客户运输产品的情况下的成本最小的运输计划，其函数模型见式 6.19

$$f(X_{ijk})=\sum(c_{ki}+h_{ij})X_{ijk}+\sum v_i(w_i)^{\theta}+\sum F_i r(w) \tag{6.19}$$

$$0<\theta<1,\mathrm{r}(\mathrm{w}_i)=\begin{cases}1 & w_i>0\\0 & w_i=0\end{cases}$$

式中，c_{ki} 为从工厂 k 到配送中心 j 每单位运量的运输费；h_{ij} 为从配送中心 i 到客户 j 发送单位运量的发送费；X_{ijk} 为从工厂 k 经过配送中心 i 向用户 j 运送的运量；w_i 为通过配送中心 i 的运量，即 $w_i=\displaystyle\sum_{i,j,k}X_{ijk}$；$v_i$ 为配送中心 i 的单位运量的可变费用；F_i 为配送中心 i 的固定费用。

第一项是运输、配送费，第二项是配送中心变动管理费，第三项是配送中心的固定费用，但它与变量 X_{ijk} 无关，所以计算上不予考虑。首先，给出费用的初始值，求初始解；然后，进行迭代计算，使其逐步接近费用最小的运输规划。

通过上述模型的建立可以看出，物流企业若是建立配送中心，选址问题需要重点考虑供给地与配送中心之间的运费，配送中心与需求地之间的运费，至于建设费用主要取决于建立配送中心的类型以及配送中心所在地区的一些相关物质、人力的费用。

讨论与分析：

1．谈谈你对鲍摩尔-瓦尔夫模型的理解。

2．请结合当地实际，应用鲍摩尔-瓦尔夫模型对物流设施的多个选址方案进行一次规划。

同步测试

一、单项选择题

1．物流设施是为满足（　　）而建立的机构、系统、组织、建筑等的统称。

　　A．物流需要　　　　B．社会需要　　　　　C．生产需要　　　　　D．消费者需要

2．物流设施选址包括选位和（　　）两个层次的问题。

　　A．预测　　　　　　B．定址　　　　　　　C．评价　　　　　　　D．优化

3．因素分析法是一种将各候选方案的成本因素和（　　）同时加权并加以比较的方法。

　　A．次要因素　　　　B．环境因素　　　　　C．政策因素　　　　　D．非成本因素

4．重心法是将（　　）作为配送中心选址唯一的决策依据。

　　A．运输量　　　　　B．用户需求　　　　　C．运输成本　　　　　D．配送规模

5．物流设施布局的基本形式包括（　　）和定位式布局。

　　A．线性布局　　　　B．整体布局　　　　　C．错位布局　　　　　D．移动式布局

二、多项选择题

1．物流设施作为提供物流相关功能和组织物流服务的场所，它包括物流园区、物流中心、（　　）等。

　　A．配送中心　　　　B．运输枢纽　　　　　C．场站港　　　　　　D．仓库

2．综合因素评价法要包括（　　）。

　　A．重心法　　　　　B．运输规划法　　　　C．加权因素法　　　　D．因素分析法

3．设施布置设计的基本原则主要有（　　）。

　　A．整体综合原则　　　　　　　　　　　　B．移动距离最小原则

　　C．流动性原则　　　　　　　　　　　　　D．安全性原则

4．根据物流设施选址数量可将物流设施选址分为（　　）。

　　A．单一物流设施连续点选址　　　　　　　B．多物流设施连续点选址

　　C．离散型物流设施选址　　　　　　　　　D．连续物流设施选址

5．加权因素法的主要步骤包括（　　）。

　　A．列出因素　　　　B．赋予权重　　　　　C．评级定分　　　　　D．计算比较

三、判断题

1．物流设施是一个集物流、商流、信息流于一体的，实现时间增值和空间增值的功能实体。（　　）

2．物流设施的运营成本是指设施建成后所需花费的各种可变费用和固定费用之和。（　　　）

3．物流设施选址的评价是指企业通过对与方案有关的市场、资源、工程技术、经济和社会等方面的问题进行全面分析、论证和评价，以确定选址是否可行的过程。（　　　）

4．德尔菲分析模型法是用于物流设施选址的一种定量评价方法。（　　　）

5．物流设施选址以考虑成本因素为主。（　　　）

6．运输法的目标是在给定的供给、需求和生产能力的约束条件下，使生产、输入、输出的可变成本最小化。（　　　）

7．集合覆盖模型的目标是尽量用最小数量的设施去覆盖所有的需求点。（　　　）

8．设施布置的原则之一就是要使在制品在生产过程中流动顺畅，并力求生产流程连续化。（　　　）

9．混合整数线性规划模型只能可用于单列布置。（　　　）

10．影响物流设施选址的非成本因素是指尽管与成本无直接关系，但却能够影响成本和系统未来发展的因素。（　　　）

四、综合实务题

敦豪航空货运公司 选址香港巨资兴建时装配送中心

2010年3月，敦豪航空货运公司（DHL）宣布将在中国香港投资3.2亿元人民币（约合3.6亿港元）兴建一项多用途设施，以满足DHL在香港的业务发展需求。

新设施选址在嘉民集团（Goodman Group）开发的Interlink仓储配送中心，占地面积至少可达Interlink项目总面积的25%，于2012年1月完工。

新设施建成后，将成为DHL供应链在亚太区的主要时装及成衣配送中心，为北京、悉尼乃至新加坡等市场供应欧洲制造的成衣。

该配送中心距离香港葵涌货柜码头仅2千米，与香港国际机场相距20千米，而距离深圳边境也只有25千米。

DHL供应链亚太区首席执行官葛睿珀解释说，此项投资主要为香港客户提供"量身定做式"的全套物流服务，因为普通的仓储服务已经越来越不能满足客户的要求。DHL表示，之所以在香港加大投资，是因为"对香港作为中国地区重要门户的长远前景充满信心"。

此外，新设施将实地提供增值技术服务，如产品本地化、质量检查及组件式维修服务。近年来，医疗保健业对DHL供应链的服务需求也不断增长。为满足客户所需，DHL供应链将提供物料清单、包装、贴标、区域分销等增值服务。

DHL供应链台港澳地区总监童德伦说："DHL一直致力于提供业内最佳的综合物流方案。通过这一新设施，DHL供应链不同部门的员工将共享资源，提供一站式服务。"

DHL供应链坚持德国邮政敦豪制订的环保战略，选择进驻符合绿色建筑标准的Interlink大厦。Interlink将按照香港建筑环境评估法（HKBEAM）和美国能源与环境设计先锋认证（LEED）环境评估法的标准建造，旨在成为全香港最先取得这些认证的同类建筑。（节选自2010年3月9日《中国民航报》，有删节）。

讨论与分析:

1. 认真阅读材料,分析 DHL 在配送中心选址时考虑了哪些影响因素?
2. 结合该案例,谈谈你对物流设施选址的认识。

五、计算题

某集团公司已有两个工厂甲和乙,供应四个销售点 A、B、C、D。由于市场需求量的增加,需再开设一个工厂,可供选择的地点分别是丙和丁。各种数据如表 6.12 所示,约束条件是工厂不能超越其生产能力,销售点不能超过其需求量。

试求:两个可供选择点中的最佳厂址。

表 6.12　生产、运输总费用表

从＼至	A	B	C	D	年产量/台
甲	8.00	7.80	7.70	7.80	7 000
乙	7.65	7.50	7.35	7.15	5 500
丙	7.15	7.05	7.18	7.65	12 500
丁	7.08	7.20	7.50	7.45	12 500
需求量/台	4 000	8 000	7 000	6 000	

第7章 物流设备

学习目标与内容架构

知识目标

（1）掌握物流设备的概念和特点；（2）掌握物流设备的类型；（3）了解自动化立体仓库的构成和技术原理；（4）掌握物流设备选用的原则和流程；（5）了解物流设备的维护和保养要求。

技能目标

（1）能制订物流设备采购方案；（2）能对物流设备采购方案展开评价；（3）能根据企业或项目需要，对典型物流设备的技术参数进行选定。

内容架构

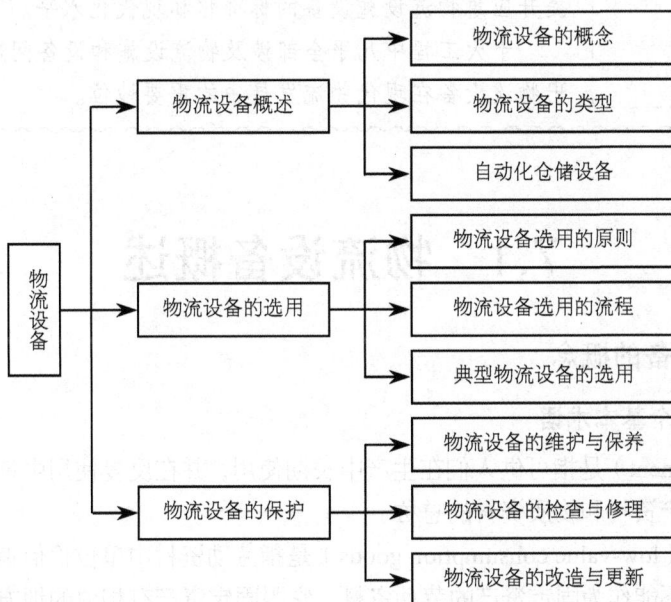

引　言

国家发展与改革委员会决定加快实施现代物流重大工程建设

2015年8月3日，国家发展与改革委员会下发通知（发改经贸[2015]1776号），提出加快推进现代物流重大工程建设，包括以下十大工程。

（1）多式联运工程。重点是建设现代化的中转联运设施，包括港口的铁路和公路转运货场、集疏运设施、铁路集装箱中心站、内陆城市和港口的集装箱场站建设等。

（2）物流园区工程。重点是物流园区转运基础设施、现代化立体仓库和信息平台建设，以及先进运输方式、物流技术、设备应用等。

（3）农产品物流工程。重点是建设大宗鲜活农产品产地预冷、冷藏保鲜、冷链运输等设施。

（4）制造业物流与供应链管理工程。重点是建设与制造业企业紧密配套、有效衔接的仓储配送设施、信息平台等，传统运输、仓储企业向供应链上下游延伸，提供采购、入厂、交付、回收等物流服务项目。

（5）资源型产品物流工程。重点是煤炭、石油、铁矿石等物流集散中心建设。

（6）城乡物流配送工程。重点是连锁企业跨区域配送中心、城乡配送中心、末端配送网点物流基础设施建设等。

（7）电子商务物流工程。重点是电子商务仓储配送基地、与跨境电子商务相关的快递转运中心建设等。

（8）物流标准化工程。重点是仓储和转运设施、运输工具等标准化建设和改造，以及托盘等标准化设备推广应用。

《关于加快实施现代物流重大工程的通知》全文：http://bgt.ndrc.gov.cn/zcfb/201508/t20150813_745175.html

（9）物流信息平台工程。重点是综合运输信息、"公路港"、物流资源交易、大宗商品交易等信息平台建设。

（10）应急物流工程。重点是建设应急仓储、中转、配送设施，提升应急物流设施设备的标准化和现代化水平。

十大工程中几乎全部涉及物流设施和设备问题，从中即可看出物流设备在现代物流发展中的重要地位。

7.1 物流设备概述

7.1.1 物流设备的概念

7.1.1.1 几个基本术语

设备（equipment）是指可供人们在生产中长期使用，并在反复使用中基本保持原有实物形态和功能的生产资料和物质资料的总称。

低值易耗品（low-value consumption goods）是指劳动资料中单位价值偏低，或者使用年限在一年以内，不能作为固定资产的劳动资料。它跟固定资产有相似的地方，在生产过程中可以多次使用不改变其实物形态，在使用时也需维修，报废时可能也有残值。由于它价值低，使用期限短，所以采用简便的方法，将其价值摊入产品成本。

装备（equipment）指配备的一些设备，有时也包括相应的器材或道具。

7.1.1.2 物流设备

物流设备（logistics equipment），是指进行各项物流活动和物流作业所需要的设备的总称。

它贯穿于整个物流系统全过程、深入到每个作业环节，是实现物流各项作业功能的物质基础。物流设备包括运输设备、装卸搬运设备、集装单元器具、流通加工机械、仓储设备、物流信息技术设备等。

物流设备是现代物流企业的主要作业工具之一，是组织物流活动的物质技术基础，体现着企业的物流能力大小。伴随着物流的发展与进步，物流设备不断得到提升与发展。物流设备领域中许多新的设备不断涌现，如四向托盘、高架叉车、自动分拣机、自动引导搬运车（AGV）、集装箱等，极大地减轻了人们的劳动强度，提高了物流运作效率和服务质量，降低了物流成本，在物流作业中起着重要作用，极大地促进了物流的快速发展。

物流故事

诸葛亮与木牛流马

"兵马未动，粮草先行"，说明粮草在古代战争中是比较重要的。蜀国要取得伐魏的胜利，必须保证粮食的供应。褒斜道崎岖险阻，运输比较困难，这些诸葛亮也充分考虑到了。他一方面采取分兵屯田的办法解决粮草的供给；另一方面"推己意做木牛流马"，来解决粮草的运输，保证了前方粮食的供给。

先看看书上对木牛流马的介绍：方腹曲头，一脚四足，头入领中，舌着于腹，载多而行少，独行者数十里，群行者二十里。垂者为牛舌，曲者为牛肋，刻者为牛齿，立者为牛角，牛仰双辕。人行六尺，牛行四步。

流马：肋长三尺五寸，左右同。前轴孔分墨去头四寸，前脚孔去前轴孔四寸五分，板方囊两枚。

从书上的叙述来看，木牛可能相当于发动机的设备，流马只是个装载东西的设备，相当于汽车的车厢。

从木牛的结构上看，它有可能采用了助力机构，里面可能加有飞轮机构。从它的运行来讲，里面采用的有齿轮机构，曲柄连杆机构。人推动木牛时，里面的曲柄连杆机构通过齿轮带动飞轮，飞轮运行起来后，又因为飞轮的惯性，给木牛以助力，这样，就达到了省力的目的。

流马的结构，有可能是一辆板车，只不过改变了它的重心和轴承部分，使它比以前的板车用起来省力一些。

东汉以前，车都是两个轮子，诸葛亮改为独轮和四轮，其优点是安全、省力，适合在崎岖的山路上长途跋涉，确实是一种创新。

请结合身边的案例，谈谈该故事揭示的道理。

7.1.1.3 物流设备的特点

随着科学技术的发展，现代物流设备运行速度更快、定位准确度更高、性能稳定性更好，逐步呈现标准化、单元化、智能化、绿色化的特点。

1. 物流设备标准化

标准是指为取得全局的最佳效果，在总结实践和充分协商的基础上，对人类生活和生产技术活动中，具有多样性和重复性特征的事物和概念，以特定的程序和形式颁发的统一规定。

标准化是在经济、技术、科学及管理等社会实践中，对重复性事物和概念通过制定、发布和实施标准，达到统一，以获得最佳秩序和社会效益。它是国民经济管理和企业管理的重要内容，也是现代科学体系的重要组成部分，是由于社会大分化、生产大分工之后，为合理组织生产，促进技术进步，协调社会生活所出现的事物，标准化管理是有权威的有法律效力的管理。

物流标准化是以物流作为一个大系统，制定系统内部设施、机械设备、专用工具等各个分系统的技术标准；制定系统内各个分领域如包装、装卸、运输等方面的工作标准；以系统为出发点，研究各分系统与分领域中技术标准与工作标准的配合性，统一整个物流系统的标准；研究物流系统与相关其他系统的配合性，进一步谋求物流大系统的标准统一。

物流设备标准化是指物流设备的设计、制造、运行和管理均遵照一定的规范标准进行。

2. 物流设备的单元化

集装单元化是基于优化物流系统为出发点的系列技术行为。集装单元器具（如集装箱、托盘等）具有通用性，其规格尺寸与性能的确定不受某种特定产品的限制，但是由于产品通常在进入物流系统时要以集装单元器具为承载体，所以产品包装的设计与集装器具有着十分紧密的关系。

为了实现物流作业机械化、自动化以提高物流系统的作业效率，首先必须把货物归整成统一规格的作业单元。这种便于储放、搬运和运输的货物单元称之为集装单元。在供应链的各个环节中，以集装单元为对象而组织的装卸、搬运、储存和运输等物流活动一体化运作所形成的物流形态成为单元化物流。以服务单元化物流为目标而设计制造的物流设备及其应用称为物流设备的单元化。

一是从包装的角度来看，单元化是按照按一定单元将杂散物品组合包装的形态；二是从运输角度来看，单元化集装所组合的组合体往往又正好是一个装卸运输单位，非常便利运输和装卸。

3. 物流设备的智能化

在"互联网+"时代，以物联网、云计算、大数据等基于互联网的新一代信息技术正在成为驱动产业变革的核心力量。"互联网+物流工程"协同作业强调充分利用互联网技术及理念，强化精密传感、卫星定位、精准计算等现代技术的综合应用，促使物流项目作业、物流企业运营、用户消费、智能设备操作、全球设计资源整合以及产业全价值链之间的互联互通与高效协同，即强调企业内外部、企业之间，以及产业链各环节之间的协同化、网络化、即时化发展。

随着《中国制造 2025》的出台和实施，基于信息物理系统的智能装备、智能工厂等智能制造正在引领制造方式变革，网络众包、协同设计、大规模个性化定制、精准供应链管理、全生命周期管理、电子商务等正在重塑产业价值链体系，物流设备的智能化特点更加凸显。

4．物流设备的绿色化

首先，绿色化是指一种科技含量高、资源消耗低、环境污染少的产业结构和生产方式；其次，绿色化代表生活方式和消费模式向勤俭节约、绿色低碳、文明健康的方向转变，力戒奢侈浪费和不合理消费；同时，还寓意将生态文明纳入社会主义核心价值体系，形成人人、事事、时时崇尚生态文明的社会新风的价值理念。物流设备系统作为社会大系统的子系统，正在顺应社会发展的大趋势，以降低对环境的污染、减少资源消耗为目标，利用先进物流技术规划和实施运输、仓储、装卸搬运、流通加工、配送、包装等物流活动。

7.1.2 物流设备的类型

物流设备根据不同的划分标准有不同的分类，若以设备位置划分可以分为固定设备和移动设备两种。以设备功能为标准划分，可以分为运输设备、仓储设备、装卸搬运设备、流通加工设备、包装设备、信息处理设备等。

1．运输设备

运输设备是指较长距离运输货物的设备。它可分为公路运输设备、铁路运输设备、水路运输设备、航空运输设备和管道运输设备五种类型。公路运输设备主要包括公路上所使用的各种运输车辆。铁路运输设备是指通过轨道运行的各种机车、挂车等车辆装置。水路运输设备是指通过海洋、湖泊和河流等进行客货运输的各种船舶。航空运输设备主要指通过空中运行实现客货运输的各种航空器及其配套设备。管道运输设备是支撑管道运输所使用的各种管、泵、罐等器械装置。

2．仓储设备

仓储设备是指仓储作业活动中所使用的设备，即能够满足储藏和保管物品需要的技术装置和机具等。它主要包括保管设备、计量设备、养护检验设备、通风照明设备、消防安全设备、劳动防护设备以及其他用途设备和工具等。货架是仓储设备的主要构成之一。

3．装卸搬运设备

装卸搬运设备是指用来搬移、升降、装卸和短距离输送物料或货物的机械。按装卸及搬运两种作业性质不同又可细分为装卸机械、搬运机械及装卸搬运机械三种类型。装卸搬运设备是实现装卸搬运作业机械化的基础，是物流设备中重要的重要组成部分。它不仅可用于完成船舶与车辆货物的装卸，而且还可用于完成库场货物的堆码、拆垛、运输以及舱内、车内、库内货物的起重输送和搬运。

4．流通加工设备

流通加工设备是指货物在流通过程中根据需要进行包装、分割、计量分拣、添加标签条码、组装等作业时所需的设备。它可以弥补生产过程加工程度的不足，有效地满足用户多样化的需要，提高加工质量和效率以及设备的利用率，从而更好地为用户提供服务。

5．包装设备

包装设备是指能完成全部或部分产品或商品包装过程的设备。包装过程包括充填、裹包、封口等主要工序，以及与其相关的前后工序，如清洗、堆码和拆卸等。此外，包装还包括计量或在包装件上盖印等工序。使用机械包装产品可提高生产率，减轻劳动强度，适应大规模生产的需要，并满足清洁卫生的要求。

包装设备中还有一类称为集装单元化设备，它是将包装单元集成或分解，形成一个合适的搬运单元的机器。主要包括集装箱、托盘、滑板、集装袋等。

6. 信息处理设备

信息处理设备是指对物流信息进行实时、准确采集，并及时处理的设备。它主要包括信息的汇聚、传输、储存、分析、检索等过程中使用的设备，常表现为计算机设备、条形码设备、射频设备、IC卡识读设备、销售终端机（POS）、定位设备等。

📖 新闻链接

我国物流设备呈快速发展态势

进入21世纪，我国物流行业发展现代化步伐加快，特别是2009年《物流业调整振兴规划》的出台，使得社会各行业普遍重视物流的保障和促进作用，近年来，物流相关领域又面对高涨的劳动力成本、土地成本和仓储租金，企业采用机械化和自动化设备取代人工的物流作业，提升土地利用率成为必然，为物流装备企业带来了广阔市场和机遇，国内也涌现出一批较具规模的物流装备生产商，有些龙头企业在国际市场上也已取得一定声誉。货架、托盘、叉车等传统实用性物流设备以20%~30%的速度增长，明显高于国内生产总值的增速。2013年底，我国叉车保有量已经超过150万台，托盘保有量超过9亿片，工业货架年产量超过60万吨；以高架库、立体库、全自动化物流系统、物流配送中心、机械或自动化输送分拣系统为代表的物流系统机械化与自动化设备，连年保持近30%的增长率。我国的物流装备市场规模超过了日本、欧洲和美国等国家和地区，中国成为世界上最大的市场。

将货架、自动化库、控制系统、输送分拣有效整合为客户提供一体化服务，成就了我国物流系统集成的快速发展。2013年物流系统设备集成的市场需求超过了30%的增长速度，每年立体库建设超过300座以上。从自动化立体库建设规模来看，我国自动化立体库建设规模越来越大，自动化立体库平均货位超过1万，高度超过20米，系统也越来越复杂，应用范围越来越广。

查阅资料，对现代物流设备给出一个适当的分类。

7.1.3 自动化仓储设备

7.1.3.1 自动化立体仓库

自动化立体仓库一般是指采用几层、十几层乃至几十层高的货架储存单元货物，用相应的物料搬运设备进行货物入库和出库作业的仓库。它是由立体货架、有轨巷道堆垛机、出入库托盘输送机系统、尺寸检测条码阅读系统、通信系统、自动控制系统、计算机监控系统、计算机管理系统以及其他如电线电缆桥架配电柜、托盘、调节平台、钢结构平台等辅助设备组成的复杂的自动化系统。它利用相关设备实现了仓库高层合理化，存取自动化，操作简便化。

知识拓展

推荐读者浏览百度百科"自动化立体仓库"词条，再以"自动化立体仓库"为关键词查询几篇新闻，了解自动化立体仓库设备的最新进展：http://baike.baidu.com/view/1459430.htm

7.1.3.2 自动化立体仓库的构成

自动化立体仓库的截面如图 7.1 所示，主要由土建及公用工程设施、机械设备和电气与电子设备三大部分组成。

1. 土建及公用工程设施

土建及公用工程设施包括库房、消防系统、照明系统、动力系统、通风及采暖系统和其他设施等，

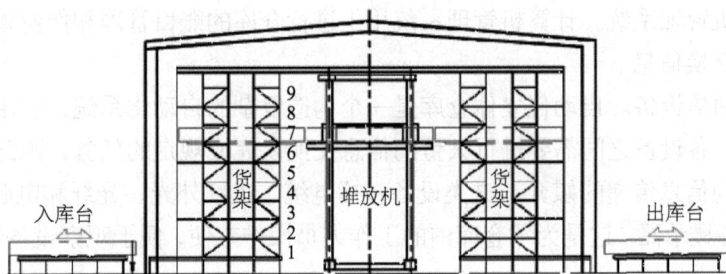

图 7.1　自动立体化仓库截面示意

2. 机械设备

自动化立体仓库的机械设备主要包括以下几类。

（1）货架。货架的材料一般选用钢材。钢货架的优点是构件尺寸小，制作方便，安装建设周期短，而且可以提高仓库的库容利用率。自动化立体仓库的货架一般都分隔成一个个的单元格，单元格是用于存放托盘或直接存放货物的。

（2）货箱与托盘。货箱和托盘的基本功能是装小件的货物，以便于叉车和堆垛机的叉取和存放。采用货箱和托盘存放货物可以提高货物装卸和存取的效率。

（3）堆垛机。堆垛机是自动化立体仓库中最重要的设备，它是随自动化立体仓库的出现而发展起来的专用起重机。巷道机可在高层货架间的巷道内来回运动，其升降平台可作上下运动，升降平台上的货物存取装置可将货物存入货格或从货格中取出。

（4）周边搬运设备。搬运设备一般是由电力来驱动，由自动或手动控制，把货物从一处移到另一处。这类设备包括各种输送机（辊道输送机、链条输送机、皮带输送机、升降移载机、提升机等）、各种分拣设备、无人台车（AGV、RGV、LGV）等，设备形式可以是单机、双轨、地面的、空中的、一维运行（即沿水平直线或垂直直线运行）、二维运行、三维运行等。其作用是配合巷道机完成货物的输送、转移、分拣等作业。在仓库内的主要搬运系统因故停止工作时，周边设备还可以发挥其作用，使作业继续进行。

3. 电气与电子设备

自动化立体仓库的电气与电子设备主要包括以下几部分。

（1）检测装置。检测装置是用于检测各种作业设备的物理参数和相应的化学参数，通过对检测数据的判断和处理可为系统决策提供最佳依据，以保证系统安全可靠地运行。

（2）信息识别设备。在自动化立体仓库中，这种设备必不可少，它是用于采集货物的品名、类别、货号、数量、等级、目的地、生产厂、货物地址等物流信息。这类设备通常采用条形码、磁条、光学字符和射频等识别技术。

（3）控制装置。自动化立体仓库内所配备的各种存取设备和输送设备必须具有控制装置，以实现自动化运转。这类控制装置包括普通开关、继电器、微处理器、单片机和可编程序控制器等。

（4）监控及调度设备。监控及调度设备主要负责协调系统中各部分的运行，它是自动化立体仓库的信息枢纽，在整个系统中举足轻重。

（5）计算机管理系统。计算机管理系统用于进行仓库的账目管理和作业管理，并可与企业的管理系统交换信息。

（6）数据通信设备。自动化立体仓库是一个构造复杂的自动化系统，它由众多的子系统组成。各系统、各设备之间需要进行大量的信息交换以完成规定的任务，因此需要大量的数据通信设备作为信息传递的媒介，这类设备包括电缆、远红外光、光纤和电磁波等。

（7）大屏幕显示器。这是为了仓库内的工作人员操作方便，便于观察设备情况而设置的。

7.1.3.3 自动化立体仓库的技术原理

自动化立体仓库采用现场控制总线直接通讯的方式，真正做到所有的决策、作业调度和现场信息等均由堆垛机、出入库输送机等现场设备通过相互间的通讯来协调完成。

每个货位的托盘号分别记录在堆垛机和计算机的数据库里，管理员可利用对比功能来比较计算机的记录和堆垛机里的记录，并进行修改，修改可自动完成和手动完成。

监控管理系统包括数据管理、入库管理、出库管理、查询、报表、单据与盘库、报警、监控与动画等模块。系统软、硬件功能齐全，用户界面清晰，便于操作维护。

堆垛机有自动召回原点的功能，即无论任何情况，只要货叉居中且水平运行正常时，可按照下达的命令自动返回原点。这意味着操作人员和维护人员可以尽量不进入巷道。

智能的控制系统，可以实现真正的自动盘库功能，避免了以往繁重的人工盘库工作，减轻了仓库管理人员的工作强度，同时保证了出库作业的出错率为零。

7.2 物流设备的选用

7.2.1 物流设备选用的原则

物流设备的选用是物流设备前期管理的重要环节，是企业经营决策中的一项重要工作。在配置和选择时，一定要进行科学决策和统一规划。正确地配置与选择物流设备，可为物流作业选择出最优的技术设备，使有限的投资发挥最大的技术经济效益。物流设备选用应遵循以下原则。

（1）系统化原则。系统化就是在物流设备选用中要以系统的观点和方法，对物流设备运行所涉及的各个环节进行系统分析，把各个物流设备与物流系统总目标、物流系统中各要素有机地结合起来，改善各个环节的机能，使物流设备配置、选择最佳，从而使物流设备发挥最大的效能，并使物流系统整体效益最优。

（2）适用性原则。适用性是指物流设备满足使用要求的能力，包括适应性和实用性。在配置与选择物流设备时，应充分注意到以下几点：使物流设备与目前物流生产作业的需要和发展规划相适应；应符合货物的特性、货运量的需要；应适应不同的工作条件和多种作业性能要求，操作使用灵活方便。只有生产上适用的设备才能发挥其投资效果，创造出高效益。

（3）技术先进性原则。技术先进性是指选用的物流设备能够反映当前科学技术的先进成果，在主要技术性能、自动化水平、结构优化状态、环境保护程度、操作条件、现代新技术的应用等方面具有技术上的先进性，并在时效性方面能满足技术发展要求。

（4）经济合理性原则。经济合理性是指所选用的物流设备应是寿命周期费用最低、综合效益前景好的设备。它不仅是一次性购置费用低，更重要的是长期使用的费用低。购置费用与使用费用是一对矛盾的统一体，它们之间通常存在着效益背反的关系。因此，在实际工作中，应将生产上适用、技术上先进和经济上合理三者结合起来，全面考查物流设备的价格和运行费用，选择整个寿命周期费用低的物流设备，才能取得良好的经济效益。

（5）可靠性原则。可靠性是指物流设备在规定的使用时间和条件下，完成规定功能的能力。它是物流设备的一项基本性能指标，是物流设备功能在时间上的稳定性和保持性。如果可靠性不高，无法保持稳定的物流作业能力，也就失去了物流设备的基本功能。物流设备的可靠性与物流设备的经济性是密切相关的。因此，不能片面追求可靠性，而应全面权衡提高可靠性所需的费用开支与物流设备不可靠造成的费用损失，从而确定最佳的可靠度。

（6）安全性原则。安全性是指物流设备在使用过程中保证人身和货物安全以及环境免遭危害的能力。它主要包括设备的自动控制性能、自动保护性能以及对错误操作的防护和警示装置等。随着物流作业现代化水平的提高，安全性日益成为衡量设备好坏的重要因素。在配置与选择物流设备时，应充分考虑物流设备的安全性，以提高物流设备利用率，防止人身事故，保证物流作业顺利进行。

（7）一机多用原则。一机多用是指物流设备具有多种功能，能适应多种作业的能力。配置用途单一的物流设备，使用起来既不方便，也不利于管理。因此，应发展一机多用的物流设备。配置和选择一机多用的物流设备，可以实现一机同时适宜多种作业环境的连续作业，有利于减少作业环节，提高作业效率，并减少物流设备台数；便于物流设备管理，从而充分发挥物流设备潜能，确保以最低投入获得最大的效益。

知识拓展

物流机械设备选择依据的三大要求

在物流自动化系统设计中，物流机械设备的选用不是越先进越好，而是必须根据系统设计的目标，综合考虑各种因素来科学、合理地配置和选择。一般来说。物流自动化系统对机械设备的选择必须符合标准化、合理化与配套性的原则。

（1）标准化。在物流自动化系统中，应该尽量采用标准化的物流设备或部件、一是可以提高物流运作中的灵活性和互换性，二是可以降低设备和器具的购置和管理费用，以提高物流自动化系统的整体效率。

（2）合理化。在进行物流自动化系统设计时，应该从整个系统的角度来考虑，把机械设备视为整个物流自动化系统的一个子系统。根据系统的总体设计目标，综合各种因素，选择合适的物流设备。每一类物流机械设备都有其基本功能，在选用设备时，要进行科学规划，认真研究选用设备的固有特点，扬长避短，制订出切实可行的配置方案，以求获得最好的效果。

（3）配套性。在物流自动化系统中，不仅要注意机械设备单机的选择，更重要的是整个系统各环节的衔接和合理匹配，要保证各种物流机械设备在动力、功率、尺寸、性能、容量等各方面互相配套，也要保证物流机械设备能满足与人工操作相衔接的需要。

根据该资料，请谈谈对物流机械标准化的认识。

7.2.2　物流设备选用的流程

物流设备选用一般应按以下流程进行。

（1）确定需求。物流设备的选用是一项常规性工作，具有持续性。设备管理部门应根据物流工程规划，不断发现需求，提出物流设备的更新或添加要求。决策部门应根据企业或项目实情确定物流设备选用需求。

（2）制订方案。物流设备需求一旦确定，就应该着手制订相应的选用方案。在拟定初步方案时，一定要提出具有不同优缺点的配置方案，然后，再根据选用原则和科学方法，确定配置物流设备的主要性能指标，分析初步方案的优缺点，去劣取优，选出 2~3 个比较可行的选用方案。

（3）方案评价。评估提交的备选方案，展开经济分析和技术评价。首先，进行成本计算，包括投资成本和年运营成本；其次，适用性评估，一般包括满足作业能力、满足物流量需求、可扩展性以及环境要求等。可采用优缺点比较法或加权因素比较法，选出最佳的方案。

（4）选定厂家。物流设备选用方案确定以后，就要选择符合方案要求的设备生产商或供应商。采用公开招标或竞争性谈判等方式进行。设备的选择具有过程性，订货、安装、调试、验收以及售后服务诸环节环环紧扣，要遵循科学的工作流程，依法进行。

知识拓展

招投标常识

招标投标法是国家用来规范招标投标活动、调整在招标投标过程中产生的各种关系的法律规范的总称。按照法律效力的不同，招标投标法法律规范分为三个层次：第一层次是由全国人民代表大会及其常务委员会颁布的《中华人民共和国招标投标法》；第二层次是由国务院颁发的招标投标行政法规以及有立法权的地方人民代表大会颁发的地方性招标投标法规；第三层次是由国务院有关部门颁发的招标投标的部门规章以及有立法权的地方人民政府颁发的地方性招标投标规章。

招投标的主要过程包括招标、投标、开标、评标和中标。

（1）招标。它是指招标人通过招标公告或投标邀请书等形式，招请具有法定条件和具有承建能力的投标人参与投标竞争。

（2）投标。它是指经资格审查合格的投标人，按招标文件的规定填写投标文件，按招标条件编制投标报价，在招标文件限定的时间送达招标单位。

（3）开标。它是指到了投标人提交投标文件的截止时间，招标人（或招标代理机构）依据招标文件和招标公告规定的时间和地点，在有投标人和监督机构代表出席的情况下，当众公开开启投标人提交的投标文件，公开宣布投标人名称、投标价格及投标文件中的有关主要内容的过程。

（4）评标。它是指招标人依法组建的评标委员会按照招标文件规定的评标标准和方法，对投标方件进行审查、评审和比较，提出书面评标报告，推荐合格的 1~3 名中标候选人。

> 《中华人民共和国招标投标法》和《中华人民共和国招标投标法实施条例》可通过以下链接或二维码查阅：
> http://www.npc.gov.cn/wxzl/gongbao/2000-12/05/content_5004749.htm
> http://www.gov.cn/zwgk/2011-12/29/content_2033184.htm

（5）中标。它是指招标人根据评标委员会提出的书面评标报告，在推荐的中标候选人中确定中标人的过程。

请进行一次社会调查，分析一个投标过程，研究其可能存在的问题。

7.2.3 典型物流设备的选用

7.2.3.1 叉车的技术参数与选用

叉车是专业搬运车辆，是指对成件托盘货物进行装卸、堆垛和短距离运输作业的各种轮式搬运车辆（见图 7.2）。

图 7.2 电动叉车

1. 主要技术参数

叉车的技术参数是用来表明叉车的结构特征和工作性能的。其主要技术参数有：额定起重量、载荷中心距、最大起升高度、门架倾角、最高行驶速度、最小转弯半径、最小离地间隙以及轴距、轮距等。

（1）额定起重量。叉车的额定起重量是指货物重心至货叉前壁的距离不大于载荷中心距时，允许起升的货物的最大重量，以吨（T）表示。当货叉上的货物重心超出了规定的载荷中心距时，由于叉车纵向稳定性的限制，起重量应相应减小。

（2）载荷中心距。载荷中心距是指在货叉上放置标准的货物时，其重心到货叉垂直段前壁的水平距离 T，以毫米（mm）表示。对于 $1T$ 到 $4T$ 叉车规定载荷中心距为 500 毫米。

（3）最大起升高度。最大起升高度是指在平坦坚实的地面上，叉车满载，货物升至最高位置时，货叉水平段的上表面离叉车所在的水平地面的垂直距离。

（4）门架倾角。门架倾角是指无载的叉车在平坦坚实的地面上，门架相对其垂直位置向前或向后的最大倾角。前倾角的作用是为了便于叉取和卸放货物；后倾角的作用是当叉车带货运行时，预防货物从货叉上滑落。一般叉车前倾角为 3°～6°，后倾角为 10°～12°。

（5）最大起升速度。叉车最大起升速度通常是指叉车满载时，货物起升的最大速度，以米/分（m/min）表示。提高最大起升速度，可以提高作业效率，但起升速度过快，容易发生货损和机损事故。目前国内叉车的最大起升速度已提高到 20 米/分。

（6）最高行驶速度。提高行驶速度对提高叉车的作业效率有很大影响。对于起重量为 1 吨的内燃叉车，其满载时最高行驶速度不少于 17 米/分。

（7）最小转弯半径。当叉车在无载低速行驶、打满方向盘转弯时，车体最外侧和最内侧至转弯中心的最小距离，分别称为最小外侧转弯半径 $R_{min外}$ 和最小内侧转弯半径 $r_{min内}$。最小外侧转弯半径愈小，则叉车转弯时需要的地面面积愈小，机动性愈好。

（8）最小离地间隙。最小离地间隙是指车轮以外，车体上固定的最低点至地面的距离，它表示叉车无碰撞地越过地面凸起障碍物的能力。最小离地间隙愈大，则叉车的通过性愈高。

（9）轴距及轮距。叉车轴距是指叉车前后桥中心线的水平距离。轮距是指同一轴上左右轮中心的距离。增大轴距，有利于叉车的纵向稳定性，但使车身长度增加，最小转弯半径增大。增大轮距，有利于叉车的横向稳定性，但会使车身总宽和最小转弯半径增加。

（10）直角通道最小宽度。直角通道最小宽度是指供叉车往返行驶的成直角相交的通道的最小宽度。以 mm 表示。一般直角通道最小宽度愈小，性能愈好。

（11）堆垛通道最小宽度。堆垛通道最小宽度是叉车在正常作业时，通道的最小宽度。

2. 选用要求

叉车的选用，首先，要考虑作业环境。主要考虑是室内还是室外，作业区通道的长短，场地的平整度。其次，要考虑作业量的强度。主要包括搬运装卸作业量、作业区的日吞吐量、单一负荷的重量、形状及尺寸、搬运距离等。第三，要考虑叉车性能参数。叉车的性能是否与作业要求相匹配。第四，要靠考虑经济成本。主要包括使用成本和经济效益的大小。

7.2.3.2 托盘货架的技术参数与选用

托盘货架以储存单元化托盘货物，配以巷道式堆垛机及其他储运机械进行作业。托盘货架又俗称横梁式货架，或称货位式货架，通常为重型货架，在国内的各种仓储货架系统中最为常见。既适用于多品种小批量物品，又适用于少品种大批量物品。此类货架在高位仓库和超高位仓库中应用最多（见图 7.3）。

托盘货架的单元货架跨度一般在 4 米以内，深度在 1.5 米以内，低、高位仓库货架高度一般在 12 米以内，超高位仓库货架高度一般在 30 米以内（此类仓库基本均为自动化仓库，货架总高由若干段 12 米以内立柱构成）。此类仓库中，低、高位仓库大多用前移式电瓶叉车、平衡重电瓶叉车、三向叉车进行存取作业，货架较矮时也可用电动堆高机，超高位仓库用堆垛机进行存取作业。在与叉车综合选配时，一般要求叉车最大提升高度至少比最上层货架横梁高 0.2 米，最上层货位加托盘货物的最高高度离天花板（或房屋有效净高）的距离不少于

0.3 米，以供叉车安全作业。托盘式货架利用率高，存取灵活方便，辅以计算机管理或控制。

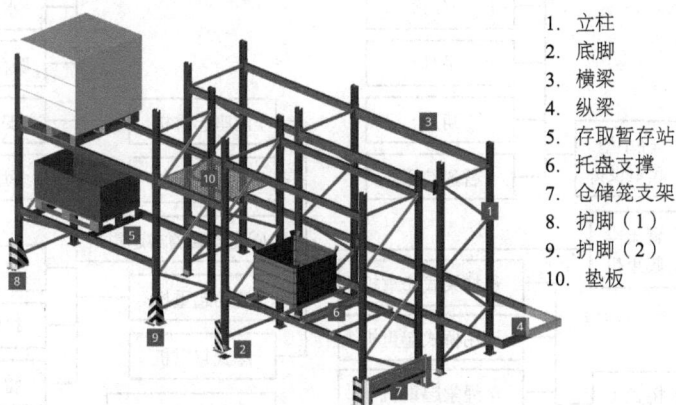

1. 立柱
2. 底脚
3. 横梁
4. 纵梁
5. 存取暂存站
6. 托盘支撑
7. 仓储笼支架
8. 护脚（1）
9. 护脚（2）
10. 垫板

图 7.3　托盘货架示意

7.2.3.3　起重机的技术参数与选用

起重机又称吊车，是指在一定范围内垂直提升和水平搬运重物的多动作起重机械。

起重机械按结构不同可分为轻小型起重设备、臂架类起重机、桥式类起重机、堆垛类起重机和升降机等几类。轻小型起重设备主要包括起重滑车、吊具、千斤顶、手拉葫芦、电动葫芦和普通绞车，大多体积小、重量轻、使用方便。除电动葫芦和绞车外，绝大多数用人力驱动，适用于工作不繁重的场合。它们可以单独使用，也可作为起重机的起升机构使用。有些轻小型起重设备的起重能力很大，如液压千斤顶的起重量已达 750 吨。升降机主要作垂直或近于垂直的升降运动，具有固定的升降路线，包括电梯、升降台、矿井提升机和料斗升降机等。起重机是在一定范围内垂直提升并水平搬运重物的多动作起重机械。各种起重机械的用途不同，构造上有很大差异，但都具有实现升降这一基本动作的起升机构。有些起重机械还具有运行机构、变幅机构、回转机构或其他专用的工作机构。物料可以由钢丝绳或起重链条等挠性件吊挂着升降，也可由螺杆或其他刚性件顶举。起重机具体分类如图 7.4 所示。几种常见起重机械的样式如图 7.5～图 7.8 所示。

起重机的主要技术参数有以下几个。

（1）额定起重量。它是指起重机能吊起的重物或物料连同可分吊具质量的总和。对于幅度可变的起重机，额定起重量指最小幅度下的最大起重量。

（2）有效起重量。它是指起重机能吊起的重物或物料的净质量。

（3）总起重量。它是指起重机能吊起的重物或物料，连同可分吊具和长期固定在起重机上的吊具或属具（包括吊钩、滑轮组、起重钢丝绳以及在臂架或起重小车以下的其他起吊物）的质量总和。

（4）起重高度。它是指起重机水平停机面或运行轨道至吊具允许最高位置的垂直距离。

（5）起重机工作级别。它是反映起重机工作繁忙程度和载荷轻重的参数，是考虑起重量和时间的利用程度以及工作循环次数的工作特性。起重机工作级别，根据起重机或机构的利用等级和载荷情况，分为 $A_1 \sim A_8$ 八个级别。

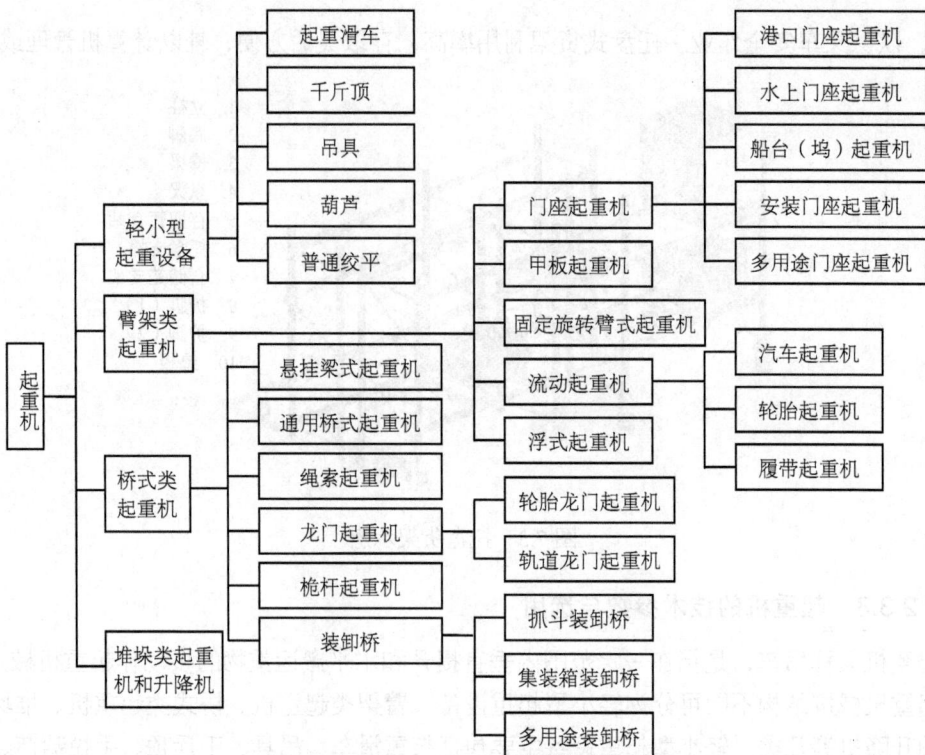

图 7.4 起重机的分类

起重机
- 轻小型起重设备
  - 起重滑车
  - 千斤顶
  - 吊具
  - 葫芦
  - 普通绞平
- 臂架类起重机
  - 门座起重机
    - 港口门座起重机
    - 水上门座起重机
    - 船台（坞）起重机
    - 安装门座起重机
    - 多用途门座起重机
  - 甲板起重机
  - 固定旋转臂式起重机
  - 流动起重机
    - 汽车起重机
    - 轮胎起重机
    - 履带起重机
  - 浮式起重机
- 桥式类起重机
  - 悬挂梁式起重机
  - 通用桥式起重机
  - 绳索起重机
  - 龙门起重机
    - 轮胎龙门起重机
    - 轨道龙门起重机
  - 桅杆起重机
  - 装卸桥
    - 抓斗装卸桥
    - 集装箱装卸桥
    - 多用途装卸桥
- 堆垛类起重机和升降机

图 7.5　手拉葫芦　　　　图 7.6　门座起重机

（6）幅度。它是指起重机置于水平场地时，空载吊具垂直中心线至回转中心线之间的水平距离称为幅度。

（7）起重力矩。它是指幅度与其相对应的起吊物品重力的乘积。

（8）起重倾覆力矩。它是指起吊物品重力与其至倾覆线距离的乘积。

（9）起升速度。它是指起重机在稳定运行状态下，额定载荷的垂直位移速度。

（10）变幅速度。它是指稳定运动状态下，在变幅平面内吊挂最小额定载荷，从最大幅度至最小幅度的水平位移平均线速度。

图 7.7　龙门起重机

图 7.8　堆垛起重机

（11）跨度。它是指桥架型起重机运行轨道轴线之间的水平距离称为跨度。

（12）轨距。它是指起吊小车轨道中心线之间的距离。

（13）基距。它也称轴距，是指沿纵向运动方向的起重机或小车支承中心线之间的距离。

（14）公称起重力矩。它是指标准臂长时，最大幅度与相应额定起重量产生重力的乘积。

起重机的选用需要考虑起重机的作业环境、工作强度、结构形式、技术性能、经济效益评价等因素。

知识拓展

起重机发展史

公元前 10 年，古罗马建筑师维特鲁维斯曾在其建筑手册里描述了一种起重机械。这种机械有一根桅杆，杆顶装有滑轮，由牵索固定桅杆的位置，用绞盘拉动通过滑轮的缆索，以吊起重物。有些超重机械可用两根桅杆，构成人字形，把吊起物横向移动，但幅度很小，操作也十分吃力。

到 15 世纪，意大利发明了转臂式起重机，才解决这个问题。这种起重机有根倾斜的悬臂，臂顶装有滑轮，既可升降又可旋转。但直到 18 世纪，人类所使用的各种起重机械还都是以人力、畜力为动力的，在起重量、使用范围和工作效率上很有限。

18 世纪中后期，英国瓦特改进和发明蒸汽机之后，为起重机械提供了动力条件。1805年，英国工程师伦尼为伦敦船坞建造了第一批蒸汽起重机。1846年，英国的阿姆斯特朗把新堡船坞的一台蒸汽起重机改为水力起重机。

20 世纪初期，欧洲开始使用塔式起重机。20 世纪 70 年代，中国制造出首台汽车起重机，2010 年，中国三一重工股份有限公司制造出具有 1 200 吨起重量的轮式汽车起重机。

查阅资料，总结起重机的主要作用。

百度百科"起重机"词条可供读者参考：
http://baike.baidu.com/view/22514.htm

7.3 物流设备的保护

7.3.1 物流设备的维护与保养

随着《中国制造 2025》计划的实施，物流设备的集成性、精密性更加显著。现代化物流设备的使用贵在规范操作流程，重在日常维护与保养。事实上，一切设备都要注意维护与保养，维护与保养是部分或全部恢复设备功能、提高设备使用寿命、节约企业投资的有效手段，物流设备当然也不能例外。物流设备的维护与保养是维持设备功能或减缓设备老化的保证，在物流设备管理中显得十分必要。物流设备的维护与保养可采用"日常保养"和"定期保养"的二级保养制度。

1. 物流设备的日常保养

物流设备的日常保养是全部维护工作的基础。它的特点是经常化、制度化。一般日常保养包括班前、班后和运行中维护保养。

参加日常维护保养的人员主要是操作工人。他们应严格按照操作规程操作，集中精力工作，注意观察物流设备的运转情况和仪器、仪表，通过声音、气体等发现异常情况。物流设备不能带故障运行，如有故障，操作人员应停机及时排除，并做好故障排除记录。

日常保养的具体内容有：搞好清洁卫生；检查设备的润滑情况，定时、定点加油；加固易松动的螺丝和零部件；检查设备是否有漏油、漏气、漏电等情况；检查各防护、保险装置及操纵机构、变速机构是否灵敏可靠，零部件是否完整。

2. 物流设备的定期保养

物流设备运行一定间隔时间后，操作人员和保养人员应按规范有计划地进行强制性保养，对物流设备进行全面性的维护工作。这就是物流设备的定期保养。定期保养是物流设备运行管理和状态维修管理的重要组成部分，是使物流设备能经常保持良好技术状态的预防性措施。

定期保养的基本内容有：对设备进行清洁和擦洗；检查、调整、紧固各操纵、传动、连接机构的零部件；对各润滑点进行检查、注油或清洗换油；调整和检查安全保护装置，保证其灵敏可靠；更换已磨损的零部件；使用相应的检测仪器和工具，按规范对主要测试点进行检测，并做好检测记录。

7.3.2 物流设备的检查与修理

7.3.2.1 物流设备的检查

物流设备的检查通常采用点检的方法。点是指预先规定的物流设备关键部位或薄弱环节。检是指通过人的五官或运用检测的手段对物流设备进行检查，及时、准确地获取物流设备部位（点）的技术状况或劣化信息，及早预防维修。物流设备的点检是一种先进的现代检查制度，是对影响物流设备正常运行的一些关键部位进行经常性检查和重点控制的方法。

1. 物流设备点检的类别

物流设备点检的类别主要包括以下三种。

（1）日常点检。每日通过感官检查物流设备运行中关键部位的声响、振动、温度、油压等，并将检查结果记录在点检卡中。

（2）定期点检。时间周期长短按设备的具体情况划分，有一周、半月、一月、数月不等。定期点检除凭感官外还要使用专用检测仪表工具。定期点检主要是通过对重要设备的检查确定设备的性能状况、设备的缺陷、隐患以及设备的劣化程度，为设备的大修、项修方案提供依据。

（3）专项点检。专项点检是有针对性地对物流设备的某些特定项目进行的检测，通常使用专用的仪器工具，在设备运行中进行。

2．物流设备点检的方法

物流设备点检的方法主要包括：运行中检查；停机检查，包括停机解体检查和停机不解体检查；凭感官和经验检查；使用仪表仪器检查。

3．物流设备点检的步骤

物流设备点检的步骤主要有以下几步。

（1）确定检查点和点检路线。检查点通常是设备的关键部位或薄弱环节。检查点确定之后，要根据物流设备的分布和类型等具体情况组织一条点检路线，并明确点检的前后顺序。

（2）确定点检标准。物流设备的点检标准要根据设备的各种资料并结合实际经验来制定，其标准要定量化，以便于检查。

（3）确定点检周期。要根据物流设备的性能、特点、寿命等实际情况，分别制定各设备的点检周期，以保证设备能按时接受检查。

7.3.2.2 物流设备的修理

根据修理内容和工作量的不同，物流设备的修理作业可以划分成不同的类别。

（1）大修。大修是指全面恢复设备工作能力的修理工作，其特征为全部或大部分拆卸分解设备，修复基准件，更换或修理所有不宜继续使用的零件，整新外观，使设备精度、性能等达到或接近原出厂水平。大修全面而彻底，但耗时耗力较多，应用时应视情况按需要而定。

（2）项修。项修为项目修理的简称，这里的项目是指物流设备部件、装置或某一项设备的输出参数。项修是在物流设备技术状态管理的基础上，针对物流设备技术状态的劣化程度，特别是在已判明故障的情况下，所采取的有针对性的修理活动。项修的特点是修理内容明确，针对性强，可节省修理时间、人力、物力和费用，效果较好。

（3）小修。小修是指工作量较小的修理。小修的工作内容除日常保养和定期保养的全部内容之外，还要根据物流设备的磨损规律，进行机、电检修，对需要修理的部分进行分解检查、修理，更换磨损件，对磨损部位加固等。小修属局部修理，目的在于排除故障，恢复局部功能。

大修、项修、小修三者都具有恢复物流设备技术性能和使用性能的功用，但具体工作内容和范围各不相同。大修是整机全面恢复的修理，项修是局部性调整与恢复的修理，小修是排除故障性的修理。

7.3.3 物流设备的改造与更新

设备从投入使用到其报废，要经历一个生命周期，了解设备一生的经济、技术规律有利于科学地使用设备。使用任何设备不可避免会产生损耗，体现于：自然损耗和由于技术进步使设备的使用价值降低。对设备进行修理、改造、更新是不断补偿损耗的手段，必须选择适宜的方式和时机对设备实施更新或改造。

随着物流产业的发展，先进性是物流设备更新与改造的重要追求。先进性是指物流设备的性能越来越先进，自动化程度越来越高，具体体现在速度更快、准确度更高、稳定性更好上。提升设备先进性，是产业环境和物流企业自身发展的形势所使，也是物流企业提高服务水准的需要。然而，目标更要通过手段来完成，物流设备的先进性必然要借助于改造及更新才能实现。

物流设备更新改造，是对已形成固定资产的设备进行的综合性技术改造和采取的重大技术措施，是改善物流设备技术状态，调整生产力布局，挖潜提效，实现以内涵为主扩大再生产的活动。

物流设备改造与更新过程中，最重要的是要制订物流设备更新改造计划管理办法，只有这样，才能做到预则立。

物流设备的改造和更新，应重点考虑如下环节：对现有设备的安全技术状况进行准确评估；对现有设备的经济性（能耗、维护费、完好率等）进行统计分析；做好更新（或大修）设备所需费用的预算分析，更新（或修复）后的安全技术性能；设备资产账面余额及可处置的市场价格；设备更新改造后未来的运行成本预测和分析。

通过对设备改造、更新的各备选方案进行技术与经济分析比对，可以较为合理地确定设备的改造更新方式，并结合对设备经济寿命的分析预测，进而选择合适的时机实施。设备在使用维护过程中的各项基础数据的统计分析是对设备进行更新改造的决策依据，要尽量避免人为经验的局限性。同时要规范设备处置更新操作流程，使决策与实施工作更加科学、有效，从而达到降低设备使用成本、提高设备利用价值、优化设备资源配置的目的。

📖 **新闻链接**

机器换人与设备改造

机器换人是推动传统制造业实现产业转型升级的一项重要举措，是以现代化、自动化的装备提升传统产业，推动技术红利替代人口红利，成为新的产业优化升级和经济持续增长的动力之源，对技术进步、提升劳动力素质、提高企业生产效率、促进产业结构调整、推进工业转变发展方式等具有重要意义。随着劳动力价格的上涨，中国制造业的"人口红利"正在不断消失。国际经济形势复杂多变，世界经济深度调整，发达国家推进"再工业化"和"制造业回归"，全球制造业高端化竞争趋势日益明显。以现代化、自动化的装备提升传统产业，推动技术红利替代人口红利成为中国制造产业优化升级和经济持续增长的必然之选。

2012 年底，在浙江、江苏的传统制造企业中逐渐兴起了"机器换人"，众多企业纷纷引进现代化、自动化的装备进行技术的改造升级。2014年，随着"东莞一号"文件及各项扶持政策的出台，"机器换人"在珠三角的制造业重镇——东莞轰轰烈烈地开展，并在全国掀起了一场"机器换人"的浪潮。"机器换人"是以现代化、自动化的装备提升传统产业，利用机器手、自动化控制设备或流水线自动化对企业进行智能技术改造，实现"减员、增效、提质、保安全"的目的。

请结合当下实际，谈谈对"机器换人"必然性的认识。

百度百科"机器换人"词条可供读者参考：http://baike.baidu.com/item/机器换人

案例分析

仓储货架采购方案分析

某仓库长和宽分别是48米、27米，该仓库托盘单元货物尺寸为1 000毫米（宽）×1 200毫米（深）×1 300毫米（高），重量为1吨。仓库若采用窄通道（VNA）系统，可堆垛6层，仓库有效高度可达10米；而其他货架方式只能堆垛4层，有效高度为7米。

下面是几种不同的货架、叉车和堆垛机系统方案的货仓容量、叉车类型和最佳性价比。

1. VNA窄通道系统

该系统货物可先进先出，取货方便，适用于仓库屋架下弦较高的情况，如10米左右。因采用高架叉车，采购市场价约为58万元，地面需要加装侧向导轨。叉车通道宽为1 760毫米。总存货量为2 088个货位。货架总造价为41.76万元，仓库建筑总造价为129.6万元，工程总投资为229.36万元，系统平均造价为1 098元／货位。

2. 驶入式货架系统

该系统货物先进后出，单独取货困难，存货密度较高，适用于面积小、高度适中、货品单一、成批量进出货的仓库。系统采用平衡重式电动叉车，采购市场价约为22.5万元，叉车直角堆垛通道宽度为3 200毫米，总存货量为1 812个货位，货架总造价为43.5万元，仓库建筑总造价为123.12万元，工程总投资为189.12万元，系统平均造价为1 044元／货位。

3. 选取式货架系统

该系统货物可先进先出，取货方便；对货物无特殊要求，适用于各种类型货物，但属于传统型仓库系统，货仓容量较小。系统采用电动前移式叉车，采购市场价约为26万元，叉车直角堆垛通道宽度为2 800毫米，总存货量为1 244个货位，货架总造价为16.2万元，仓库建筑总造价为123.12万元，工程总投资为165.32万元，系统平均造价为1 329元／货位。

4. 双深式货架系统

该系统货物可先进后出，取货难度适中；货仓容量较大，且对货物和货仓无特殊要求，适应面广。本系统采用站驾式堆高车和伸缩叉，采购市场价约为25万元，叉车直角堆垛通道宽度为2 800毫米，总存货量为1 716个货位，货架总造价为24万元，仓库建筑总造价为123.12

万元，工程总投资为 172.12 万元，系统平均造价为 1 003 元／货位。

讨论与分析：

1．阅读上述资料，分析四种货架仓储方式的特点。

2．借助互联网上资料，分析四种货架系统的利与弊。

同步测试

一、单项选择题

1．（　　）不属于装卸搬运设备。

    A．托盘　　　　　　B．分拣设备　　　　　C．起重堆垛设备　　　D．带式输送机

2．物流设备点检的类别可分为（　　）类。

    A．3　　　　　　　　B．4　　　　　　　　　C．5　　　　　　　　　D．6

3．叉车的选用首先要考虑的条件是（　　）。

    A．经济成本　　　　B．作业量的强度　　　C．叉车性能参数　　　D．作业环境

4．起重机的工作幅度与相应该幅度下的起重量的乘积称为（　　）。

    A．起重能力　　　　B．起重倾覆力矩　　　C．起重力矩　　　　　D．起重力度

5．自动化立体仓库中最重要的设备是（　　）。

    A．货架　　　　　　B．堆垛机　　　　　　C．货箱与托盘　　　　D．周边搬运设备

二、多项选择题

1．物流设备的维护及保养可采用（　　）的二级保养制度。

    A．日常保养　　　　B．常规保养　　　　　C．定期保养　　　　　D．定期维护

2．（　　）属于自动化立体仓库的特点。

    A．仓库高层合理化　　　　　　　　　　B．仓库设备绿色化

    C．仓库操作简便化　　　　　　　　　　D．仓库存取自动化

3．一般来说，流自动化系统对机械设备的选择必须符合（　　）。

    A．标准化　　　　　B．配套性　　　　　　C．绿色化　　　　　　D．合理化

4．物流设备选用与配置的原则包括（　　）。

    A．系统化原则　　　B．经济合理性原则　　C．可靠性原则　　　　D．一机多用原则

5．（　　）不属于桥式类起重机（　　）。

    A．龙门起重机　　　B．门座起重机　　　　C．浮式起重机　　　　D．流动起重机

三、判断题

1．物流设备选用的经济合理性是指所选用的物流设备应是使用寿命最长、综合效益前景好的设备。（　　）

2．物流设备运行一定间隔时间后，应由操作人员和保养人员按规范有计划地进行强制性保养，对物流设备进行全面性的维护工作，这就是物流设备的日常保养。（　　）

3．物流设备的智能化是物流自动化、信息化的更高层次。（　　）

4．叉车底盘轮距较小，因而转弯半径很小，作业时灵活性较好。（　　）

5．大修是指在全面恢复设备工作能力的修理工作，要根据物流设备的磨损规律，进行机、电检修，对需要修理的部分进行分解检查、修理，更换磨损件，对磨损部位加固等。（　　）

6．物流设备的维护及保养只要做好"日常保养"，就无须再做"定期保养"。（　　）

7．起重机的幅度是指起重机置于水平场地时，空载吊具垂直中心线至回转中心线之间的水平距离。（　　）

8．物流设备选用的可靠性原则是指物流设备在使用过程中保证人身和货物安全以及环境免遭危害的能力。（　　）

9．在自动化立体仓库中信息识别设备必不可少。（　　）

10．自动化立体仓库内通过控制装置协调系统中各部分的运行，它是自动化立体仓库的信息枢纽，在整个系统中举足轻重。（　　）

四、综合实务题

20世纪90年代中后期，一家大型零售企业，为提高物流效率，为其配送中心购买了一套自动分拣设备。但是购买后发现由于规模、技术等原因不能有效使用，出现了手工分拣成本低于自动分拣成本的情况。因此，该设备被闲置起来。请用配送中心设备选择的相关要点对该案例予以分析。

讨论与分析：

1．该公司的问题主要体现在哪些方面？

2．配送中心在进行设备选择时应遵循哪三项基本原则？

五、论述题

1．简述物流设备的基本概念及类型。

2．试述如何选择装卸与搬运设备。

第8章 物联网工程

学习目标与内容架构

知识目标

（1）掌握物联网的本质和内涵；（2）掌握物联网的特征；（3）理解泛在感知、信息汇聚和精益计算的概念；（4）了解物联网的应用背景；（5）了解物联网的典型应用方式。

技能目标

（1）能剖析物联网的外在形象结构和抽象集成结构；（2）能仿真体验、感受物联网的感知技术、信息处理技术和云计算技术；（3）能应用物联网的运作原理服务相关领域。

内容架构

```
                      ┌──────────┐      ┌──────────────┐
                      │          │─────→│  物联网的概念  │
                      │          │      └──────────────┘
                      │ 物联网概述 │      ┌──────────────┐
                      │          │─────→│  物联网的结构  │
                      │          │      └──────────────┘
                      │          │      ┌──────────────┐
                      │          │─────→│  物联网的特征  │
                      └──────────┘      └──────────────┘
        ┌──────┐      ┌──────────┐      ┌──────────────┐
        │      │      │          │─────→│物联网泛在感知技术│
        │      │      │          │      └──────────────┘
        │      │      │          │      ┌──────────────┐
        │ 物联网 │─────→│ 物联网技术 │─────→│物联网信息汇聚技术│
        │      │      │          │      └──────────────┘
        │      │      │          │      ┌──────────────┐
        │      │      │          │─────→│物联网精益计算技术│
        └──────┘      └──────────┘      └──────────────┘
                      ┌──────────┐      ┌──────────────┐
                      │          │─────→│  物联网应用背景 │
                      │          │      └──────────────┘
                      │          │      ┌──────────────┐
                      │ 物联网应用 │─────→│  物联网应用原理 │
                      │          │      └──────────────┘
                      │          │      ┌──────────────┐
                      │          │─────→│  物联网应用领域 │
                      └──────────┘      └──────────────┘
```

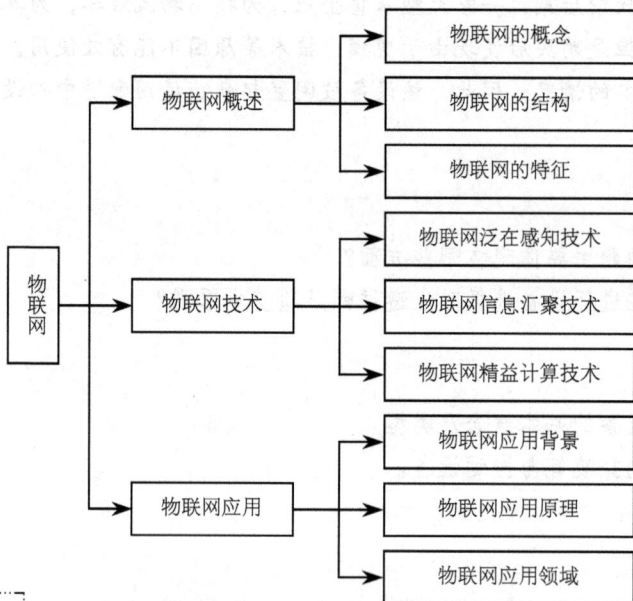

《国务院关于推进物联网有序健康发展的指导意见》全文：http://www.gov.cn/zwgk/2013-02/17/content_2333141.htm

引　言

国务院提出推进物联网有序健康发展的九大任务

2013 年 2 月 5 日，国务院下发《国务院关于推进物联网有序健康发展的指导意见》（国发〔2013〕7 号），提出指导物联网发展的九大任务：加快技术研发，突破产业瓶颈；推动应用示范，促进经济发展；改善社会管理，提升公共服务；突出区域特色，科学有序发展；加强总体设计，完善标准体系；壮大核心产业，提高支撑能力；创新商业模式，培育新兴业态；加强防护管理，保障信息安全；强化资源整合，促进协同共享。这充分彰显了物联网技术及其应用体系在未来经济社会发展中的重要地位。

8.1 物联网概述

8.1.1 物联网的概念

1. 物联网的提出

21 世纪，人类正在大步跨入信息经济时代，处在一场新的技术革命之中，这场技术革命的中心就是物联网。

1945 年，"计算机之父"冯·诺依曼（John Von Noumann）提出了计算机体系结构的建议。

1950 年，"人工智能之父"图灵（Alan Mathison Turing）提出了人工智能的基本概念。

1963 年，梅棹忠夫在《信息产业论》一书中首先向世人描述了"信息革命""信息化社会"的诱人前景。

1990 年，施乐公司应用网络可乐贩售机——Networked Coke Machine。

1991 年，美国麻省理工学院（MIT）的凯文·阿什顿（Kevin Ash-ton）教授首次提出物联网的概念。

1995 年，比尔·盖茨在《未来之路》一书中，对物联网的应用前景进行了憧憬。

1999 年，美国麻省理工学院建立了"自动识别中心（Auto-ID）"，提出"万物皆可通过网络互联"，阐明了物联网的基本含义。

2003 年，美国《技术评论》提出传感网络技术将是未来改变人们生活的十大技术之首。

2004 年，日本总务省（MIC）提出 u-Japan 计划，该战略力求实现人与人、物与物、人与物之间的连接，希望将日本建设成一个随时、随地、任何物体、任何人均可连接的泛在网络社会。

2005 年 11 月 17 日，在突尼斯举行的信息社会世界峰会（WSIS）上，国际电信联盟（ITU）发布《ITU 互联网报告 2005：物联网》，引用了"物联网"的概念。物联网的定义和范围已经发生了变化，覆盖范围有了较大的拓展，不再只是指基于射频识别技术的物联网。

2008 年 11 月，在北京大学举行的第二届中国移动政务研讨会"知识社会与创新 2.0"提出：移动技术、物联网技术的发展代表着新一代信息技术的形成，并带动了经济社会形态、创新形态的变革。

2. 物联网的内涵

关于物联网内涵的界定有多种视角，比较有代表性的有如下几种。

1999 年，美国麻省理工学院 Auto-ID 研究中心认为：物联网就是把所有物品通过射频识别（radio frequency identification，RFID）技术和条码等技术传感设备与互联网连接起来，实现智能化识别和管理。

2009年9月，在北京举办的"物联网与企业环境中欧研讨会"上，欧盟信息和社会媒体司洛伦特·弗雷德里克（Lorent Ferderix）博士提出：物联网是一个动态的全球网络基础设施，它具有基于标准和互操作通信协议的自组织能力，其中物理的和虚拟的"物"具有身份标志、物理属性、虚拟的特性和智能的接口，并与信息网络无缝连接。

物联网是新一代信息技术的重要组成部分，也是"信息化"时代的重要发展阶段。顾名思义，物联网就是物物相连的互联网。这有两层意思：其一，物联网的核心和基础仍然是互联网，是在互联网基础上的延伸和扩展的网络；其二，其用户端延伸和扩展到了任何物品与物品之间，进行信息交换和通信，也就是物物相联。物联网通过智能感知、识别技术与普适计算等通信感知技术，广泛应用于网络的融合中，也因此被称为继计算机、互联网之后世界信息产业发展的第三次浪潮。

这里的"物"要满足以下条件才能够被纳入"物联网"的范围：要有相应信息的接收器；要有数据传输通路；要有一定的存储功能；要有中央处理器（CPU）；要有操作系统；要有专门的应用程序；要有数据发送器；遵循物联网的通信协议；在世界网络中有可被识别的唯一编号。

综上所述，我们认为**物联网**（internet of things，IOT）是现代信息技术发展到一定阶段后出现的一种聚合性应用与技术提升，它将各种感知技术、现代网络技术和人工智能与自动化技术聚合与集成应用，使人与物智慧对话，创造一个智慧的世界。

知识拓展

物联网指的是将无处不在的末端设备和设施，包括具备"内在智能"的传感器、移动终端、工业系统、数控系统、家庭智能设施、视频监控系统等和"外在使能"的各种资产、携带无线终端的个人与车辆等"智能化物件或动物"或"智能尘埃"，通过各种无线或有线的长距离或短距离通信网络实现互连互通、应用大集成以及基于云计算的软件即服务营运等模式，在内部网、外部网或互联网环境下，采用适当的信息安全保障机制，提供安全可控乃至个性化的实时在线监测、定位追溯、报警联动、调度指挥、预案管理、远程控制、安全防范、远程维保、在线升级、统计报表、决策支持、领导桌面等管理和服务功能，实现对"万物"的"高效、节能、安全、环保"的"管、控、营"一体化。

百度百科"物联网"词条可供读者参考：http://baike.baidu.com/view/1136308.htm

8.1.2 物联网的结构

1. 物联网外在形象结构

物联网作为一个"物-物相连的互联网"，使世界上的物、人、网与社会融为一个有机的整体，如图8.1所示。

物流工程导论

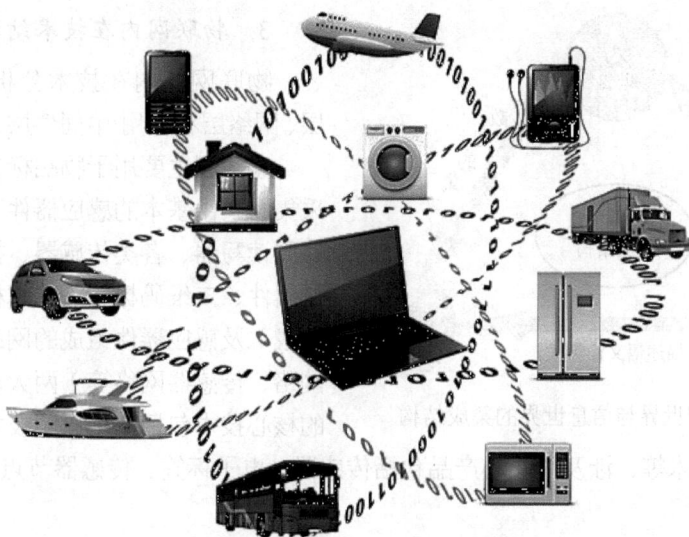

图 8.1 物联网外在形象结构示意

物联网又必须具有全面感知、安全传输和智能处理能力。连接到物联网上的每一个"物"，都必须有地址标识（你是谁？你在哪里？）、感知能力（能够汇聚信息和协调感知）、通信能力（能够将信息安全、准确传输）、智能控制（对"物"实施智能化的控制）。物联网感知和控制的基本方式如图 8.2 所示。

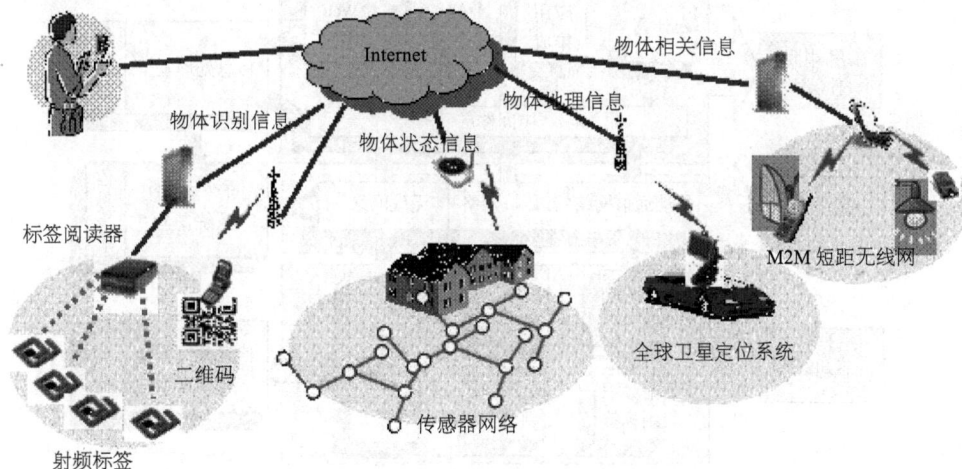

图 8.2　物联网感知和控制的方式

2. 物联网抽象集成结构

物联网可看成真实的物理世界、数字世界和人机控制的虚拟世界的集成。其抽象集成结构如图 8.3 所示。真实的物理世界向数字世界映射，具有物的集成关系；物理世界与虚拟世界之间存在着描述物与活动之间的语义的集成关系；数字世界与虚拟世界之间存在着数据集成关系。

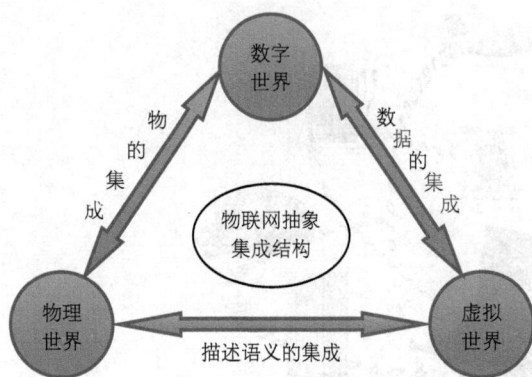
图 8.3　物理世界与信息世界的集成结构

3. 物联网内在技术结构

物联网从内在技术分析主要包括感知层、网络层和应用/中间件层，如图 8.4 所示。

感知层主要用于物品标志和信息的智能采集，它由基本的感应器件（由射频识别标签和读写器、各类传感器、摄像头、卫星定位组件、二维码标签等基本标志和传感器件组成）及感应器件组成的网络（如射频识别网络、传感器网络等）两大部分组成。该层的核心技术包括电子射频技术、传感器技术、无线网络组网技术等，涉及的核心产品包括传感器、电子标签、传感器节点、无线路由器、无线网关等。

网络层主要用于实现感知层各类信息进行广域范围内的应用和服务所需的基础承载网络，包括移动通信网络、计算机网络、互联网、无线网络、卫星网、广电网、行业专网及形成的融合网络等。

应用/中间件层主要是将物联网技术与行业专业系统结合，实现广泛的物物互连的应用解决方案，主要包括业务中间件和行业应用领域。

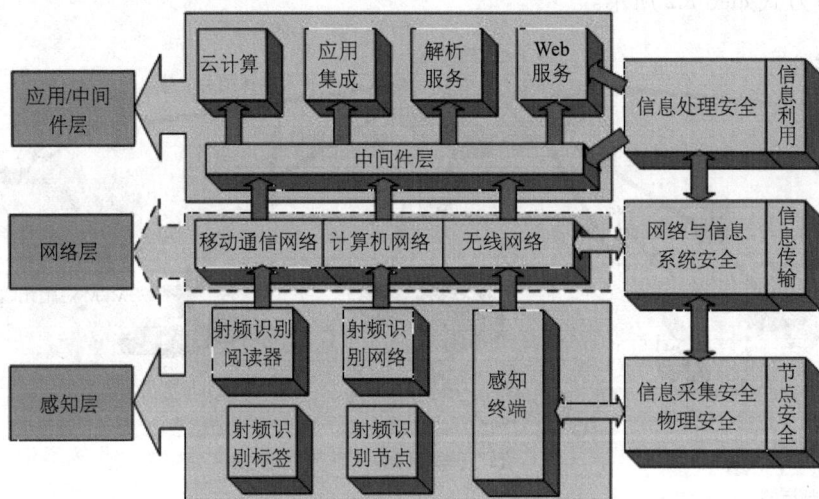
图 8.4　物联网内在技术结构示意图

8.1.3　物联网的特征

1. 物联网的交互性

交互是信息平等流动的重要体现。在物联网的感知、反馈、控制等过程中，需要主体与客体的持续"沟通"与"协调"。主体对客体信息的采集、储存、加工、分析、反馈，客体将配合主体给予相应的回应，从而使主体及时进行调整和修正。

物流工程导论

2．物联网的智能性

物联网不仅仅提供了传感器的连接，其本身也具有智能处理的能力，能够对物体实施智能控制。物联网将传感器和智能处理相结合，利用云计算、模式识别等各种智能技术，扩充其应用领域。从传感器获得的海量信息中分析、加工和处理出有意义的数据，以适应不同用户的不同需求，发现新的应用领域和应用模式。

3．物联网的标准性

在物联网上的传感器定时采集的信息需要通过网络传输，由于其数量极其庞大，形成了海量信息，在传输过程中，为了保障数据的正确性和及时性，必须制定数据标准，海量的数据库需要科学、标准的编码体系。在大数据时代，不断提高数据质量，通过物品编码与标准化数据降低企业运营成本，提升行业信息化水平，已经成为全球标准化机构和编码组织共同努力的方向。因而，物品编码的统一是物联网发展的必然趋势，标准性也成为物联网的一个重要特征。

📖 **知识拓展**

物联网的十大基本功能和四项技术形态

十大基本功能如下。

（1）在线监测。这是物联网最基本的功能，物联网业务一般以集中监测为主、控制为辅。

（2）定位追溯。一般基于传感器、移动终端、工业系统、楼控系统、家庭智能设施、视频监控系统和卫星定位以及无线通信技术进行。

（3）报警联动。主要提供事件报警和提示，有时还会提供基于工作流或规则引擎（Rules Engine）的联动功能。

（4）指挥调度。基于时间排程和事件响应规则的指挥、调度和派遣功能。

（5）预案管理。基于预先设定的规章或法规对产生的事件进行处置。

（6）安全隐私。由于物联网所有权属性和隐私保护的重要性，物联网系统必须提供相应的安全保障机制。

（7）远程维保。这是物联网技术能够提供或提升的服务，主要适用于企业产品售后连网服务。

（8）在线升级。这是保证物联网系统本身能够正常运行的手段，也是企业产品售后自动服务的手段之一。

（9）领导桌面。主要指商业智能仪表盘（dashboard）或商业智能（business intelligence，BI）个性化门户，经过多层过滤提炼的实时资讯，可供主管负责人实现对全局的"一目了然"。

（10）统计决策。指的是基于对连网信息的数据挖掘和统计分析，提供决策支持和统计报表功能。

四项技术形态如下。

（1）射频识别。射频识别是一种"使能"技术，它可以把常规的"物"变成和物联网的连接对象。基于相关技术还可作为整个物联网体系的"统一标识"参考技术。

（2）传感网。无线传感器网络（wireless sensor networks，WSN）、光交换网络（optical switch network，OSN）等技术是物联网的末端神经系统，主要解决"最后100米"的连接问题，传感网末端一般是指比机器终端智能交互（machine-to-machine，M2M）更小的微型传感系统。

（3）机器与机器。侧重于移动终端的互连和集控管理，主要是通信运营商的物联网业务领域，有移动虚拟网络运营商和移动运营商等业务模式。

（4）两化融合。它是指工业自动化和控制系统的信息化升级，工控、楼控等行业的企业是两化融合的主要推动力，也可包括智能电网等行业应用。

查阅资料，深化对物联网功能和技术形态的理解。

8.2　物联网技术

8.2.1　物联网泛在感知技术

8.2.1.1　泛在感知的概念

感知技术是物联网的基础，它就如同是物联网的皮肤和五官，用于识别物体、采集信息、解决人类世界的数据获取问题。感知技术包括卫星定位系统、射频识别电子标签、识别码、传感器等。

而"泛在"即广泛存在，它以无所不在、无所不包、无所不能为基本特征。**泛在感知**就是通过物联网无处不在的末端感知设备，"全面感知"现实空间中的各个方面的信息，通过网络"可靠传输"获取信息，通过"智能计算"将从大量信息中挖掘、升华为对人们有用的数据。

知识拓展

泛在网络

百度百科"泛在网络"词条可供读者参考：http://baike.baidu.com/view/4594994.htm

泛在网络又称 U 网络，它来源于拉丁语的 Ubiquitous，是指无所不在的网络，又称泛在网络。最早提出 U 战略的日韩给出的定义是：无所不在的网络社会将是由智能网络、最先进的计算技术以及其他领先的数字技术基础设施武装而成的技术社会形态。根据这样的构想，U 网络将以"无所不在""无所不包""无所不能"为基本特征，帮助人类实现"4A"化通信，即在任何时间（anytime）、任何地点（any-where）、任何人（anyone）、任何物（anything）都能顺畅地通信。"4A"化通信能力仅是 U 社会的基础，更重要的是建立 U 网络之上的各种应用。

请举例说明物联网的泛在性。

8.2.1.2 主要感知技术的构成

1. 传感器

人们为了从外界获取信息，必须借助于感觉器官。而单靠人们自身的感觉器官，在研究自然现象和规律以及生产活动时是远远不够的。为适应这种情况，就需要传感器。事实上，新技术革命的到来，世界开始进入信息时代。在利用信息的过程中，首先要解决的就是要获取准确可靠的信息，而传感器是获取自然和生产领域中信息的主要途径与手段。

传感器的存在和发展，让物体有了触觉、味觉和嗅觉等感官，让物体慢慢变得活了起来。传感器是能感受规定的被测量件并按照一定的规律（数学函数法则）转换成可用信号的器件或装置，通常由敏感元件和转换元件组成（国家标准 GB7665-87）。

2. 射频标签

射频标签是产品电子代码的物理载体，附着于可跟踪的物品上，可全球流通，并对其进行识别和读写。

射频识别是一种无线通信技术，可以通过无线电信号识别特定目标并读写相关数据，而无需识别系统与特定目标之间建立机械或者光学接触该系统的运行情况如图 8.5 所示。

从概念上来讲，射频识别类似于条码扫描，对于条码技术而言，它是将已编码的条码附着于目标物并使用专用的扫描读写器利用光信号将信息由条形磁传送到扫描读写器；射频识别则使用专用的射频识别读写器及专门的可附着于目标物的射频识别标签，利用频率信号将信息由射频识别标签传送至射频识别读写器。

从结构上讲，射频识别是一种简单的无线系统，该系统由应答器、阅读器和应用软件组成，主要用于控制、检测和跟踪物体。

应答器由天线、耦合元件、芯片组成，一般来说，都是用标签作为应答器，每个标签具有唯一的电子编码，附着在物体上识别目标对象。

阅读器由天线、耦合元件、芯片组成，读取（有时还可以写入）标签信息的设备，可设计为手持式无线射频读写器或固定式读写器。

应用软件系统是应用层软件，主要作用是把收集的数据进一步处理，并为人们所使用。

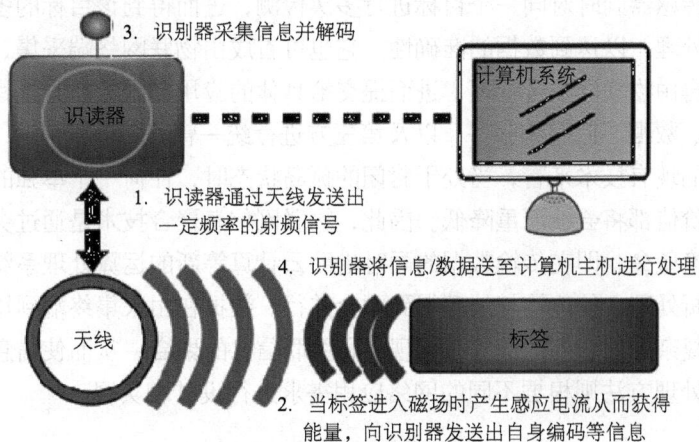

图 8.5　射频识别系统示意

射频识别技术的发展历程

（1）1941~1950 年，雷达的改进和应用催生了射频识别技术，1948 年，奠定了射频识别技术的理论基础。

（2）1951~1960 年，早期射频识别技术的探索阶段，主要在实验室研究。

（3）1961~1970 年，射频识别技术的理论得到了发展，开始了一些应用尝试。

（4）1971~1980 年，射频识别技术与产品研发处于一个大发展时期，各种射频识别技术测试得到加速，出现了一些最早的射频识别应用。

（5）1981~1990 年，射频识别技术及产品进入商业应用阶段，各种规模应用开始出现。

（6）1991~2000 年，射频识别技术标准化问题日趋得到重视，射频识别产品得到广泛采用，并逐渐成为人们生活中的一部分。

百度百科"射频识别技术"词条可供读者参考：http://baike.baidu.com/subview/531097/13865303.htm

（7）2001 年至今，标准化问题日趋为人们所重视，射频识别产品种类更加丰富，有源电子标签、无源电子标签及半无源电子标签均得到发展，电子标签成本不断降低，规模应用行业扩大，射频识别技术的理论得到丰富和完善。单芯片电子标签、多电子标签识读、无线可读可写、无源电子标签的远距离识别、适应高速移动物体的射频识别正在成为现实。

请结合具体事例，说明射频识别技术在物流配送领域的应用。

8.2.2　物联网信息汇聚技术

1. 信息汇聚的概念

信息汇聚技术是一门新兴的技术，目前尚没有一个确切的概念。近几年，随着传感器网络的发展，多传感器数据融合技术已渐渐地成为解决数据处理的重要基础。信息汇聚可以认为是利用多个传感器同时对同一个目标进行多次检测，进而得到该目标的多源信息，最后将这些信息融合处理，以达到数据的准确性。它也可看成由物联网终端采集、处理，经通信网络上报数据，再由物联网平台处理，进而提交给具体的应用和服务。其过程是由物联网平台对物联网终端、数据、应用和服务，以及第三方进行统一管理。

从物联网的现有技术来看，当处于封闭的孤岛状态时，任何一个单独的技术或者应用系统，其信息的价值都将会被严重降低。因此，物联网信息聚合技术是通过突破不同技术或系统间的信息交换壁垒，即在传输数据的同时借助云计算等新的运算处理系统来对海量的数据和信息进行分析处理，使传输与处理得到融合并行。数据在由采集终端到用户终端的传输过程中，完成了复杂的信息处理流程，实现各种关联信息的聚合，从而使信息价值获得重构。而具体的信息处理方法则根据不同的网络应用需求进行设计和实现。

2．信息汇聚的方法

信息汇聚是相对于多源信息来说的，这样，多传感器就是信息汇聚的基础，分析处理多源信息就是信息汇聚的核心。信息汇聚充分运用了多个传感器之间冗余或者互补的信息，按照某种准则来进行相关数据的汇聚，来消除冗余和不确定的信息，从而得到精确的结果。信息汇聚部分硬件技术支撑如图 8.6 所示。

一个目标单一和明确的空间系统，可以用一个简单的无线传感器网络去覆盖。网络中的一个或多个基站可以通过局域网与无线传感器网络服务器互连，或者通过无线局域网或机器与机器无线网络互连，实现信息汇聚。

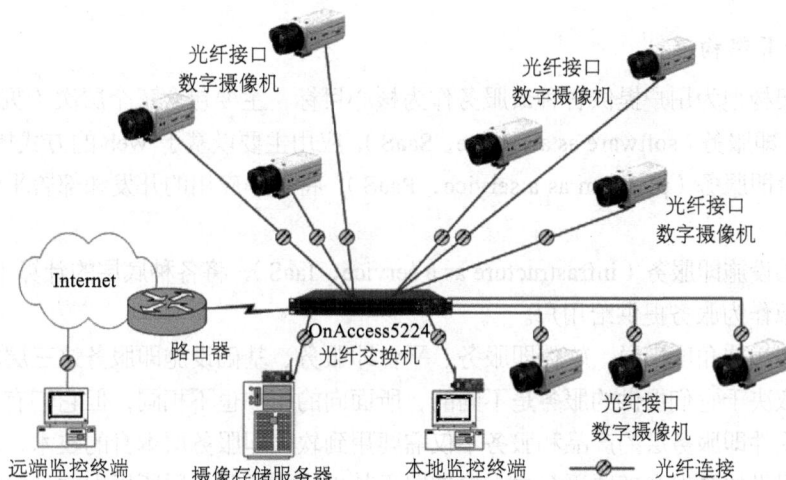

图 8.6　信息汇聚部分硬件构成示意图

对目标单一和明确，但传输距离较远的空间系统，则网络中的基站与无线传感器网络服务器必须通过无线局域网络互连，以实现信息汇聚。

当涉及多个射频识别读写器的应用系统，则可以通过局域网、无线局域网或机器与机器无线网络与应用服务器连接以进行信息汇聚。

8.2.3　物联网精益计算技术

1．精益计算的概念

物联网体系的精益计算技术主要包括云计算技术、数据挖掘与智能检索技术、多媒体交互处理技术以及仿真模拟技术等。

云计算是继 20 世纪 80 年代大型计算机到客户端—服务器的大转变之后的又一种巨变。当前，一些大的互联网企业，通过建立超大型服务器，为成千上万的计算机终端提供存储、计算的数据中心——"云"。云端的数据库为中小企业或个人用户带来了极大便利。**云计算**（cloud computing）是一种基于互联网的、大众参与的计算模式，其计算资源（计算能力、存储能力、交互能力）是动态的、可伸缩且被虚拟化的，以服务的方式提供。这种云计算是分布式计算（distributed computing）、并行计算（parallel computing）、效用计算（utility computing）、网络存储技术（network storage technologies）、虚拟化（virtualization）、负载均衡（load balance）等传统计算机和网络技术发展融合的产物。

在计算机运算中，有时需要对文字、声音、图形、图像等多种媒体交互处理，以使多种媒体之间建立起内在的逻辑连接。多媒体技术往往具有集成性特征，能够将多种媒体集成在一起，这样借助适当的软件，就能产生人们需要的结果。

物联网的应用需要仿真模拟技术的支撑。仿真模拟涉及人工智能技术、计算机网络技术、多媒体技术等 IT 技术，借助仿真模拟，能够将物联网采集的外部信息及时、逼真地在计算机环境下播放。该技术主要包括环境建模技术、立体声合成与显示技术、交互处理技术、触觉反馈技术等。

2. 云计算架构

云计算架构把为用户提供各种云服务作为核心目标，主要包含三个层次（见图 8.7）。

（1）软件即服务（software as a service，SaaS），应用主要以基于 Web 的方式提供给客户。

（2）平台即服务（platform as a service，PaaS），将一个应用的开发和部署平台作为服务提供给用户。

（3）基础设施即服务（infrastructure as a service，IaaS），将各种底层的计算（如虚拟机）和存储等资源作为服务提供给用户。

对于终端用户角度来说，软件即服务、平台即服务、基础设施即服务这三层服务是相互独立的，这取决于它们提供的服务是不同的，所面向的用户也不相同，但它们有一定的依赖关系。一个软件即服务层的产品和服务不仅需要用到软件即服务层本身的技术，还依赖平台即服务层所提供的开发和部署平台或直接部署于基础设施即服务层所提供的计算资源上，而平台即服务的产品和服务也可以构建于基础设施即服务层服务之上。

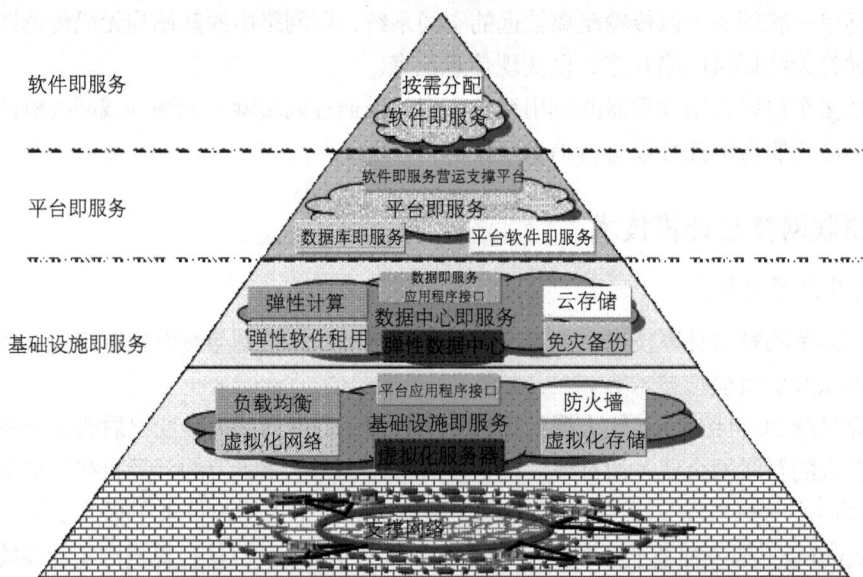

图 8.7　云计算架构示意

软件即服务

软件即服务随着互联网技术的发展和应用软件的成熟，在 21 世纪开始兴起的一种完全创新的软件应用模式。它与按需软件（on-demand software）、应用服务提供商（application service provider，ASP）、托管软件（hosted software）具有相似的含义。

它是一种通过互联网提供软件的模式，厂商将应用软件统一部署在自己的服务器上，客户可以根据自己实际需求，通过互联网向厂商定购所需的应用软件服务，按定购的服务多少和时间长短向厂商支付费用，并通过互联网获得厂商提供的服务。用户不用再购买软件，而改用向提供商租用基于 Web 的软件，来管理企业经营活动，且无需对软件进行维护，服务提供商会全权管理和维护软件，软件厂商在向客户提供互联网应用的同时，也提供软件的离线操作和本地数据存储，让用户随时随地都可以使用其定购的软件和服务。对于许多小型企业来说，软件即服务是采用先进技术的最好途径，它消除了企业购买、构建和维护基础设施和应用程序的需要。

请查阅资料，谈谈对业务外包创新形式的理解。

百度百科"软件即服务"词条可供读者参考：http://baike.baidu.com/view/369107.htm

8.3　物联网应用

8.3.1　物联网应用背景

1. 社会背景

物联网的应用建立在互联网和无线通信网络高度发展的基础之上，只有互联网的普及率、应用范围、运行速度、网民规模上升到一定程度之后，物联网才有应用的空间。

物联网的应用动力之一是解决实体世界与虚拟世界分离所造成问题的诉求推动。传统社会，人类生活在一个实体世界中，高速公路、港口、机场、电站、建筑物等，实体世界中早已形成了固化的生活规则与思维方式。随着社会的演进，虚拟世界中的信息基础设施互联网、计算机、数据库快速发展，人们期望实体世界与虚拟世界互相分割问题能更快、更好地解决，这就助推了物联网的应用。

社会转型、产业升级是物联网应用的重要驱动力。随着社会经济结构、文化形态、价值观念等发生的深刻变化，经济社会步入新常态，两化融合、中国制造 2025、互联网+等新业态、新模式的形成，重构了现代农业、现代工业和现代服务业的发展体系，拓展了物联网技术的应用空间，从而驱动了物联网的快速发展。

2. 技术背景

计算机技术与微电子技术的高速发展，是物联网技术发展的基础。条码、芯片、电子标签与读写器等技术随着计算机技术和微电子技术的发展而发展，从而推动了射频识别技术、传感器技术、纳米技术、智能嵌入技术的广泛应用。进一步把感应器嵌入和装备到电网、铁路、桥梁、隧道、公路、建筑、供水系统、大坝、油气管道等各种物体中，并且被普遍连接，就形成了物联网。

互联网和通信技术的发展加速了物联网的应用发展。互联网已经覆盖了世界的各个角落，已经深入到世界各国的经济、政治与社会生活，已经改变了几十亿网民的生活方式和工作方式。但是现在互联网上关于人类社会、文化、科技与经济信息的采集还必须由人来输入和管理。为了适应经济全球化的需求，人们设想如果从物流角度将射频识别技术、卫星定位技术与无线传感器技术与"物品"信息的采集、处理结合起来，如果从信息流通的角度将射频识别技术、无线传感器技术、卫星定位技术、数字地球技术与互联网结合起来，就能够将互联网的覆盖范围从"人"扩大到"物"，就能够通过射频识别技术、无线传感器技术与卫星定位技术采集和获取有关物流的信息，通过互联网实现对世界范围内的物流信息的快速、准确识别与全程跟踪，这种技术就是物联网技术。

📖 新闻链接

我国物联网产业现状

当前我国已经基本形成健全的物联网产业体系，主要包括物联网感知制造业、物联网通信业和物联网服务业。2014 年，物联网产业规模超过 8 000 亿元，年复合增长率超过 28%。其中，物联网感知制造业发展迅速，特别是传感器产业和射频识别产业已经形成了一定的发展规模，传感器市场规模接近 1 000 亿元，射频识别产业规模超过 300 亿元；物联网通信业保持了较快的发展势头，特别是机器到机器（M2M）网络服务方面已经达到了很大的市场规模，终端数量超过 6 000 万；嵌入式系统、软件与集成服务等产业也有较大规模，与物联网相关的服务已经起步。

我国物联网产业已经形成了包含芯片和元器件厂商、设备商、软件商、系统集成商、电信运营商、物联网服务商等环节的完整产业链。芯片和元器件厂商为中下游设备商和系统集成商提供技术标准、规范，并提供芯片级或元器件级的技术解决方案与产品；设备商提供电子标签、读写器、智能卡等设备；软件商开发面向物联网应用的中间件和软件系统，实现现实世界与计算机界面的信息交互与数据处理；系统集成商选取相应的芯片和技术解决方案、选择适合的设备产品，将硬件、软件集成为面对某个或多个应用领域、应用需求的整套解决方案提供给用户；电信运营商主要包括中国移动、中国联通和中国电信三大运营商，为物联网提供数据传输服务。在各个产业链环节的子领域，成长起来一批具有一定竞争力的企业，如新大陆、远望谷、大唐电信、西安优势、佳信捷等。

查阅资料，提出自己对物联网未来的展望。

8.3.2　物联网应用原理

1. 基本应用原理

物联网应用的基本原理就是在计算机互联网的基础上，利用射频识别、无线数据通信等技术，构造一个覆盖世界上万事万物的物联网。在这个网络中，物品（商品）能够彼此进行"交流"，而无需人的干预。其实质是利用射频识别技术，通过计算机互联网实现物品（商品）的自动识别和信息的互联与共享。

物联网以简单射频识别系统为基础，结合已有的网络技术、数据库技术、中间件技术等，构筑一个由大量联网的阅读器和无数移动的标签组成的物联网系统。

而射频识别，正是能够让物品"开口说话"的一种技术。在"物联网"的构想中，射频识别标签中存储着规范而具有互用性的信息，通过无线数据通信网络把它们自动采集到中央信息系统，实现物品（商品）的识别，进而通过开放性的计算机网络实现信息交换和共享，实现对物品的"透明"管理。

物联网描绘的是充满智能化的世界，在这个世界里，可以说是物物相连、天罗地网。

2. 应用步骤

物联网在实际应用上的开展需要各行各业的参与，并且需要国家政府的主导以及相关法规政策上的扶助，物联网的开展具有规模性、广泛参与性、管理性、技术性等特征。

一般来讲，物联网的应用步骤主要如下。

（1）标识物体属性。属性包括静态和动态的属性，静态属性可以直接存储在标签中，动态属性需要先由传感器实时探测。

（2）读取物体属性。需要识别设备完成对物体属性的读取，并将信息转换为适合网络传输的数据格式。

（3）处理物体信息。将物体的信息通过网络传输到信息处理中心（处理中心可能是分布式的，如家里的计算机或者手机，也可能是集中式的），由处理中心完成物体通信的相关计算。

8.3.3 物联网应用领域

物联网具有广泛的用途，遍及智能交通、智慧物流、智能电网、智慧医疗、智能环保、智能家居、政府工作、公共安全、智能消防、工业监测、水系监测、食品溯源等多个领域。

1. 智能交通

智能交通是当今世界交通运输发展的热点和前沿，它依托既有交通基础设施和运载工具，通过对现代信息、通信、控制等技术的集成应用，以构建安全、便捷、高效、绿色的交通运输体系为目标，充分满足公众出行和货物运输多样化需求，是现代交通运输业的重要标志。

智能交通的核心是人、车、路协同。智能交通物联网发展的重点技术包括：短程通信技术、车辆运行状态检测技术、基础设施及环境性能检测技术、辅助驾驶技术和新一代交通控制系统。

智能交通的子系统主要包括先进的交通信息系统（Automatic Terminal Information Service，ATIS）、先进的交通管理系统（Advanced Traffic Management System，ATMS）、先进的公共交通系统（Advanced Public Transportation System，APTS）、先进的车辆控制系统（Advanced Vehicle Control System，AVCS）和电子收费系统（Electronic Toll Collection，ETC）。

2. 智慧物流

智慧物流是将新一代信息技术应用于物流业中，实现物流的自动化、可视化、可控化、智能化、网络化，从而提高资源利用率和生产力水平的创新服务模式。近几年，随着物联网技术的发展和在物流领域的广泛应用，进一步推进了智慧物流的发展。

智慧物流系统的主要技术体系包括三个层面：最下层的感知互动层，包括条码识别、射频设别技术、智能图像识别技术、卫星定位系统、自动识别系统等，主要用于物流信息的智能获取；中间层是网络传输层，包括互联网技术、移动通信技术和集群通信技术等，主要进行物流信息交换、传递的数据通路，包括各类接入网与核心网；最上层是应用服务层，包括电子数据交换技术（Electronic Data Interchange，EDI）、物流信息系统（Logistics Information System，LIS）等各种应用与管理平台。

随着物联网技术不断发展，激光、卫星定位、全球定位、地理信息系统、智能交通、M2M技术等多种技术也将更多集成应用于现代物流领域，用于现代物流作业中的各种感知与操作，智慧物流的发展速度将进一步加速。

3. 智能环保

智能环保是借助物联网技术，把感应器和装备嵌入各种环境监控对象（物体）中，通过超级计算机和云计算将环保领域物联网整合起来，可以实现人类社会与环境业务系统的整合，以更加精细和动态的方式实现环境管理和决策。

智能环保数据资源云计算平台，主要包括水与生态环境质量评价、预测预警监测、总量减排与排污权交易、环境影响评价、环境信用和环保公共服务、地理信息系统（GIS）支撑平台服务等内容。

以智能环保监控系统为例，该系统应包括流域内城镇排水系统及水污染治理设施物联网监控子系统、河道运输污染物排放物联网监管子系统、大气环境质量物联网监测子系统、机动车尾气排放物联网监控子系统、固危废品物联网动态监管子系统等。

📖 新闻链接

物联网时代图景描绘

根据国际电信联盟于 2005 年的一份报告，在物联网时代，当司机出现操作失误时汽车会自动报警；公文包会提醒主人忘带了什么东西；衣服会"告诉"洗衣机对颜色和水温的要求等。物联网应用在物流领域时，物联网系统的货车，当装载超重时，汽车会自动告诉你超载了，并且超载多少，当空间还有剩余时，会告诉你轻重货怎样搭配；当搬运人员卸货时，一只货物包装可能会大叫"你扔疼我了"，或者说"亲爱的，请你不要太野蛮，可以吗？"当司机在和别人扯闲话，货车会装作老板的声音怒吼"该发车了！"

物联网把新一代信息技术充分运用在各行各业之中，具体地说，就是把感应器嵌入和装备到电网、铁路、桥梁、隧道、公路、建筑、供水系统、大坝、油气管道等各种物体中，然后将"物联网"与现有的互联网整合起来，实现人类社会与物理系统的整合。在这个整合的网络当中，存在能力超级强大的中心计算机群，能够对整合网络内的人员、机器、设备和基础设施实施实时的管理和控制，在此基础上，人类可以以更加精细和动态的方式管理生产和生活，达到"智慧"状态，提高资源利用率和生产力水平，改善人与自然间的关系。

请思考：实现这些美景，需要什么条件？

📖 **案例分析** ═══════════════════════════════════

数据融合的 JDL 模型

数据融合（data fusion）也称为信息融合（information fusion），起源于 1973 年美国国防部资助开发的声纳信号处理系统。在 20 世纪 90 年代，随着信息技术的广泛发展，具有更广义化概念的"信息融合"被提出来。在美国成功研发声纳信号处理系统之后，信息融合技术在军事应用中受到了越来越广泛的青睐。20 世纪 80 年代，为了满足军事领域中作战的需要，多传感器数据融合（multi-sensor data fusion，MSDF）技术应运而生。1988 年，美国将 CI（command，control，commutation and intelligence）系统中的数据融合技术列为国防部重点开发的二十项关键技术之一。

目前，被多数研究者接受的有关数据融合或信息融合的定义是由美国三军实验室理事联合会（joint directors of laboratories，JDL）提出的。即数据融合是一种多层次、多方面的处理过程，包括对多源数据进行检测、相关、组合和估计，从而提高状态和身份估计的精度，以及对战场态势和威胁的重要程度进行适时、完整的评价。

JDL 提出的数据融合的层次模型，即数据融合可分为 5 个不同的处理级别，即预处理级、目标评估级、态势评估级、影响评估级和过程优化级（见图 8.8）。一般认为，前两个处理级别属于数据融合的低级层次，以数值计算过程为主；后三个处理级别属于数据融合的高级层次，主要采用基于知识及知识推理的方法。

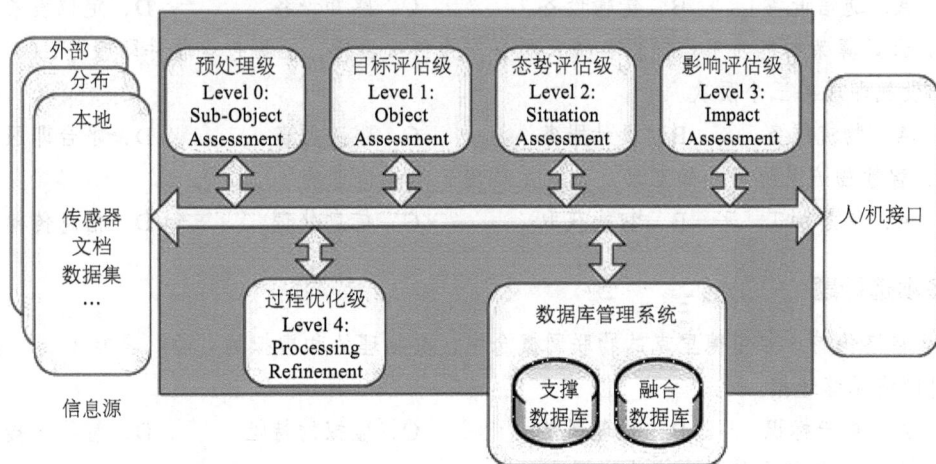

图 8.8 JDL 模型示意图

表 8.1 给出了数据融合的 JDL 模型中不同处理级别所需完成的估计过程及其结果的对照情况，如态势评估级主要完成实体间关系状态的估计过程。获取正确的物理世界信息是物联网应用系统设计的基础目标之一，数据融合是实现这一目标的关键。由于系统资源等限制条件，直接将数据融合的 JDL 模型运用于物联网系统设计较为困难。尽管如此，物联网系统中信息处理技术仍可以充分借鉴 JDL 模型层次化处理的思想进行设计，以满足不同的应用需求。

表 8.1　JDL 模型中不同处理级别特征对照

数据融合级别	估计过程	结果
预处理级	特征提取	信号/特征状态
目标评估级	目标属性状态估计	目标属性
态势评估级	关系状态估计	关系或态势
影响评估级	代价/效用分析	系统效用
过程优化级	性能分析	系统性能/效率度量

讨论与分析：

1．通过案例内容，请谈谈对信息汇聚技术发展空间的认识。

2．JDL 模型作为信息处理的一个重要方法，如何有效地利用到物联网设计过程中去？

同步测试

一、单项选择题

1．1991 年，美国麻省理工学院（MIT）的（　　）教授首次提出物联网的概念。

    A．冯·诺依曼　　　　　　　　　B．凯文·阿什顿

    C．图灵　　　　　　　　　　　　D．比尔·盖茨

2．物联网从内在技术分析主要包括感知层、（　　）和应用层。

    A．网络层　　　　B．物理层　　　　C．虚拟层　　　　D．数字层

3．泛在感知就是通过物联网无处不在的末端（　　），"全面感知"现实空间中的各个方面的信息。

    A．通信设备　　　B．传输设备　　　C．感知设备　　　D．定位设备

4．云计算架构把为用户提供各种云服务作为核心目标，主要包含软件即服务、（　　）和基础设施即服务三个层次。

    A．物流服务　　　B．设计服务　　　C．跟踪服务　　　D．平台即服务

5．智慧物流系统的感知互动层技术主要用于物流信息的（　　）。

    A．信息加工　　　B．智能获取　　　C．信息处理　　　D．信息传输

二、多项选择题

1．在洛伦特·弗雷德里克的物联网概念中，其物理的和虚拟的"物"具有（　　），并与信息网络无缝连接。

    A．身份标识　　　B．物理属性　　　C．虚拟的特性　　　D．智能的接口

2．物联网的基本特征表现在它具有（　　）。

    A．交互性　　　B．智能性　　　C．标准性　　　D．客观性

3．从结构上讲射频识别是一种简单的无线系统，该系统由（　　　　）组成，主要用于控制、检测和跟踪物体。

    A．互联网　　　　　B．应答器　　　　　　C．阅读器　　　　　　D．应用软件

4．云计算是分布式计算、（　　　）、虚拟化、热备份冗余等传统计算机和网络技术发展融合的产物。

    A．并行计算　　　　B．效用计算　　　　　C．网络存储　　　　　D．负载均衡

5．物联网以简单无线射频系统为基础，结合已有的（　　　）等，构筑一个由大量联网的阅读器和无数移动的标签组成的物联网系统。

    A．网络技术　　　　B．制造技术　　　　　C．数据库技术　　　　D．中间件技术

三、判断题

1．物联网被称为继计算机、互联网之后世界信息产业发展的第三次浪潮。（　　　）

2．物联网可看成真实的物理世界、数字世界和人机控制的虚拟世界的集成。（　　　）

3．物联网虽然提供了传感器的连接，但其本身不具有智能处理的能力。（　　　）

4．物联网业务一般以控制为主、集中监测为辅。（　　　）

5．感知技术是物联网的基础，主要用于解决人类世界的信息传输问题。（　　　）

6．物联网信息聚合技术是通过突破不同技术或系统间的信息交换壁垒对海量的数据和信息进行分析处理。（　　　）

7．对于终端用户角度来说，软件即服务、平台即服务、基础设施即服务这三层服务虽然是相互独立的，但它们有一定的依赖关系。（　　　）

8．物联网的应用动力之一是解决实体世界与虚拟世界分离所造成问题的诉求推动。（　　　）

9．智能交通不一定追求人、车、路的协同。（　　　）

10．在物联网应用系统中，传感器提供了对物理变量、状态及其变化的探测和测量所必需的手段，而对物理世界由"感"而"知"的过程则由信息处理技术来实现，信息处理技术贯穿由"感"而"知"的全过程。（　　　）

四、综合实务题

路桥电子收费管理

路桥电子收费管理系统是专为解决公路收费问题而设计的，通过采用射频识别技术实现路桥过车无需停车、不用现金、不用人工干预、自动收费的功能，且准确、可靠。

该系统的应用减少了汽车的机械磨损、油耗和废气的排放，加快了汽车通过速度，提高了路桥的使用效率，同时将错收、漏收的可能性降低到最低限度。

当车辆通过路桥车道并进入车道天线的通信区域时，安装在车辆内的电子标签立即将车辆信息、行车记录信息等信息向车道天线发送，车道天线接收到信息后通过交易控制器把信息传送给车道控制机，信息经车道控制机处理后，再将当前行车记录等信息逆向传给车道天线，最后写入该车的电子标签。

这样，每个收费站都可以通过获取车辆的行车记录来计算出应收通行费，然后通过收费网络在该车车主开设的银行账号进行扣账，实现自动收费。

讨论与分析：

1．查阅相关资料，谈谈你对路桥电子收费管理系统的认识。
2．根据本案例资料，总结路桥电子收费管理系统的主要优点。

五、论述题

1．简述物联网的基本应用原理。
2．谈谈物联网在物流工程领域的应用和地位。

第9章 特种物流工程

学习目标与内容架构

知识目标

（1）了解冷链、冷链物流的概念；（2）掌握冷链物流工程的地位和特点；（3）掌握冷链物流工程的类型；（4）掌握危险化学品、危化品物流工程的概念；（5）了解危化品运输标志制作要求；（6）掌握应急物流、应急物流工程、应急物流系统的概念及构成。

技能目标

（1）能应用冷链物流工程技术的原理；（2）能熟练把握危化品物流操作规范；（3）能规范应用危险废物物流技术；（4）能利用应急物流选址技术和应急物资调度技术解决实际问题。

内容架构

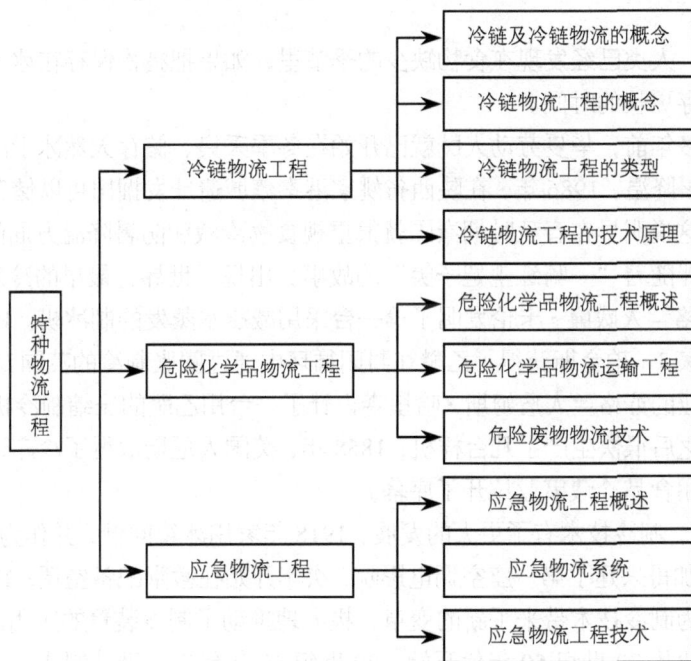

引　言

特种物流工程地位愈加凸显

物流特种工程是相对于物流常规工程而言，它主要涉及冷链、危化品、应急、大件、贵重等特种货物的专业化物流工程领域。我国特种物流工程行业起步较晚，但随着国民经济的快速发展、市场消费需求的持续增长，我国特种物流工程行业从"十一五"后期开始呈现快速发展态势。特种物流的诸多领域如冷链物流、医药物流、大件物流等都得到了长足的发展，而且未来发展空间巨大。

百度百科"特种物流"词条可供读者参考：http://baike.baidu.com/subview/7133755/7285007.html

但我国特种物流工程在快速发展过程中也面临着诸多问题。长期以来，我国对外还没有颁布一个正式统一的特种物流工程行业国家标准。特种物流工程行业发展方式粗犷，物流基础配套建设严重滞后，安全生产事故多发。特种物流工程行业比较散、乱，企业执行标准不统一的问题严重制约了行业的发展。为促进特种物流工程行业良好发展，规范市场秩序，提高物流服务质量，提高技术进步水平，推动我国特种物流工程产业的精益化发展，是特种物流工程行业发展的当务之急。

9.1　冷链物流工程

9.1.1　冷链物流工程的概念

1. 冷链

在史前时代，人类已经发现在食物缺少的季节里，如果把猎物保存在冰冷的地窖里或埋在雪里，就能保存更长的时间。

早在 3 000 多年前，华夏劳动人民就已开始在冬季采集、储存天然冰于冰窖中，夏季用于食品冷藏和防暑降温。1986 年，在陕西省姚家港秦雍城遗址发掘出可以储存 190 立方米冰块的地下冰室，这说明早在春秋时期秦国就很重视食物冷藏和防暑降温方面的设施建设。

到了唐代，伴随着"一骑红尘妃子笑"的故事，出现了世界上最早的冷库雏形。

1755 年，苏格兰人威廉·卡伦发明了第一台采用减压水蒸发的制冰机。1834 年，在伦敦定居的美国发明家 J·珀金斯获得了乙醚在封闭循环中通过膨胀制冷的英国专利；1855 年，一位移居澳大利亚的苏格兰人詹姆斯·哈里森设计了一台用乙醚的压缩制冷机，而且在 1856 年获得英国专利之后很快生产了几台样机；1858 年，美国人尼斯取得了冷库设计的第一个美国专利，从此商用食品冷藏事业拉开了序幕。

到了 20 世纪，制冷技术有了更大的发展。1918 年家用冰箱问世，并作为商品投放市场；1919 年，美国芝加哥兴建了第一座空调电影院，次年开始在教堂配备空调；1930 年，氟利昂制冷工质的出现为制冷技术带来了新的变革，极大地推动了制冷装置的应用。

中国制冷工业从 20 世纪 50 年代开始，20 世纪 60 年代自行设计制造，并制订了有关产品系列和标准。目前，我国制冷工业已具有品种齐全的大、中、小型制冷产品系列，产品质量、性能、技术水平都有很大的提高，并已形成有一定基础的科研、教学、设计和生产体系，研究和应用的制冷技术覆盖普冷至极低温整个范围。

制冷从通常认识来看，不同的国家有不同的理解：中国是指根据物品特性，为保持其品质而采用的从生产到消费的过程中始终处于低温状态。美国指贯穿从农田到餐桌的连续过程中维持正确的温度，以阻止细菌的生长。欧盟则指原材料的供应、经过生产、加工或屠宰，直到最终消费为止的一系列有温度控制的过程。

可见，冷链在不同的国家的解释虽有不同，但均强调了冷（低温）和链（从生产到消费）是冷链必须坚持的部分。

一般来说，冷链是指易腐食品从产地收购或捕捞之后，在产品加工、储存、运输、分销和零售，直到消费者手中，其各个环节始终处于一定的低温环境下，以保证食品质量安全，减少损耗，防止污染的特殊供应链系统。

《中华人民共和国国家标准——物流术语》界定，**冷链**（cold chain）是为保持新鲜食品及冷冻食品等的品质，使其在从生产到消费的过程中，始终处于低温状态的配有专门设备设施的物流网络。

冷链管理是包括温控冷冻设施设备的管理、产品保鲜等技术创新、温度跟踪技术、产品链管理和市场监督等一系列环节的管理体系。从管理层次来看，冷链管理既包括社会整体冷链发展水平的宏观管理，又包括企业层次的冷链技术和设备水平的管理。因此，冷链管理既是政府的责任也有企业的义务。

2. 冷链物流

冷链物流是基于冷链的物流活动，它是随着科学技术的进步、制冷技术的发展而建立起来的，是以冷冻工艺学为基础、以制冷技术为手段的低温物流过程。**冷链物流**（cold chain logistics）泛指冷藏冷冻类物品在生产、储存、运输、销售到消费的各个环节中始终处于规定的低温环境下，以保证物品质量、减少物品损耗的一项系统工程。

冷链物流较之于传统的物流而言有几下几个特点。

（1）全程温控。冷链物流适用于对温度要求较高的货物，为保证商品品质及降低输送过程中的损耗，冷链物流各个环节均需进行温度控制。

（2）协调性高。由于易腐生鲜产品的不易储藏性，要求冷链物流必须高效运转，物流过程中的每个环节都必须具有协调性，这样才能保证整个链条的稳定运作。

（3）投资成本高。为了确保易腐生鲜产品在流通各环节中始终处于规定的低温条件下，必须安装温控设备，使用冷藏车或低温仓库，为了提高物流运作效率又必须采用先进的信息系统等。

（4）技术含量高。冷链过程中所包括的技术学科、行业跨度很大。冷链的运作需要严格的管理制度，同时操作人员须具有较高的专业素质。

📚 新闻链接

国家发展和改革委员会印发《农产品冷链物流发展规划》

2010 年 7 月，国家发展和改革委员会编制印发了《农产品冷链物流发展规划》。该规划明确了农产品冷链物流发展的七项主要任务：一是推广现代冷链物流理念与技术，二是完善冷链物流标准体系，三是建立主要品种和重点地区农产品冷链物流体系，四是加快培育第三方冷链物流企业，五是加强冷链物流基础设施建设，六是加快冷链物流装备与技术升级，七是推动冷链物流信息化。

《农产品冷链物流发展规划》原文：http://www.gov.cn/gzdt/2010-07/28/content_1665704.htm

为此，要实施八大重点工程：一是冷库建设工程，二是低温配送处理中心建设工程，三是冷链运输车辆及制冷设备工程，四是冷链物流企业培育工程，五是冷链物流全程监控与追溯系统工程，六是肉类和水产品冷链物流工程，七是果蔬冷链物流工程，八是冷链物流监管与查验体系工程。

结合身边的现实状况，谈谈农产品冷链物流工程的最新进展。

冷链物流活动由冷冻加工、冷冻储存、冷藏运输及配送、冷藏销售四个主要环节构成。其流程如图 9.1 所示。

冷冻加工。包括肉禽类、鱼类和蛋类的冷却与冷冻，以及在低温状态下的加工作业过程，也包括蔬菜的预冷、各种速冻食物和奶制品的低温加工等。在这个环节上主要涉及冷链装备是冷却、冻结装置和速冻装置。

冷冻储藏。包括食品的冷却储藏和冻结储藏，以及水果蔬菜等食品的气调储藏。它是保证食品在储藏和加工过程中的低温环境。在此环节主要涉及各类冷藏库、加工间、冷藏柜、冷冻柜及家用冰箱等等。

冷藏运输。包括食品的中、长途运输及短途配送等。它主要涉及铁路冷藏车、冷藏汽车、冷藏船、冷藏集装箱等低温运输工具。在冷藏运输过程中，温度波动是引起食品品质下降的主要原因之一，所以运输工具应具有良好的性能，远途运输尤其重要。

冷藏销售。包括各种冷链食品进入批发零售环节的冷冻冷藏和销售，它由生产厂家、批发商和零售商共同完成。随着大中城市各类连锁超市的快速发展，各类连锁超市正在成为冷链食品的主要销售渠道，在这些零售终端，大量使用了冷藏、冷冻陈列柜和储藏库，它们成为完整的食品冷链中不可或缺的重要环节。

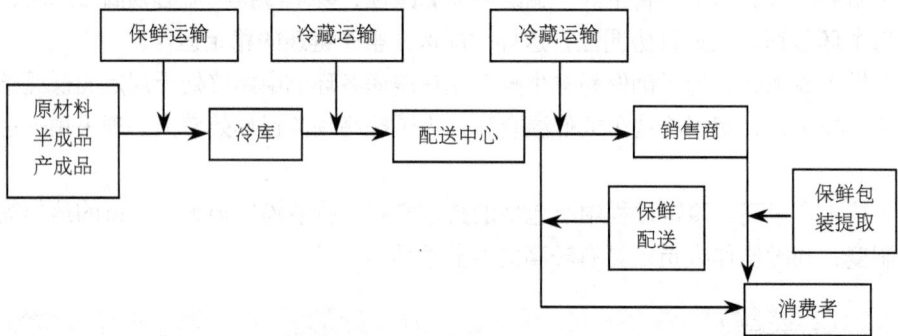

图 9.1　冷链物流活动流程

3. 冷链物流工程

随着食品、药品、农产品等类别的原材料、产成品对冷链物流的依赖，冷链物流工程的地位越来越受到人们的重视。2010 年 6 月，国家发展和改革委员会出台《农产品冷链物流发展规划》，提出要紧紧围绕构建农业增产增效和农民持续增收的长效机制，适应城乡居民生活水平提高和保障居民食品安全的需要，以市场为导向，以企业为主体，初步建立冷链物流技术体系，制订推广冷链物流规范和标准，加快冷链物流基础设施建设，培育一批冷链物流企业，形成设施先进、管理规范、网络健全、全程可控的一体化冷链物流服务体系。2014 年 10 月，国务院印发《物流业发展中长期规划（2014—2020 年）》，再次强调加强鲜活农产品冷链物流设施建设，支持"南菜北运"和大宗鲜活农产品产地预冷、初加工、冷藏保鲜、冷链运输等设施设备建设，形成重点品种农产品物流集散中心，提升批发市场等重要节点的冷链设施水平，完善冷链物流网络。这显示冷链物流工程既紧密关联人们的日常生活，又是物流产业发展的重点领域。

冷链物流工程（cold chain logistics engineering）是一个以现代冷链技术为核心，以现代信息技术为纽带，全程支撑或服务冷链物流高效运作的系统过程。

冷链物流工程具有应用性。它是冷藏保鲜技术、冷冻技术以及机械、传导、信息等技术在物流领域应用的过程或结果。随着中国制造 2025 计划的推进，冷链物流工程将更加普及。

冷链物流工程具有可监控性。冷链产品从原材料、半成品开始直到消费者手中均需要连续处在冷链技术覆盖之下。不论是蔬菜、食品、药品，还是其他冷链产品，一旦某一环节出现变质问题，就会造成无法弥补的后果。因而，冷链物流工程要求全程监控和可追溯。

冷链物流工程具有系统性。冷链物流工程操作具有技术导向，流程性强。从原材料采购到产品销售具有明确目的，每一个环节均需要按流程规范处理，整个供需过程具有系统性特征。

📖 新闻链接

冷链物流工程市场发展空间巨大

据报道，在"十一五"期间，我国每年仅运输途中腐烂变质的水果、蔬菜等食品价值约为 700 亿元，造成了巨大的经济浪费。这一损失正是由于采用不恰当的运输方式所产生，如能在农产品运输过程中引入一站式冷链物流服务，才可最大限度地减少果蔬运输过程中的损耗。

当时，我国冷链物流呈现的突出问题有以下几点。

（1）设施设备不足。中国易腐物品装车大多在露天而非在冷库和保温场所操作，80%~90%的水果、蔬菜、禽肉、水产品都是用普通卡车运输，大量的牛奶和豆制品是在没有冷链保证的情况下运输的，运输这些易腐食品时大多在上面盖一块帆布或塑料布，有时棉被还成了最好的保温材料。造成这种窘境的直接原因是中国冷链设施和冷链装备严重不足，原有设施设备陈旧，发展和分布不均衡，无法为易腐食品流通系统地提供低温保障。

（2）技术标准缺位。由于食品冷链是以保证易腐食品品质为目的，以保持低温环境为核心要求的供应链系统，所以它比一般常温物流系统的要求更高、更复杂，建设投资也要大很多。而中国的冷链系统还只是一个早期的冷冻设备市场，掌握的冷链技术在很多食品种类上还不能完全应用，相对于国际先进水平差距很大。同时，中国冷链的实施没有国家或行业的专项标准，只有一些大型食品生产加工企业自己制定了一些标准，因此在监管上也是空白。

（3）产业配套不全。易腐食品的时效性要求冷链各环节必须具有更高的组织协调性。然而，中国冷链产业的整体发展规划欠缺影响了食品冷链的资源整合，供应链上下游之间缺乏配套协调。如在冷库建设中就存在着重视肉类冷库建设，轻视果蔬冷库建设；重视城市经营性冷库建设，轻视产地加工型冷库建设；重视大中型冷库建设，轻视批发零售冷库建设等问题。

这些失衡使得中国食品冷链产业还未形成独立完善的运作体系。国家要求到"十二五"末，果蔬、肉类、水产品冷链流通率分别由"十一五"末的5%、15%、23%提高至20%、30%、36%以上；果蔬、肉类、水产品的冷藏运输率分别由15%、30%、40%提高至30%、50%、65%左右。这一数据尽管相对于西方发达国家仍有较大差距，但在一定程度上，却凸显了作为特种物流工程之一的冷链物流工程在经济社会发展中的重要地位。

9.1.2 冷链物流工程的类型

在冷链市场需求日益高涨和冷链技术高速发展的今天，冷链物流工程规模逐步膨胀，其表现形式成裂变态势。但最基本的类型包括冷库仓储工程、冷藏运输工程以及冷链物流标准化工程。

1. 冷库仓储工程

冷库（cold storage）是利用降温设施创造适宜的湿度和低温条件的仓库。它是加工、储存产品的场所，可以延长各种产品的储存期限，调节市场供应，其广泛应用于食品厂、乳品厂、制药厂、化工厂、果蔬仓库等关系经济民生的行业。

根据使用性质的不同，冷库可分为生产性冷藏库、分配性冷藏库和生活服务性冷藏库三类。生产性冷藏库是食品加工企业的重要组成部分，一般建在货源集中的地区。鱼、肉、禽、蛋、果、蔬等易腐食品，经过适当加工后，送入冷藏库进行冷加工，然后运往消费地区进行分配。其特点是冷加工能力大，储存物品零进整出。分配性冷藏库一般建在大城市或水、陆交通枢纽及人口密集的工矿区，为市场供应、运输中转而储备食品时用。其特点是冷藏容量大、冻结能力小，适宜于多种食品的储存。生活服务性冷藏库是为调剂生活需要而临时储存食品时用，其特点是库容量小、储存期短、品种多、堆货率低。

冷库作为用人工制冷的方法让固定的空间达到规定的温度便于储存物品的建筑物，应建筑在交通方便，水、电供应来源可靠的地方，冷藏库址周围应有良好的环境卫生条件，尽量避开工矿企业的有害气体、烟雾、粉尘以及来自传染病院等的污染源。肉类、鱼类等加工厂的冷藏库应布置在城市居住区夏季风向最小频率的上风侧，位于产地附近或商品集散方便的地方。建筑一般由冷加工及冷藏建筑、冷加工辅助建筑、交通运输设施、管理及生活用房建筑和机房制冰间建筑等组成。冷加工及冷藏建筑统称"冷间"，包括温度在0℃左右的冷却间，温度在−30～−23℃的冻结间，温度在−20～−12℃的冷藏间，以及温度在−10～−4℃的储冰间。

冷库的平面布置应使工艺流程合理，路线短，不交叉，高、低温分区明确，尽量缩小围护结构的面积，柱网分布整齐，并考虑到扩建和维修方便。其平面一般成方形，多层冷库常建成哑铃式或单体式。哑铃式将高温库和低温库分为两个独立的围护结构体，中间以穿堂衔接，使用效果较好。单体式在高、低温库间用绝热墙将楼板及地面分隔开，库门与常温穿堂相连接，库门上设置空气幕，以防止库内冷空气外溢。冷库的墙体、天棚、地面都要铺设导热性低的材料，如稻壳、软木、沥青、膨胀珍珠岩制块等，作为绝热层，以阻止外界热流浸入库内，增加热负荷。为防止室外水蒸气往绝热层渗透，还需在绝热层的高温侧铺设渗透阻大的材料，如沥青油毡等作为隔气层。

冷库建筑从施工开始到设备安装一般是在常温下进行的，结构体系也处于常温状态；而冷藏库投入使用后，其结构体系却处于低温环境中。由于温差大而引起的结构体系变形比普通建筑大得多，因此必须进行温度应力计算，以防止产生"冷桥"。地坪应采取防冻措施，以防止地基隆起而造成建筑物破坏。同时应选用抗冻性强的材料，以增强结构的耐冻性、耐久性。小型冷库的承重结构一般为梁板式结构，而大型多层冷藏库多采用现浇钢筋混凝土无梁楼盖结构。

2. 冷藏运输工程

冷藏运输（refrigerated transport）是一种将易腐、易变质食品在低温下从一个地方完好地输送到另一个地方的专项技术手段。是冷藏链中必不可少的一个环节，由冷藏运输设备来完成。

冷藏运输设备是指本身能维持一定的低温环境，并能运输低温货品的设施备及装置。根据运输方式可分为陆上冷藏运输（公路冷藏运输、铁路冷藏运输）、冷藏集装箱、船舶冷藏运输和航空冷藏运输。

冷藏运输的设备主要包括以下几种形式。

（1）干冰运输箱。在价格、干冰储存损耗率低、箱体重量轻、坚固耐用等方面有独到的特点，广泛应用于干冰制造、储存和配送等的各个领域（见图9.2）。

（2）血液冷藏运输箱。血液、生物制剂生产销售企业新一代的血液生物制剂保温运输工具（见图9.3）。

图9.2　干冰运输箱　　　　图9.3　血液冷藏运输箱

（3）疫苗冷藏运输箱。疫苗、生物制剂生产销售企业新一代的疫苗生物制剂保温运输工具（见图9.4）。

（4）−86℃超低温冰箱。用于保存病毒、病菌、红细胞、白细胞、皮肤、骨骼、细菌、精液、生物制品、远洋制品、电子器件、特殊材料的低温试验等；适用于血站、医院、防疫站、科研院所、电子化工等企业实验室、生物医学工程研究所、远洋渔业公司（见图9.5）。

图 9.4　疫苗冷藏运输箱

图 9.5　−86℃超低温冰箱

（5）蓄冷箱。主要有蓄冷保温箱、可控双温冷藏箱等（见图9.6和图9.7）。

图 9.6　蓄冷保温箱

图 9.7　可控双温冷藏箱

（6）冷藏车。常见的冷藏车主要有保温车、冷藏车（如图9.8和图9.9所示）。

图 9.8　保温车

图 9.9　冷藏车

还有其他的冷链设备，如冰盒、冰袋、工业冷水机、气调库、车载冰箱、医药冷藏运输箱等。

3. 冷链物流标准化工程

2012 年，全国物流标准化技术委员会先后出台了《冷链物流分类与基本要求》（GB/T28577—2012）、《药品冷链物流运作规范》（GB/T28842—2012）和《食品冷链物流追溯管理要求》（GB/T28843—2012），对于强化冷链物流整个链条的管理，提高物流服务水平，推进行业健康、规范发展，起到了积极的推动作用。这也是冷链标准化领域在《冷冻食品物流包装、标志、运输和储存 GB/T 24617—2009》《冷藏食品物流包装、标志、运输和储存 GB/T 24616—2009》这两个国家标准之后新的提升。

《冷链物流分类与基本要求》规定了适用于各种分类的通用要求，包括基本总则要求、作业控制要求、全程管理与质量保证要求。该基本要求首先界定：超低温物流温度范围在−50℃以下，冷冻物流在−18℃以下，冷温物流在−2～2℃，冷藏物流在 0～10℃，其他控温物流在 10～25℃。其次，该要求从物品保护、温度控制、清洁卫生三个方面对冷链物流作业进行规范化控制。第一，从冷链物品进入作业前直到物品交付用户整个过程中实施物品保护；第二，通过配备专门的设施设备，建立冷链物流温度检测与监控制度，保障冷链物品整个作业过程中的温度控制；第三，建立冷链物品堆放、仓储、加工包装、运输配送等各个作业环节的清洁卫生管理制度，保证物品所必需的清洁卫生条件，防止物品受到污染。第三，该要求从质量管理、责任界定两个方面对冷链物流进行全程管理与质量保证。一是基于危害分析和关键控制点（HACCP）原理，通过质量管理部门、信息系统以及应急处理预案建立冷链物流质量管理体系；二是通过签署服务合同，从制度上对冷链物流服务涉及的多方责权利做出明确界定，作为事后处理争议的依据。这些要求无疑对冷链物流标准化工程具有规范和指导意义。

9.1.3　冷链物流工程的技术原理

1. 保鲜技术

食品保藏是为防止食物腐败变质，延长其食用期限，是食品能长期保存所采取的加工处理措施。常用的方法有低温保藏、高温保藏、脱水保藏、提高食品的渗透压、提高食品的氢离子浓度、辐照保藏、隔绝空气、加入防腐剂和抗氧化剂，即通过物理、化学等方法对食品进行保鲜储存。

食品低温保藏的一般工艺过程为：食品物料→前处理→冷却或冷冻→冷藏或冻藏→回热或解冻。这是低温保藏食品需要的大概工艺流程，因为不同物料的特性不一定相同，所以具体的工艺条件也不一定相同。

低温保藏食品的原理是：在温度较低的范围内，当温度高于食品的冰点时，食品中微生物的生长速率减缓，低于冰点以下时一般微生物都停止生长。

植物类食品本身有控制体内酶和抵御微生物侵袭的能力，与采摘前不同的是不能再从母体上得到水分和营养，因此，植物类食品在冷藏中基本要点是维持它的活动状态。

植物类食品在冷库堆放时，必须使其周围通风良好。这样散发的热量能及时排出，新鲜的空气能供应，以保证它的呼吸。对这类食品的温度控制绝不能降到它的冰点以下，否则会使植物冻死。

对动物类食品，一般都是宰杀后冷藏，属于非活体，它本身没有控制酶及抵御生物活动的能力，因此，对这类产品，降温越低质量保持越久。理论上，若将温度降至−273℃，动物类食品可永久储存下去。但在现实中，冷库温度达不到这样的效果。

国际制冷学会推荐冷冻食品的实用储存温度要求不低于−18℃，冷藏时间一般不超过 1

年。一旦时间过长，肉类产品的水分、色泽、风味和营养成分都会发生缓慢的能量消耗和变质。

目前，我国冷库冷藏温度要求保持在-18℃，在此温度下，微生物的繁殖几乎全部停止。

关于食品保鲜，国内外采取的手段主要有冷库保鲜、气调保鲜、化学保鲜、薄膜保鲜、减压保鲜、微生物保鲜、辐照保鲜、基因工程技术保鲜、电子技术保鲜、包装保鲜等。随着科学技术的发展，保鲜技术也在随之演进。

2. 制冷技术

制冷（refrigeration），就是将物体温度降低到或维持在自然环境温度以下。实现制冷的途径有两种，一是天然冷却，一是人工制冷。天然冷却利用天然冰或深井水冷却物体，但其制冷量（即从被冷却物体取走的热量）和可能达到的制冷温度往往不能满足生产需要。天然冷却是一种传热过程。人工制冷是利用制冷设备加入能量，使热量从低温物体向高温物体转移的一种属于热力学过程的单元操作。

制冷系统一般由四个基本部分，即压缩机、冷凝器、节流部件、蒸发器组成。由铜管将四大件按一定顺序连接成一个封闭系统，系统内充注一定量的制冷剂。

冷库中制冷系统是通过利用外界能量使热量从温度较低的物质（或环境）转移到温度较高的物质（或环境）的系统。制冷系统的类型很多，按所使用的制冷剂种类的不同可分为氟利昂制冷系统、氨制冷系统、混合工质制冷系统及空气等工质的制冷系统；按组合冷库工作原理的不同可分为压缩式、吸收式、蒸汽喷射式、热电式、吸附式等制冷系统；其中压缩式制冷系统又称为蒸汽压缩式制冷系统，由于这种组合冷库系统性能好、效率高而成为一种组合冷库工程中常见的制冷系统。

完整的蒸气压缩式制冷系统应包括制冷剂循环系统、润滑油循环系统、融霜系统、冷却水循环系统以及载冷剂循环系统等。其中蒸气压缩式制冷系统的制冷剂循环系统由制冷压缩机、冷凝器、节流阀、蒸发器四个基本部分组成。为了使组合冷库中制冷系统具有安全性、可靠性、经济性和操作的方便，系统还包括辅助设备、仪表、控制器件、阀门和管道等。

知识拓展

冷库蒸发器直接供液系统

冷库建造工程中采用的供液方式有很多种，但在我国冷库安装工程中比较常见的供液方式还是采用直接膨胀供液的较多。直接供液膨胀就是直接利用节流元件将来自冷凝器的制冷剂液体节流后送入冷库蒸发器进行蒸发汽化的制冷系统。

直接供液膨胀系统一般根据冷库制冷规模的大小而采用不同的节流元件，一般大型冷库采用手动膨胀阀、热力膨胀阀、电子膨胀阀等节流元件。中等规模的冷库一般采用热力膨胀阀和电子膨胀阀作为节流元件。而小型冷库一般采用毛细管作为冷库节流元件。

冷库工程采用直接供液膨胀系统时具有结构简单等优点，但是在实际运行中要注意控制冷库蒸发器回气的含液量（即回气过热度）。如果冷库设计或安装不当容易造成冷库压缩机的液击故障。

有兴趣的读者，可查阅相关资料，对冷库相关技术作进一步的了解。

3. 监控和溯源技术

国际标准化组织对可追溯性的定义是通过标示信息追踪个体的历史、应用情况和所处位置的能力。欧盟对可追溯性曾界定为：是食品、饲料、畜产品和饲料原料，在生产、加工、流通的所有阶段具有的跟踪追寻其痕迹的能力。

对监控和溯源技术，可认为是建立在包括生产、收购、运输、储存、装卸、搬运、包装、配送、流通加工、分销，直到终端用户的物流全过程，并在每一个环节进行严格记录的系统工程。

可追溯系统的产生起因于 1996 年英国疯牛病引发的恐慌，另两起食品安全事件——丹麦的猪肉沙门氏菌污染事件和苏格兰大肠杆菌事件（导致 21 人死亡）也使得欧盟消费者对政府食品安全监管缺乏信心，但这些食品安全危机同时也促进了可追溯系统的建立。为此，畜产品可追溯系统首先在欧盟范围内产生建立。通过食品的可追溯管理为消费者提供所消费食品更加详尽的信息。

可追溯性是利用已记录的标记（这种标记对每一批产品都是唯一的，即标记和被追溯对象有一一对应关系，同时，这类标记已作为记录保存）追溯产品的历史（包括用于该产品的原材料、零部件的来历），应用情况，所处场所或类似产品或活动的能力。据此概念，畜产品可追溯管理或其系统的建立、数据收集应包涵整个食物生产链的全过程，从原材料的产地信息、到产品的加工过程、直到终端用户的各个环节。

可追溯系统中的关键技术之一是可追溯信息链源头信息的载体技术，由此产生和发展起来一门重要技术——标记技术。目前，国内外使用的个体标记技术主要有条码、电子纽扣式标签、塑料标签、血型鉴定、视网膜图像识别、基于蛋白质或脂类化合物的标记方法、红外线光谱法、卫星定位和地理信息系统技术、基因指纹（DNA 指纹）技术、卡识别技术等。

可追溯是确保食品安全的有效工具。目前，许多国家的政府机构和消费者都要求建立食品供应链的可追溯机制，并且许多国家已开始制定相关的法律，以法规的形式将可追溯纳入食品物流体系中。在欧美的许多国家，不具有可追溯功能的食品已被禁止进入市场。

实施可追溯性管理的一个重要方法就是在产品上粘贴可追溯性标签。可追溯性标签记载了食品的可读性标记，通过标签中的编码可方便地到食品数据库中查找有关食品的详细信息。通过可追溯性标签也可帮助企业确定产品的流向，便于对产品进行追踪和管理。

我国商务部推出"放心肉"发展规划后，可追溯系统已被作为一项重要项目进行研究。这有效提升了我国肉类食品安全体系建设，具有巨大的推动作用。

9.2 危险化学品物流工程

9.2.1 危险化学品物流工程概述

1. 危险化学品

危险化学品是指有爆炸、易燃、毒害、感染、腐蚀、放射性等危险特征，在运输、储存、生产、经营、使用和处置中，容易造成人身伤亡、财产损毁或环境污染而需要特别防护的化学品。

依据我国已公布的法规、标准，将危险化学品分为了以下八大类别。

第一类：爆炸品，爆炸品指在外界作用下（如受热、摩擦、撞击等）能发生剧烈的化学反应，瞬间产生大量的气体和热量，使周围的压力急剧上升，发生爆炸，对周围环境、设备、人员造成破坏和伤害的物品。

第二类：压缩气体和液化气体，指压缩的、液化的或加压溶解的气体。这类物品当受热、撞击或强烈震动时，容器内压力急剧增大，致使容器破裂，物质泄漏、爆炸等。

第三类：易燃液体，本类物质在常温下易挥发，其蒸气与空气混合能形成爆炸性混合物。

第四类：易燃固体、自燃物品和遇湿易燃物品，这类物品易于引起火灾。

第五类：氧化剂和有机过氧化物，这类物品具有强氧化性，易引起燃烧、爆炸。

第六类：毒害品，指进入人（动物）肌体后，累积达到一定的量能与体液和组织发生生物化学作用或生物物理作用，扰乱或破坏肌体的正常生理功能，引起暂时或持久性的病理改变，甚至危及生命的物品，如各种氰化物、砷化物、化学农药等。

第七类：放射性物品，它属于危险化学品，但不属于《危险化学品安全管理条例》的管理范围，国家还另外有专门的"条例"来管理。

第八类：腐蚀品，指能灼伤人体组织并对金属等物品造成损伤的固体或液体。

2. 危险化学品物流工程

危险品物流是一种特殊类别物流，相对普通的物流来说，危险品的物流专业技术要求更高，更需要全面、准确、可靠的信息管理和控制。

通常危险品物流主要指的是危险品运输和危险品仓储，当然也有危险品装卸搬运、危险品包装等。危险品物流一般表现在：品类多，货物性质各不相同；危险性大，危害后果严重；需要使用专地、专人、专门设施设备和技术，进行妥善合理储存保管；危险化学货物是特殊货物，需要特殊包装匹配等。

危险化学品物流工程作为一种特殊的、专业化的物流工程，是一个系统工程，从包括包装、仓储、运输在内的每一个物流作业环节均需按照操作规范进行，每一项物流设施和设备均需要遵照规范标准进行设计和建造。

根据危险化学品货物的性质和与运输特点，对其包装要求为：包装所用的材质应与所装的危险货物的性质相适应；包装应具有抗冲撞、震动、挤压和摩擦的作用。危险货物的国际运输，把包装的强度分为三个等级，Ⅰ级包装——最大危险，Ⅱ级包装——中等危险，Ⅲ级包装——较小危险。

危险品库是储存和保管易燃、易爆、有毒、有害物资等危险品的场所。根据隶属和使用性质分为甲、乙两类，甲类是商业仓储业、交通运输业、物资管理部门的危险品库，乙类为企业自用的危险品库。其中甲类危险品库储量大、品种多，所以危险性大。危险品库应根据其具有危险性的特点，在选址时应依据政府的总体市政布局，选择合适的建设地点，一般选择较为空旷的地区，远离居民区、供水地、主要交通干线、农田、河流、湖泊等，处于当地长年主风向的下风位。危险品库应建立严格和完善的管理制度、严格出入库制度、恰当选择货位和堆垛、保管和装卸作业应注意安全、要有周密的应急处理和废弃物处理措施等。

9.2.2　危险化学品物流运输工程

1. 运输操作规范

公路运输是危险化学品物流的重要方式，为保证公路运输的安全，国家和相关部门先后制定了《危险化学品安全管理条例》《道路危险货物运输管理规定》《剧毒化学品购买和公路运输许可证件管理办法》等一系列法规条例，对运输车辆、从业人员、企业资质等均给出了明确要求，如对车厢、底板、周围栏板、排气管以及装运危险货物的罐（槽）性能具有明确的规定。尤其要求移动式压力容器的充装单位，不得对未经检验或检验不合格的槽罐车等移动式压力容器进行充装；从事危险化学品道路运输的企业应当具有道路危险货物运输资质，车辆和设备、从业人员和安全管理人员应符合《道路危险货物运输管理规定》的有关要求；禁止危险化学品运输车辆挂靠单位或个人，不允许其他车辆从事危险化学品道路运输；危险化学品运输企业要严格按照提货单据载明的品种、数量和对应的车辆实施装载，并对车辆的资质证件、装载数量、行驶证核定载质量等情况进行登记。

关于铁路危化品运输，《铁路危险货物运输安全监督管理规定》经 2015 年 2 月 27 日交通运输部第 2 次部务会议通过，2015 年 3 月 12 日，中华人民共和国交通运输部令 2015 年第 1 号公布后已正式实施。运输危险货物应当依照法律、行政法规和国家其他有关规定使用专用的设施设备。依法应当进行产品认证、检验检测的，经认证、检验检测合格方可使用。国家鼓励采用有利于提高安全保障水平的先进技术和管理方法，鼓励规模化、集约化、专业化和发展专用车辆、专用集装箱运输危险货物。装载和运输危险货物的铁路车辆、集装箱和其他容器应当符合下列条件：制造、维修、检测、检验和使用、管理符合标准和有关规定；牢固、清晰地标明危险货物包装标志和警示标志；铁路罐车、罐式集装箱以及其他容器应当封口严密，安全附件设置准确、起闭灵活、状态完好，能够防止运输过程中因温度、湿度或者压力的变化发生渗漏、洒漏；压力容器应当符合国家特种设备安全监督管理部门制订并公布的《移动式压力容器安全技术监察规程》《气瓶安全技术监察规程》等有关安全技术规范要求，并在经核准的检验机构出具的压力容器安全检验合格有效期内。运输危险货物包装应当符合包装物、容器、衬垫物的材质以及包装类型、规格、方法和单件质量（重量），应当与所包装的危险货物的性质和用途相适应；包装能够抗御运输、储存和装卸过程中正常的冲击、振动、堆码和挤压，并便于装卸和搬运；包装外表面应当牢固、清晰地标明危险货物包装标志和包装储运图示标志。

水上危险化学品运输 2003 年 11 月 30 日交通部发布、2012 年 3 月 14 日交通运输部《关于修改〈船舶载运危险货物安全监督管理规定〉的决定》修正通知下发，要求：载运危险货物的船舶应当选择符合安全要求的通航环境航行、停泊、作业，并顾及在附近航行、停泊、作业的其他船舶以及港口和近岸设施的安全，防止污染环境；载运危险货物的船舶通过狭窄或者拥挤的航道、航路，或者在气候、风浪比较恶劣的条件下航行、停泊、作业，应当加强瞭望，谨慎操作，采取相应的安全、防污措施；载运爆炸品、放射性物品、有机过氧化物、闪点28℃以下易燃液体和液化气的船，不得与其他驳船混合编队拖带；载运危险货物的船舶，其船体、构造、设备、性能和布置等方面应当符合国家船舶检验的法律、行政法规、规章和技术规范的规定，国际航行船舶还应当符合有关国际公约的规定，具备相应的适航、适装条件，经中华人民共和国海事局认可的船舶检验机构检验合格，取得相应的检验证书和文书，并保持良好状态；载运危险货物的船用集装箱、船用刚性中型散装容器和船用可移动罐柜，应当经中华人民共和国海事局认可的船舶检验机构检验合格后，方可在船上使用。

关于航空运输危险化学品的《中国民用航空危险品运输管理规定》（CCAR-276-R1）经2012年12月24日中国民用航空局局务会议通过，已于2014年3月1日起施行。要求经营人从事危险品航空运输，应当取得危险品航空运输许可并根据许可内容实施。航空运输的危险品所使用的包装物应当符合下列要求：包装物应当构造严密，能够防止在正常运输条件下由于温度、湿度或者压力的变化，或者由于振动而引起渗漏；包装物应当与内装物相适宜，直接与危险品接触的包装物不能与该危险品发生化学反应或者其他反应；包装物应当符合《中国民用航空危险品运输管理规定技术细则》中有关材料和构造规格的要求；包装物应当按照《中国民用航空危险品运输管理规定技术细则》的规定进行测试；对用于盛装液体的包装物，应当能承受《中国民用航空危险品运输管理规定技术细则》中所列明的压力而不渗漏；内包装应当以防止在正常航空运输条件下发生破损或者渗漏的方式进行包装、固定或者垫衬，以控制其在外包装物内的移动。垫衬和吸附材料不得与包装物的内装物发生危险反应；包装物应当在检查后证明其未受腐蚀或者其他损坏时，方可再次使用。再次使用包装物时，应当采取一切必要措施防止随后装入的物品受到污染；如果由于之前内装物的性质，未经彻底清洗的空包装物可能造成危害时，应当将其严密封闭，并按其构成危害的情况加以处理；包装件外部不得粘附构成危害数量的危险物质。

《危险化学品输送管道安全管理规定》于2012年1月17日由国家安全监管总局令第43号公布，根据2015年5月27日国家安全监管总局令第79号修正。要求危险化学品管道与居民区、学校等公共场所以及建筑物、构筑物、铁路、公路、航道、港口、市政设施、通信设施、军事设施、电力设施的距离，应当符合有关法律、行政法规和国家标准、行业标准的规定。危险化学品管道的专用设施、永工防护设施、专用隧道等附属设施不得用于其他用途；确需用于其他用途的，应当征得管道单位的同意，并采取相应的安全防护措施。在危险化学品管道专用隧道中心线两侧1000米地域范围内，管道单位发现有实施采石、采矿、爆破等作业的，应当及时予以制止，无法处置时应当向当地安全生产监督管理部门报告。

知识拓展

国际民航组织修订国际标准-附件18《危险物品的安全航空运输》

2015年3月2日，国际民航组织第204届理事会第4次会议批准了《国际民用航空公约》附件18《危险物品的安全航空运输》第12次修订。本次修订涉及安全管理体系、危险物品训练大纲以及邮件中的危险物品。

1．安全管理体系

建立可应对危险物品风险的有效安全管理体系，以确保危险物品的安全运输，非常有必要。但并非所有国家都知道应将载运危险品纳入运营人的安全管理体系。本次修订包括在第1章《定义》中增加关于安全管理体系的定义（摘自附件19《安全管理》），在第8章《运营人》的责任中增加两个注。

2．扩展第10章中的训练要求

普遍安全监督审计计划（USOAP）开展的审计结果表明，在很多情况下，国家监管当局对于未获载运危险物品批准的运营人缺乏监督。《危险物品安全航空运输技术细则》（9284号文件，简称《技术细则》）要求所有运营人，无论是否获得载运危险物品的批准，均须制定训练大纲，以便使工作人员能识别危险物品、了解危害、确定是否可由航空器载运并对紧急情况做回应。附件6《航空器的运行》第I部分《国际商业航空运输——飞机》的第38次修订增加了关于危险物品的新的第14章（2014年11月13日适用），对此要求做出了澄清。目前，附件18仅包含一条有关制定危险物品训练大纲的标准，该标准简单提及《技术细则》的规定。那些未获载运危险物品批准的运营人可能会认为只需考虑此标准。因此，建议对附件18第10章进行修订，以澄清所有运营人均须遵守训练要求。修订还包括关于国家对危险物品训练大纲进行审批的规定，这些规定目前载于《技术细则》中。

3．将关于各国应制定控制危险物品进入航空邮件程序这一要求升级为标准

《技术细则》和《万国邮政公约》禁止邮寄危险物品，除少数例外，但是邮件中仍时常发现危险物品。《技术细则》2011—2012年版增加了新的规定，要求按照《技术细则》对经指定的邮政业务经营人的员工进行培训，并加强民航当局和邮政当局之间的联系。这些规定是与万国邮政联盟协调制定的。附件18目前包含一条建议，表示各国应制定控制危险物品进入航空邮件的程序。本次修订将此项建议升级为标准，并修改条文，以便与《技术细则》《万国邮政公约》和详细规章以及相关文件中已经包含的要求一致。修订内容包括万国邮联提供的关于经指定的邮政业务经营人的定义、提及禁止邮寄危险物品的一个注、根据《技术细则》现有要求制定的一条新标准，以及提及《技术细则补篇》中所载指导材料的一个注。本次修订将于2015年7月13日生效，于2015年11月12日适用。

若有志从事空运物流，请进一步查阅资料，深化对危险化学品空运的认识。

《中国民用航空危险品运输管理规定》原文：
http://www.gov.cn/gongbao/content/2014/content_2561306.htm
国际民航组织修订国际标准—附件18《危险物品的安全航空运输》原文：
http://www.caac.gov.cn/XWZX/GJZX/201503/t20150330_14595.html

2．运输标志

危险化学品的运输分布在公路运输、铁路运输、水路运输、航空运输、管道运输五种运输方式之中。不同的运输方式对相应的运输工具、搬运装卸器械均有相应的规定，务须严格执行。以公路运输为例，其危险品运输车（dangerous goods transport vehicles）是一种货箱顶部不封闭，排气管前置并装有防火花装置，运送石油化工品、炸药、鞭炮等危险品的专用车辆。危险品运输车配备 ABS 系统装置实行运输过程全程监控。配备防撞条、防静电等设施安全可靠。其他运输方式对运输工具和设备也有明确的设计规范和运行要求。

危险化学品运输车辆应当悬挂或者喷涂符合国家标准要求的警示标志。载运危险化学品的船舶在内河航行、装卸或者停泊，应当悬挂专用的警示标志，按照规定显示专用信号。托运危险化学品的，托运人应当向承运人说明所托运的危险化学品的种类、数量、危险特性以及发生危险情况的应急处置措施，并按照国家有关规定对所托运的危险化学品妥善包装，在外包装上设置相应的标志。

危化品运输必须有明显的标志，道路运输危险品货物车辆可以悬挂标志灯和标志牌。

图 9.10　危化品运输标志灯

标志灯包括灯体和安装件。标志灯灯体正面为等腰三角形状，由灯罩、安装底板或永磁体（A 型标志灯）、橡胶衬垫及紧固件构成。标志灯正、反面中间印有"危险"字样，侧面印有"！"，灯罩正面下沿中间嵌有标志灯编号牌（见图 9.10）。

标志灯分为 A、B、C 三个型号。A 型、B 型分别如图 9.11 和图 9.12 所示。

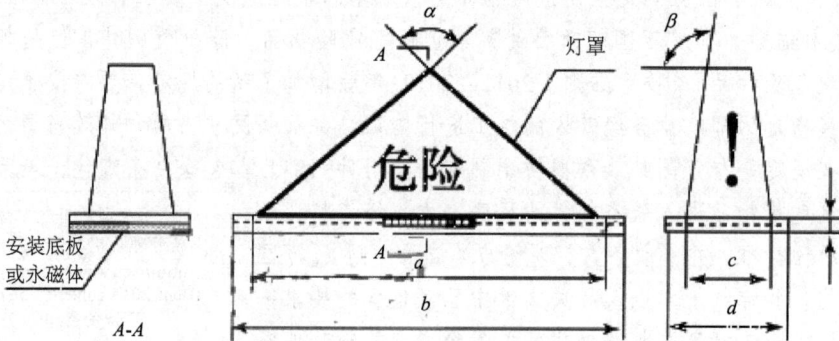

图 9.11　A 型标志灯轮廓

注：尺寸标注见 A 型标志灯。

图 9.12　B 型标志灯轮廓

A 型标志灯的尺寸标准如表 9.1 所示。

表 9.1　A 型标志灯的尺寸标准

类型	尺寸						
	a/毫米	b/毫米	c/毫米	d/毫米	t/毫米	α	β
A	400	440	100	140	22	100	100

标志灯要符合 GB2893—2008 的关于颜色、色泽等有关规定。

标志牌图形应符合 GB190—2009、货物分类和品名编号应符合 GB6944—2012 的具体要求。部分危险化学品标志牌图形如图 9.13 所示。

9.2.3　危险废物物流技术

为贯彻《中华人民共和国环境保护法》和《中华人民共和国固体废物污染环境防治法》，规范危险废物收集、储存、运输过程，保护环境，保障人体健康，环保部制定并发布了《危险废物收集、储存、运输技术规范》（（HJ 2025—2012 ））（以下简称《规范》）。《规范》规定了危险废物收集、储存、运输过程的技术要求，已于 2013 年 3 月 1 日起实施。

《规范》规范了危险废物产生单位及经营单位的危险废物收集、储存和运输活动，并规定了危险废物收集、储存、运输的一般要求。《规范》对危险废物收集的定义、收集计划、收集操作规程、人员配备、安全防护和污染防治措施、包装形式、作业要求等进行了说明；对于危险废物的储存，《规范》对其定义、储存设施设备要求、储存分区、不同废物储存应符合的要求、储存期限等进行了规定；在危险废物运输方面，《规范》规定了运输管理及技术要求等内容。

图 9.13　部分危险化学品标志牌图形

1. 危险废物的运输

根据《中华人民共和国固体废物环境防治法》，运输固体废物的单位和个人必须采取防扬散、防流失、防渗漏或者其他防止污染环境的措施。不得在运输过程中沿途丢失、遗撒固体废物。对运输固体废物的设施、设备和场所，应当加强管理和维护，保证其正常运行和使用。禁止混合运输性质不相容而未经安全性处置的危险废物。禁止将危险废物与旅客在同一运输工具上载运。运输危险废物必须采取防止污染环境的措施。

危险废物运输有专项技术要求。运输过程、中转与装卸过程以及包装、装卸等环节均有具体规定，不同的运输方式也有不同的要求。

2. 危险废物的储存

危险废物储存是指危险废物再利用、或无害化处理和最终处置前的存放行为。危险废物的储存应依据《中华人民共和国环境保护法》《中华人民共和国固体废物污染环境防治法》《一般工业固体废物贮存、处置场污染控制标准》（GB 18599—2001）、《危险废物贮存污染控制标准》（GB 18597—2001）和《危险废物填埋污染控制标准》（GB 18598—2001）等相关规定。

储存设施是指按规定设计、建造或改建的用于专门存放危险废物的设施。危险废物集中储存设施的选址应满足如下条件：地质结构稳定，地震烈度不超过 7 度的区域内；设施底部必须高于地下水最高水位；应依据环境影响评价结论确定危险废物集中储存设施的位置及其与周围人群的距离，并经具有审批权的环境保护行政主管部门批准，并可作为规划控制的依据；在对危险废物集中储存设施场址进行环境影响评价时，应重点考虑危险废物集中储存设施可能产生的有害物质泄漏、大气污染物（含恶臭物质）的产生与扩散以及可能的事故风险等因素，根据其所在地区的环境功能区类别，综合评价其对周围环境、居住人群的身体健康、日常生活和生产活动的影响，确定危险废物集中储存设施与常住居民居住场所、农用地、地表水体以及其他敏感对象之间合理的位置关系；应避免建在溶洞区或易遭受严重自然灾害如洪水、滑坡，泥石流、潮汐等影响的地区；应在易燃、易爆等危险品仓库、高压输电线路防护区域以外；应位于居民中心区常年最大风频的下风向。

危险废物储存设施（仓库式）应遵循以下设计原则：地面与裙脚要用坚固、防渗的材料建造，建筑材料必须与危险废物相容；必须有泄漏液体收集装置、气体导出口及气体净化装置；设施内要有安全照明设施和观察窗口；用以存放装载液体、半固体危险废物容器的地方，必须有耐腐蚀的硬化地面，且表面无裂隙；应设计堵截泄漏的裙脚，地面与裙脚所围建的容积不低于堵截最大容器的最大储量或总储量的五分之一；不相容的危险废物必须分开存放，并设有隔离间隔断。

危险废物在堆放时应遵循如下要求：基础必须防渗，防渗层为至少 1 米厚黏土层（渗透系数 $\leqslant 10^{-7}$ 厘米/秒），或 2 毫米厚高密度聚乙烯，或至少 2 毫米厚的其他人工材料，渗透系数 $\leqslant 10^{-10}$ 厘米/秒；堆放危险废物的高度应根据地面承载能力确定；衬里放在一个基础或底座上；衬里要能够覆盖危险废物或其溶出物可能涉及的范围；衬里材料与堆放危险废物相容；在衬里上设计、建造浸出液收集清除系统；应设计建造径流疏导系统，保证能防止 25 年一遇的暴雨不会流到危险废物堆里；危险废物堆内设计雨水收集池，并能收集 25 年一遇的暴雨 24 小时降水量；危险废物堆要防风、防雨、防晒；产生量大的危险废物可以散装方式堆放储存在按上述要求设计的废物堆里；不相容的危险废物不能堆放在一起；总储存量不超过 300 千克（升）的危险废物要放入符合标准的容器内，加上标签，容器放入坚固的柜或箱，柜或箱应设多个直径不少于 30 毫米的排气孔。不相容危险废物要分别存放或存放在不渗透间隔分开的区域内，每个部分都应有防漏裙脚或储漏盘，防漏裙脚或储漏盘的材料要与危险废物相容。

3. 危险废物的处置

危险废物的处置是指利用焚烧、固化、隔离和其他改变其物理、化学、生物特性的方法，减少以产生的废物数量、缩小固体危险废物体积、减少或者消除其危险成分的活动，或者将危险废物最终置于符合环境保护规定要求的场所或者设置并不再回去的活动。

对于某种废物选择哪种最佳的、实用的方法与诸多因素有关，如废物的组成、性质、状态、气候条件、安全标准、处理成本、操作及维修等条件。虽然有许多方法都能成功地用于处理危险废物，但常用的处理方法仍归纳为物理处理、化学处理、生物处理、热处理和固化处理。

物理处理是通过浓缩或相变化改变固体废物的结构，使之成为便于运输、储存、利用或处置的形态，包括压实、破碎、分选、增稠、吸附、萃取等方法。化学处理是采用化学方法破坏固体废物中的有害成分，从而达到无害化，或将其转变成为适于进一步处理、处置的形态。其目的在于改变处理物质的化学性质，从而减少它的危害性。这是危险废物最终处置前常用的预处理措施，其处理设备为常规的化工设备。生物处理是利用微生物分解固体废物中可降解的有机物，从而达到无害化或综合利用。生物处理方法包括好氧处理、厌氧处理和兼性厌氧处理。热处理是通过高温破坏和改变固体废物组成和结构，同时达到减容、无害化或综合利用的目的。其方法包括焚化、热解、湿式氧化以及焙烧、烧结等。固化处理是采用固化基材将废物固定或包覆，以降低其对环境的危害，是一种较安全地运输和处置废物的处理过程，主要用于有害废物和放射性废物，固化体的容积远比原废物的容积大。

9.3　应急物流工程

9.3.1　应急物流工程概述

1. 应急物流

尽管当今世界科技高度发达，但突发性自然灾害、公共卫生事件等"天灾"，决策失误、恐怖主义、地区性军事冲突等"人祸"仍时有发生，这些事件有的难以预测和预报，有的即使可以预报，但由于预报时间与发生时间相隔太短，应对的物资、人员、资金难以实现其时间效应和空间效应。

从宏观层面上看，中国属于自然灾害高发国家，公共卫生设施、国家处突的经验等方面均存在诸多亟待改进的地方，急需对应急物流的内涵、规律、机制、实现途径等进行研究。从微观层面来看，一方面，企业决策所需的信息不完备以及决策者的素质限制等原因，任何决策者都无法确保所有决策均正确无误，另一方面，因道路建设断路等使货物在途时间延长、交货期延长、因信息传递错误而导致货到而不能及时提取等也会产生应急需求，企业迫切需要制订预案，对不可抗拒的和人为造成的紧急状况进行有效地防范，将应对成本降到最低。

应急物流（emergency logistics）是指为应对严重自然灾害、突发性公共卫生事件、公共安全事件及军事冲突等突发事件而对物资、人员、资金的需求进行紧急保障的一种特殊物流活动。应急物流与普通物流一样，由流体、载体、流向、流程、流量等要素构成，具有空间效用、时间效用和形质效用。应急物流多数情况下通过物流效率实现其物流效益，而普通物流既强调效率又强调效益。

2. 应急物流的特征

应急物流就本质而言，是指在危机发生时对物资、人员、资金等需求进行紧急保障的一种特殊物流活动。与一般性物流活动相比，应急物流更凸显如下四个主要特征。

（1）突发性。由突发事件所引起的应急物流，其最明显的特征就是突发性和非常规性。由于应急物流自身突发性和高时效性的要求，导致一般的物流运行机制难以满足应急情况下的物流需要。因此，应急物流应遵循特事特办的原则，许多一般物流的中间环节将被省略，整个物流流程将表现得更为紧凑，物流机构将更加精干，物流行为也将表现出浓厚的非常规色彩。

（2）非预见性。由于突发事件涉及面广、破坏力大、突发性强，导致事件的持续时间、影响范围、强度大小等因素变得难以预见，也使应急物流的内容随之变得不确定。当然这种非预见性是相对的，随着科技的进步，原先不可预测或难以预测的东西，如自然灾害，逐渐变得可以预测，而一些案例性事故则可以用安全防范来降低其发生的概率。

（3）需求的急迫性和多样性。在突发事件发生的时候，短时间之内需要大量的物资，从救灾专用设备、医疗设备、通信设备到生活用品无所不包；同时，突发事件发生时，往往伴随着运输系统的恶化，如道路被洪水或山体滑坡阻断，除了需要及时配齐这些物品，还要将这些物品及时送达，这将使物流配送系统面临严峻的考验。

（4）应急物流供应的弱经济性。应急物流的最大的特点就是一个"急"字，使得物流成本急剧增加，如果依然运用平时的物流理念，按部就班地运行将难以满足紧急的物流需求。在一些重大险情或事故中，平时物流的经济效益原则将不再作为一个物流活动的中心目标加以考虑，因此应急物流目标具有明显的弱经济性，甚至在某些情况下成为一种纯消费性的行为。

3. 应急物流工程

2014年12月，国务院办公厅下发《关于加快应急产业发展的意见》（国办发〔2014〕63号），正式将应急物流工程列入十二项重点发展过程之一。国务院关于《物流业发展中长期规划（2014—2020年）》明确指出：应急物流工程作为物流产业中长期发展的重点工程之一，要建立统一协调、反应迅捷、运行有序、高效可靠的应急物流体系，建设集满足多种应急需要为一体的物流中心，形成一批具有较强应急物流运作能力的骨干物流企业。加强应急仓储、中转、配送设施建设，提升应急物流设施设备的标准化和现代化水平，提高应急物流效率和应急保障能力。建立和完善应急物流信息系统，规范协调调度程序，优化信息流程、业务流程和管理流程，推进应急生产、流通、储备、运输环节的信息化建设和应急信息交换、数据共享。并特别强调要进一步完善应急物流基础设施，积极有效应对突发自然灾害、公共卫生事件以及重大安全事故。这是对应急物流工程的高度重视。

综上，应急物流工程就是高效解决应急物流问题的一系列工程安排的总和。它由应急仓储、中转、配送设施建设，应急运输以及应急信息系统操作等诸环节构成。

知识拓展

建立完善国家应急物流机制应加强的环节

建立、完善国家应急物流机制已成为当前的一项紧迫任务，应加强以下环节。

（1）政府协调机制。政府协调机制可通过"突发性事件协调处理机构"来实施，国家可以通过法律、法规形式赋予这些机构特定的权利和资源，并建立从中央政府到地方政府相应的专门机构、人员和运作系统。

（2）法律保障机制。应急物流中的法律保障机制实际上是一种强制性的动员机制，也是一种强制性保障机制。通过建立法律机制，一方面可以规范并维系在特殊时期、特殊地点、特殊人群的活动秩序和待遇公正；另一方面可以规范普通民众和特殊人群在非常时期的权利与义务，从而确保应急物流顺畅展开。

（3）全民动员机制。动员是一项民众广泛参与，依靠民众自身力量，实现社会特定发展目标的群众性活动。它以民众需求为基础，以社会参与为原则，以自我完善为手段。

（4）绿色通道机制。政府可在重大灾害发生及救灾赈灾时期，建立区域间的、国家间的"绿色通道"机制，即建立并开通一条或者多条应急保障专用通道或程序，在必要时可以给予应急物资优先通过权，这样可有效简化物流作业周期并提高速度，以方便、快捷的方式通过海关、机场、边防检查站、地区间检查站等，让应急物资、救灾人员及时、准确到达受灾地区，最大限度地减少生命财产损失。

（5）监测预警及应急预案机制。监测与预警是一切突发事件救援、处置、处理的基础，各级政府职能部门应根据国家有关法律法规认真收集、归纳、整理、分析相关信息，并将有关信息上请下达，形成联动。对早期发现的、影响可能较大的潜在隐患，以及可能发生的灾害性突发事件，应通过主管领导或管理部门会同卫生、防疫、地质、气象、消防、防洪、环保等有关专家进行风险预测评估，提供预警意见，及早采取应对措施。

有兴趣的读者可查阅资料，深化对应急物流管理机制的认识。

9.3.2 应急物流系统

应急物流系统（emergency logistics system）是指为了完成突发性的物流需求，由各个物流元素、物流环节、物流实体组成的相互联系、相互协调、相互作用的有机整体。

应急物流最大的一个特点就是"急"字，一般是以时间效益最大化和灾害损失最小化为根本目标，物流的经济效益原则将不再作为一个物流活动的中心目标加以考虑。同时，由于不存在订货与交货的缓冲时间，必须争分夺秒，以满足应急需求，也就是说，应急物流系统以灾区满意度及快速配送为主要目标，实现对突发事件的快速响应，期望能在正确的时间、正确的地点提供正确的物资给事件发生区，在此前提下尽量降低应急物流成本。

1. 应急物流系统特点

应急物流系统与一般的物流或供应链物流系统相比具有显著的特点。

（1）应急物流系统的"时间"性。应急物流系统除了应具有一般物流系统的六个基本要素外，还应具有特有的要素"时间"。由于应急物流的突发性特点，即应急物流需求发生的时间具有极大的不确定性和应急物流需求时间约束的紧迫性，决定了在应急物流系统中"时间"是一个重要的系统因素，即应急物流系统有七个要素，即流体、载体、流向、流量、流程、流速和时间。

（2）应急物流系统的快速反应性。应急物流的突发性和随机性，决定了应急物流系统应具有快速反应能力，具有一次性和临时性的特点。这一特点决定了应急物流系统区别于一般的企业内部物流或供应链物流系统的经常性、稳定性和循环性。

（3）应急物流系统的开放性和可扩展性。应急物流需求的随机性和不确定性决定了在应急物流系统的设计上，应具有开放性和可扩展性。应急物流需求和供给在突发事件发生前是不确定的，而必须在突发事件发生之后将其纳入应急物流系统中。

2. 应急物流系统构建的原则

根据应急物流的特点，应急物流系统的构建应遵循如下原则。

（1）稳定至上与人的生命高于一切的原则。在应急物流系统设计过程中，应始终遵循"人的生命高于一切"这一理念。一切环节均要有利于"救人"和人员安全，维护社会稳定。

（2）应急物流系统的事前防范与事后应急相结合。由于应急物流需求表现为事后选择性，就决定了一个高效率的应急物资信息系统和应急运输信息系统应该成为应急物流系统的重要组成部分。因此，在突发事件暴发前，应建立布局合理的应急系统和应急物资以及应急车辆调配体系。

（3）时间效率重于经济效益。应急物流的突发性和时间约束的紧迫性决定了在应急物流系统的时间效率重于经济效益。应急物流系统要对应急物资的采购机制、运送机制进行设计，对各种运载工具的运输能力、运输路径和运送方案进行比较并给出满意方案。

（4）市场机制与行政机制、法律机制并存。应急物流多是针对突发性的灾难性的自然或社会公共危害而进行的物流活动，是整个社会公众或社会公众的一部分，所以在应急物流系统的设计中不仅依靠市场机制更要依靠行政机制和法律机制。

9.3.3 应急物流工程技术

1. 应急设施选址技术

应急设施选址问题最早起因于救护车和消防站等应急设施的设置等领域，主要研究 P 个设施点的设置问题，目的是使这 P 个设施点能满足拟定的服务对象而且设施点与服务对象之间最大距离最小化。P-中心问题又分为两种类型：一类是选址点限定在顶点选择的 P-中心问题，即顶点中心问题（vertex center problem）；另一类型是选址点可在网络中任何地点选择的 P-中心问题，即绝对中心问题（absolute center problem）。当 P 是定值时，该问题属于多项式问题，较容易解决，但当 P 是变量时，该问题就成为了 NP 难题，解决此类问题的方法一般是将其转化为集合覆盖问题（the set covering problem，SCP）。当 P=1 时，选址问题就是单一选址问题；当 P>1 时，选址问题就是多设施选址问题。

近年来，随着选址理论的发展，很多种中心选址的方法被开发出来，归结起来主要可以分为五种主要方法：解析方法、最优化线性规划方法、启发式方法、仿真方法以及综合因素评价法。

2. 应急物资调度技术

应急物资调度是应急物流的重要组成部分，目的在于灾害行为发生后及时采取有效措施，尤其是物资供给措施，对受灾人群实施救助或阻止灾害的延续，从而尽最大可能消除或减小受灾区域的损失。它具有复杂性、高效性、及时性、保障性、协调性、社会性和成本性等特点。

应急物资的调度可分为确定环境下应急物资的调度及不确定环境下应急物资的调度两种类型。而确定环境下应急物资的调度又包括确定环境下应急物资的静态调度和动态调度两种情况。静态调度的研究方法主要为数学规划，建立的模型主要为单目标模型、二层优化模型以及多目标模型。以单目标为例，又可分为多种情况，如分别以应急开始时间最早、应急成本最低、各受灾点总缺货量最小、食品的分配量最大、最小化运输费用、最大限度地减少痛苦和饥饿等为目标，构建相应规划模型。关于应急物资的调度问题仍然是吸引着众多学者进行深化研究。

新闻链接

"应急物流"灾害面前显身手

据 2013 年 10 月 22《东南商报》报道（通讯员 陈岚 胡鸿志 记者 范洪）：2013 年 10 月 5 日以后，受"菲特"台风影响，甬江流域雨量达到 1953 年有记录以来最大，姚江水位接近百年一遇。强台风"菲特"带来的强降雨给宁波市造成了巨大影响和重大损失。尤其是重灾区余姚城 70%被淹，而在随后的抗灾救灾中，大宗物资的调运，小到一瓶矿泉水、一罐八宝粥，大到应急发电机、抢险用的冲锋舟，各种建筑材料，全都要通过应急物流进行调运，可以说，应急物流是否高效、通畅，能否完成应急保障任务，对抗灾救灾起到了至关重要的作用。

在这次救灾中，宁波市交通运输部门积极协调部署，快速响应、全方位服务保障，出色地完成了大量物资的调运任务，为一线抢险抗灾提供了有力的支持和保障。而水灾中的应急物流保障，也从一个侧面反映了近年来我市交通物流，特别是应急物流的发展水平。

10 月 10 日，市交通运输部门协调慈溪市公铁联运有限公司派 12 辆厢式货车赴余姚参与救灾，而随后几天这些车辆也是一直在余姚待命，随时接受当地各部门调遣，运送救灾物资。

10 月 12 日，根据慈溪商务部门要求，交通运输部门又启用天地物流慈东仓储用房，作为救灾物资的堆存和分拨点，同时调动叉车 8 辆、装卸工 80 名，高峰时期该仓储承担了近 20 个集装箱救灾物资的储存转运。

宁波市另一家物流企业—美家亮物流也派遣了货车进入余姚市区，为灾区送去了充电宝、橡皮艇等急需物资。在救灾工作从应急阶段转向消杀防疫工作后，美家亮物流又立即从诸暨调运漂白粉数吨协助灾后防疫，全方位保障了灾区各项救灾工作的顺利展开。

在专业的物流配送中，不同的物资需要使用不同的车辆装载，而在此次救灾中，宁波市各物流企业充分展现了自身的全方位保障能力——能够满足运送不同类型的救灾物资，如木桩、食品、蔬菜、发电机、水泵等，并能快速集结调运包括集卡、栏板车、工程车、厢货在内的各类货车，满足恶劣条件下的运输。

《东南商报》官网本报道《"应急物流"灾害面前显身手》原文链接：http://daily.cnnb.com.cn/dnsb/html/2013-10/22/content_659856.htm?div=-1

第 9 章　特种物流工程

由于应急物流需求是突发事件导致的，随机性和弱经济性也是应急物流的显著特点，因此通常对运力、时间等要素有更高的要求，需要在短时间内全方位满足需求，而应急物流的效益更多地体现在物流效率上。

本次救灾过程中，市交通运输部门在短时间内调集多种类型的货车，在自然环境较为恶劣的情况下，完成各类物资的运输任务，充分体现了全方位的应急保障能力。

假设自己未来经营一家物流企业，若面对应急事件，该如何面对？

📖 案例分析

浙江危化运输安全成在"创新"

据 2015 年 9 月 28 日《中国化工报》报道　2015 年 9 月 22 日，在宁波举行的浙江危险化学品装卸和运输过程安全管理研讨会上，宁波市镇海区人民政府及宁波石化经济技术开发区、巨化集团公司等 7 家单位，与来自全国各地的同行分享了危险化学品装卸过程安全管理的经验。

近年来，镇海区人民政府从监管机制、过程管控、科技应用、应急管理、执法机制等五方面着手，创新了政府服务功能，将监管对象变成服务对象，从而实现了镇海区危险化学品运输系统化、智能化、一体化管理，解决了危险化学品道路运输过程中日益显现的管理压力，逐步建立起一套完整的危险化学品道路运输安全监管体系。

早在 2011 年初，镇海区就启动了危险化学品运输车辆卫星定位监控指挥中心建设，在严格落实危险化学品运输企业自我监控主体责任的基础上，将企业卫星定位监控的终端接入全区统一的监控中心平台，同时对全区所有危险化学品运输车辆的卫星定位终端根据承运不同介质产品，分高危、中危、低危三个等级进行升级改造。其中将 314 辆高危等级的运输车辆改造成车载 3G，具备可实时视频监控和语音播报的功能；192 辆中危等级车辆改造后具备拍照和语音播报功能；214 辆低危等级车辆改造后具备轨迹回放、速度监控功能。

实践证明，卫星定位监控指挥中心投入运行后，安监部门对危险化学品装卸和运输的监管工作由被动转为主动、由静态转为动态、由事后监管转为事前预防预警，极大地提高了监管工作的针对性和有效性。自 2011 年以来，镇海区仅发生危险化学品运输车辆有责事故 5 起，其中 2013 年取得有责事故零发生的明显成效，在同行业中处于领先水平。此外，宁波石化区管委会通过委托专业公司进行规范化管理的思路，也为各地政府部门如何服务企业探索了一条新路。

巨化集团公司是全国最大的氟化工先进制造业基地和浙江省最大的化工基地，近年来一直以"互联网+"的理念推进公司改革发展。由浙江巨化物流有限公司投资运营的衢州工业新城物流园区，依托互联网和移动互联网等技术，积极打造智慧物流市场，通过线上线下结合实现对危险化学品物流的全过程安全监管。目前，衢州工业新城物流园区一期配载交易中心和车辆服务中心均已投入运营。通过智慧物流市场建设，该物流园区基本杜绝了危险化学品车辆违法停放、清洗等行为，消除了运输车辆流动性危险源；通过数据共享，有效地解决了监管时差等监管漏洞，并初步实现了危险化学品道路运输"总体可控、状态可视、物流大数据集成、职能协同、决策智能"等基本功能。

宁波金洋化工物流有限公司从业务专营、车辆专用、人员专业角度，特别是"人"这一环节上进行严格管控，对危货运输人员进行模拟驾驶窗的安全性、感知性、自省性、冲动性、稳定性、警觉性六个维度的安驾测评；镇海石化海达发展有限责任公司通过应用定量装车，两段式气动阀，气动马达鹤管伸缩，干断阀、拉脱阀等新技术、新工艺，从本质上为危险化学品装卸提供安全保障；梅赛尼斯公司从企业文化这一层面深化了危险化学品装卸和运输过程安全管理。

讨论与分析：

1. 根据案例，谈谈你对危险化学品物流的认识。

2. 结合浙江危险化学品物流运营的经验，设计一套危险化学品监管的流程。

同步测试

一、单项选择题

1. （　　）不属于冷链管理体系。
   A. 市场监督　　　　　　　　　　　B. 产品链管理
   C. 温控冷冻设施设备的管理　　　　D. 口岸物流系统管理

2. 冷链物流工程的特性不包括（　　）。
   A. 多样性　　　　B. 应用性　　　　C. 可监控性　　　　D. 系统性

3. 依据我国目前已公布的法规、标准，氧化剂和有机过氧化物属于第（　　）类危险化学品。
   A. 第三类　　　　B. 第四类　　　　C. 第五类　　　　D. 第六类

4. 危险品运输过程中发生危险化学品事故后，上风侧的遇险人员应（　　）。
   A. 逆风撤退　　　B. 顺风撤退　　　C. 就地等待救援　　　D. 组织抢险

5. 冷藏物流的温度范围是（　　）。
   A. −18℃以下　　B. −18～0℃　　　C. 0～10℃　　　D. 10～18℃

二、多项选择题

1. 冷链物流较之于传统的物流而言有（　　）等不同。
   A. 全程温控　　　B. 协调性高　　　C. 投资成本高　　　D. 技术含量高

2. 冷链物流活动主要环节有（　　）。
   A. 冷冻加工　　　B. 冷冻储存　　　C. 运输及配送　　　D. 冷藏销售

3. 根据使用性质的不同，冷库可分为（　　）。
   A. 储存用冷藏库　　　　　　　　　B. 生产性冷藏库

C．生活服务性冷藏库　　　　　　　　　D．分配性冷藏库

4．常用的危险废物处理方法有（　　　）。

　　A．物理处理　　　B．化学处理　　　C．生物处理　　　D．固化处理

5．与一般性物流活动相比，应急物流更凸显了（　　　）等主要特征。

　　A．突发性　　　B．非预见性　　　C．需求的多样性　　　D．低成本性

三、判断题

1．冷链是为保持新鲜食品及冷冻食品等的品质，使其在生产、储藏、运输、销售到消费的各个环节中始终处于规定的低温环境下，以保证物品质量、减少物品损耗的一项系统工程。（　　　）

2．冷链管理既是政府的责任也有企业的义务。（　　　）

3．肉类、鱼类等加工厂的冷藏库应布置在城市居住区夏季风向最小频率的下风侧，位于产地附近或商品集散方便的地方。（　　　）

4．根据使用性质的不同，冷库可分为生产性冷藏库、分配性冷藏库和生活服务性冷藏库三类。（　　　）

5．危险货物的国际运输，把包装的强度分为三个等级，Ⅰ级包装——较小危险，Ⅱ级包装——中等危险，Ⅲ级包装——最大危险。（　　　）

6．大中型危险化学品仓库应选址在远离市区和居民区的当地主导风向的下风方向和河流上游的地域。（　　　）

7．国家对危险化学品的运输实行资质认定制度；未经资质认定，不得运输危险化学品。（　　　）

8．应急物流不强调经济效益，多数情况下通过物流效率实现其物流效益。（　　　）

9．应急物流的突发性和时间约束的紧迫性决定了在应急物流系统的设计上，应避免开放性和可扩展性。（　　　）

10．P-中心问题又分为两种类型：一类属于顶点中心问题，另一类属于绝对中心问题。（　　　）

四、综合实务题

象山国际水产冷链物流基地

2014年11月，象山国际水产物流园"水产保税冷链物流基地"主体工程完成了施工前的各项报批手续，施工队已正式进场，开始2万吨冷库、附属车间、交易大厅等项目的桩基施工。

象山国际水产物流园属于浙江省重点工程，主要包括"一个总部，两个基地"，即象山国际海洋经济发展总部和国际水产保税冷链物流基地、海洋生物产业（水产品加工基地）。其中，位于鹤浦盘基塘的水产保税冷链物流基地是整个项目先行区块，总投资12亿元，建设内容包括宁波海洋渔业总部、渔货集散中心区、保税冷链物流仓储区、出口加工区和综合配套服务区等。

自 2013 年初开始，项目筹备工作组做了大量前期工作，相继完成项目可研、规划、测量、一期工程勘察及设计、码头勘察及设计、河道桥梁设计、项目环评及能评、海域使用论证、通航论证等工作。开展市场调研及选择合作伙伴，走访日本、韩国、泰国等国家和中国台湾地区的相关客户，多次考察国内外同类项目的状况，吸收许多有用的开发经营经验。

象山国际水产物流园项目总投资 45 亿元，由中国供销集团（宁波）海洋经济发展有限公司投资建设，是推动东部沿海海洋经济产业升级的"大手笔"之作，目标是建设成为国内重要的鲜活农产品交易中心、国际海洋产品集散中心、海洋经济发展信息服务中心。计划用 5 年时间建成投产，做强冷链物流、做活保税业务、做深水产加工、做大出口贸易，真正成为国际一流的水产贸易中心，预计年实现销售收入超过 100 亿元、年税收超过 5 亿元。

2015 年，该项目又投资 2.8 亿元，开工建设了冷库及附属车间、鲜活水产分拣大厅、鲜活水产配送中心、海洋生物厂房、综合服务大楼等七栋房子，总建筑面积约 9.42 万平方米，以及建设"渔人码头"等各类配套工程。同时，继续做好河道、桥梁、道路等基础设施工程，全面贯通基地的纵横主干道，完成三条河道绿化、供水供电、排污排水等工程，确保该基地的硬件基本成形。

讨论与分析：

1．根据案例素材，谈谈你对冷链物流工程建设流程的认识。
2．请构建冷链物流在海洋经济中的产业链条。

五、论述题

1．试述冷链物流的意义。
2．装卸和搬运爆炸品应注意什么事项？

第三篇　综合篇

本篇主要内容

- 第 10 章　物流项目规划
- 第 11 章　物流工程仿真

第10章 物流项目规划

学习目标与内容架构

知识目标

（1）掌握物流项目及其规划的概念；（2）了解物流规划的原则和内容；（3）了解仓储系统和仓储效益；（4）理解仓储规划的原理；（5）了解自动化仓库的布置；（6）掌握物流中心的概念及其设计原理。

技能目标

（1）能选定物流项目的规划内容；（2）能利用相关方法进行仓储规划；（3）能模拟规划自动化物理仓库；（4）能利用相关方法规划布置一定条件的物流中心。

内容架构

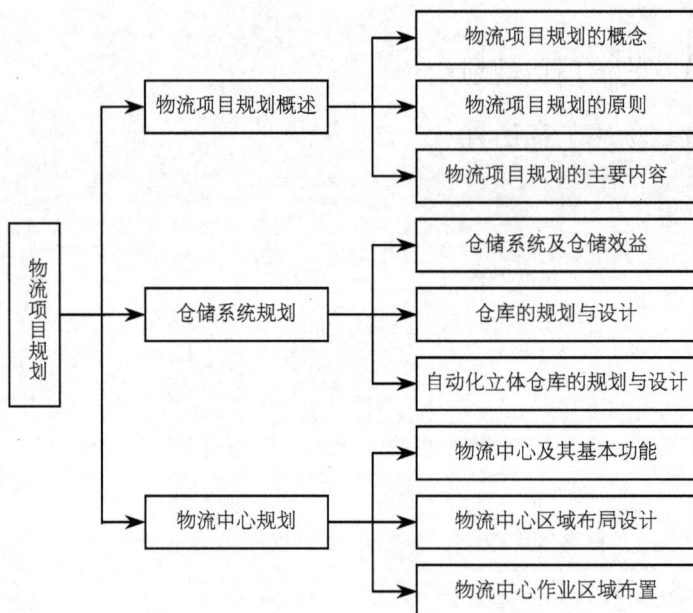

引　言

物流重点项目得到国家重点规划

针对我国物流业存在成本高、效率低的弊端，特别是中西部地区，因地域广阔，基础设施薄弱，物流业发展较为落后的现状，2015年7月，国家发展和改革委员会推出了重大工程包"现代物流"来弥补这一短板。

国家发展和改革委员会将通过两个重要工程来改善物流基础设施条件，提高物流整个信息化水平：一是发展农产品冷链物流工程，二是发展城乡配送工程。这两个工程对提高整个物流水平是很有效的，特别是针对中西部地区，如果能够实施好，对改善"卖难"和"买贵"这两方面的问题都会起到很好的作用。除此之外，在 2020 年前，国家还将重点引导企业开展十个领域的重大项目建设，包括多式联运、物流园区、农产品物流、制造业物流与管理、资源性产品物流、城乡物流配送、电子商务物流、物流标准化、物流信息平台化、应急物流。

随着一系列物流重点工程项目的规划和建设，物流绩效将明显提升，物流产业的重要地位将得到进一步加强。

10.1　物流项目规划概述

10.1.1　物流项目规划的概念

随着物流产业的高速发展，物流项目已成为拉动经济发展和推进产业升级的重要抓手，项目管理的地位也越来越重要。

1. 项目

项目（Project）一词于 20 世纪 50 年代在汉语中出现，是指在一定的约束条件下（主要是限定时间、限定资源），具有明确目标的一次性任务。

随着认识的深入，人们认为项目可以是一件事情、一项独一无二的任务，也可以理解为是在一定的时间和一定的预算内所要达到的预期目的。项目侧重于过程，它是一个动态的概念。

我们认为，项目是在一定时间内，满足一系列特定目标的多项相关工作任务的总称。项目的定义包含三层含义：第一，项目是一项有待完成的任务，且有特定的环境与要求；第二，在一定的组织机构内，利用有限资源（人力、物力、财力等）在规定的时间内完成任务；第三，任务要满足一定性能、质量、数量、技术指标等要求。这三层含义分别对应时间约束、费用约束、性能约束，其目标就是要满足客户、管理层和供应商在时间、费用和性能（质量）上的不同要求。

一般来说，项目具有以下特征。

（1）一次性。这是项目与日常运作的最大区别。项目有明确的开始时间和结束时间，项目在此之前从来没有发生过，而且将来也不会在同样的条件下再发生，而日常运作是无休止或重复的活动。

（2）独特性。每个项目都有自己的特点，它所产生的产品、服务或完成的任务与已有的相似产品、服务或任务在某些方面有明显的差别。项目自身有具体的时间期限、费用和性能质量等方面的要求。

（3）目标的明确性。每个项目都有自己明确的目标，为了在一定的约束条件下达到目标，项目经理在项目实施以前必须进行周密的计划。事实上，项目实施过程中的各项工作都是为项目的预定目标而进行的。

（4）组织的临时性和开放性。项目开始时需要组建项目组织，其成员及其职能在项目执行过程中将不断地变化，结束时项目组织将会解散。一个项目往往需要多个甚至几百上千个单位共同协作，它们通过合同、协议以及其他的社会联系组合在一起，因而，项目组织没有严格的边界。

（5）后果的不可挽回性。项目具有较大的不确定性，它的过程是渐进的，潜伏着各种风险。它不像有些事情可以试做，或失败了可以重来，即项目具有不可逆转性。

2. 物流项目

物流业作为新兴复合性产业，具有巨大的发展空间。人们对物流领域项目的数量和质量要求也越来越高，既有物流"硬件"设施的建设项目（如城市物流园区、物流配送中心、自动化仓库、物流管理信息系统等），也有物流"软件"规划与咨询项目（如国家或区域物流发展规划、企业物流产品和转制方案研究等）。

物流项目（logistics project）是指为实现某一特定的物流目标而设定的一系列任务。

物流项目根据不同的参照标准可以有多种分类结果。按照项目的主要内容可分为仓库项目、配送项目、物流加工项目；按照客户类型可分为企业物流项目、社会物流项目；按照物流涉及区域又可分为国际、国内、城际、市内物流项目；按照物流对象也可分为一般货物、特种货物、液态货物、散货物流项目；按照物流实施主体与物流项目的关系还可分为自营项目、第三方物流项目、物流咨询项目；按照物流业务的范围还可分为物流工程项目与物流服务项目等等。

物流项目发挥着重要作用。首先，物流项目是解决社会供需矛盾的主要手段。需求与供给的矛盾是社会与经济发展的动力。面对物流产业的强劲发展趋势，物流项目的市场需求力旺盛。在这种状态下，重要策略就是扩大供给，不断推出新的物流项目，提供个性化服务和产品，降低产品价格，提高产品功能，同时要善于引导需求，提高已建成项目的利用率。其次，物流项目是知识转化为生产力的重要途径，是知识经济的一个主要业务手段。由于中国物流市场启动较晚，因而后发优势凸显。在 21 世纪短短的时间内，大批的科技成果已经形成。要使这些成果迅速转化为现实生产力，只有通过物流项目的上马才能得以实现。第三，物流项目是实现物流企业发展战略的载体。物流企业的使命、愿景、战略目标都需要通过一个个成功的项目来具体实现。成功的物流项目不仅能够实现物流企业的发展目标和利润、扩大企业的规模，而且能强化物流企业的品牌效应，锻炼物流企业的研发团队，留住物流企业的人才。第四，物流项目是项目经理社会价值的体现。大部分工程技术人员的人生是由一个个项目累积而成的，技术人员和项目管理人员的价值只能透过项目的成果来反映。参与有重大影响的项目本身就是工程技术和项目管理人员莫大的荣誉。

3. 物流项目规划

物流项目规划（logistics project planning）是预测项目的发展走向，确定要达到的目标，估计会碰到的问题，并提出实现目标、解决问题的有效方案、方针、措施和手段的过程。

物流项目规划理论研究在国际上是一个非常活跃的研究领域，但是在我国的发展还相对滞后，尚没有形成一套相对独立完整的科学方法体系，对区域物流系统和物流项目规划指导的力度还不够大，导致我国物流建设过程中出现了诸多问题，比如重复建设、设施雍余、服务瓶颈等。因而，加强物流项目规划的研究和实施具有重要地位。

物流项目的规划可分为三个层级：第一，国家层级的物流项目规划。应当着重于强化以物流基础设施和物流基础网络为内容的物流基础平台规划，这要和国家基础设施建设的国策吻合。这个物流基础平台的规划，当然要包含铁路、公路的几纵几横的线路规划。但是，更重要的是，应当从现代物流综合的角度而不是从部门的角度全面规划综合网络，包括不同线路合理布局以及使网络发挥更大效用的综合物流节点、物流基地以及相应的综合信息网络。第二，省、市层级的物流规划。应当着重于地区物流基地、物流中心、配送中心等层次的物流节点以及综合的物流园区规模和布局的规划。物流基地、物流中心、配送中心等层次的物流节点是省、市物流外接内连的不同规模、不同功能的物流设施，也是较大规模的投资项目。这些层次的物流节点的规划是省、市物流运行合理化的重要基础。第三，企业的物流项目规划。生产企业，尤其是大型生产企业，从"营销支持"和"流程再造"角度进行物流系统的建设规划，会有效地提高企业的素质，增强企业的运营能力。第三方物流企业也要有支撑自身发展的项目规划。

知识拓展

物流项目管理的内容

物流项目管理主要包括如下几个方面。

（1）物流项目范围管理。是为了实现物流项目的目标，对其工作内容进行控制的管理过程。它包括范围的界定、范围的规划、范围的调整等。

（2）物流项目时间管理。是为了确保物流项目最终的按时完成的一系列管理过程。它包括具体活动界定、活动排序、时间估计、进度安排及时间控制等项工作。

（3）物流项目成本管理。是为了保证完成物流项目的实际成本、费用不超过预算成本、费用的管理过程。它包括资源的配置成本、费用的预算以及费用的控制等项工作。

（4）物流项目质量管理。是为了确保物流项目达到客户所规定的质量要求所实施的一系列管理过程。它包括质量规划、质量控制和质量保证等。

（5）物流项目的人力资源管理。是为了保证所有项目关系人的能力和积极性都得到最有效的发挥和利用所做的一系列管理措施。它包括组织的规划、团队的建设、人员的选聘和项目的班子建设等一系列工作。

（6）物流项目沟通管理。是为了确保物流项目的信息的合理收集和传输所需要实施的一系列措施。它包括沟通规划、信息传输和进度报告等。

（7）物流项目风险管理。是为了防范涉及物流项目可能遇到各种不确定因素而采取的一系列管理措施。它包括风险识别、风险量化、对策制订和风险控制等。

（8）物流项目采购管理。是为了从物流项目实施组织之外获得所需资源或服务所采取的一系列管理措施。它包括采购计划、采购组织、资源选择以及合同的管理等。

（9）物流项目集成管理。是指为确保物流项目各项工作能够有机地协调和配合所展开的综合性和全局性的项目管理工作和过程。它包括项目集成计划的制订、项目集成计划的实施、项目变动的总体控制等。

请查阅相关资料，深入对物流项目管理的认识。

10.1.2　物流项目规划的原则

物流项目作为现代服务业发展的重要内容，必须精心规划，遵循一定的基本原则。

1．高起点原则

在"中国制造 2025"和"互联网+"背景下，物流项目往往是一个具有关联性、整合性、集聚性和规模性的综合体，对国民经济的发展具有重大影响，其规划应该是一个高起点的中长期规划，具有先进性和综合性。规划应瞄准世界物流发展的先进水平和方向，以现代化的物流技术为指导。

2．目标性原则

任何一个物流项目均有自身的核心发展方向和内容，而目标方向和管理效能成正比。如果目标方向明确，工作效率越高，管理效能也就越高，否则，目标方向错误，工作效率越高，损失也就越大。因此，物流项目规划必须具有明确的目标性。

3．规划的全局性原则

随着物流产业的发展，物流项目呈系统性发展态势。根据系统论的观点，子系统不能背离母系统赋予的任务，否则就破坏了整个系统的有效运转。所以，规划必须从大处着眼，从小处着手，要与全局规划相吻合。

4．规划柔性化原则

针对我国目前现代物流产业发展还不够完善、人们对物流产业还缺乏深入认识的现状，现代物流项目的规划应坚持柔性化原则，要形成规划中持续改进机制，确立规划的阶段性目标，建立规划实施过程中的阶段性评估检查制度，以保证规划的最终实现。

5．规划的点、面结合原则

在制订物流项目规划时，既要从全局出发，注意到各方面的综合平衡，也要突出重点，就是不要平均用力，面面俱到，在时间上应有先有后，在力量上应有轻重缓急。突出重点，实质上就是把力量放在需要着重发展的方向。

6．规划的市场化运作原则

物流项目的运作以市场为导向，以企业为主体，在项目的功能开发建设、资源整合等方面，都要靠项目优良的基础设施、先进的物流功能、良好的生活环境和周到有效的企业服务来吸引物流企业和投资者共同参与，使物流项目真正成为物流企业公平、公开和公正地竞争经营的舞台。

7. 集约利用土地原则

根据现代物流业特点，物流项目用地往往享受一定的税费优惠政策，因而，对项目基础设施建设，要统一规划，按功能分区，集中布置行政管理及生活服务设施，提高区域性社会资源的共享程度。在成本合理、条件允许的情况下，尽量建设利用效率较高的仓库和标准厂房等设施，提高土地利用效率。

8. 环境保护原则

由于大型项目建设必须进行环评，项目环评是在一定区域内进行开发建设活动时，事先对拟建项目可能对周围环境造成的影响进行调查、预测和评定，并提出防治对策和措施的过程。所以，现代物流项目的规划必须充分考虑环境保护，有效防止对环境的破坏，包括项目建设应减轻物流对城市环境造成的不利影响等。随着社会的发展，在建设大型项目时国家正逐步试点推进社会稳定评价，更重视老百姓的切身利益。

10.1.3 物流项目规划的主要内容

物流项目规划主要有以下几项内容。

（1）项目基础，物流规划项目基础是指对物流项目现有的基本情况分析，包括发展现状、面临的形势、项目具有的优劣态势、项目开展享有的基础设施、现有的扶持政策、该规划的范围以及规划依据等。

（2）总体思路，物流项目规划的总体思路是对项目发展走势的一个基本概括，是结合项目的发展环境和方案剖析，对项目规划的一个精辟总述，是该规划制订的总指针。它主要包括项目性质、指导思想、基本原则、规划目标等内容。

（3）主要任务，物流项目的主要任务是项目规划的核心内容，是项目规划实施的平台和抓手。它将项目的实施内容细化为若干模块或工作方案，明晰了项目的重要节点和关键领域。

（4）推进路径，物流项目的推进路径是落实项目主要任务的线路图，它以主要任务的实施为依托，以较强可操作性的工作方法和实施方案为抓手，有时也以重点工程的形式出现，其目的是高效助推主要任务的完成。

（5）时间安排和资金方案，是指该物流项目实施需要的时间周期和资金安排。根据科学的施工定额和项目环境，科学制订时间安排表，明晰资金来源和拨付节点，该节点与工作任务密切相关，是支撑和控制项目质量的重要砝码。

（6）保障措施，是确保项目规划能够实现的具体方法和手段。主要包括项目实施过程中需要在组织层面、政策层面、要素层面等诸方面支撑承诺，也是项目实施的精神支柱和资金、技术、人员来源的可靠路径。

10.2　仓储系统规划

仓储是现代物流的一个重要组成部分，在物流系统中起着至关重要的作用，是厂商研究和规划的重点。高效合理的仓储可以帮助厂商加快物资流动的速度，降低成本，保障生产的顺利进行，并可以实现对资源有效控制和管理。

10.2.1 仓储系统及仓储效益

10.2.1.1 仓储系统

仓储是物质产品的生产持续过程，它创造着产品的价值。仓储既有静态的物品储存，也包含动态的物品存取、保管、控制的过程。存储活动发生在仓库等特定的场所。

仓储系统(warehousing system)是产品分拣或储存接收中使用的设备和运作策略的组合。

仓储系统是物流系统的一个重要子系统，其主要构成要素包括储存空间、物品、人员及储存设备等要素。仓储系统是企业系统的一个重要组成部分，其运营效率直接影响着企业的物流系统，而整个物流系统对企业的正常运行起到至关重要的作用。仓储系统运行的效果如何，取决于仓储系统的设计、现场施工、技术培训和维护保养等情况。其中，仓储系统的设计至关重要，一个好的设计是产生一个好的仓储系统的必要条件。

10.2.1.2 仓储的效益

仓储系统的效益表现为直接经济效益和间接服务效益两种形式。

1. 直接经济效益

当利用一个或多个仓储设施能直接降低物流的总成本时，即产生了仓库的经济效益。这意味着，如果一个物流系统增加一个仓库能够使运输总成本下降的金额大于该仓库的固定成本和变动成本，即该仓库的使用能够使该物流系统的总成本下降，则该仓库在经济上具有合理性。

具体而言，仓库的直接经济效益来源于整合、分类、加工和延迟、堆存四个方面。

（1）整合。整个仓库把来自一系列制造企业的需送往某一特定客户的材料，整合成一票装运，从而实现最低的运输费用，并减少客户在收货站台处发生拥挤。这就产生了整合效益。图 10.1 显示了仓库的整合流程。整合仓库可以由单独一家厂商使用，也可以由几家厂商联合起来共同使用，提供出租方式的整合服务。通过整合，每一个单独的制造商或托运人都能够享受到物流总成本低于其各自分别直接装运时物流成本的效益。

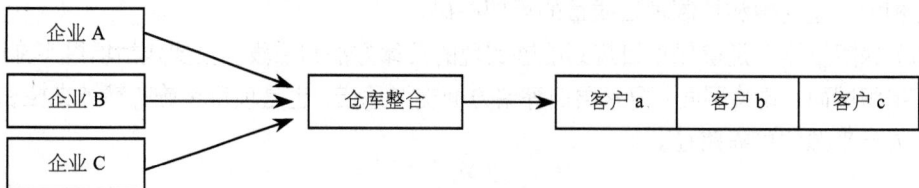

图 10.1　仓储整合流程

（2）分类。分类仓库把来自工厂的客户组合订货分类或分割，然后运送给一些客户，图 10.2 说明了此种分类流程。由于长距离运输转移的是大批量货物，所以运输成本相对较低，进行跟踪也不太困难。

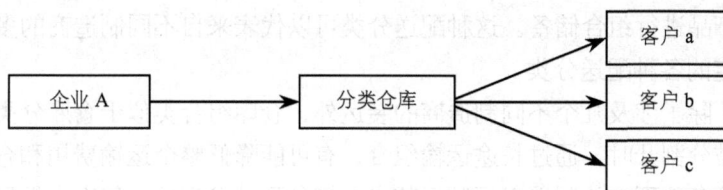

图 10.2　分类流程

交叉站台设施具有类似功能。零售连锁店广泛采用交叉站台作业补充快速转移的商店存货，如图 10.3 所示。在这种情况下，交叉站台先从多个工厂运来整车货物，然后按客户或地点进行分类，穿过"站台"装上指定的拖车，运往零售店。交叉站台的经济性体现在从制造商到仓库的满载运输，以及从仓库到客户的满载运输。由于所有车辆都进行充分装载，能更有效地利用站台设施，使站台装载利用率达到最大限度。同时，由于产品不需要储存，因而降低了在交叉站台设施处的平均成本。

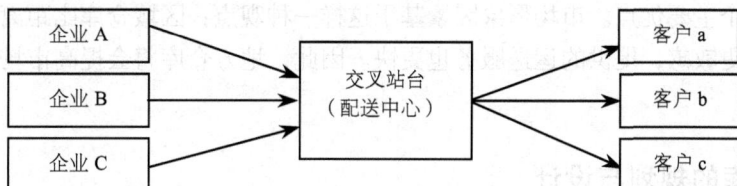

图 10.3　配送分类流程

（3）加工和延迟。仓库通过承担加工或参与少量的制造活动，使产品延期或延迟生产，具有包装能力或粘贴标签能力的仓库可以把产品的最后一道生产工序一直推迟到该产品需求时为止。加工和延迟使降低风险与降低存货水平相结合，往往能够降低物流系统的总成本。

（4）堆存。该仓储服务的直接经济利益从属于这样一个事实：对于所选择的业务，季节性储存至关重要。仓库的堆存能支持市场营销活动，提供存货缓冲，使生产活动在受到材料来源和需求等限制的条件下提高效率、降低成本。

2.　间接服务效益

当一个仓库主要根据服务条件证明其存在是否合理时，支持它的理由便是整个物流系统在时间和空间方面的能力得到改进。在这种情况下，物流系统通过仓库获得服务效益，其物流成本不一定会降低。对以这种理由进行的投资，其报酬比较难于量化，因为它涉及成本与服务的交换。

通过仓库实现的五个基本服务效益分别是现场储备、配送分类、组合、生产支持以及市场形象。

（1）现场储备。在实物配送中，产品品种有限或产品具有高度季节性的制造商经常使用现场储备这种服务。它们不是按照年度计划在仓库中安排各种存货，而是直接从制造工厂进行装运，并通过在战略市场中获得提前存货的承诺，从而大大减少运送时间。利用仓库设施进行现场储备，可以在季节销售的最旺季节到来之前，把各种存货堆放到最接近关键客户的各种市场中去。

（2）配送分类。按照对客户订货的预期，制造商、批发商或零售商利用提供配送分类服务的仓库，对产品进行组合储备。这种配送分类可以代表来自不同制造商的多种产品，也可以是由客户确定的各种配送分类。

（3）组合。除了涉及几个不同制造商的装运外，仓库组合类似于仓库分类过程。当制造企业在地里上被分割开时，通过长途运输组合，有可能降低整个运输费用和仓库需要量。在典型的组合运输条件下，从制造工厂装运整卡车产品到批发商处，每次大批量装运可以享受尽可能低的运输费率。产品到达组合仓库后，可以按照客户要求或市场需求，选择每一种产品的运输组合。

通过运输组合进行转运，在经济上通常可以得到特别运输费率的支持，即给予各种转运优惠。在仓库组合概念下，内部的产品也可以与定期储存在仓库里的产品相结合。

（4）生产支持。生产支持仓库向装配工厂提供稳定的零部件和材料供给。由于存在较长的采购提前期或使用过程中的重大变化，向外界采购的项目进行安全储备完全必要。

（5）市场形象。尽管市场形象效益也许不如其他服务效益明显，但是常常被营销者看成区域仓库的一个主要优点。市场形象因素基于这样一种观点：区域仓库比距离更远的仓库对客户需求反应更敏感，提供的运送服务也更快。因此，地方仓库将会提高市场份额，并有可能增加利润。

10.2.2　仓库的规划与设计

1．仓库分区

仓库结构从功能角度看一般包括接货区、储存区、理货备货区、分发配装区、外运发货区、加工区、管理指挥区等。

（1）接货区。在该区域完成接货及入库前的工作，如接货、卸货、清点、检验、分类等各项准备工作。接货区的主要设施包括进货铁路或公路、装卸货站台、暂存研究检查区域。

（2）储存区。该区域储存或分类储存所进的物资，属于静态区域。货物在此要有一定时间的放置。与不断进出的接货区相比，该区域所占面积较大，在许多物流中心里往往占总面积的一半左右。

（3）理货备货。该区域用于进行分货、拣货、配货作业，目的是为送货做准备。区域面积随仓库不同而有较大变化，如对多用户、多品种、少批量、多批次配送的仓库而言，分货、拣货、配货工作复杂，该区域所占面积很大；但在另一些仓库，该区域面积却又很小。

（4）分发配装区。在这个区域，按用户需要将配好的货物暂存等待外运，或根据每个用户货物多少决定配车方式、配装方式，然后直接装车或运到发货站台装车。该区域用来暂存货物，时间短，暂存周转快，所占面积相对较小。

（5）外运发货区。在这个区域里将准备好的货装入外运车辆发出。该区域结构和接货区类似，有站台、外运线路等设备。有时外运发货区和分放配装区还联为一体，所分好的货物直接通过传送装置进入装货场地。

（6）加工区。许多仓库还设有加工区，在该区域内进行分装、包装、切裁、下料、混配等各种类型的流通加工。加工区在仓库里所占面积较大，但设备装置随工种类的不同而有所区别。

（7）管理指挥区（办公区）。这个区域既可集中于物流中心某一位置，也可分散设置于其他区域中，主要是营业事务处理场所、内部指挥管理场所、信息场所等。

除以上主要工作区域外，仓库还包括其他一些附属区域，如内部道路、停车场、警卫室等。

2. 仓库的几种典型布置

仓库的布置取决于仓库的运作流程。目前在世界上有三种普遍采用的较为典型的布置形式，即 U 形布置、直进穿越式布置和模块化干线布置。

（1）U 形布置。图 10.4 即为 U 形布置图，产品从进货开始，然后进入仓库中的储存位置，经过拣货后又流动到出货码头。因为 U 形布置图中物流移动路线合理，进出口码头相邻可使码头资源充分利用，也便于进行越库作业。这种布置也有利于向三个方向扩建。因为有这些优点，所以 U 形布置方式经常是仓库设计中的首选。

（2）直进穿越式布置。图 10.5 为直进穿越式布置简图。这种布置非常适合单纯的越库作业，也便于解决高峰时刻同时进出货的问题。这种布置的主要缺点是不适宜于 ABC 分类的储备方式。

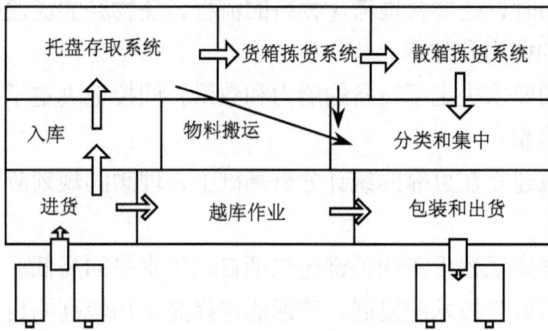

图 10.4　U 形布置图

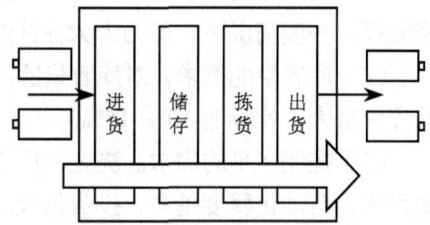

图 10.5　直进穿越式布置简图

（3）模块化干线布置。图 10.6 是模块化干线布置示意图。这种布置适合于大型仓库和物流中心，也就是在仓库中可以专门设计越库作业模块、连续补货模块以及周转速度较慢的模块等。

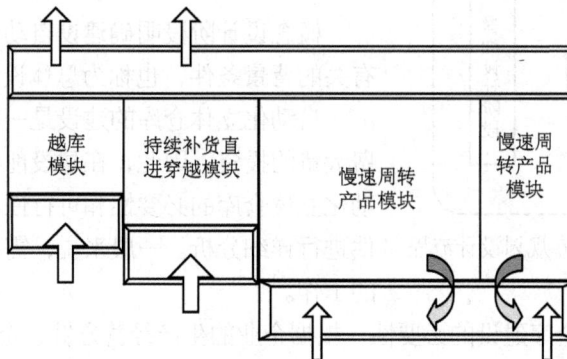

图 10.6　模块化干线布置示意图

10.2.3　自动化立体仓库的规划与设计

10.2.3.1　基础数据

自动化立体仓库的规划设计是在一定区域或库区内，对仓库的数量、规格、地址位置和仓储设施、道路等各要素进行科学规划和总体设计。自动化立体仓库的规划设计如下要素构成：储存物品类型、可用空间、高度、库存周转周期、存取量、仓库周围公路、铁路布局及其他因素。

（1）物料的分类信息。自动化立体仓库不要求将企业 100%的货物都放在仓库内。一般情况下，将大部分物料放在自动化立体仓库内即可。关于存放量"度"的把握，应根据实际情况区别对待。货物分类可按照其尺寸分类，也可按 ABC 分类，即根据入出库的分布情况进行分类，从而提高对库区划分和托盘选型的指导。

（2）物理空间的限制。对于一个自动化立体仓库而言，一般均存在物理空间的限制。这就要求设计人员充分考虑实际需要，最大限度地满足客户需求。仓库的平面区域中包括入库暂存区、检验区、码垛区、存储区、出库暂存区、托盘暂存区、不合格品暂存区以及杂物区。规划时，自动化立体仓库内部一定要把上述的每一个分区全部涵盖，根据用户的工艺特点及要求来合理划分各区域和增减区域。与此同时，还要合理考虑物料的流程，使物料的流通畅通无阻。这将直接影响到自动化立体仓库的能力和效率。

（3）出入库能力的要求。出入库能力的要求决定了设备的能力和数量，间接地决定了投资规模。一般情况下，能力太大往往造成浪费。

（4）库容量的需求。对库容量的需求应建立在可靠的统计分析基础上，理想的规划应保持库容量大于实际的 10%~15%。

（5）控制水平的需求。决定一项立体仓库工程投资的关键还包括自动化水平的高低。一般而言，自动化程度越高，投资越大。随着科学技术的发展，普通的选择是采用较高的自动化水平。因为，短期内的改造，意味着重复建设和浪费。

10.2.3.2　规划设计的步骤

自动化立体仓库的规划设计包括以下三个阶段。其规划设计的流程如图 10.7 所示。

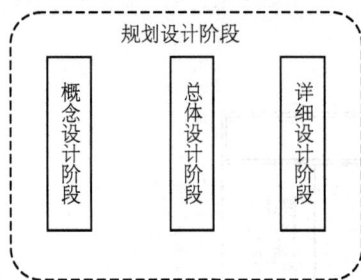

图 10.7　自动化立体仓库规划设计流程

1. 概念设计阶段

概念设计阶段明确建设自动化立体仓库的目标和有关的背景条件，也称为总体设计的准备阶段。

自动化立体仓库的建设是一项系统工程，需要花费大量的投资。因此，在建设前必须明确企业建设自动化立体仓库的必要性和可行性，并对建库的背景条件进行详细分析。一般来说，需要做好以下几个方面的工作。

确认自动化立体仓库建设的必要性。根据企业的生产经营方针、企业物流系统的总体布置和流程，明确自动化立体仓库与上游、下游衔接的工艺流程，分析确定自动化立体仓库在企业物流系统中的位置、功能和作用。

明确企业对自动化立体仓库的要求。根据企业的生产规模和水平及自动化立体仓库在整个物流系统中的位置，分析企业物流和生产系统对自动化立体仓库的要求如上游进入仓库的最大入库盘、向下游转运的最大入库量且所要求的库容量，同时结合企业的经营状况和经济实力，确定自动化立体仓库的基本规模和自动化水平。

调查建库现场条件。建库现场条件的调查包括气象、地形、选址条件、地面承载能力、风及雪载荷、地震情况及其他环境影响等。

调查自动化立体仓库基础资料。调查拟存货品的名称、特征（如易碎、怕光、怕潮等）、包装、外形尺寸、单件重盘、平均库存盘、最大库容量、每日入库数量、出库数量与频率等，以便确定仓库的类型、库容量和出入库频率等。

调查特殊需求。调查了解与仓储有关的其他方面条件及企业的某些特殊要求，如入库货物的来源及入库作业方式、入出库门数量、包装形式、搬运方法、出库货物的去向和运输工具等。

概念设计阶段也是项目的详细论证阶段。如果论证通过，本阶段的分析结果便可为自动化立体仓库的总体设计奠定一个坚实的基础。

2. 总体设计阶段

总体设计阶段对自动化立体仓库的总体步骤、设施布置、管理和控制方式、进度计划及预算等进行全面的规划与设计，也称为基本设计阶段。

（1）确定仓库的结构类型和作业方式。自动化立体仓库一般由建筑物、货架、理货区（整理和倒货区）、管理区、机械设备等组成。确定仓库的结构类型就是确定各个组成部分的结构组成。

（2）对于分拣仓库，需要配备自动分拣和配货的装置。应根据自动化立体仓库的规模和工艺流程的要求，确定配套设备的类型。根据工艺要求决定是否采用拣选作业。如果以整单元出库为主，则采用单元出库作业方式；如果以零星出货为主，则可采用拣选作业方式，并根据具体情况确定采用"人到货前"还是"货到人前"的拣选方式。

（3）确定货物单元的形状、尺寸和重量。单元式自动化立体仓库是以单元化搬运为前提的，所以确定货物单元的形式、尺寸及重量就显得尤为重要。一般需要确定集装单元化器具的类型和货物单元的外形尺寸及重量两个方面的内容。

自动化立体仓库常用的集装单元化器具有托盘和集装箱，且以托盘最为常见。托盘的类型又有许多种，如平托盘、箱式托盘、柱式托盘和轮式托盘等，一般要根据所存储货物的特征来选择。当采用堆垛机作业时，不同结构的货架对托盘的支腿有不同的要求，在设计时尤其要注意。

为了合理确定货物单元的尺寸和重量，要对所有入库的货物进行 ABC 分析，以流通量大而种类少的 A 类货物为主，选择适合的货物单元尺寸和重量。对于少数形状和尺寸比较特殊及很重的货物，可以单独进行储存。

（4）确定堆垛机械和配套设备的主要参数。自动化立体仓库常用的堆垛机械包括有轨巷道堆垛机、无轨堆垛机（高架叉车）、桥式堆垛机和普通叉车等。在总体设计时，要根据仓库的高度、自动化程度和货物的特征等合理选择其规格结构，并确定其主要性能参数（包括外形尺寸、工作速度、起重量和工作级别等）。

自动化立体仓库配套设备的配备应根据系统的流程和工艺统筹安排，并根据出入库频率、货物单元的尺寸和重量等确定各配套机械及设备的性能参数。

总体设计时，要根据仓库的规模、货物的品种、出入库频率选择最合适的机械设备，并确定其参数。根据入库频率确定各个机构的工作速度；根据货物单元的重量选定起重、装卸和堆垛设备的起重量；根据货物单元尺寸确定输送机的宽度，并确定使整个系统协同运作的输送机速度。

（1）确定仓库总体尺寸。确定仓库总体尺寸的关键是确定货架的长、宽、高总体尺寸。自动化立体仓库的设计规模主要取决于其库容量，即同一时间内存储在仓库内的货物单元数。如果已经给出库容量，可直接应用这个参数；如果没有给出，需根据拟存入库内的货物数量、出入库的规律等，通过预测技术来确定库容量。根据库容量和所采用的作业设备的性能参数及其他空间限制条件，即可确定仓库的总体尺寸。

（2）确定仓库的总体布置。确定了自动化立体仓库的总体尺寸之后，便可以进一步根据仓库作业的要求进行总体布置。主要包括自动化立体仓库的物流模式、高架区的布局方式和入出库输送系统方式等。

（3）选定控制方式。仓库的控制方式一般分为手动控制和自动控制两种。

手动控制方式设备简单、投资小、对土建和货架的要求也较低，主要适用于规模较小、入出库频率较低的仓库．尤其是拣选仓库。

自动控制是自动化立体仓库的主要控制方式。自动化立体仓库的自动控制系统根据其控制层次和结构不同，可分为三级控制系统和二级控制系统。一般由管理级、监控级和直接控制级组成（二级控制系统由管理级、控制级组成），可以完成自动化立体仓库的自动认址和自动程序作业。适用于入出库频率较高、规模较大的自动化立体仓库，特别是一些暗库、冷库或生产线中的自动化立体仓库，可以减轻工人的劳动强度，提高系统的生产率。

（4）选择管理方式。仓库的管理方式一般分为人工管理和计算机管理两种。人工管理方式适用于库存量小、品种不多、出入库频率不高的仓库。

在自动化立体仓库中一般采用计算机管理与自动控制系统相结合，实现自动化立体仓库的自动化管理与控制。在总体设计阶段，要根据仓库的规模、入出库频率、生产管理的要求、仓库自动化水平等各方面因素，综合考虑选定合理的管理方式。

（5）提出土建、公用设计的要求。在总体设计时，还要提出对仓库的土建和公用设计的要求。比如，根据货架的工艺载荷，提出对货架的精度要求；提出地面需要承受的载荷及对基础均匀沉降的要求；确定对采光、采暖、通风、照明、给排水、电力、防火、防污染等方面的要求。

（6）投资概算。分别计算自动化立体仓库各组成部分的设备费用、制造费用、设计费用及软件费用、运输费用、安装及调试费用等，综合得到自动化立体仓库的总体投资。

（7）进度计划。在总体设计的最后，要提出立体仓库设计、制造、安装、调试、试运营的进度计划及监督和检验措施。

3. 详细设计阶段

详细设计阶段根据总体设计的要求，对组成立体仓库的所有设备和设施的详细设计或选型，此阶段要完成所有设备和设施的制造和施工图纸。

10.2.3.3 总体布置

货物在自动化立体仓库的流动形式主要有贯通式、同端出入式和旁流式三种，如图 10.8 所示。

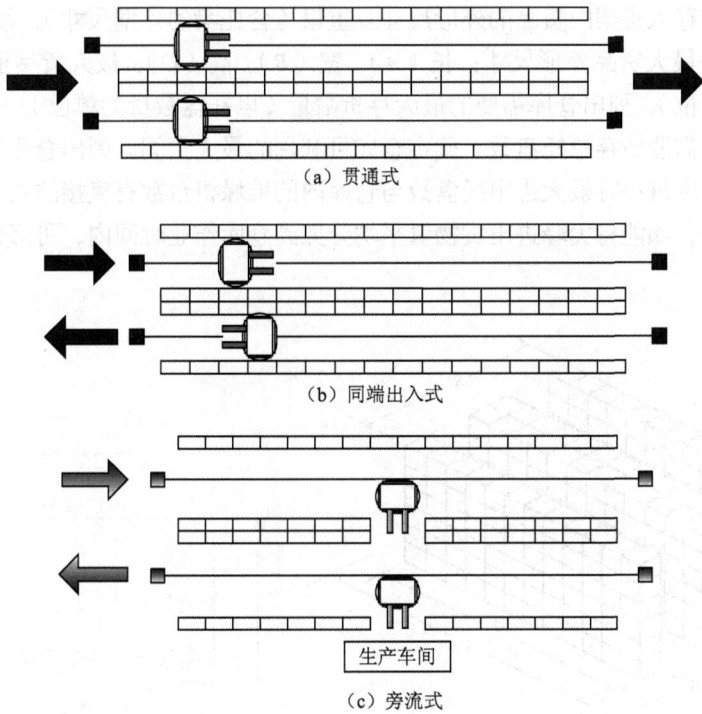

(a) 贯通式

(b) 同端出入式

生产车间

(c) 旁流式

图 10.8 自动化立体仓库的物流模式

（1）贯通式。贯通式即货物从巷道的一端入库，从另一端出库。这种方式总体布置比较简单，便于管理操作和维护保养。但是，对于每一格货物单元来说，要完成它的入库和出库全过程，堆垛机需要穿过整个巷道。

（2）同端出入式。同端出入式是货物入库和出库在巷道同一端的布置形式。这种布置的最大优点是能缩短出入库周期。特别是仓库存货不满，而且采用随机存储策略时，优点更为明显。此时可以挑选距离出入库口较近的货位存放货物，缩短搬运路程，提高出入库效率。此外，入库作业区和出库作业区还可以合在一起，便于集中管理。

（3）旁流式。旁流式自动化立体仓库其货物从仓库的一端（或侧面）入库，从侧面（或一端）出库。这种方式是在货架中间分开，设立通道，同侧门相通。这样，减少了货格即减少了库存盘。但是，由于可以组织两条路线进行搬运，提高了搬运效率，方便了不同方向的出入库。

在自动化立体仓库实际设计中，究竟采用哪种布置方式应该视仓库在整个企业物流中的位置和作业而定。

10.2.3.4　自动化立体仓库的基本设计

完成仓库的总体规划后，接着将进行基本设计。每一种货架形式的设计方式不尽相同，但基本上均是以预估的储位数，计算所需的信道数，以满足出入库量的条件，计算得到储存系统的规格及外形长、宽、高等尺寸。以下将介绍自动化立体仓库的基本设计步骤，图10.9为单元负载式自动仓库规格需求。

（1）决定需存入货架内货品的外形尺寸及重量（含托盘的外型尺寸）。如图10.10所示，这里要确定的是最大货品外形尺寸：长（A）、宽（B）、高（C）、最大货品重量（D）（以整个托盘为计算单位）。列出仓库需要的最大存货数量（以托盘数量为单位），并需考虑年增长率，来决定仓库需要储存总托盘数。确定仓库可利用的最大空间。列出仓库每小时需要的最大出入库量。仓库每小时最大进出托盘数与仓库内的堆垛机台数有直接的关系，也影响自动仓库的建造费用，如能将尖峰进出货物量平均分摊到仓库作业时间内，可降低自动仓库设置费用。

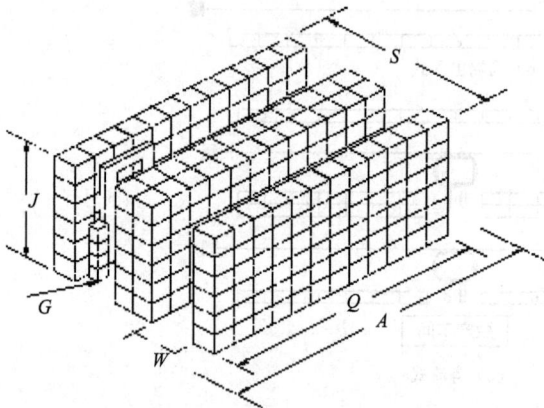

图 10.9　单元负载式自动仓库规格需求

A—系统全长；S—系统宽度；Q—料架长度；
J—料架高度；W—走道宽度；G—存取机

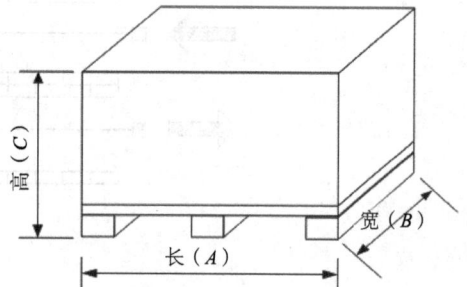

图 10.10　货物及托盘外形尺寸图

（2）决定立体仓库所需的堆垛机台数及仓库内货架排数。在决定堆垛机数量前，必须了解每台堆垛机的标准出入库能力。标准出入库能力是堆垛机在一小时内入库或出库的次数。堆垛机台数与货架排数的计算公式如下。

$$G = \frac{F}{N} \tag{10.1}$$

$$Z = 2G$$

式中，G 为仓库内堆垛机台数，F 为仓库每小时需要的最大进出入库数；N 为标准出入库能力；Z 为仓库内货架排数。

（3）决定仓库货架的每货格高度。如图10.11所示，计算公式如下。

$$J = (C + K)M \tag{10.2}$$

式中，J 为仓库货架高度，C 为最大含托盘货品高度，K 为堆垛机叉动结构操作裕度（加上余隙为 150~230 毫米），M 为货架架垂直方向格数。

（4）决定仓库高度，计算公式如下。

$$P = J + T_u + T_d \qquad (10.3)$$

式中，P 为仓库高度，J 为可存放托盘的货架高度，T_u 为堆垛机顶端至屋顶的余隙高度，一般为 600 毫米，T_d 为堆垛机叉动结构底部操作裕度，一般为 750 毫米。

（5）决定货架的长度。如图 10.12 所示，其计算公式如下。

$$Q = RS$$
$$R = B + 100 + (75 \times 2) \qquad (10.4)$$
$$S = E / (2GM)$$

式中，Q 为货架长度，R 为货格宽度，S 为每层货架的货格数，B 为托盘宽度，E 为仓库需要储存总托盘数，G 为仓库内堆垛机台数，M 为货架垂直方向货格数。

（6）决定仓库总长度，其计算公式如下。

$$仓库总产度 = Q + 2T + 2U \qquad (10.5)$$

式中，Q 为每排货架的长度（见图 10.12），T 为堆垛机出入货架两端的长度（出入库台架部分），U 为设备所占的超出长度，即外围设备超出堆垛机所占空间等。

（7）决定仓库的宽度。如图 10.13 所示，其计算方法如下。

$$V = WX \qquad (10.6)$$

式中，V 为仓库的宽度，W 为巷道单元宽度，X 为巷道单元数目。

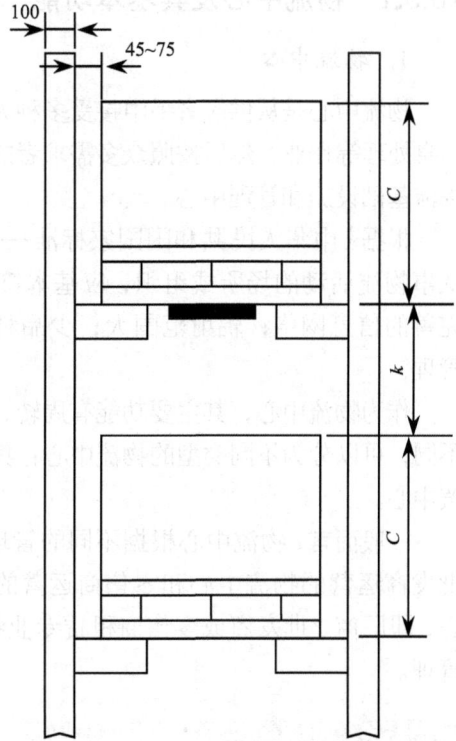

图 10.11　托盘存放尺寸标准

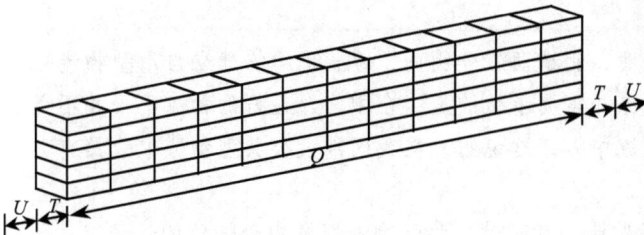

图 10.12　仓库长度

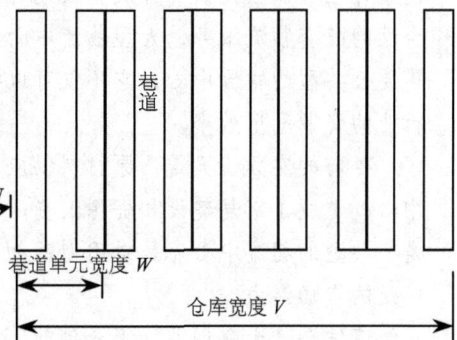

图 10.13　仓库宽度尺寸

10.3 物流中心规划

物流中心是进行商品流通必要的基础设施，许多新型企业，特别是高科技制造企业、全球分销企业及全球第三方物流企业已建设了许多物流中心。

10.3.1 物流中心及其基本功能

1. 物流中心

物流中心是从供应者手中接受多种大量的货物，进行仓储、装卸搬运、包装、流通加工、信息处理等作业，然后按照众多需求者的要求，以令人满意的服务将货物配送到用户手中的物流基础设施和管理中心。

根据《中华人民共和国国家标准——物流术语》，物流中心（logistics center）定义为：从事物流活动的场所或组织，应基本符合以下要求：主要面向社会服务；物流功能健全；完善的信息网络；辐射范围大；少品种、大批量；存储吞吐能力强；物流业务统一经营管理。

作为物流中心，其主要功能有周转、分拣、保管、在库管理和流通加工等，根据侧重点不同，可以分为不同类型的物流中心：集货中心、送货中心、转运中心、流通加工中心、物贸中心。

一般而言，物流中心根据不同的管理、运营主体划分，可以分为厂商运营的物流中心、批发商运营的物流中心和零售商运营的物流中心。近年来出现了由第三方运营的物流中心，即厂商、批发商或零售商租赁专业物流者的物流中心，并委托它们来从事商品物流的管理。

> ### 📖 知识拓展
>
> 公共型物流中心（public logistics center）需要的物流设施一般应有一定规模，从功能设计上可以只提供一种或少数几种具有明显竞争优势的主要物流服务，也可以提供综合性的配套物流服务，大型物流中心的功能必须具有综合性和配套性的特点。中国非常需要公共型的物流中心，它不仅可以提高物流服务的专业化水平，而且有利于提高物流行业的资源利用效率。
>
> 目前的实际情况是，原材料供应商、制造商、分销商、零售商纷纷建立自用型物流中心，造成了重复建设和资源浪费。另外需要承认的是，在中国，最好的物流中心并不是公共型的物流中心而是自用型的物流中心，这说明，在我国建设公共型物流中心具有广泛的市场潜力。
>
> 请结合"大众创业、万众创新"背景，谈谈对公共型物流服务中心地位的认识。

2. 物流中心的功能

（1）运输功能。物流中心需要自己拥有或租赁一定规模的运输工具。具有竞争优势的物流中心不只是一个点，而是一个覆盖全国或全球的网络。因此，物流中心首先应该选择满足客户需要的运输方式，然后具体组织网络内部的运输作业，在规定的时间内将客户的商品运抵目的地。除了在交货地点交货需要客户配合外，整个运输过程，包括最后的室内配送都应由物流中心负责组织，以尽可能方便客户。

（2）储存功能。物流中心需要有仓储设施，但客户需要的不是在物流中心储存商品，而是要通过仓储环节保证市场分销活动的开展，同时尽可能降低库存占压的资金，减少储存成本。因此公共型物流中心需要配备高效率的分拣、传送、储存、拣选设备。

（3）装卸搬运功能。这是为了加快商品在物流中心的流通速度必须具备的功能。公共型的物流中心应该配备专业化的装载、卸载、提升、运送、码垛等装卸搬运机械，以提高装卸搬运作业效率，减少作业对商品造成的损毁。

（4）包装功能。物流中心的包装作业目的不是要改变商品的销售包装，而在于通过对销售包装进行组合、拼配、加固，形成适用于物流和配送的组合包装单元。

（5）流通加工功能。这是为了方便生产或销售，公共物流中心常常与固定的制造商或分销商进行长期合作，为制造商或分销商完成一定的加工作业的功能。这就要求物流中心必须具备基本的加工职能，如贴标签、制作并粘贴条形码等。

（6）物流信息处理功能。由于物流中心现在已经离不开计算机，因此，将在各个物流环节的各种物流作业中产生的物流信息进行实时采集、分析、传递，并向货主提供各种作业明细信息及资讯信息，这对现代物流中心是相当重要的。

（7）结算功能。物流中心的结算功能是对物流中心对物流功能的一种延伸。物流中心的结算不仅仅只是物流费用的结算，在从事代理、配送的情况下，物流中心还要替货主收货人结算货款等。

（8）需求预测功能。自用型物流中心经常负责根据物流中心商品进货、出货信息，来预测未来一段时间内的商品进出库量，进而预测市场对商品的需求。

（9）物流系统设计咨询功能。公共型物流中心要充当货主的物流专家，因而必须为货主设计物流系统，代替货主选择和评价运输商、仓储商及其他物流服务供应商。国内有些专业物流公司正在进行这项测试，这是一项增加价值、提升公共物流中心竞争力的服务。

（10）物流教育与培训功能。物流中心的运作需要货主的支持与理解，通过向货主提供物流培训服务，可以培养货主与物流中心经营管理者的认同感，提高货主的物流管理水平，也可以将物流中心经营管理者的要求传达给货主，也便于确立物流作业标准。

随着信息技术在世界范围的普遍应用，物流成为制约商品流通的真正瓶颈，现代物流中心应该更多地如何提供增值性物流服务。这些增值型物流服务是物流中心基本功能的合理延伸，其作用主要是加快物流过程、降低物流成本、提高物流作业效率、增加物流的透明度等。提供增值性服务是现代物流中心赢得竞争优势的必要条件。

10.3.2　物流中心区域布局规划

物流中心区域布局规划就是确定物流中心内各作业区的规模和具体位置，通过规划，确定各个作业区合理的规模和位置，使整个物流中心区域高效运转。

10.3.2.1 物流中心的作业区

不同物流中心的作业内容、作业流程、作业区域配置等不同，物流中心的作业区也有所不同，但一般的物流中心主要由以下几个作业区组成。

（1）接货区。在这个区域里完成接货及入库前的工作，如接货、卸货、清点、检验、分类、入库准备等。接货区的设施主要有：进货道路、卸货站台、暂存验收检查区域。

（2）储存区。到达物流中心的货物在此区域存放。这个区域的占地面积在整个物流中心的占地面积中较大。根据货物不同的储存要求，设置不同的存储仓库、堆场等，以满足要求。

（3）拣货区。进行分货、拣货、配货作业等为送货准备的区域。该区域的面积与物流中心服务的用户数量、物流性质有关。

（4）集货区。配好货物暂放、暂存等待外运的区域。货物在该区域存放时间段、周转快，因此，该区域占地面积一般情况下较小。

（5）外运发货区。在这个区域将准备好的货物装车发送。外运发货区与接货区相似，有站台、道路等设施，外运发货区可与分发、配装区连为一体。

（6）流通加工区。此区域根据实际需要设置，如果流通加工业务量很小，可在配装区进行。流通加工区的主要作业有拆箱、裹包、多种物品集包、外包装、发货商品称重、印贴标签等。

（7）厂房使用配合作业区。此区域主要是保证配送中心业务正常进行的配合区域，主要的作业项目有电气设备使用、动力及空调设备的使用、安全消防设备的使用、设备维修工具器材存放、人员车辆通行通畅、机械搬运设备停放等。

（8）办公事务区。此区域用于处理办公事务。办公事务是配送中心正常运转及高效率运行的基础保证，主要的事务活动有配送中心各项事务性的办公活动、一般公文文件与资料档案的管理、配送中心计算机系统的使用及管理等。

（9）劳务活动区。这是配送中心员工供应商休息、膳食、盥洗的场所。

10.3.2.2 物流中心各作业区的规模

1. 物流中心的总体规模

物流中心的规模大小受业务量、业务性质、作业内容和作业要求的影响较大，一般要根据以下几个方面来确定。

（1）物流量（物流吞吐量）。物流量预测应根据历年经营的大量原始数据分析，以企业发展的规划和目标为依据进行。要考虑商品库存的周转率、最大库存水平，通常以备齐全部配送商品品种为前提。根据商品数量品种的 ABC 分类，商品备齐率 A 类 100%、B 类 95%、C 类 90%，由此确定物流中心的平均储存量和最高储存量。

（2）确定单位面积作业量的定额。根据经验，物流中心各作业区的单位面积作业量定额如表 10.1 所示。根据预测的吞吐量和作业区单位面积作业量定额，可大致估算出所需物流中心的作业面积。

表 10.1 物流中心各作业区的单位面积作业量定额

作业区名称	单位面积作业量（吨）
收验货作业区	0.2~0.3
分拣作业区	0.2~0.3
储存作业区	0.7~0.9
理货配货作业区	0.2~0.3

（3）物流中心的占地面积。一般来说，辅助生产建筑面积为物流中心作业面积的 5%～

8%，办公、生活用建筑面积为物流中心作业面积的 5%左右。这样，物流中心总建筑面积可大致确定出来，再根据城建规划部门的有关规定，可基本估算出总的占地面积。

2．仓储区的作业规模

在规划物流中心仓储区规模时，要充分考虑如下因素：商品尺寸和数量，托盘的尺寸和货架空间，设备的型号、尺寸和工作半径，通道宽度、位置和需要空间，柱间距离，建造尺寸和形式，进出货口形式，其他服务设施（消防设施、排水设施等）的位置。然后根据商品储存的形式，可按照托盘平置堆放、使用托盘货架、使用轻型托盘货架等储存形式，求出存货所占空间的大小。

3．拣货区的作业规模

拣货作业是物流中心核心作业环节，也是最费时的工作。拣货作业的合理布置可以提高整个物流中心的运作效率。

4．集货区的规模

当物品经过拣取出库后，需要集货、清点、检查和准备装车等作业。影响集货区空间规模大小的因素包括：①拣货方式（单一订单拣取、订单分区拣取、订单批量拣取）；②装载容器；③每天平均发货订单数、发货车次数；④每天拣货和出车工作时序安排等。有时可以将集货区与发货区放在一起。发货区是供装车的活动区。如果拣取的货物需要等待较长时间才能装车，则有必要将集货区与发货区分开。

5．流通加工区的规模

流通加工作业区的规模一般是流通加工设备和流通加工作业需要的活动空间相加的结果，主要是受这两个因素的影响。

6．厂房配套作业区、办公事务区和劳务活动区规模

厂房配套作业区、办公事务区和劳务活动区规模一般没有具体的标准，视具体情况而定。

10.3.3 物流中心作业区域规划

物流中心内部布局一般具有以下要求。

（1）应能保证安全、迅速地办理物流中心内的各项作业，尽量缩短货物在物流中心的搬运距离，使物流中心中的货物流通流畅、方便、迅速。

（2）要有足够的场地布置各项设备，并适应装卸作业机械化和远期发展的要求。

（3）要有良好的供水、排水条件，以及良好的供电条件。

（4）应与城市规划密切配合，各项设备的布置应力求紧凑合理，并考虑作业的流水性，充分利用物流中心所处的交通优势。

（5）要充分利用物流中心所处的交通优势。

物流中心作业区布局规划首先应根据物流中心的作业要求选取各类作业区，其次根据货物的内部作业流程安排这些作业区的布局。这些作业区的布局决定了物流在物流中心各场区的流经路径。一般来说，为了减少物流在物流中心的流程，应将这些设施中有密切关联的设施靠近配置。物流中心作业区的布局规划常用的主要有以下两种方法。

10.3.3.1 关联图法

关联图法是运用定性关联分析的方法规划物流中心各个作业区的方法，其步骤如下。

1. 确定各个作业区的关联度

关联活动类型主要有：两个不同活动区域之间可能因互相存在重要的活动关联而有相邻的必要；组织上的关系；环境上的关系；控制上的关系。物流中心内部大量物流流动，各区域间的流量不同，通过流量大小分析，流量大的区域间要避免长距离搬运。

影响关联性的因素主要有：人员接触程度；共用相同的人员；文件往返程度或配合事务流程顺序；使用共同记录；共用设备；共用共同的空间领域；进行类似的活动；物料搬运次数的考虑；作业安全考虑；提升工作效率的考虑。

作业区域间接近程度等级：绝对重要 A；特别重要 E；重要 I；一般重要 O；不重要 U；不可接近 X。组合优先级为：AA，AE，AI，AO，AX，EE……

2. 制作关联图

（1）通过资料得到各个作业取得关联度后，根据关联度画出各个作业区的关联图，具体形式如图 10.14 所示。（有时将关联图的菱形分成两个三角形区域，上三角形记载关联接近度，下三角形记载关联接近度的理由）。

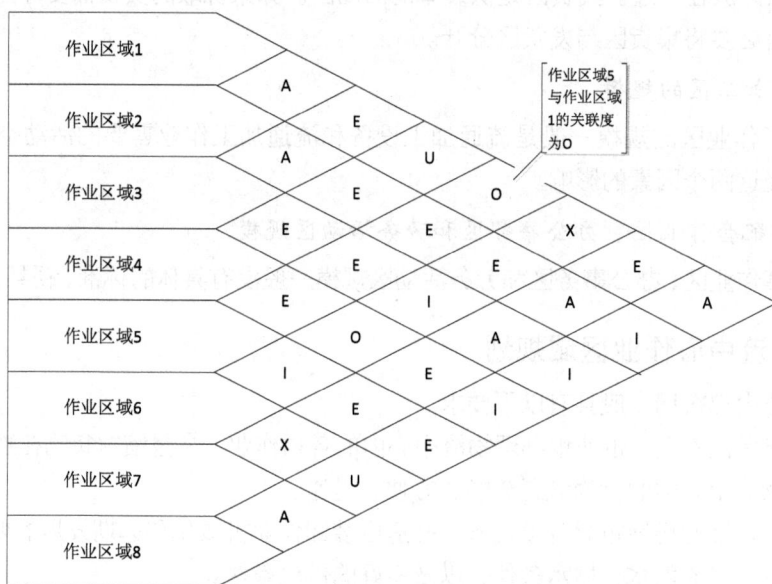

图 10.14　各个作业区的关联图

（2）根据关联图制作关联联线图底稿表。

（3）根据关联联线图底稿表构建关联线图，选定第一个进入布局的作业区，为与其他作业区联系最密切的作业区（如 A 最多、E 最多、X 最少等）。如果有两个以上的作业区条件相同，则任选其中一个作业区。

（4）选定第二个进入布局的作业区：第二个被选定的作业区，既是与第一个被选定的作业区联系最密切，又是与其他未选作业区联系最密切的作业区。如果有两个以上的作业区条件相同，则任选其中一个作业区。

（5）选定第三个进入布局的作业区：第三个被选定的作业区选定的逻辑与第二个相同，应与前两个作业区联系最密切。

（6）按照同样的方法，以此选择所有的作业区。

（7）发展关联线图，完成最终布局。在发展关联线图时，可使用方块样板来代替每个作业区。相对位置确定后，依照各作业区的实际尺寸，完成最终布局。

放置样板位置相当主观，因此，可能发展出不同的布局方案。

【例】某物流中心有8大区域，即收货区、验货区、拼货区、分类区、加工区、储存区、配送区和调度区。各区域间的相互关联图如图 10.15 所示，确定接近度的理由如表 10.2 所示。试给出该物流中心的布局方案。

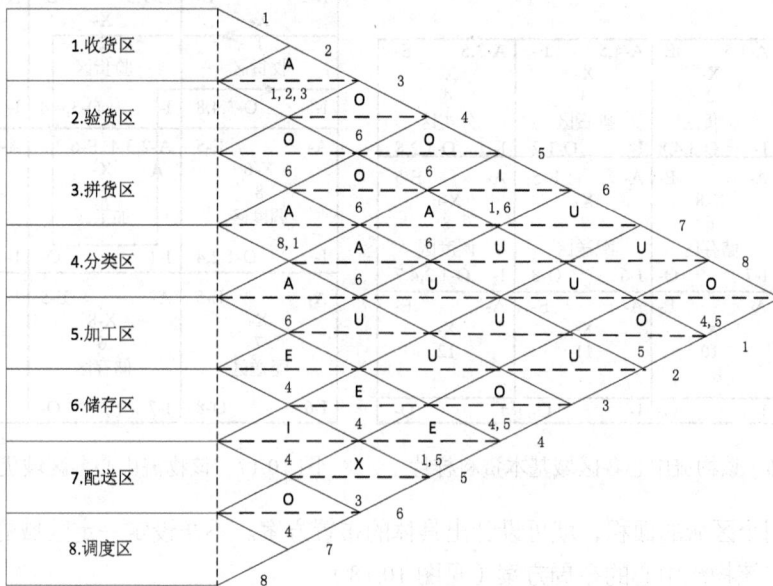

图 10.15　物流中心各区域的相互关联图

表 10.2　接近度确立理由表

序　号	理　由	序　号	理　由
1	使用公共记录（信息流）	6	业务流程顺序（物流）
2	共享同类人员（人员关系）	7	进行类似操作（人员关系）
3	共享同一地点（物流）	8	使用同类设备（物流）
4	人员联系频繁（人员关系）	9	其他因素
5	文件报表联系频繁（信息流）		

解： 根据关联图制作关联联线图底稿表，如表 10.3 所示。该物流中心各区域的基本资料样片如图 10.16 所示。

以图 10.16 为基础，进行排列，首先是将 A 级的组合在一起，其次是 E 级和 I 级，X 级的不能相邻。现在不妨将收货区排在左上角，然后按 A 级和 E 级组合，最后排列成图 10.17 的样式。

表 10.3 该物流中心各区域关联联线图底稿表

序号	部门	接近度					
		A	E	I	O	U	X
1	收货区	2		5	3,4,8	6,7	
2	验货区	1,5			3,4,8	6,7	
3	拼货区	4,5			1,2	6,7,8	
4	分类区	3,5			1,2,8	6,7	
5	加工区	2,3,4	6,7,8	1			
6	储存区		5	7		1,2,3,4	8
7	配送区		5	6	8	1,2,3,4	
8	调度区		5		1,2,4,7	3	6

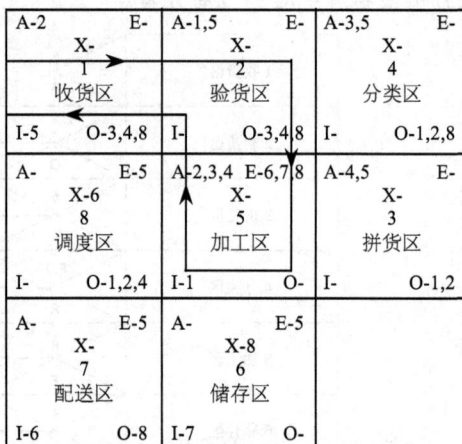

图 10.16 该物流中心各区域基本资料样片

图 10.17 该物流中心各区域优化排列样式

一旦标明个区域的面积，就可设计出具体的布置方案。不妨设定一定区域的面积大小，这时即可得出该物流中心的布局方案（见图 10.18）。

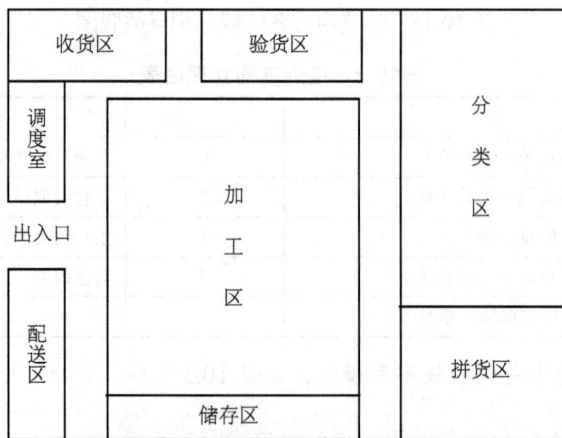

图 10.18 该物流中心优化布置方案示意

10.3.3.2 图形构建法

图形构建法是利用在共平面上发展最大权数的邻接图以完成区域布局的方法。其主要步骤如下。

（1）确定各个作业区的关联度，具体方法与关联图法相同。

（2）制作定量从至表。在确定了各个作业区的关联度后，确定定量从至表，具体如表 10.4 所示。

（3）根据定量从至表，选定具有最大流量的成对作业区进入布局图。

（4）选择与已进入的作业区间流量和最大的作业区进入布局图，构成三角形。

（5）仿照上一步，将未选的作业区以结点方式插入三角形内部，形成四个三角形，布局于三角形内部。

（6）仿照上一步，分别计算剩余作业区与已构成的若干三角形的三个节点的流量和，选择最大的进入对应三角形的内部。

（7）重复上一步直至最后一个节点插入完毕。

（8）构建完成一个邻接图之后，依此邻接图，根据各作业区的实际尺寸重建作业区的布局。

在构建区块布局图时，个别作业区的原始形状需要改变，以配合邻接图的要求。但在实际应用上，由于作业区形状需要配合内部个别设备的几何形状、内部布局的特点，作业区的形状又不易改变，因此，需要根据实际情况做一些调整（主要考虑库房本身大小、设备大小、设备摆放位置）。

表 10.4　定量从至表

作业区域	达到区域			
	1	2	3	合计
起始出发区域　1				
2				
3				
合计				
搬运单位：				

📖 **案例分析**

绿色仓储实施要点

绿色仓储作为我国未来物流产业发展的一个重点领域,在项目设计时要注意以下诸环节。

1. 仓库屋顶光伏发电

光伏发电是根据光生伏特效应原理,利用太阳电池将太阳光能直接转化为电能。不论是独立使用还是并网发电,光伏发电系统主要由太阳电池板(组件)、控制器和逆变器三大部分组成,不涉及机械部件。光伏发电是零排放的清洁能源,在物流领域,公共仓储企业和制造企业都拥有巨大的仓库屋顶资源,每个屋顶的面积比每个家庭屋顶的面积大许多,最适合推广光伏发电。据商务部和中国仓储协会 2014 年发布的中国仓储业发展报告统计,目前中国拥有公共仓储面积 8.6 亿平方米,这是推进仓库屋顶光伏发电的重要资源。

目前中国多层建筑的仓库比例不大, 8.6 亿平米的仓储面积

本文整理自中国物流产品网 2015 年 3 月 25 日《王继祥：中国绿色仓储与配送行动计划如何落地实施》：http://www.56products.com/News/2015-3-25/I357EEI5K6JKHKA454.html

折合仓库屋顶面积应该在 5 亿平米左右，其中每年还将新建仓库面积 1 亿平米左右，再考虑制造业的仓库屋顶面积，可利用的仓库屋顶面积资源很多。但是，由于大部分仓库初始设计未考虑光伏发电问题，部分新建的仓库也未考虑光伏发电问题，要大力推进仓库屋顶光伏发电还有大量工作要做。

2. 新能源叉车的节能降耗

在仓储与配送的物流作业中，叉车使用范围遍及各个环节，叉车的节能减排是中国叉车行业的主要发展方向。叉车按动力可分为内燃叉车和电动叉车，在提倡节能减排的今天，内燃叉车的使用就有了一定程度的局限性。相比内燃叉车，电动叉车利用蓄电池作为动力源，除了完全没有废气污染外，低噪音也使得作业环境更令人愉快。因此，国际上电动叉车的使用比例普遍达到 60%以上，先进的国家电动叉车使用比例达到 80%左右。我国将于 2015 年全面启动《国家第四阶段机动车污染物排放标准》，进一步限制机动车污染物排放限值，这无形中对以柴油、汽油等为燃料的内燃叉车起到了一定的限制作用，也促使也来越多的企业将目光投向了更为环保的电动叉车，使其成为室内仓储作业的不二之选。

3. 商超对接的物流周转箱循环共用

中国是世界上最大的水果、蔬菜生产国。2013 年，全国水果产量达到 25 093 万吨，蔬菜产量达到 73 512 万吨，物流量十分巨大。但是，在生鲜蔬菜水果的物流过程中，从田间地头到超市货架，期间生鲜水果与蔬菜经过搬运、码垛、挤压、装卸和运输，损耗巨大，据相关资料统计平均损耗在 30%以上，仅仅运输过程的平均损耗就达到 20%左右。据此计算，每年水果与蔬菜仅仅在物流过程中的损耗就达到 29 581 万吨，不仅仅带来巨大浪费，更带来亿吨以上的城市垃圾，消耗巨大的能源，增加更多碳排放。资料显示，日本和美国等先进国家，通过采用物流周转箱等措施，从田间地头对蔬菜水果进行分拣和规范包装，在运输和仓储中物流周转箱货物单元保持不变，一直到送上超市货架，箱内蔬菜水果不再与其他箱内的水果蔬菜发生挤压，大大降低物流损耗，损耗率可以降低到 3%左右。

在商超对接过程中采用物流箱循环共用模式，为零售业物流后台提供了理想的包装设备解决方案。物流周转箱由于结构稳固，可有效确保箱内产品得到最佳的保护，降低货损，外观设计有利于商品促销和顾客挑选，采用批量化的补货模式，有效省去货架补给及销售成本，确保增加地面空间的容量，提高超市卖场面积利用率；箱子还可以通过独特的易操作设计便于折叠、堆叠及套叠等操作。

4. 标准托盘的循环共用

从发达国家的经验看，建立标准托盘共用系统，是绿色仓储与配送的重要措施，能够创造巨大的绿色物流社会效益。据国外统计资料显示，一个托盘从投入使用到报废，通过标准托盘的循环共用系统实现循环使用，托盘总量可以减少三分之一，由于系统的严格管理及维修体制保障，托盘寿命可以延长到 6~8 年。按照 6 年使用周期计算，一个托盘年均节约物流费用 90 美元左右。据日本国土交通省和东京海洋大学黑川研究室的模拟调查结果显示，托盘循环共用系统对二氧化碳减排贡献巨大，在全日本范围内调查测评（测评年份日本标准托盘循环共用的托盘不足 1 500 片），每年就能够减排 CO$_2$ 达到 11 万吨。

根据这一经验数据，如果中国托盘共用系统托盘从目前的 800 万片增加到 3 000 万片，每年节约的物流费用可以达到 27 亿美元，每年减排二氧化碳将超过 22 万吨。如果考虑到中国目前托盘保有量已经超过 9 亿片，标准托盘循环共用的发展空间巨大，未来的节能降耗空间也更为惊人。

此外，现在 90%左右的托盘是木制的，一棵成材大树只能制 6 个标准托盘，节约托盘对于保护森林自然资源也很有意义。按照上面所讲的实现循环共用可使托盘总量减少三分之一，按托盘共用系统 3 000 万片托盘计算，可减少 1 000 万片托盘需求量，根据中国托盘 80%都是木制托盘来计算，可以少砍伐 133 万棵大树。

讨论与分析：

1. 根据案例资料，请你谈谈对绿色仓储意义的认识。
2. 请结合周边实际，设计出一套绿色仓储方案。

同步测试

一、单项选择题

1. 物流项目是指为实现某一（   ）而设定的一系列任务。

    A. 特定的物流目标　　　　　　　　B. 特定的物流计划

    C. 适当的物流目标　　　　　　　　D. 特定的物流规范

2. 自动化立体仓库的总体设计阶段对自动化立体仓库的总体步骤、设施布置、管理和控制方式、进度计划及预算等进行全面的规划与设计，也称为（   ）。

    A. 概念设计阶段　　B. 路径设计阶段　　C. 基本设计阶段　　　D. 详细设计阶段

3. 适合于大型仓库和物流中心仓库的布置形式为（   ）。

    A. U 形布置　　　　　　　　　　　B. 多层楼房仓库

    C. 直进穿越式布置　　　　　　　　D. 模块化干线布置

4. 关联图法是运用（   ）的方法规划物流中心各个作业区的方法。

    A. 定性关联分析　　　　　　　　　B. 定量关联分析

    C. 联合分析论证　　　　　　　　　D. 综合分析论证

5. （   ）是物流中心核心作业环节，也是最费时的工作。

    A. 接货作业　　　B. 拣货作业　　　C. 集货作业　　　　D. 流通加工作业

二、多项选择题

1. 项目具有（   ）等特征。

    A. 一次性和独特性　　　　　　　　B. 目标的明确性

    C. 组织的临时性和开放性　　　　　D. 后果的不可挽回性

2．仓储系统是物流系统的一个重要子系统，其主要构成要素包括（　　　　）等要素。

    A．储存空间   B．物品   C．人员   D．储存设备

3．仓库的基本经济效益来源于（　　　　）。

    A．整合   B．分类   C．堆存   D．市场形象

4．货物在自动化立体仓库的流动形式主要有（　　　　）。

    A．贯通式   B．两端出入式   C．同端出入式   D．旁流式

5．物流中心根据不同的管理、运营主体划分，可以分为（　　　　）。

    A．客户主导的物流中心   B．厂商运营的物流中心

    C．批发商运营的物流中心   D．零售商运营的物流中心

三、判断题

1．项目有明确的开始时间和结束时间，项目在此之前从来没有发生过，而且将来也不会在同样的条件下再发生。（　　　　）

2．物流项目规划主要是预测项目的发展走向。（　　　　）

3．物流项目规划柔性化原则是指项目规划不具约束性，可随意修改。（　　　　）

4．自动化立体仓库不要求将企业100%的货物都放在仓库内。一般情况下，将大部分物料放在自动化立体仓库内即可。（　　　　）

5．现场储备、配送分类、组合、生产支持以及市场形象均属于仓库的基本服务效益。（　　　　）

6．仓库的理货备货区主要是为送货做准备。（　　　　）

7．自动化立体仓库一般由建筑物、货架、理货区（整理和倒货区）、管理区、机械设备等组成。（　　　　）

8．公共物流中心常常与固定的制造商或分销商进行长期合作，为制造商或分销商完成一定的加工作业功能。（　　　　）

9．自动化立体仓库设计采用的布置方式主要依据仓库的投资规模。（　　　　）

10．利用图形构建法在构建区块布局图时，个别作业区的原始形状不需要作任何改变。（　　　　）

四、综合实务题

大宗货物海铁联运物流园

    宁波（镇海）大宗货物海铁联运物流园，是宁波市与铁道部加快宁波地区铁路建设、推进海铁联运的重点项目之一，纳入了宁波市十大功能园区之列。2007年11月正式成立。项目选址镇海老城区北侧的后海塘区域，总面积9.5平方公里，其中港区约2.5平方公里。规划范围东起甬江，南至后海塘，西至威海路，北邻东海。南面依托镇海老城区，北部紧邻镇海炼化和宁波化工区等临港工业区，物流枢纽港东部的镇海港区是中国内地第二大港宁波-舟山港的重要组成部分，是国内少有的深水良港，是开展近海大宗物资中转的理想基地。目前共有大小泊位23个，其中万吨级码头16个，拥有全国最大的5万吨级液体化工码头3座和184座液品储运罐，形成了液化、煤炭、内贸集装箱、散杂货等四大物流亮点。物流枢

纽港距市中心、宁波栎社机场和杭甬高速公路入口均为 20 公里，铁路直接连接镇海港仓储区，329 国道连通全国公路运输网，为近期开展海铁联运等多式联运创造了集疏运网络条件；已建成的杭州湾跨海大桥、舟山连岛大桥和宁波绕城高速等大型交通设施，使该区域从现状的陆路交通末端迅速提升为交通重要枢纽，并成为现代物流业发展的重要节点区域。

该物流枢纽港，将充分发挥港口、区位、交通和产业优势，增强海铁联运、海公联运、水水联运等多式联运功能，以中转贸易和市场培育为核心，大力发展钢材、木材、液化、再生金属、煤炭、粮食等大宗货物交易中心和集散基地，大力提升区域形象，已成为面向浙江及华东，辐射全国的大宗货物海铁联运物流枢纽港。

讨论与分析：

1．结合案例材料，谈谈宁波（镇海）大宗货物海铁联运物流园选址的依据。

2．结合实际，谈谈物流园区对在物流产业发展进程中的地位与作用。

五、设计题

开展一次实地参观考察活动，然后搜集整理资料，使用相关软件，并分别利用关联图法和图像构建法，对某配送中心的场地布局设计出相应的优化方案（具体数据以参观企业的实际数据为准）。

第11章 物流工程仿真

学习目标与内容架构

知识目标

（1）理解系统仿真及其原理；（2）了解系统仿真过程及其主要步骤；（3）掌握系统仿真的主要类型；（4）了解动态计算机仿真建模的基本过程；（5）掌握连续变量动态系统仿真的基本模型；（6）了解现代物流仿真的典型应用。

技能目标

（1）能应用系统仿真的原理；（2）能独立进行动态系统计算机仿真建模；（3）能在现代物流特殊领域中应用仿真方法进行演示。

内容架构

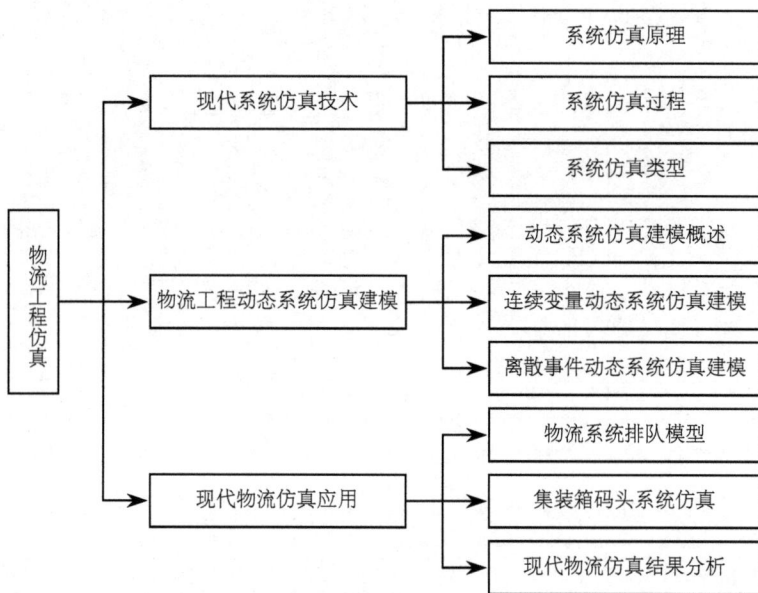

引　言

加快融入"互联网+"宁波港铁路生产系统正式运行

据《宁波日报》2015年4月20日讯（记者包凌雁　通讯员裘继强　王阳琳）：2015年4月，首个由国内港口自主研发的铁路生产业务系统——宁波港铁路生产业务系统正式投入运行，这将大大加快宁波港集装箱海铁联运融入以物联网、大数据为代表的"互联网+"时代的步伐。今后业务人员只需轻点鼠标，宁波港海铁联运集装箱的在途情况便尽收眼底。

宁波港铁路生产业务系统是宁波港集装箱海铁联运平台的重要组成部分，它与宁波港海铁联运平台各子系统的互连互通，可充分发挥港口铁路在宁波港集装箱海铁联运中连接"一带"和"一路"的枢纽作用和集疏运功能。

宁波港铁路生产业务系统是在宁波港铁路原有的货运制票系统、装卸车系统等五个子系统基础上，由宁波港集团自主研发，是一套一体化、标准化、规范化、覆盖港口铁路所有生产管理业务的信息系统，达到了目前国内领先水平。它的投入运行，实现了海铁联运等业务的决策、管理、操作、现场控制的信息化和网络化，使纵向业务流程、横向部门信息协同更为便捷，提升了生产管理效率。该系统还整合了各类信息系统，只要轻轻一按鼠标，就能与国铁、船公司、兄弟单位等实现海铁联运信息数据实时交互，极大地提高了工作效率。

"互联网+"的强大优势使得该系统能同时满足操作层、管理层以及决策层的多种需求。比如初始信息只需输入一次，即可完成从签订合同到统计分析的全流程操作；实时更新业务数据，自动生成运行图和各类统计报表，减少人工操作，避免人为计算错误。同时，现场操作的工作人员配备了车载、手持移动终端及扫描枪等设备，全方位全过程覆盖应用，真正实现信息化、网络化作业，有力提升了"宁波港-铁路直通车"的品牌效应和市场竞争力。

本报道原文链接：http://daily.cnnb.com.cn/nbrb/html/2015-04/20/content_854621.htm?div=-1

随着"互联网+"的推进，现代系统仿真技术的重要性也逐步得到凸显。

11.1 现代系统仿真技术

系统仿真是利用一个模型来模仿实际系统发生的运动过程并进行试验的技术。随着现代信息技术的高速发展，仿真技术也得到了飞速的发展，在军事和民用领域中的应用更是不断向广度和深度拓展，同时又促进了仿真技术本身的进步。

11.1.1 系统仿真原理

1. 系统仿真

所谓**系统仿真**（system simulation），就是根据系统分析的目的，在分析系统各要素性质及其相互关系的基础上，建立能描述系统结构或行为过程的、且具有一定逻辑关系或数量关系的仿真模型。据此进行试验或定量分析，以获得正确决策所需的各种信息。

系统仿真是建立在控制理论、相似理论、信息处理技术和计算技术等理论基础之上的，以计算机和其他专用物理效应设备为工具，利用系统模型对真实或假想的系统进行试验，并借助于专家经验知识、统计数据和住处资料对试验结果进行分析研究，做出决策的一门综合性的和试验性的学科。模拟和仿真模拟技术是指使用仪器设备、模型、计算机虚拟技术，以及利用场地、环境的布置，模仿出真实工作程序、工作环境、技术指标、动作要求，进行科学研究、工业设计、模拟生产、教学训练和考核鉴定等的一项综合技术。

系统仿真具有重要地位。因为，仿真的过程既是实验的过程，也是系统地收集和积累信息的过程。尤其是对一些复杂的随机问题，应用仿真技术是提供所需信息的唯一令人满意的方法；对一些难以建立物理模型和数学模型的对象系统，可通过仿真模型来顺利地解决预测、分析和评价等系统问题；通过系统仿真，可以把一个复杂系统分解成若干子系统以便于分析；通过系统仿真，能启发新的思想或产生新的策略，还能暴露出原系统中隐藏着的一些问题，以便及时解决。

知识拓展

虚拟仿真

虚拟仿真（virtual reality）实际上是一种可创建和体验虚拟世界（virtual world）的计算机系统。此种虚拟世界由计算机生成，可以是现实世界的再现，亦可以是构想中的世界，用户可借助视觉、听觉及触觉等多种传感通道与虚拟世界进行自然的交互。它是以仿真的方式给用户创造一个实时反映实体对象变化与相互作用的三维虚拟世界，并通过头盔显示器（helmet mounted display，HMD）、数据手套等辅助传感设备，提供用户一个观测与该虚拟世界交互的三维界面，使用户可直接参与并探索仿真对象在所处环境中的作用与变化，产生沉浸感。虚拟仿真技术是计算机技术、计算机图形学、计算机视觉、

百度百科"虚拟仿真"词条可供读者参考：http://baike.baidu.com/view/1033797.htm

视觉生理学、视觉心理学、仿真技术、微电子技术、多媒体技术、信息技术、立体显示技术、传感与测量技术、软件工程、语音识别与合成技术、人机接口技术、网络技术及人工智能技术等多种高新技术集成之结晶。其逼真性和实时交互性为系统仿真技术提供有力的支撑。

请查阅资料，谈谈虚拟仿真在物流工程建设中的地位和作用。

2. 系统仿真原理

根据定义可以看出，系统仿真实质上包括了三个基本要素——系统、模型、计算机。而联系这三个要素的基本活动是模型建立、模型实现和仿真实验。系统仿真要素间的互动原理如图 11.1 所示。

事实上，系统仿真是以相似原理、系统技术、信息技术及其应用领域有关专业技术为基础，以计算机和各种模拟器及专用物理效应设备为工具，利用系统模型对真实的或假象的系统进行动态研究的一门多学科的综合性技术。而物流系统模型仿真则是建立在对物流系统的结构及流程分析完成的基础上，通过对系统进行数学描述，也就是建立系统模型，然后通过合适的仿真方法，使该物流系统模拟实现的过程。其目的是通过仿真了解物料运输、储存的动态过程的各种统计性能，如运输设备的利用率是否合理，运输路线是否通畅，物料搬运系

统的流动周期是否过长等。物流系统仿真原理如图 11.2 所示。

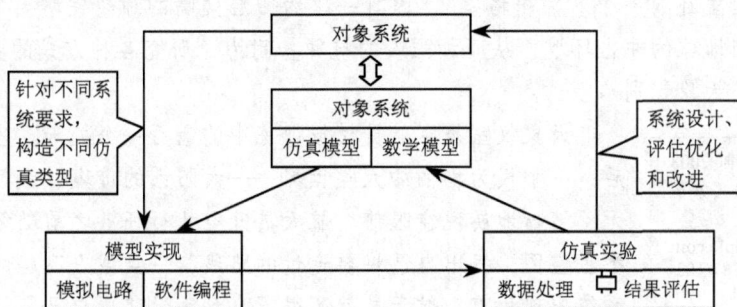

图 11.1　系统仿真要素互动原理

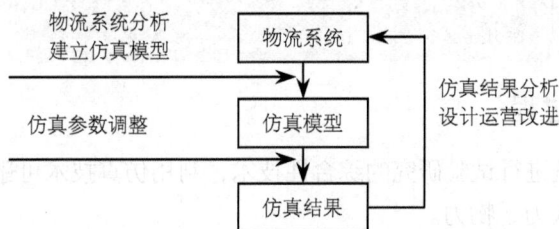

图 11.2　物流系统仿真原理

 新闻链接

航天员历经六大酷练

酷练一：电动转椅

进入航天城，首先映入眼帘的是一间不大的房子，四面封闭，除了靠墙一台控制仪器外，地中央的一张转椅格外引人注目。

这张电动转椅不但可以做 360 度顺时针和逆时针的快速运转，而且可以同时上下前后摆动。转椅主要是用于检查宇航候选者的前庭神经功能，以了解他对震动及眩晕的耐受能力。

酷练二：低压模拟

航天员的安全和健康的研究是空间技术发展的一个重点，宇航员训练中心里有各种各样为使宇航员适应太空生活而设置的模拟舱。

酷练三：大幅度秋千

航天员随后进入的是电动秋千室，在高达数十米钢架的护卫下，一台貌似汽车的厢式秋千被四条钢臂凌空提起。电动秋千荡起时，前后能甩出 15 米，电动秋千室主要用于适应空间运动和开展对空间运动病的研究。

酷练四：离心"飞碟"

当整个离心机开起来时，有些像游乐场中的"飞碟"，无论是"房子""手臂"还是吊舱，都在不停地加剧转动摇摆，但其转动的速度和摇摆角度则是"飞碟"无法比拟的。

酷练五：高塔冲击

训练中心里还有一个"冲击塔室"，内有一座约四层楼高的绿色铁塔。它的作用是模拟飞船返回地球的冲击环境，从而加强人的抗冲击耐力，研究各种方式的防护措施。

酷练六：天象识别

本文整理自 2003 年 10 月 15 日《京华时报》第 A 特 7 版：http://www.people.com.cn/GB/paper1787/10385/946959.html

天象仪室是宇航员模拟训练中的最后一个关卡。当灯光熄灭后，一个极为绚丽的太空世界——太阳系的璀璨、银河系的广袤无不清晰地展现在眼前。航天员升空执行任务之前必须在这里熟悉星空图，找出自己将要走过的路线，一旦载人飞船的自动导航系统出现故障，航天员就不得不启动手动装置自己来寻找回家的路了。

有兴趣的读者可进一步查阅相关资料，体会系统仿真的重要作用。

11.1.2　系统仿真过程

系统仿真是对系统进行试验研究的综合性技术，利用仿真技术可避免在实际系统上试验期过长的弊端，节省人力、物力。

1．基本环节

系统仿真的基本环节可划分为建模、模型实验和结果分析三个阶段。

（1）建模阶段。在这一阶段，通常是先分块建立子系统的模型。若为数学模型，则需要进行模型交换，即把数学模型变为可以在仿真计算机上运行的模型，而对其进行初步的校验；若为物理模型，则需要在功能与性能上覆盖系统的对应部分。然后，根据系统的工作原理，将子系统的模型进一步集成为全系统的仿真实验模型。

（2）模型实验阶段。在这一阶段，首先要根据实验目的制订实验计划和实验大纲。在计划和大纲的指导下，设计一个好的流程，选定待测量变量和相应的测量点，以及适合的测量仪表。之后转入模型运行，即进行仿真实验并记录结果。

（3）结果分析阶段。结果分析在系统仿真过程中占有重要的地位。在这一阶段中需要对实验数据进行去粗取精、去伪存真的科学分析，并根据分析的结果做出正确的判断和决策。因为实验的结果反映的是仿真模型系统的行为，这种行为能否代表实际系统的行为往往是由仿真用户或熟悉系统领域的专家断定的。如果得到认可，则可以转入文档处理；否则，需要返回建模和模型实验阶段查找原因，或修改模型结构和参数，或检查实验流程和实验方法，然后再进行实验。如此往复，直到获得满意的结果。

2．一般步骤

系统仿真的一般步骤如图 11.3 所示，下面对主要的仿真步骤做简要说明。

（1）针对实际系统建立系统模型，确定模型的边界。

（2）仿真建模，是指根据系统的特点和仿真要求选择合适的算法。

（3）程序设计，是指将仿真模型用计算机程序描述。利用专用的仿真语言，能大大减轻程序编制工作量。

（4）程序检验，是指对程序调试检验和仿真算法的合理性检验。

（5）仿真运行，是指仿真实验的运作过程。

（6）仿真结果分析，是指对仿真结果的分析、判断。

在实际仿真过程中，上述步骤往往需要多次反复和迭代。

11.1.3　系统仿真类型

依据不同的分类标准，可将系统仿真进行不同的分类。

1．以研究系统的特征为划分标准

根据被研究系统的特征可分为两大类，连续系统仿真及离散事件系统仿真。连续系统仿真是指对那些系统状态量随时间连续变化的系统的仿真研究，包括数据采集与处理系统的仿真。这类系统的数学模型包括连续模型（微分方程等），离散时间模型（差分方程等）以及连续-离散混合模型。离散事件系统仿真则是指对那些系统状态只在一些时间点上由于某种随机事件的驱动而发生变化的系统进行仿真试验。这类系统的状态量是由于事件的驱动而发生变化的，在两个事件之间状态量保持不变，因而是离散变化的，称之为离散事件系统。这类系统的数学模型通常用流程图或网络图来描述。

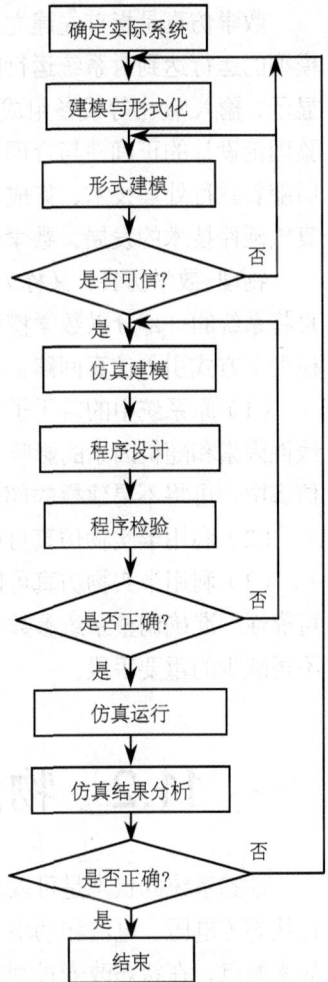

图 11.3　系统仿真的一般步骤

2．以仿真时钟与实时时钟的比例为划分标准

根据仿真时钟与实时时钟的比例分类，可以分为实时仿真、亚实时仿真和超实时仿真。实时仿真，即模型仿真的速度与实际系统运行的速度相同，也成在线仿真。亚实时仿真，即模型仿真的速度慢于实际系统运行的速度。有时也称离线仿真。超实时仿真，即模型仿真的速度快于实际系统运行的速度，如大气环流的仿真，交通系统的仿真。数学仿真是实时的，也可以是非实时的，但半实物仿真一定是实时仿真。

3．以参与仿真的模型种类为划分标准

按照参与仿真的模型的种类不同，将系统仿真分为物理仿真、数学仿真及物理——数学仿真（又称半物理仿真或半实物仿真）。

物理仿真，又称物理效应仿真，是指按照实际系统的物理性质构造系统的物理模型，并在物理模型上进行试验研究。物理仿真直观形象，逼真度高，但不如数学仿真方便；尽管不必采用昂贵的原型系统，但在某些情况下构造一套物理模型也需花费较大的投资，且周期也较长，此外，在物理模型上做试验不易修改系统的结构和参数。

数学仿真是指首先建立系统的数学模型，并将数学模型转化成仿真计算模型，通过仿真模型的运行达到对系统运行的目的。现代数学仿真由仿真系统的软件/硬件环境，动画与图形显示、输入/输出等设备组成。数学仿真在系统分析与设计阶段是十分重要的，通过它可以检验理论设计的正确性与合理性。数学仿真具有经济性、灵活性和仿真模型通用性等特点，今后随着并行处理技术、集成化软件技术、图形技术、人工智能技术、先进的交互式建模和仿真软硬件技术的发展，数学仿真必将获得飞速发展。

物理-数学仿真，又称为半实物仿真，准确称谓是硬件（实物）在回路中的仿真。这种仿真将系统的一部分以数学模型描述，并把它转化为仿真计算模型；另一部分以实物（或物理模型）方式引入仿真回路。半实物仿真有以下几个特点。

（1）原系统中的若干子系统或部件很难建立准确的数学模型，再加上各种难以实现的非线性因素和随机因素的影响，使得进行纯数学仿真十分困难或难以取得理想效果。在半实物仿真中，可将不易建模的部分以实物代之参与仿真试验，可以避免建模的困难。

（2）利用半实物仿真可以进一步检验系统数学模型的正确性和数学仿真结果的准确性。

（3）利用半实物仿真可以检验构成真实系统的某些实物部件乃至整个系统的性能指标及可靠性，准确调整系统参数和控制规律。在航空航天、武器系统等研究领域，半实物仿真是不可缺少的重要手段。

11.2　物流工程动态系统的仿真建模

动态系统的状态是可以改变的，如运行中的电力系统，在受到外界的干扰后，系统的运行状态（电压、电流和功率）会发生相应的改变，如果调节器起作用，系统就会到达一个新的平衡点，在状态改变过程中的系统就是动态系统。

11.2.1　物流工程动态系统仿真建模概述

1. 动态系统计算机仿真的演进

动态系统计算机仿真的目的是通过对动态系统仿真模型运行过程的观察和统计，获得系统仿真输出和掌握模型基本特性，推断被仿真对象的真实参数（或设计最佳参数），以期获得对仿真对象实际性能的评估或预测，进而实现对真实系统设计与结构的改善或优化。

根据仿真过程中所采取计算机的类型不同，动态系统计算机仿真可分为模拟机仿真、数字机仿真和模拟——数字混合机仿真。20 世纪 50 年代，计算机仿真主要采用模拟计算机，它主要是根据仿真系统的数字模型将一系列运算器（如放大器、加法器、乘法器、积分器、函数发生器等）和无源器件（如电阻器件、电位器等）相互连接形成仿真电路，利用仿真电路进行实验性研究。20 世纪 60 年代以后，随着数字计算机迅速发展和广泛普及，仿真系统真的主要工具逐步由模拟机转向数字机。但是，传统的冯·诺依曼型数字机对信息进行串行处理，难以满足航天、化工等各类大规模复杂系统对仿真时限的要求。20 世纪 70 年代，以数字机与模型机混合而成的模拟-数字混合机（见图 11.4）曾一度出现在飞行仿真、卫星仿真和核反应堆仿真等众多搞技术研究领域。

20 世纪 90 年代之后，随着计算机技术的快速发展，特别是并行处理机和并行处理技术的研究和发展，数字仿真依然称为计算机仿真的主流。无论是模拟仿真机、数字仿真机、还是模拟-数字混合仿真机，都是以系统数学模型为基础、在一定假设条件下进行的信息处理过程，是在仿真模型上进行实验研究的过程。

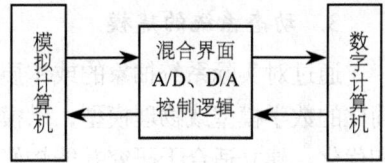

图 11.4　模拟-数字混合计算机示意

2. 动态计算机仿真的基本过程

动态系统计算机仿真的全过程可分为四大部分，第一模块为系统分析；第二模块为模型设计预确认；第三模块为模型实现；第四模块为仿真实验与仿真结果的分析评估，如图 11.5 所示。

在系统分析模块，明确仿真研究的对象、目的、系统边界，确定目标函数和控制参量。对于大规模复杂系统，明晰系统内部层次关系、子系统和上级系统之间以及不同子系统之间的关系。

在模型设计预确认模块，建立系统数学模型，确定系统原始状态和系统与环境之间的信息与能量交换关系，并使之在数学模型中得到恰当的体现。该阶段另一项主要工作是将数学模型转换成相应模拟电路或采用计算机语言可表示和操作处理的仿真模型。数字仿真情况下，必须规定仿真时间步长和一些特殊系数发生器计算方法等。模型的分析与确认是系统建模的关键性环节，它从根本上保证仿真结果对系统分析的有效性。

在模型实现模块，根据系统仿真数学模型与研制相应模型电路或在数字机上编制相应的数据处理软件，形成仿真计算的直接工具。

在仿真实验与仿真结果的分析评估模块，进行仿真实验，对模拟电路加电或数字计算机上运行仿真程序软件。根据不同研究对象，仿真实验包括确定具体方案（如设置初始条件、过程参数、计算步长和仿真重复次数等）、启动仿真过程和生成输出信息。利用仿真输出信息与实际存在的同类系统进行比较，改进和完善系统。

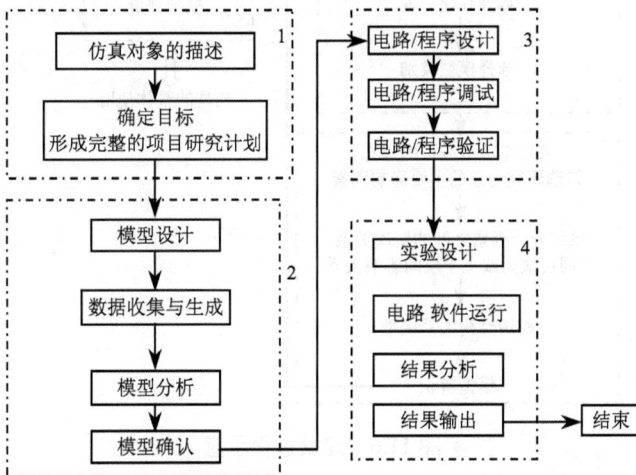

图 11.5　动态仿真的基本过程

3. 动态系统的建模

通过对实际系统抽象的或本质的描述，构造出与实际系统之间存在同构或同态关系的、简化的数学模型或物理模型，以模型分析与模型实验为基础，达到对实际系统的认识、控制和优化。建立适合于研究并能较好地体现实际系统各关键特征的模型是模型分析的基础，也是系统仿真的基础。对一个复杂系统而言，基本的建模过程可以划分为提出系统概念、建立结构关系模型和模型的性能分析、评估与综合三个阶段（见图11.6）。

动态系统描述方法由概念模型表达方式以及结构模型的类型、构造方法、层次结构分析等组成。根据研究对象、表示方式和使用途径不同，系统模型有多种不同分类体系。一般地，按表达方式可划分为物理模型和数学模型，计算机仿真中主要采用系统数学模型。系统数学模型根据时间关系可划分为静态模型、连续时间动态模型、离散时间动态模型和混合时间动态模型。根据系统的状态描述及其变化方法，可划分为连续变量系统模型和离散时间系统变化模型。

目前，面向系统的计算机仿真技术既涵盖了连续变量动态系统的仿真也涉及离散事件动态系统的仿真。在连续变量系统模型中，系统各主要因素之间变化关系以及系统的演化规律主要采用方程式描述。例如，微分方程、偏微分方程、差分方程、回归方程等。对于离散事件动态系统模型，由于系统状态的变化域为离散空间，状态变化发生在一串难以预知的离散时间点上，因而难以建立定量变化关系方程，主要采用以网络图为基础的各类流通模型。

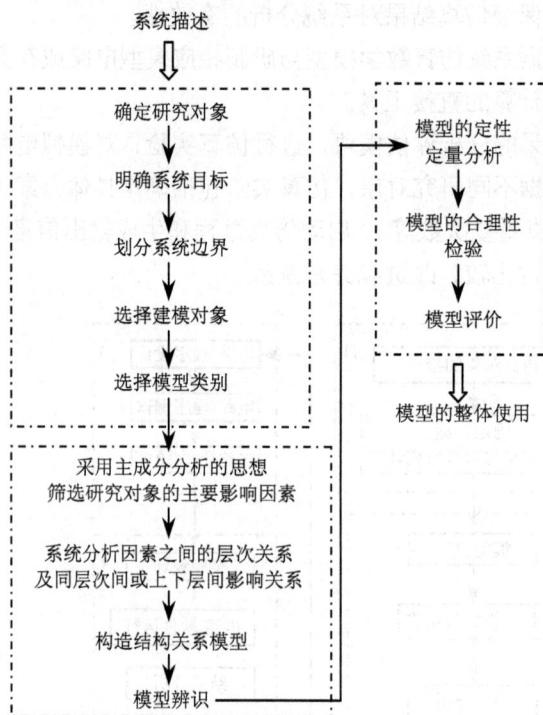

图 11.6　建模过程示意

11.2.2 连续变量动态系统的仿真建模

11.2.2.1 连续变量动态系统的基本模型

连续变量动态系统（continuous variable dynamic system，CVDS）是指由事件驱动、状态连续变化的一类物理系统。根据系统中时间取值域和取值方式的不同，连续变量动态系统常分为连续时间动态系统、离散时间动态系统和连续-离散时间混合的动态系统等多种类型。其中，工程采样系统是最常见的离散时间动态系统。用来描述连续变量动态系统的数学模型的种类很多，例如，常/偏微分方程模型、差分方程模型、系统动力学模型、线性/非线性状态空间模型、（广义）回归模型、自回归（auto regressive，AR）模型、滑动平均（moving average，MA）模型和受控自回归滑动平均（controlled auto regressive moving average，CARMA）模型等。当系统输入为 $u(t)$、输出为 $y(t)$ 时，则连续时间连续变量动态系统中讨论最多的是下述常系数高阶微分方程模型。

$$\sum_{i=0}^{n} a_i \frac{\mathrm{d}^i y(t)}{\mathrm{d}t^i} = \sum_{j=0}^{m} b_j \frac{\mathrm{d}^j u(t)}{\mathrm{d}t^j} \tag{11.1}$$

对应地，当系统中含有随机性的输入信息 $\varepsilon(t)$ 时，连续时间随机连续变量动态系统输入-输出关系常采用如下随机微分方程。

$$\sum_{i=0}^{n} a_i \frac{\mathrm{d}^i y(t)}{\mathrm{d}t^i} = \sum_{j=0}^{m} b_j \frac{\mathrm{d}^j u(t)}{\mathrm{d}t^j} + \sum_{k=0}^{l} c_k \frac{\mathrm{d}^k \varepsilon(t)}{\mathrm{d}t^k} \tag{11.2}$$

并且，通常假定随机过程 $\varepsilon(t)$ 为某种形式的独立增量过程。在系统工程和随机自动控制等领域中，下面的一阶随机微分方程有着十分广泛的应用。

$$\frac{\mathrm{d}y(t)}{\mathrm{d}t} = f\{y(t),t\} + g\{y(t),t\} \frac{\mathrm{d}\varepsilon(t)}{\mathrm{d}t} \tag{11.3}$$

式 11.3 表示的模型称为 ITO 随机微分方程。式 11.1 和式 11.2 表示的模型是应用计算机仿真研究其对应系统的稳定性、系统响应和其他过程行为的重要依据之一，也是现阶段计算机仿真科学主要研究领域和重点研究对象之一。

11.2.2.2 连续变量动态系统基本模型转化为仿真模型的方法

下面，简要介绍式 11.1 和式 11.2 转化为计算机可执行模型（称为仿真模型）的几种常用方法。

1. 模型转换法

式 11.1 和式 11.2 含有高阶微分，$y(t)$ 的解析解必须由输入过程 $u(t)$ 和 $\varepsilon(t)$ 的高阶积分或高阶随机积分表示，在数学计算机上难以准确实现。一种直观的想法是用状态空间理论将其转化为状态方程。对确定连续变量动态系统的线性模型式 11.1，设：

$$x_1(t) = y(t) - \beta_0 u(t)$$
$$x_2(t) = y^{(1)}(t) - \beta_0 u^{(1)}(t) - \beta_1 u(t)$$
$$\vdots$$
$$x_n(t) = y^{(n-1)}(t) - \sum_{j=0}^{n-1} \beta_j u^{(n-1-j)}(t)$$

$$y^{(i)}(t) = \frac{\mathrm{d}^i y(t)}{\mathrm{d}t^i}, u^{(i)}(t) = \frac{\mathrm{d}^i u(t)}{\mathrm{d}t^i}$$

则式 11.1 可以改写成下列一阶微分方程组的形式。

$$\frac{\mathrm{d}x(t)}{\mathrm{d}t} = Ax(t) + Bu(t)$$
$$y(t) = x_1(t) + \beta_0 u(t) \tag{11.4}$$

其中：

$$x(t) = \begin{bmatrix} x_1(t) \\ x_2(t) \\ \cdots \\ x_n(t) \end{bmatrix}, A = \begin{bmatrix} 0 & 1 & & \\ \vdots & & \ddots & \\ 0 & & & 1 \\ -a_0 & -a_1 & \cdots & -a_n \end{bmatrix}, B = \begin{bmatrix} \beta_1 \\ \beta_2 \\ \vdots \\ \beta_{n-1} \\ \beta_n \end{bmatrix}$$

$$\begin{bmatrix} \beta_0 \\ \beta_1 \\ \vdots \\ \beta_{n-1} \\ \beta_n \end{bmatrix} = \begin{bmatrix} a_n & & & \\ a_{n-1} & a_n & & \\ \vdots & \vdots & \ddots & \\ a_1 & a_2 & \cdots & a_n \\ a_0 & a_1 & \cdots & a_{n-1} & a_n \end{bmatrix}^{-1} \begin{bmatrix} 0 \\ \vdots \\ b_m \\ \vdots \\ b_1 \end{bmatrix} = \begin{bmatrix} \beta_0 \\ B \end{bmatrix}$$

类似地，式 11.2 也可以改写成下列一阶随机微分方程组的形式。

$$\frac{\mathrm{d}\tilde{x}(t)}{\mathrm{d}t} = A\tilde{x}(t) + Bu(t) + \tilde{C}\tilde{\varepsilon}(t)$$
$$y(t) = \tilde{x}_1(t) + \beta_0 u(t) + \gamma_0 \varepsilon(t) \tag{11.5}$$

式中，向量 $\tilde{x}(t)$ 和矩阵 $\tilde{C}$ 的定义如下。

$$x_i(t) = y^{(i-1)}(t) - \sum_{j=0}^{m} \beta_{n-1-j} u^{(j)}(t) - \sum_{k=0}^{l} C_{n-1-k} \varepsilon^{(k)}(t)$$

$$\tilde{C} = \begin{bmatrix} \gamma_1 \\ \gamma_2 \\ \vdots \\ \gamma_{n-1} \\ \gamma_n \end{bmatrix}, \begin{bmatrix} \gamma_0 \\ \gamma_1 \\ \vdots \\ \gamma_{n-1} \\ \gamma_n \end{bmatrix} = \begin{bmatrix} a_n & & & \\ a_{n-1} & a_n & & \\ \vdots & \vdots & \ddots & \\ a_1 & a_2 & \cdots & a_n \\ a_0 & a_1 & \cdots & a_{n-1} & a_n \end{bmatrix}^{-1} \begin{bmatrix} 0 \\ \vdots \\ c_1 \\ \vdots \\ c_1 \end{bmatrix}$$

对动态测量系统，一次微分方程式 11.4 进行积分，可导出状态向量 $x(t)$封闭解的解析表达式

$$x(t) = \mathrm{e}^{At}x(0) + \int_0^t \mathrm{e}^{A(t-\tau)} Bu(\tau)\mathrm{d}\tau$$

因而有

$$y(t) = \begin{bmatrix} 1 & 0 & \cdots & 0 \end{bmatrix} x(t) + \beta_0 u(t)$$
$$= \begin{bmatrix} 1 & 0 & \cdots & 0 \end{bmatrix} \mathrm{e}^{At} \left\{ x(0) + \int_0^t \mathrm{e}^{A(t-\tau)} Bu(\tau)\mathrm{d}\tau \right\} + \beta_0 u(\tau) \tag{11.6}$$

记 $I_1 = \begin{bmatrix} 1 & 0 & \cdots & 0 \end{bmatrix}$。类似地，当 $\tau(t)$ 为均方连续随机过程时，式 11.5 也可进一步表示成如下积分形式。

$$y(t) = I_1 \mathrm{e}^{At} \left\{ x(0) + \int_0^t \mathrm{e}^{A(t-\tau)} \left[Bu(\tau) + \widetilde{C}\varepsilon(t) \right] \mathrm{d}\tau \right\} + \beta_0 u(t) + \gamma_0 \varepsilon(t) \tag{11.7}$$

由式 11.6 和式 11.7 可以看出,微分方程模型描述的连续变量动态系统计算机仿真问题可转化为单重积分方程求定积分的计算机实现问题。必须说明的是,上述模型转换形式式 11.4～式 11.7 是在定常系统模型下导出的。对于时变系统,只需引入状态转移矩阵,也可以类似地给出简洁积分表达式。

数值积分是连续系统仿真常用算法。在计算数学理论中,对数值积分方法有较详细的论述和大量的实用算法可供采用。影响数值积分精度的主要因素包括计分方法和步长。

2. 离散相似法

数字计算机通常不具备处理连续信号的能力,对连续时间连续变量动态系统采用数值积分法进行仿真时,实际上是在一串离散时间点上输入信息进行处理的。离散相似法对这一问题提供了一套完整的解决方法。离散相似的基本原理是将连续系统进行离散化处理,求得与之等价的离散模型(简称离散相似模型)。对于式 11.4 与式 11.6 所描述的连续时间连续变量动态系统模型,离散化过程可通过设置两个采样开关和构造一个适当阶次的信号重构器即可实现。图 11.7 直观地说明了式 11.6 的离散化过程。

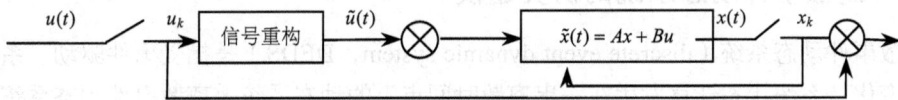

图 11.7 连续系统离散化处理

图 11.7 中, $u_k = u(kT)$, $x_k = x(kT)$, $y_k = y(kT)$ T 为采样间隔。当 $u(t)$ 在每个采样周期内保持常值时,式 11.6 的离散化模型可由下述递推形式给出。

$$\begin{aligned} x_{k+1} &= \tilde{A}x_k + \tilde{B}u_k \\ y_k &= I_1 x_k + \tilde{D}u_k \end{aligned} \tag{11.8}$$

式中, $\tilde{A} = \exp(AT)$, $\tilde{B} = B\int_0^T \exp(AT)\mathrm{d}t$, $\tilde{D} = \beta_0$ 。

对随机模型式 11.7 采用离散相似法也可建立下列形式的离散时间线性随机系统模型。

$$\begin{aligned} x_{k+1} &= \tilde{A}x_k + \tilde{B}u_k + \tilde{C}\varepsilon_k \\ y_k &= I_1 x_k + \tilde{D}u_k + \tilde{E}\varepsilon_k \end{aligned} \tag{11.9}$$

显然,离散时间的连续变量动态系统模型式 11.8 和式 11.9 非常适合在数字计算机上进行计算和仿真。其状态演化具有递推关系,不用保留历史数据,可有效节省数据储存方面的开销。式 11.9 是线性系统理论中最基本的研究模型之一,其状态滤波的卡尔曼(Kalman)递推估计技术有着广泛的应用。大量理论研究和应用实例都证实,卡尔曼滤波(Kalman Filtering)对模型扰动、数据扰动、参数扰动和初值不同选取缺乏必要的抗扰能力。

3. 变换操作域方法

在时间域上对连续变量动态系统进行计算机仿真,系统的输出为随时间变化的轨线,这对定量分析系统的输入-输出关系是很方便的。但是,有时仿真的目的并不是研究系统的输出量值，而是重点研究系统的性能，如稳定性、可控性、可达性等。对连续时间连续变量动态系统模型式两侧同时进行拉普拉斯（Laplace）变换，输入/输出 $u(t)$ 和 $y(t)$ 的拉普拉斯变换为 $U(s) = L[u(t)]$ 和 $Y(s) = L[y(t)]$，则不难导得

$$G(s) = \frac{Y(s)}{U(s)} = \frac{\sum_{j=0}^{m} b_j s^{m-j}}{\sum_{i=0}^{n} a_i s^{m-i}} \tag{11.10}$$

$G(s)$ 称为系统的传递函数。采用仿真方法研究式 11.4 的稳定性等性能时，只需仿真分析 $G(s)$ 的零点与极点分布情况，化微分方程的分析处理为代数方程的分析处理。对离散时间的连续变量动态系统模型，采用 Z 变换技术[①]也得到与上述类似的处理方法。基于拉普拉斯变换的 S 域处理[②]和基于 Z 变换的 Z 域处理，为设计和改进系统仿真模型提供了极大方便。

连续信号离散化不可避免地会带来信息的损失。换句话说，离散化采样数据通过信号重构器回复成连续信号后，与离散化处理之前的连续信号之间是存在误差的。在 S 域或 Z 域中研究减小采样离散化模型误差的途径时，通过引入校正器，并适当调整校正器传递函数，可使离散化模型尽可能接近系统原型。

11.2.3　离散事件动态系统的仿真建模

离散事件动态系统（discrete event dynamic system，DEDS）是指受事件驱动、系统状态跳跃式变化、系统状态迁移发生在一串离散时间点上的动态系统。离散事件动态系统大多是人造系统，具有比较复杂的变化关系，难以采用常规的微分方程、差分方程等方程模型来描述。

自 20 世纪 80 年代初，美国哈佛大学著名学者何毓琦教授倡导对离散事件动态系统理论进行研究以来，这个问题受到了足够的重视，并出现了多种形式的离散事件动态系统建模设计方法。例如，根据事件发生时间对所考察对象演变过程的分析而言是否有必要纳入研究范围，划分成以下两种。

（1）不带时标的离散事件动态系统模型：有限状态自动机模型、Petri 网络模型[③]、过程代数模型、时序逻辑模型等。

（2）带时标的离散事件动态系统模型：赋时 Petri 网络模型、双子代数模型、排队网络模型等。

根据系统输入信息及状态演变的确定、不确定性，分成确定性离散事件动态系统模型和随机性离散事件动态系统模型；也可根据状态变化的量化特征，分成逻辑（定性）模型与数量（定量）模型等。目前所提出的模型种类较多，但不同模型之间缺乏必要的转换关系，且每一种模型描述形式往往只使用于一类或几类问题。换句话说，尚无通用的适合于各类离散事件动态系统研究对象的模型表示方式。

---

① Z 变换（z-transformation）的基本思想来自拉普拉斯，是将离散系统的时域数学模型——差分方程转化为较简单的频域数学模型——代数方程，以简化求解过程的一种数学工具。

② S 域是指系统中独立变量是复频率 S 的范围，也称复频域。

③ Petri 网是 20 世纪 60 年代由卡尔·亚当·佩特里（Carl Adam Petri）发明的，适合于描述异步的、并发的计算机系统模型，是对离散并行系统的数学表示。

从现有模型的形成过程看，离散事件动态系统建模的常用方法主要有排队论方法、网络图或事件图法、形式语言与自动机方法、随机过程（例如，Markov 过程[①]和 GSMP 过程[②]）描述法和抽象代数（例如，双子代数、极小代数、极大代数）方法等。离散事件动态系统的模型描述为离散事件动态系统仿真创造了条件。但是，并不是所有的离散事件动态系统系统模型都能直接用计算实现。例如，GSMP 模型采用以条件概率分布为基础的简洁的数学表示形式描述离散事件动态系统系统，可用于描述其他模型描述方式不具备的或难以描述的复杂过程，但在计算机上实现 GSMP 模型却很困难。换句话说，在离散事件动态系统仿真中，也存在一个建立离散事件动态系统仿真模型的问题。离散事件动态系统仿真的流程如图 11.8 所示。

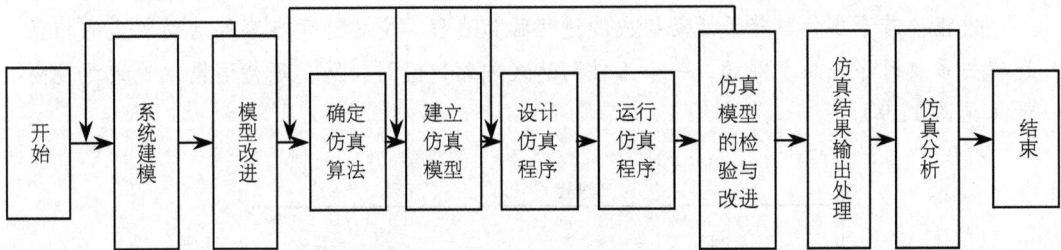

图 11.8　离散事件系统仿真的一般步骤

与连续变量动态系统仿真研究的情况类似，离散事件动态系统仿真通过仿真模型的运行来复现系统行为、分析和评估系统性能。建立与真实系统行为具有某种同构或同态关系的仿真模型，同样也是离散事件动态系统仿真的核心问题。但是，在连续变量动态系统中采用以物理规则为依据、方程式描述的模型设计方法对解决离散事件动态系统仿真建模问题并不很适用。离散事件系统大多是人造系统，系统状态跳跃式变化，具有复杂的非线性。仿真模型通常采用流程图或网络图描述。例如，事件图模型、Petri 网络模型、排队网络模型、自动机模型等。

知识拓展

连续变量动态系统仿真的基本概念

（1）实体：实体是描述系统的三个基本要素之一，它是指组成系统的物理单元。如物流系统中的 AGV、缓冲站、仓库、货物及工件等。实体可分为临时实体和永久实体两类。在仿真全过程中，始终驻留在系统中的是永久实体。在系统中只存在一段时间的实体叫做临时实体。例如，物流系统中的缓冲站是永久实体，而到达系统，经加工又离去的工件就是临时实体。

（2）事件：事件是指引起系统状态变化的行为，系统的动态过程是靠事件来驱动的。例如，物流系统中，工作到达可以定义为一类事件。因为工件到达仓库，进入仓库时，仓库货位的状态会从空变为满。或者引起原来等待入库的队列长度的变化。

---

① 马尔可夫过程（Markov Process）是一类随机过程，它的原始模型马尔可夫链，由俄国数学家 A·A·马尔可夫于 1907 年提出。

② 广义半马尔可夫过程（Generalized Semi- Markovian Process，GSMP）是马尔可夫过程的一种推广。

只与事件有关的事件称之为必然事件。如果事件发生不仅与事件因素有关，还与其他条件有关，则称之为条件性事件。系统仿真过程，最主要的工作就是分析这些必然事件和条件事件。

成分：描述系统的第三个基本要素是成分。成分与实体是同一概念，只是根据习惯，在描述系统时用实体而在模型描述中用成分。成分分为主动成分和被动成分。可以主动产生活动的成分称为主动成分，如物流系统中的工件，它的到达将产生入库活动或排队活动。本身不产生活动，只在主动成分作用下才产生状态变化的那些成分称为被动成分。

活动：连个相邻发生的事件之间的过程称为活动。它标志着系统状态的转移。例如，物流系统中工件到达入库之前，是排队活动，这一活动引起队列长度增加。

进程：若干事件与若干活动组成的过程称为进程。它描述了各事件活动发生的相互逻辑关系及时序关系。例如，一个工件到达缓冲站，经过排队，等待运输，直到运输离开（见图 11.9）。

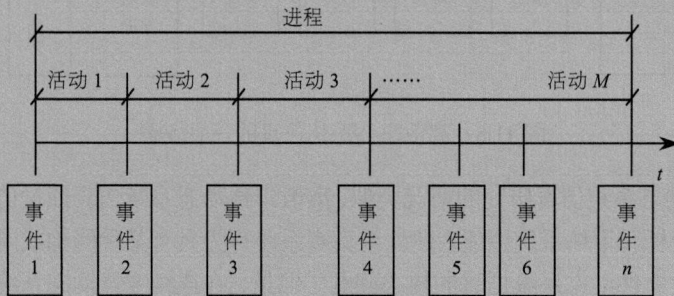

图 11.9　事件、活动与进程之间的关系

仿真钟：仿真钟用于表示仿真时间的变化。在离散事件系统仿真钟，由于系统状态变化是不连续的，在相邻连个事件发生之间，系统状态不发生变化，因而仿真钟可以跨越这些"不活动"周期，从一个事件发生时刻，推进到下一个事件发生时刻。仿真钟的推进呈跳跃性，推进速度具有随机性。由于仿真实质上是对系统状态在一定时间序列的动态描述。因此，仿真钟一般是仿真的主要自变量。仿真钟推进是系统仿真程序的核心部分。

离散事件系统仿真的仿真时钟推进方法分为两类，一类是下一事件步长法；另一类是固定增量法。

下一事件步长法总是把仿真时钟推进到下一最早发生时间的时刻（见图 11.10），而固定增量法则是按固定的时间增量来推进仿真钟。仿真钟每推进一次，首先确定推进时刻所发生的事件的类型，然后处理该事件。所谓处理事件是指根据该事件所造成的系统状态的变化来修改系统的状态。事件处理完成后，寻找下一个最早发生的事件，将仿真钟推进之。

显然，固定增量法比较适合周期性强的系统仿真。下一事件步长法仿真钟推进灵活，且越过那些不发生系统状态变化的时刻，可节约仿真时间。这种方法现在应用较普遍。

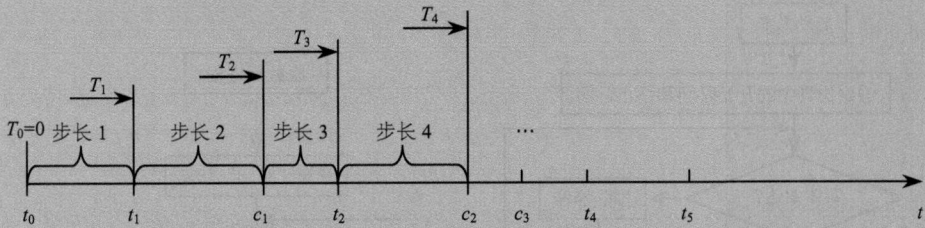

图 11.10　下一事件步长法原理

有兴趣的读者，可查阅相关资料，进一步增强该领域的了解。

11.3　现代物流仿真应用

现代物流系统涉及范围广泛，经营业务复杂，品种规格繁多，且各子系统功能部分相互交叉，互为因果。因此，它的系统设计是一项十分复杂的任务，需要严密的分析。由于它的复杂性、一般很难做试验，即使可以做试验，往往需耗费大量的人力、物力和时间。因此，要对其进行有效的研究，在系统设计和控制过程中，得出有说服力的结论，最重要的是要抓住作为系统对象的系统的数量特征，建立系统模型。

物流系统仿真的目标在于建立一个既能满足用户需求的服务质量，又能使物流费用最小的物流网络系统。其中最重要的是如何能使"物流费用最小"。在进行仿真时，首先分析影响物流费用的各项参数，诸如与销售点、流通中心及工厂的数量、规模和布局有关的运输费用、发送费用等。由于大型管理系统中包含人的因素，用数学模型来表现他们的判断和行为是困难的。但是，人们积极研究和探索包含人的因素在内的反映宏观模糊性的数学模型。

仿真技术在物流系统工程中应用较广，已初见成效。但毕竟由于物流系统的复杂性，其应用受到多方限制，特别是资料收集、检验、分析工作的难度较大，从而影响仿真质量，所完成的模型的精度与实际的接近程度也存在一定问题，有待进一步研究。

11.3.1　物流系统排队模型

排队论最早由 A・K・爱尔兰（A.K.ERlang）于 1918 年提出，在管理通信和各类服务系统中有着广泛地应用，但采用排队论方法来为离散事件动态系统建模服务却是近 20 年来的事。在排队网络模型中，三个基本的构成要素是动态实体的到达模式、排队规则和服务器的服务机制。图 11.11 ~ 图 11.13 是离散事件动态系统仿真常用的三种典型的计算机仿真模型，这三种类型的仿真模型设计方法是排队网络仿真时较为常用的处理方法。

在对大规模复杂系统进行仿真建模时，一般并不局限于采用某一种仿真策略，而往往是在同一个仿真模型中采用多个仿真策略，优化仿真模型的结构，简化仿真软件的设计，提高仿真软件的适应性，满足不同环境背景的、不同用户的需要。以排队论方法为基础的仿真模型设计技术主要适用于带时标的随机离散事件动态系统。

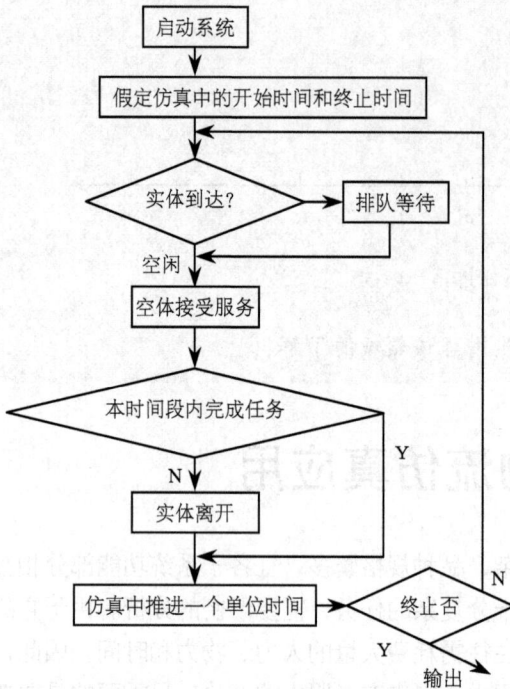

图 11.11　面向时间的排队系统仿真图　　　　　　　　图 11.12　面向进程的排队系统仿真

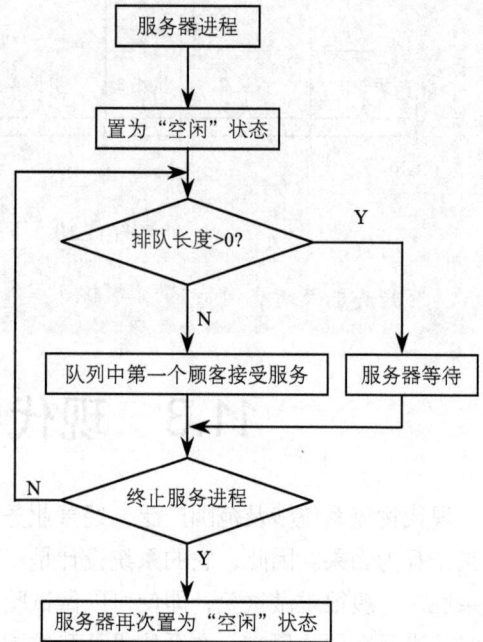

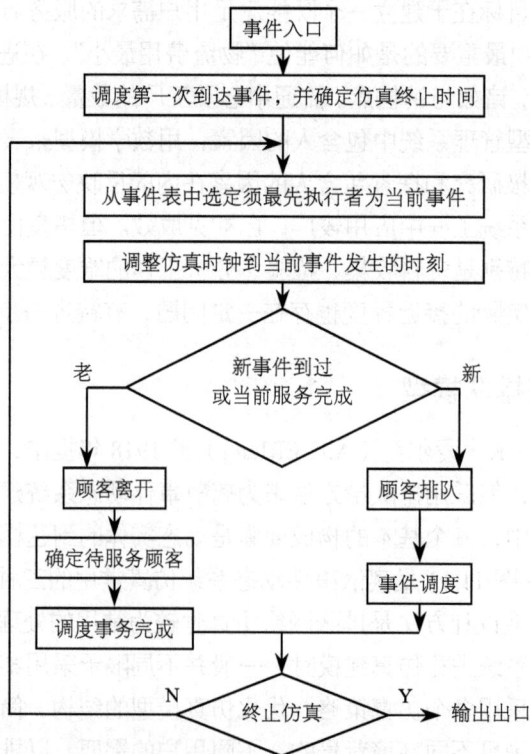

图 11.13　面向事件的排队网络仿真

11.3.2 集装箱码头装卸系统仿真架构

11.3.2.1 集装箱码头装卸系统

集装箱码头装卸系统是一个复杂的随机系统，它是由船、港、货、装、卸、运等多个环节组成的，各环节间的相关因素很多，再加上作业环境的气象条件、管理调度等影响，使码头装卸系统很难用单一的数学方程来描述，常规的规划方法和预测方法也难以满足精度要求。近年来，国外大的咨询公司和设计部门都采用计算机软硬件技术，计算机模拟也从只有模拟结果，看不到模拟过程的数字模拟，向动画、虚拟/现实、实时应用方面发展。

国外海港码头模拟主要研究的方面有风险分析、安全工艺过程分析、码头规划、操作培训、动画/虚拟现实及实时应用等。在集装箱码头方面的研究主要集中在码头设备的研究，特别是岸边集装箱起重机配备台数的研究，堆场内交通流的研究及集装箱在堆场堆放位置的研究等。

本模拟采用面向对象的模拟语言开发建立而成。所谓面向对象，是指程序的编程是面向模拟中一个个实体进行的。与其他面向过程或面向事件的模拟语言比较，该语言使用灵活，更适于建立像码头装卸这样离散的复杂系统。该语言中对实体的编辑提供了图形编辑器，使模型具有动画效果，可将系统中码头装卸工艺过程演示出来，便于模型的调试，同时有利于用户对模型的理解、参加到模型的建立过程中来。该模型包括了轮胎式龙门起重机装卸系统中所涉及的各个部分，为这一系统全方位的研究提供了工具，同时也为这一类码头装卸系统的模拟奠定了基础。

11.3.2.2 模型总体设计

分析现有的集装箱码头装卸工艺，大致有以下几种。

（1）底盘车系统。即集装箱被岸边集装箱起重机直接卸到底盘车上，再由牵引拖头拖带到集装箱堆场，集装箱不落地而直接存放在底盘车上，待用户拖走或调运到用户卡车上运走。

（2）跨运车装卸系统。首先，岸边的集装箱起重机将集装箱卸到码头前沿。然后，跨运车将集装箱运到堆场堆放，一般可堆放 2~3 层，再由跨运车或龙门起重机将其吊到用户车上运走。

（3）叉车装卸系统。装卸工艺与跨运车系统有些相似，只是集装箱由前沿到堆场的作业是由叉车完成的。

（4）龙门起重机装卸系统。岸边集装箱起重机将集装箱卸到底盘车上，底盘车将箱子拉到堆场，再由龙门起重机堆存，龙门起重机可堆放 4~5 层。这种方法又因龙门起重机的形式不同可分为轮胎式龙门起重机装卸系统与轨道式龙门起重机装卸系统。

我国现有的几个大的集装箱专用码头，除厦门采用跨运车系统外，上海、宁波、广州、青岛、天津等都采用轮胎式龙门起重机装卸系统。这类码头装卸系统的构成是：岸边集装箱起重机主要负责船舶与岸边上的集装箱卸载；拖挂车负责码头前沿与堆场间的集装箱搬运；轮胎式龙门起重机负责拖车与堆场间的箱子存取；以及用于海上与陆地集装箱运输、集输运的船舶、火车、卡车等。图 11.14 为轮胎式龙门起重机装卸系统模型的总体结构。

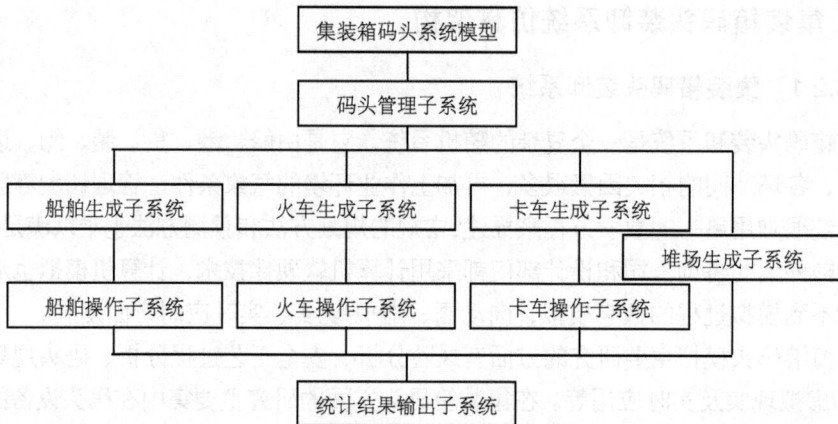

图 11.14 集装箱码头系统模型总体结构

11.3.2.3 模块功能与子系统构成

1. 集装箱码头系统的模块功能

船舶生成子系统是根据港口班轮航线及航运公司的到船情况，一定的船型比例随机产生各类型船舶；根据货物的分类及一定的装载率随机为船舶配载；根据一定的到船规律使船舶到达码头。

船舶装载子系统包括进入锚地、靠泊码头、进行装卸作业，离开码头等。

火车生成子系统根据一定的车型比例产生汽车，根据货物的分类及一定的装载率随机为火车配载集装箱，根据一定的到车规律使火车到达码头。

集装箱货车装卸子系统包括铁路集装箱车辆到达码头、装卸箱作业、装卸箱离开码头。

卡车生成子系统是根据货物的分类及一定的装载率随机为卡车配箱，根据一定的到车规律使卡车到达码头。

卡车操作子系统包括进入大门、验箱、卸箱、提箱、离开等。

堆场操作子系统主要完成堆场上箱子的堆、取工作，需上堆场的进口箱，由拖带箱子的拖车起动堆场堆取箱子系统，完成箱子的堆放。同样从堆场取箱子时，由提箱的拖车或外部卡车起动堆场堆取箱子系统，将箱子装到拖车上。

码头管理子系统存有码头上所有的设备情况，当码头设备发生变化时，码头管理子系统可自动修改有关参数。根据到港船舶的装卸箱计划指定堆场计划和收提计划；管理和调度船舶的进出港；管理铁路集装箱车辆的进出轨道及卡车的送提箱等。

货物管理子系统主要统管码头货物的流量方向，箱子产生的量、种类情况，船舶、火车及卡车的配载情况，等等。

数据输入子系统模型为最初的数据输入提供了数据输入子系统，用户可在输入子系统提供的输入文件中输入所需要的运行参数。

统计结果输出子系统是在模型运行过程中，通过信息检索系统中的记录实体的操作，可随时查看子系统的运行情况。待模型运行结束后，输出模拟结果报告。信息检索系统分为以下几个部分：统计所有到港船舶、铁路集装箱车辆、卡车的情况；箱位数、装卸箱数、平均装卸时间、平均在港停时等；记录码头机械设备的运行情况、利用率、故障率等；记录场利用率、箱位利用率等。

2. 模块子系统流程

船舶装卸子系统的流程如图 11.15 所示。

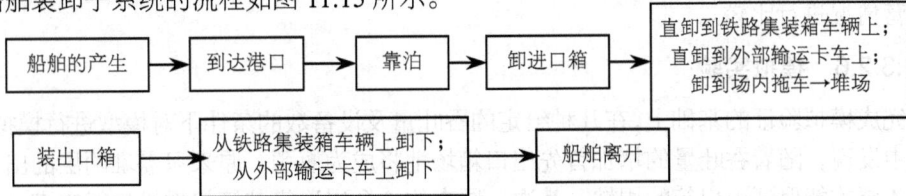

图 11.15 船舶装卸子系统的流程

火车车装卸子系统的流程如图 11.16 所示，卡车操作子系统的流程如图 11.17 所示。

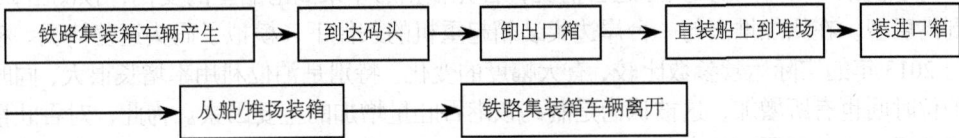

图 11.16 火车装卸子系统的流程

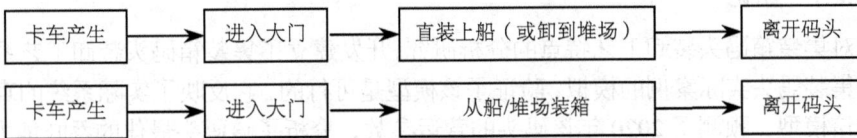

图 11.17 卡车操作子系统的流程

11.3.2.4 模型建立

假设模拟港的集装箱码头有泊位 3 个、岸边有集装箱起重机 6 台、轮胎式龙门起重机 13 台、堆场能力为 2 万标准箱。开通的航线有波斯湾、地中海、美国、欧洲、东南亚、日本、中国、中国香港地区等 13 条，有中集、外运、长荣、韩进等七八家大的航运公司的船舶在此挂靠，年挂靠船舶达 700 多艘。码头设计能力为 30 万标准箱，2013 年完成吞吐量 37 万标准箱，已超过原设计能力。

到 2020 年，预计被模拟的集装箱码头需要完成 56 万标准箱的吞吐量。现有码头的设备能力能否适应新的吞吐量的增长；需要增加哪些设施以满足吞吐量的增加；码头营运情况将会怎样；等等，通过本模型的模拟将回答这些问题。

该模拟可分为几个步骤完成：结合该码头的实际情况，建立集装箱码头的计算机动画模拟模型；将码头参数输入模型，通过输出结果与实际运营结果的比较，验证模型的可信度；改变模型参数，如吞吐量、设备数等，运行模型并输出模拟结果；分析模型结果，回答上述问题。

为了使模型具有一定的灵活性，能适应不同研究层次的需要，节省模拟时间与费用，模型在模拟功能上设置了 3 个层次：船舶装卸系统的模拟，只模拟船舶到港、装卸情况及码头、岸边集装箱起重机作业情况；模拟船舶装卸作业情况及火车、集输运卡车、提箱情况；除模拟上述几种情况外，还增加集装箱在堆场位置的演示。

11.3.2.5　模拟验证

在模型的编程过程中，完成模型运行规则的调试。为了检验模型的可信度，验证该模型能否反映被模拟集装箱码头的运营情况，将该港一年的实际数据输入模型，模拟结果与码头实际运营情况进行比较。

11.3.2.6　模拟实验

在完成模拟验证的基础上，在几种给定的吞吐量及设备数的条件下对模型进行模拟实验。在实验中发现，随着吞吐量的增加首先出口箱场地将成为瓶颈，原来只需堆两层的出口区域需堆到 4 层才能保证出口箱的周转。其次，原有的 6 台岸边集装箱起重机也很难满足要求，船舶等准备时间明显增加，船舶平均配备岸边集装箱起重机的数量低于原来的实际数据，因此，该码头在 2014 年增加了一台岸边集装箱起重机设备投入运营。

为了模拟 2020 年码头实际运营情况，首先根据历年来到港船型的变化，预测出 2020 年的到港船型。在增加堆高与一台岸边集装箱起重机的条件下，模拟了码头运营情况。模拟结果与 2013 年的实际运营参数比较，有大幅度的变化。特别是泊位利用率增长很大，同时船舶等泊位时间也有所增加，这被认为是制约该港吞吐量增加的主要因素。为此，对吞吐量增加引起的码头泊位利用率的变化进行进一步研究。

11.3.2.7　结论

通过对集装箱码头装卸工艺特点的分析研究，开发建立了集装箱码头装卸工艺系统模型。通过对某集装码头实际案例的模拟，验证了该模型是可行的，它反映了实际系统的真实情况。通过运行该模型，预测了 2020 年该码头的营运参数，分析了该码头最佳的吞吐能力。

📖 知识拓展

现代物流仿真结果分析方法

对于一个比较复杂的动态系统，当常规分析与设计方法难于处理或处理结果过于抽象难以用于工程实际时，人们往往寄希望于仿真，试图通过对系统模型化处理和在计算机上进行模型实验，利用实验结果分析系统性能或优化系统配置。

通常，采用仿真实验结果来研究复杂系统时，不可避免地会碰到这样一些问题。

（1）模型扰动对仿真结果的影响。仿真是一项基于模型的活动，它是以模型为基础的，模型又往往是在一系列理想化假定下导出的。那么，当真实情况与各种假定之间存在差异时，基于理想模型下产生的仿真输出与实际系统的真实输出之间必然会存在这差异，这种差异有多大？

（2）以仿真为依据的系统推断和决策的可信程度。仿真实验的目的是分析系统性能和优化系统配置。在对随机动态系统进行仿真时，基于同一模型的多次仿真实验其样本轨线（或仿真结果）并不完全相同。因此，对随机动态系统进行仿真分析或基于仿真制订决策时，仿真输出数据是否具有代表性？以有限次仿真实验为依据做出的各种推断，其可信度如何？

解决上述问题常用方法主要有三类：灵敏度分析法、系统分析法和时间序列分析法。

请有志该领域研究的读者，进一步查阅相关资料，深化对三类常用方法的学习和训练。

三维港口可视化仿真技术

三维港口可视化仿真技术采用虚拟现实、计算机图形学、三维建模等技术，建立了一个包含天空、陆地、水面、码头模型（建筑、堆场、集装箱群、集卡、场桥、岸桥、正面吊、堆高机、船舶等）的视景，该视景可根据实际需要选择以模拟数据、指令数据、现场实时数据等方式进行驱动，以漫游的视角输出，提供逼真的三维场景，真实的码头作业流程观测，机械及人员实时状况监测，目标跟踪、查找等功能。为码头业务教学、调度决策等提供直观的参考。

三维港口可视化仿真技术具有以下特点。

（1）集装箱码头实体建模。对集装箱码头的所有实体建立三维模型，包括：静态实体——堆场、缆桩、泊位、闸口、建筑；动态实体——集装箱、船舶、集卡、岸桥、场桥、正面吊、堆高机、叉车等。

（2）场景逼真渲染。对背景的逼真渲染，如海面，天空等；对港口的逼真渲染，港口模型均来自真实港口；对静态实体以及运动实体的逼真渲染，如光照、阴影。

（3）大规模场景管理。对场景中任意运动实体进行实时调度；自动生成运动实体的驱动数据；支持拖车自动寻路算法；支持集卡、岸桥、场桥、正面吊、堆高机、叉车等运动实体的动作生成；支持对运动实体的查找与跟踪。

（4）通讯功能。从数据库中读取集装箱及设备信息并进行初始化；对指令信息进行解释执行，并反馈给数据库；支持 SQL Server、Oracle、DB2、MySQL 等主流数据库；支持对现场实时数据（GPS 数据、PLC 数据）的可视化展示。

（5）人机交互。支持从任意位置、任意角度对整个港口的运转情况进行观察；支持对场景中的实体进行鼠标拾取，并显示其属性信息。

讨论与分析：

1．根据案例资料，谈谈该三维港口可视化仿真技术的主要功能。

2．请谈谈港口运营仿真的发展前景、地位和作用。

同步测试

一、单项选择题

1．物流系统模型仿真是建立在对物流系统的（   ）分析完成的基础上。

    A．结构及流程   B．结构与方法   C．模型及参数   D．参数与数据

2．系统仿真的基本环节可划分为建模、（   ）和结果分析三个阶段。

    A．采集数据   B．模型实验   C．流程研究   D．绘制图形

3．物流系统仿真的目标在于建立一个既能满足用户需求的服务质量，又能使（　　）的物流网络系统。

    A．降低物流费用　B．减少物流消耗　　　C．提高物流效率　　　D．物流费用最小

4．数值积分是连续系统仿真常用算法，影响数值积分精度的主要因素包括计分方法和（　　）。

    A．步骤　　　　　　B．范围　　　　　　C．步长　　　　　　D．幅度

5．在连续变量系统模型中，系统各主要因素之间变化关系以及系统的演化规律主要采用（　　）描述。

    A．程序　　　　　　B．语言　　　　　　C．数据　　　　　　D．方程式

二、多项选择题

1．系统仿真实质上包括了三个基本要素，它们是（　　）。

    A．系统　　　　　　B．模型　　　　　　C．人员　　　　　　D．计算机

2．根据仿真时钟与实时时钟的比例分类，可以分为（　　）。

    A．离散仿真　　　　B．实时仿真　　　　C．亚实时仿真　　　D．超实时仿真

3．动态系统计算机仿真的全过程可分为（　　）和仿真实验与仿真结果的分析评估。

    A．系统分析　　　　B．模型设计预确认　　C．模型实现　　　　D．模型思考

4．在排队网络模型中，三个基本的构成要素是动态实体的（　　）。

    A．信息积聚　　　　　　　　　　　　B．到达模式

    C．排队规则　　　　　　　　　　　　D．服务器的服务机制

5．动态系统描述方法由概念模型表达方式以及结构模型的（　　）等组成。

    A．类型　　　　　　B．时变系统　　　　C．构造方法　　　　D．层次结构分析

三、判断题

1．仿真的过程既是实验的过程，也是系统地收集和积累信息的过程。（　　）

2．物理仿真是指按照实际系统的物理性质构造系统的数学模型，并在数学模型上进行试验研究。（　　）

3．按照参与仿真的模型的种类不同，可将系统仿真分为物理仿真、数学仿真及物理-数学仿真。（　　）

4．连续变量动态系统是指由事件驱动、状态连续变化的一类物理系统。（　　）

5．离散事件动态系统是指受事件驱动、时时变化的动态系统。（　　）

6．离散化采样数据通过信号重构器回复成连续信号后，与离散化处理之前的连续信号之间存在误差。（　　）

7．根据被研究系统的特征，系统仿真可分为连续系统仿真及离散事件系统仿真。（　　）

8．离散相似的基本原理是将连续系统进行程序化处理，求得与之等价的离散模型。（　　）

9．时间序列分析是统计学理论和研究领域的扩展，其分析路径是沿时间轴"纵向"处理。（　　）

10．利用验前数据的比对分析就是用横向数据与仿真数据相比较。（　　　）

四、综合实务题

物流配送企业业务流程建模与仿真系统

物流企业的基本作业流程可以描述如下：货物达到仓库后，经"进货"作业首先确认货品后依序将货品"储存"入库。然后为在库货品进行良好的保护管理，进行定期或不定期的"盘点"检查。当客户订单到来后，首先根据订单的性质作"订单处理"，然后依据处理后的信息进行"拣货"作业。从仓库拣出的货品经过整理后可以"出货"作业。司机将出货品装上配送车，给客户进行"配送"。发现所剩货品余量低于安全量，必须进行"补货"作业。在所有作业流程中，都离不开"搬运"的活动。

对于物流企业业务流程建模和仿真系统，目前有两种解决方法。

一是利用通用语言编程方法完成相应的建模、仿真和结果分析工作。采用此方法要求使用人员的编程能力较强，不仅会建模，而且要用程序准确地表示出来，工作量大、模型调试困难，模型的通用性、适应性和可借鉴性较差。

二是在采用通用流程仿真软件的基础上进行二次开发。采用此种方法，建模人员不需要编写初始程序，只需要对自身开发的模型予以调试，从而使研究人员把精力更多地放在系统研究、模型建立、参数确定等重要工作上，而且模型完成后，便以推广和交流。

根据典型配送物流企业的作业流程，将作业流程中的重要功能部门分为10个模块。各个模块的描述如下。

（1）验货流程模块。在供应商的货物到达配送中心仓库后，要对到来的货物进行验货作业。验货人员根据供应商的单据清点货物，检查货品数量和名称是否有误。检查货物的外包装是否完整。检验合格的货物入库，不合格或者错误的货品退回供应商。

（2）入库流程模块。验货合格的货品入库。给货品贴上条码，信息录入仓库管理系统。整个过程需要一定的操作时间。在入库中，需要根据货品的性质指定货位，分为仓储型货位和临时性货位。货位的位置决定了入库作业的时间。

（3）订单发生模块。在配送型物流企业中，下游订户订单是驱使整个企业运行的动力。一个配送物流企业负责多个客户的货物配送，下游客户的订单包含的信息有：①订单编号；②订单发出单位；③需求内容（商品名称）列表；④每种商品的数量。配送中心每天收到的订单数量服从某种分布（默认为泊松分布）。相继两个订单到达时间间隔服从指数分布。客户订单中商品的品种和数量服从某一均值的正态分布。

（4）订单处理模块。在客户订单到来后，配送中心首先处理订单。对应仓库管理系统，察看当前库存能否满足订单的要求。如果库存充足，则立即履行订单，同时根据库中货物的库存量减少订单的需求量。如果库存量小于订单的需求量，向供应商订货。与客户进行协商，客户同意部分配送的情况下，为客户进行部分配送。若客户不同意，会造成飞单。

（5）货物拣选模块。在确定订单可以满足时，立即履行订单。如果当前拣选设备和人员闲置，立即拣选作业。如果当前没有闲置设备，将拣货单置于排队。待处理的订单进入等待队列。拣选机械处理拣选货物需要一定的时间。一个订单中包含的货物总数量决定了该订单拣选作业的时间。

（6）车辆配送模块。在拣选机械为订单拣选配货后，需要根据客户的地理位置将多个订单的货物集中配货。计算每个订单的货物量，如果能够装满一车最好。能否及时配送取决于两个方面：①停车场内有闲置的车辆；②配送中心仓库的作业点站台为空。如果这两个条件都满足，则开始装货并确定装车所需要的时间。一箱货物装车需要时间为固定时间（比如 1 分钟）。不同型号的车由于装货量不同，装车时间不同。在一条线路上的客户的订单拣货后，为相同线路的客户集中配送将是经济有效的方法。

（7）配送中心车辆调度模块。配送中心的车辆分为自有车辆和社会租赁车辆。自有车辆完全听从调度中心的调遣。自有车辆的行为分为停在停车场和在途运输。在自有车辆不能完成订单配送任务时，调度中心需要向社会租赁车辆。但是所租赁的车辆具有不确定性。在发出租赁请求时，租赁车辆的响应时间是在某一个范围内的随机数。还有一种情况是不能租赁到车辆，该种情况在实际运行中占据一定的比率。货物的配送只有在停车场有车的情况下才能完成。如果在自有运力不足情况下，租赁的车辆能否按时到达将是关键的因素。如果拖延时间或者不能达到，将不能按时完成客户的订单。

（8）订货量预测模块。在物流企业运行中，满足客户订单和减少库存是评价企业运行性能的重要指标。订货量是决定配送企业订单满足率和库存量的重要数据，订货量不足，很难满足下游客户的订单，造成客户的流失。订货量太大，造成库存量大，库存成本增加。订货量预测模块就是在下游客户订单量历史数据基础上预测订货量。

（9）车辆租赁预测模块。车辆是配送流程中重要资源，配送中心除自有车辆外，往往通过购买社会运力来满足配送的需求。车辆预测模型的目的是向社会运力预订车辆，防止在临时有配送任务时无法获得车辆，因而造成配送困难。根据历史数据来预测不同时间段所需的配送车辆数，提前向社会运力预订车辆将会缓解因为车辆不足而造成的配送不及时的问题。

（10）优化模块。物流企业的资源配置是决定其服务能力的重要因素。在物流业务流程中，制约的资源有多种多样，如车辆、人员、拣选设备、库位排列等。物流企业的运行中要求达到多个条件的优化，如订单满足率最高、库存最小、经济效益最大、成本最低等。同时优化资源配置和目标最优是多目标优化的问题。遗传算法和粒子群算法是解决该类问题的有效方法。

物流企业业务流程是多因素制约的过程。难以准确建立数学模型。通过仿真的方法重现整个流程或者局部流程的活动，动态修改流程内的作业方式和资源配置，达到发现制约企业运行效率的瓶颈，降低企业运行成本的目的。

讨论与分析：

1．在本案例介绍的物流企业业务流程建模和仿真系统中，有哪两种解决方法？
2．本案例将物流企业的业务流程划分为哪些功能模块？如何对模块进行仿真建模？

五、论述题

1．试述系统仿真的原理。
2．试述集装箱码头装卸系统仿真的架构。

参 考 文 献

[1] 本杰明·S·布兰查德. 2007. 物流工程与管理. 6 版. 蒋长兵等译. 北京：中国人民大学出版社.

[2] 陈砺，王红林，方利国. 2007. 现代化工物流技术. 北京：化学工业出版社.

[3] 程国平. 2012. 生产运作管理. 北京：人民邮电出版社.

[4] 董千里. 2007. 物流工程. 大连：东北财经大学出版社.

[5] 方庆琯. 2009. 现代物流设施与规划. 北京：高等教育出版社.

[6] 胡峰，孙国基，卫军胡. 动态系统计算机仿真技术综述（Ⅰ）——仿真模型. 计算机仿真，2000（1）.

[7] 胡峰，孙国基，卫军胡. 动态系统计算机仿真技术综述（Ⅱ）——仿真模型. 计算机仿真，2000（3）.

[8] 侯玉梅，许良，马利军. 2011. 物流工程. 北京：清华大学出版社.

[9] 林丽华，刘占峰. 2009. 物流工程. 北京：北京大学出版社.

[10] 鲁晓春. 2006. 现代物流基础设施与装备. 北京：中国物资出版社.

[11] 齐二石，霍艳芳，刘亮. 2009. 物流工程与管理概论. 北京：清华大学出版社.

[12] 宋伟刚. 2003. 物流工程及其应用. 北京：机械工业出版社.

[13] 宋文官. 2014. 物流基础. 4 版. 北京：高等教育出版社.

[14] 王丰，姜大立. 2008. 物流工程概论. 北京：首都经济贸易大学出版社.

[15] 王诺. 2007. 工程物流学导论. 北京：化学工业出版社.

[16] 王长琼. 2014. 物流系统工程. 北京：高等教育出版社.

[17] 王忠伟. 2013. 物流工程导论. 北京：高等教育出版社.

[18] 吴功宜. 2010. 智慧的物联网——感知中国和世界的技术. 北京：机械工业出版社.

[19] 吴清一. 2004. 物流系统工程. 北京：中国物资出版社.

[20] 肖生苓. 2009. 现代物流装备. 北京：科学出版社.

[21] 叶怀珍. 2008. 物流工程学. 北京：机械工业出版社.

[22] 伊俊敏. 2013. 物流工程. 3 版. 北京：电子工业出版社.

[23] 尤建新，朱岩梅. 2009. 物流系统规划与设计. 北京：清华大学出版社.

[24] 张锦. 2004. 物流系统规划. 北京：中国铁道出版社.

[25] 张智勇. 2011. 物流工程仿真. 北京：清华大学出版社.

[26] 周昌林，汪小京. 2014. 物流学的核心概念与基础理论. 北京：科学出版社.

[27] 朱占峰，陈勇. 2014. 供应链管理. 2 版. 北京：高等教育出版社.

[28] 朱占峰. 2010. 物流工程技术. 武汉：武汉理工大学出版社.

配套资料索取示意图

说明：学生和普通读者注册后可下载**学习资源**；**教学用资源**仅供教师下载，**教师身份、用书教师身份**需网站后台审批，审批后可下载相应资源；教师加"关注"后新增资源有邮件提醒。

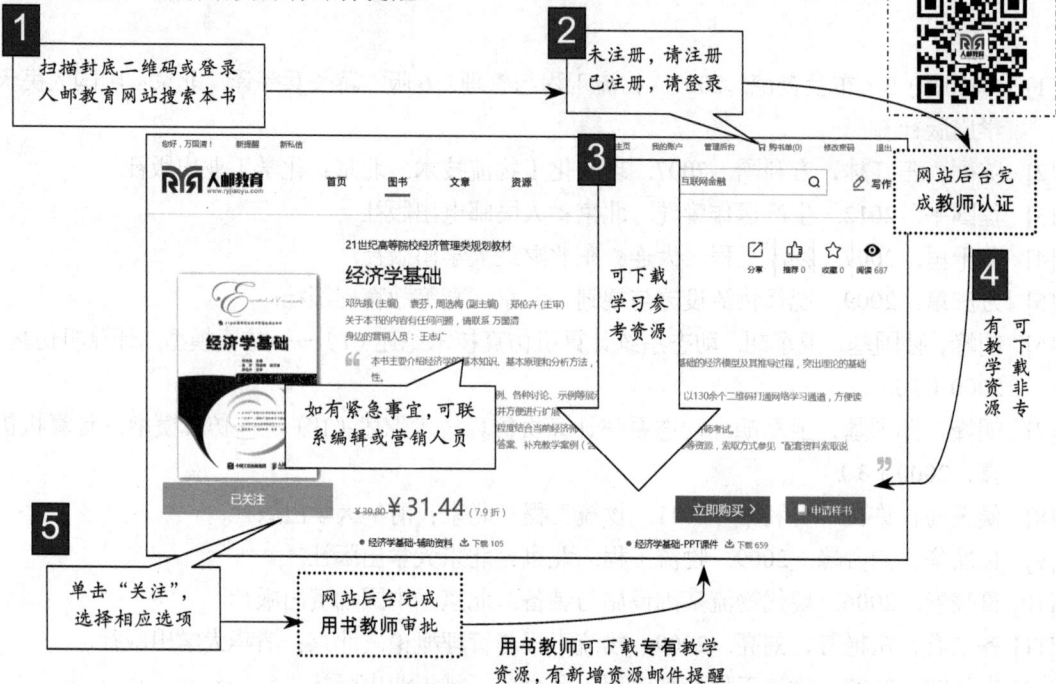

部分 21 世纪高等院校经济管理类规划教材推荐

书　名	主编	书　号	编　辑　推　荐
管理学——原理与实务（第2版）	李海峰	978-7-115-35395-5	2013年陕西普通高校优秀教材二等奖；提供课件、教案、实训说明、教学体会、文字与视频案例、习题集及参考答案等
企业战略管理（第2版）	舒辉	978-7-115-43139-4	二维码打造立体化阅读环境；案例、习题等营造多方位学习环境；提供课件、补充案例、模拟试卷等素材
客户关系管理理论与应用	栾港	978-7-115-39343-2	60组案例助力理论联系实际，33个二维码打通网络学习通道，在线Xtools软件方便实践训练；提供课件、教案、教学日历、免费教学账号、习题库、试卷等
社会心理学	陈志霞	978-7-115-40977-5	40余二维码拓展读者视野；兼顾基础与应用社会心理学；数百实例助力理论与实践相结合；提供课件、案例、答案、试卷等
经济学基础	邓先娥	978-7-115-39039-4	近300个实例连接理论与生活，130余个二维码打通网络学习通道，70余项扩展阅读指南指引学习方向；提供课件、教案、答案、文字和视频案例、试卷等
微观经济学（第2版）	胡金荣	978-7-115-39400-2	简明易懂，关注热点；二维码扩展网络视野；提供课件、答案、案例、试卷
政治经济学（第2版）	张莹 李海峰	978-7-115-42571-3	着重于分析社会经济问题；利用二维码拓展读者阅读空间；提供课件、大纲、视频案例、习题集、试卷等
财务管理	王积田	978-7-115-28482-2	吸收相关学科的最新成果，与企业财务管理实践接轨；提供课件、习题答案、试卷等
中级财务会计（第3版）	吴学斌	978-7-115-43464-7	四川省"十二五"本科规划教材；二维码链接网络学习资源；章后习题+电子版习题集；提供课件、教案、案例库、试卷等

书　名	主编	书　号	编 辑 推 荐
财务会计实训教程（上、下册）（第2版）	裴永浩	978-7-115-40690-3	原始凭证和记账凭证单独成册；按营改增调整相关业务；利用二维码提供相关网络资源；融基本功训练、岗位技能训练和综合技能训练为一体；提供答案、课件、习题集、阅读资料等
成本会计（第2版）	张　林	978-7-115-39288-6	近百道例题详解要点，四百多道习题助力读者学习，二十项计算题例释详解计算难点；提供课件、教案、答案、试卷等
中国税制	孙世强	978-7-115-42708-3	提供课件、答案、试卷等；二维码方便查询税法最新变化；例题、习题、即问即答助力教学互动
应用统计学（第2版）	潘　鸿	978-7-115-38994-7	以 Excel 为实验软件，适应职场需求；提供全套实验资料，提升读者应用能力；提供课件、教案、上机操作数据、函数实现常用统计表等
国际市场营销	李　爽	978-7-115-39077-6	80 余个实例追求学以致用，80 余个二维码拓展读者学习空间；提供课件、教案、文字与视频案例、实训资料、答案、试卷等
国际贸易理论与政策	毛在丽	978-7-115-37138-6	包括新新贸易理论等新内容，将非关税措施分为技术性和非技术性两类，提供课件、教案、答案、试卷和视频案例等
国际贸易实务	吕　杜	978-7-115-37235-2	提供课件、答案、单证样本、习题集、试卷、模拟操作训练材料和常用规则文本等
报关实务（第2版）	朱占峰	978-7-115-42629-1	五十余个二维码链接网络学习资源；理论与实务并重，操作与案例同行；提供课件、视频案例、答案、试卷等
电子商务概论（第3版）	白东蕊	978-7-115-42630-7	新增跨境电商、互联网+等新内容；百余二维码拓展读者学习空间；提供课件、教案、大纲、答案、实验指导、文字与视频案例等
电子商务概论	仝新顺	978-7-115-38748-6	七十余个二维码拓展学习空间，近百组案例，实训促进学练结合；提供大纲、课件、视频案例、自测试题、模拟试卷等
金融法	李良雄 王琳雯	978-7-115-30980-8	吸收截至 2012 年 12 月的最新法律法规，高度融合职业资格考试要求，提供课件、教案、视频案例、习题答案、补充练习
保险学（第2版）	刘永刚	978-7-115-43687-0	以大量案例解读相关内容；保险理论与保险业务并重；二维码链接网络学习资源；提供课件、答案、案例、试卷等
证券投资学（第2版）	杨兆廷 刘　颖	978-7-115-34302-4	省级精品课程配套教材；根据 2013 年证券业变化调整相应内容，集合证券业从业资格考试重点，提供课件、教案、视频案例、答案等
证券投资学	陈文汉	978-7-115-28271-2	针对非金融类读者，内容紧跟时代；提供课件、教案、视频案例、答案、试卷等
外汇交易原理与实务（第2版）	刘金波	978-7-115-38372-3	着重突出外汇实际业务，二维码打造立体化阅读环境，有外汇交易模拟操作指导手册；提供课件、教案、答案、试卷、习题册、实训指导
期货交易实务	曾啸波	978-7-115-39021-9	80 余二维码拓展网络学习空间，百张图表、40 个案例/讨论突出实务操作；提供课件、教案、视频案例、答案、习题库、试卷等
国际金融理论与实务（第2版）	孟　昊	978-7-115-34697-1	新增国际资本流动管理等内容；提供课件、大纲、教案、习题库、试卷库、视频案例库等
金融专业英语	刘铁敏	978-7-115-39042-4	旁注、尾注和大量练习提升学习效率，以二维码指出丰富的网络学习资源；提供课件、部分译文、答案和试卷等
财政学	唐祥来	978-7-115-31521-2	以丰富的案例提升学习兴趣；提供课件、教案、答案、文字与视频案例、试卷等
财政与金融	袁晓梅 陈　宁	978-7-115-40465-7	集中阐述基础知识、理论和实务；数百案例理论联系实际；百余二维码链接网络资源；提供课件、教案、视频和文字案例、答案、试卷等
物流工程导论	朱占峰	978-7-115-42535-5	课件嵌入大量教学视频案例；物流新闻拉近理论与现实距离；提供课件、答案、视频案例、试卷等
商务礼仪	王玉苓	978-7-115-36091-5	图文并茂，追求学以致用；提供教案、课件、答案、文字与视频案例、课外阅读资料等
现代社交礼仪（第2版）	闫秀荣	798-7-115-25681-2	图文并茂，二维码链接网络资源；提供课件、教案、文字与视频案例、实训手册、练习题及参考答案等
商务谈判理论与实务	林晓华	978-7-115-41308-6	以即学即练、模拟商务谈判实践、模拟商务谈判大赛等形式增强互动；二维码链接网络学习资源；提供课件、答案、视频案例、试卷等资料
商务沟通与谈判（第2版）	张守刚	978-7-115-43065-6	二维码打造立体化阅读环境；强调实践教学，提供模拟商务谈判素材；提供教案、课件、案例、视频库等资料

配套资料索取示意图